A causa
das crianças

Françoise Dolto

A causa
das crianças

DIREÇÃO EDITORIAL:
Carlos Silva
Ferdinando Mancílio

CONSELHO EDITORIAL:
Avelino Grassi
Roberto Girola

COORDENAÇÃO EDITORIAL:
Elizabeth dos Santos Reis

TRADUÇÃO:
Yvone Maria de Campos Teixeira da Silva - (p. 1 a 98)
Ivo Storniolo - (p. 98 a 400)

REVISÃO:
Elizabeth dos Santos Reis
Leila Cristina Dinis Fernandes

DIAGRAMAÇÃO:
Juliano de Sousa Cervelin

CAPA:
Cristiano Leão

Coleção dirigida por Roberto Girola

© Editions Robert Laffont, S.A., Paris, 1985, 1987

Título original: *La Cause des Enfants*

ISBN 2-221-08730-5

Todos os direitos em língua portuguesa, para o Brasil, reservados à Editora Ideias & Letras, 2023.

9ª impressão

Avenida São Gabriel, 495
Conjunto 42 - 4º andar Jardim
Paulista – São Paulo/SP
Cep: 01435-001
Televendas: 0800 777 6004
Editorial: (11) 3862-4831
vendas@ideiaseletras.com.br
www.ideiaseletras.com.br

Dados Internacionais de Catalogação na Publicação (CIP)
(Câmara Brasileira do Livro, SP, Brasil)

A causa das crianças / Françoise Dolto; [tradução Ivo Storniolo e Yvone Maria C. T. da Silva]. – Aparecida-SP: Ideias & Letras, 2005.
(Coleção Psi-Atualidades, 4 / dirigida por Roberto Girola)

Título original: *La cause des enfants*.
Bibliografia.
ISBN 85-98239-37-2

1. Assistência a menores – História 2. Crianças – Condições sociais 3. Crianças – Desenvolvimento 4. Psicologia infantil I. Título. II. Série.

05-2793   CDD-155.4

Índices para catálogo sistemático:

1. Crianças: Psicologia infantil 155.4
2. Psicologia infantil 155.4

Um novo olhar

A causa das crianças é muito mal defendida no mundo por três motivos:
– O discurso científico, cada vez mais abundante no assunto, disputa com o discurso literário o monopólio do conhecimento da primeira idade da vida. Ele oculta a realidade simbólica, a potência específica, a energia potencial presente em cada criança. Objeto de desejo para o romancista, a criança torna-se objeto de estudo para o pesquisador em Medicina e em Ciências Humanas.
– A sociedade preocupa-se, em primeiro lugar, em rentabilizar o custo das crianças.
– Os adultos têm **medo** de liberar certas forças, certas energias das quais as crianças são portadoras e que questionam sua autoridade, suas aquisições e suas posições sociais. Eles projetam na criança seus desejos contrariados e seu mal-estar, impondo-lhes seus próprios modelos.

Analisar a "lição da história", estudando as origens dos fracassos e das fontes de erros que há séculos alienam e arruínam as relações entre adultos e crianças, e propor uma nova aproximação para a melhor prevenção constituem o eixo desta obra.

Até o momento atual, todas as obras de Pediatria ou de Educação cediam à velha tradição do "adulto-centrismo". Elas apenas atualizam ou põem na moda os eternos guias concebidos conforme o interesse das famílias. Trata-se infalivelmente da escola dos pais. A serviço das crianças? Não, a serviço dos pais. O desenvolvimento desta entrevista coletiva muda radicalmente o ângulo de visão. Ela trata de colocar-se novamente na verdadeira perspectiva do ser, de desembaraçar-se do prisma parental e da ótica deformante dos manuais e dos tratados ditos pedagógicos.

Como utilizar

O presente trabalho de equipe tem como objetivo submeter ao olhar da Psicanálise um conjunto de dados históricos, sociológicos, etnográficos, literários, científicos, recolhidos durante uma pesquisa, conduzida na França e no exterior, sobre o lugar dado às crianças na sociedade.

Aspecto original: Françoise Dolto reflete e comenta, contribuindo com sua dupla experiência de médica psicanalista de crianças e de mãe de família.

As passagens com recuos apresentam à Dra. Françoise Dolto tendências, correntes, modas e constantes, e também os pontos discutíveis e as questões em suspenso, tais como aparecem no final da pesquisa. Françoise Dolto responde, confronta esses dados com suas observações, contribui com seu testemunho pessoal, desenvolve seu ponto de vista.

A primeira parte desta obra tenta fazer um balanço histórico e estabelecer um diagnóstico. A segunda parte traça uma nova abordagem da infância. A terceira parte expõe os cenários para uma sociedade a serviço da criança. A quarta e última parte coloca as bases para a prevenção precoce das neuroses infantis. Uma revolução em pequenos passos. A verdadeira revolução.

Sumário

PRIMEIRA PARTE

ENQUANTO HOUVER CRIANÇAS – 9

Capítulo 1. O corpo fantasiado – 11

Capítulo 2. A falta – 25

Capítulo 3. Memórias da infância – 29

Capítulo 4. O fechamento – 43

Capítulo 5. A criança-cobaia – 79

Capítulo 6. A cabeça sem as pernas – 99

Capítulo 7. Uma angústia arcaica... – 107

Capítulo 8. A causa das crianças: primeiro balanço – 129

SEGUNDA PARTE

UM SER DE LINGUAGEM – 135

Capítulo 1. A iniciação – 137

Capítulo 2. Gênese e luta de uma psicanalista de crianças – 147

Capítulo 3. As crianças de Freud – 169

Capítulo 4. O segundo nascimento – 175

Capítulo 5. O drama dos primeiros oito dias – 207

Capítulo 6. Pais difíceis, filhos sádicos – 223

Capítulo 7. Uma descoberta capital – 253

TERCEIRA PARTE

UTOPIAS PARA AMANHÃ – 265

Capítulo 1. Brincar de adultos – 267

Capítulo 2. A escola de tempo integral e a escola "a la carte" – 273

Capítulo 3. Um novo espaço para as crianças – 297

Capítulo 4. Abrir os asilos – 303

Capítulo 5. Os estados gerais das crianças – 307

QUARTA PARTE

A REVOLUÇÃO DOS PEQUENOS PASSOS – 323

Capítulo 1. A escuta – 325

Capítulo 2. Acolher por ocasião do nascimento – 327

Capítulo 3. Curar os autistas – 335

Capítulo 4. Iremos à "Maison Verte" – 345

Capítulo 5. Crianças, por assim dizer – 383

Anexos – 395

PRIMEIRA PARTE

Enquanto houver crianças

A criança na sociedade:
constantes, mudanças e origens dos fracassos

"Os pais educam os filhos como
os príncipes governam os povos."

"Temos um mito de progresso do feto,
do nascimento à idade adulta,
que nos leva a identificar a evolução do corpo
com a evolução da inteligência. Ora, a inteligência
simbólica estende-se da concepção à morte."

"É um escândalo para o adulto que o ser
humano em estado infantil seja seu igual."

Françoise Dolto

Capítulo 1

O corpo fantasiado

DESCOBERTA DO CORPO DA CRIANÇA

Do séc. XV ao séc. XVIII, a criança fantasiada de adulto é uma constante na pintura. Uma exposição feita na cidade de Colônia, em 1965-1966, no Museu Wallraf Richartz, é reveladora a esse respeito. Isso não deve ser atribuído apenas ao costume. O aspecto físico também é confundido. Podemos observá-lo bem em uma gravura de Durer que representa uma criança do povo com traços de um velhinho.

No *Satirische Schulszene*, de Bruegel, as crianças têm comportamentos e atitudes de "pessoas adultas". Apenas o tamanho as distingue. No *der Gärtner* (*O anão*, 1655), as meninas que ajudam no preparo da refeição são representadas como verdadeiras mulheres, usando a mesma roupa que a mãe. São "modelos reduzidos" da própria mãe. Acontece mais ou menos o mesmo com os meninos por volta do séc. XVII; eles não acompanham ainda a moda masculina, não são vestidos como seus pais, mas como os avós dos tempos medievais.

Até o séc. XVIII o corpo da criança é completamente sepultado sob a roupa. O que distingue os meninos das meninas são os botões na frente. Apenas isso. As crianças dos dois sexos têm em comum as fitas. Antes de usar calças, o homem adulto usou vestido. Pouco a pouco ele descobre as pernas e começa a usar sapatos de salto alto. Mas isso não é permitido ao menino: ele é sempre submetido a dois ou três séculos de estagnação. Dão-lhe o vestido que o adulto usava dois ou três séculos antes. Nos quadros de família, vemos as crianças com vestidos, com duas ou quatro fitas soltas. É o que as distingue dos anões adultos.

Por que as fitas? Philippe Ariès se pergunta se não é uma espécie de sequela, de resíduo das mangas livres do vestido medieval. Por atrofia, as mangas flutuantes teriam se transformado em fitas. O que tenderia a provar que ainda não se havia inventado nada para a roupa da criança no séc. XVII. Fazem-na usar o que o adulto usava no passado.[1]

Há uma outra explicação possível: as fitas seriam um resquício das amarras. Quando as crianças davam os primeiros passos, eram atreladas,

---
[1] *L'enfant et la vie Familiale Sous l'Ancien Régime*, I, 3, p. 83. Le Seuil, col. "Points Histoire".

assim como as rédeas dos cavalos. Desse modo, podiam ser amarradas, penduradas à parede, ficando fora do alcance de ratos ou recebendo o calor que, nas casas, subia do andar inferior para o superior. Quando iam trabalhar, os adultos as deixavam presas. Em suma, as fitas seriam, no séc. XVII, um resíduo das amarras dos bebês da época anterior. A criança não precisa mais das fitas, mas estas são o sinal de que ela ainda tem o direito de voltar, como se se mantivesse, na cabeça do adulto, a ideia do bebê cheio de laços, de guias, de rédeas.

Aliás, hoje, vendem-se nas lojas arreios para se passear com as crianças nas grandes lojas ou nas ruas consideradas muito perigosas. As crianças ficam atreladas aos pais!

> Da Idade Média até a época clássica, o corpo da criança é de fato aprisionado, escondido. A criança só é despida em público para apanhar. Isso devia ser uma grande humilhação, pois se tratava de partes que deveriam ficar escondidas. Quando os pintores italianos ou flamengos representam uma criança nua, trata-se de um anjinho, utilizado como símbolo. Mas, pouco a pouco, Eros chega com força... Oficialmente, em relação à Igreja, o bebê permanecerá um símbolo, mas, de fato, os pintores lhe dão um coração alegre e a partir daí existe uma sensualidade que começa a ser liberada, ao menos na iconografia; talvez não na realidade, pois seria necessário que a criança posasse diante dos pintores, única ocasião para que a criança fosse olhada, querida, admirada por seu corpo nu. Na literatura não há nenhuma descrição, mas esta passagem da Mme. de Sévigné, falando de sua neta, traduz a erotização do corpo da criança: "Como é extraordinário, é preciso ver como ela agita a mão, como seu narizinho vibra...". "... Sua tez, sua garganta e seu corpinho são admiráveis. Ela faz centenas de pequenas coisas, acaricia, bate, faz o sinal da cruz, pede perdão, faz reverência, beija a mão, levanta os ombros, dança, elogia, segura o queixo: enfim, é bonita de todos os ângulos. Eu me distraio horas inteiras". Carta da Mme. de Sévigné, de 20 de maio de 1672, a respeito de sua "amiguinha". Ela se extasia diante do corpo da neta. Mas, rapidamente, percebemos que se trata de um jogo. Em 30 de maio de 1677, ela escreve a respeito da neta para a Mme. de Grignan: "Pauline parece-me digna de ser brinquedo de vocês". A avó regozija-se sensualmente, voluptuosamente, mas de modo algum tem o sentimento de tratar-se de uma pessoa, de um ser humano em comunicação com ela.

É preciso dizer que, na época, isso não fazia de modo algum parte dos costumes, pois nasciam muitas crianças, e muitas morriam. Mme. de Sévigné: "Perdi duas netas...". Não se trata de "dez reencontradas", mas é um pouco isso. Atitude comparável encontramos em Montaigne, que diz ter perdido dois filhos com a mesma indiferença que teria dito: "Perdi meus dois cães ou meus dois gatos": a coisa faz parte dos acontecimentos comuns.

Montaigne nem sequer diz, no texto, "morreram" ou "faleceram" (não sei se na época se dizia "falecer") ou "voltaram para a Casa do Pai"... ele diz que perdeu objetos. Não fala de indivíduos cuja vida terminou. O que dizem os adultos quando perdem alguém estimado? O que dizem dessa morte? Apenas: "Ele morreu", falando do morto como sujeito de um verbo. A criança, naquela época, ainda não era sujeito de um verbo; ela é objeto de um verbo para aquele que fala dela.

Encontramos, no entanto, sobre os túmulos, representação de crianças que morreram com pouca idade e que eram consideradas ter ido para o limbo. Trata-se, talvez, das primícias do reconhecimento da criança enquanto tal... primícias limitadas, porém, pois nos podemos perguntar: Essa criança que representamos sob a forma de um anjinho seria a alma? Os adultos mortos também são representados, sobre os túmulos, como crianças. Sem dúvida, trata-se da alma que é assim simbolizada.

Nos ícones da Dormição da Virgem, Cristo toma nas mãos uma fralda, representando a alma da Virgem. Os primeiros símbolos, que são ainda atípicos, minoritários da aparição da criança enquanto tal, não são evidentes. Nós os vemos representados sobre o túmulo da criança que morre com pouca idade, mas talvez seja a alma que é assim representada. Não é forçosamente a criança, enquanto indivíduo falecido e inumado em tal data. Na língua escrita, a criança permanece objeto. Será necessário muito tempo para que seja reconhecida como sujeito.

Na sociedade anterior a 1789, a aprendizagem transforma-se em rito de passagem: o nascimento da criança-indivíduo. Ela é reconhecida como sujeito do verbo "fazer" a partir do momento em que é colocada com os outros, quando é capaz de fazer um trabalho útil. Mas é tratada como máquina de produção, pois é permitido bater nela até quebrar, pode-se refugá-la, levá-la à morte (a correção paterna pode ir até à morte).

> A representação da criança, até na pintura clássica, mostra bem que seu corpo não é tomado por aquilo que é na realidade, mas por aquilo que a sociedade quer ocultar da infância.

A verdade anatômica é julgada indigna dos filhos de Deus. O espírito poderia encarnar-se em uma criatura imatura e desproporcional? Então, é preferível dar ao menino Jesus as proporções normais de um adulto: a relação da cabeça com o restante do corpo é de 1 por 8. Naquela idade, entretanto, ela seria de 1 por 4.

A cabeça deveria ser tão grande quanto a da mãe. Mas não querem dar a perceber a desproporção que acusa o desenvolvimento cerebral do homem na primeira idade. É significativo que no capitel de algumas catedrais os camponeses eram representados com a morfologia de um corpo de criança, com a proporção da cabeça de 1 por 4. Aqui o artista serve o desígnio do príncipe. Trata-se de lembrar ao bom povo que apenas o poder é adulto. Ao contrário, servos, pobres, crianças, mesmo retrato, mesmo combate.

Uma exposição: "A imagem da criança vista pelos mestres da pintura, variações sobre um tema, de Lucas Cranach a nossos dias", ocorreu recentemente na Alemanha (Weimar, 25 de maio a 15 de outubro de 1972). Os quadros do período medieval confirmam o que sabemos da situação da criança naquela época, quando estava perfeitamente integrada à vida do adulto. Mas uma obra do séc. XV chama particularmente a atenção por apresentar uma exceção: "Cristo abençoa as crianças". Sacrificando-se, aparentemente, às convenções da época, os artistas têm, sem querer, lampejos, escapadas que podem revelar a face secreta das coisas, a vida interior, mesmo à revelia daqueles que encomendam as obras. É o caso deste quadro atípico, no qual vemos crianças brincando, vivazes, sem a máscara dos anões tristes e lúgubres que geralmente lhes atribuem, conforme um consenso, do séc. XIV ao séc. XVIII. Uma das crianças que está em torno de Jesus, "Deixai vir a mim as criancinhas", segura uma boneca: sem dúvida, uma das primeiras bonecas da história da pintura ocidental.

A criança – afora esse quadro atípico excepcionalmente não conformista – não é representada por si mesma. Utilizam o corpo dela para a decoração religiosa; ela é o bibelô tutelar, o geniozinho que escolta santas e santos. A criança empresta o rosto bochechudo, os braços roliços e as nádegas gordas aos anjinhos que se multiplicam em farândolas celestes. A Igreja preveniu de tal forma os espíritos contra o pequeno imaturo, que este só pode ser a sede das potências maléficas, que se obriga a ser o anjo para não ser a besta. Mas, por trás dessa máscara camuflada pela devoção, surge rapidamente o sorriso malicioso de Eros. As bonecas barrocas são sedutoras. Uma Vênus de Cranach enfeitada por um belíssimo chapéu de flores concede a um desses anjinhos marotos o privilégio de segurar-lhe a cintura.

Nos quadros da escola de Le Nain, durante vigílias no campo, vemos bebês nos joelhos de um pai ou de um avô, na presença da mãe. As crianças brincam com vivacidade em torno dos adultos. Mas são sempre cenas da vida no campo. Nunca encontramos essa espontaneidade no seio das famílias burguesas, que posam diante do pintor. Nas famílias camponesas, a criança é integrada ao mesmo valor que os outros, de acordo com a idade que tem. Mesmo que, em seu canto, tenha sua atividade própria, mesmo que seu olhar não esteja voltado para o pintor ou para onde estaria hoje a máquina fotográfica, seu lugar é necessário na composição do quadro. O pintor colocou-a lá inconscientemente, mas como parte integrante e indispensável ao equilíbrio de sua obra. A criança tem uma atitude dissociada da dos adultos, seu olhar não se dirige à mesma direção. Ela está lá como uma promessa de um outro grupo social que construirá mais tarde. Naquele momento, ela vive paralelamente a seus predecessores, anunciando uma espécie de síntese familiar. Ela não é mais parasita e não está mais completamente enfeudada na família. Ela está em segurança e, com o brinquedo, constrói um pensamento industrioso que é próprio dela.

Os pintores que suportavam as convenções da época e, por encomenda, representavam figuras impostas podiam, por meio de certos detalhes, fazer um quadro dentro do outro.

Se o pintor quisesse que alguma coisa escapasse aos adultos no quadro de família, é porque ele mesmo queria expressar que conservava um espírito de criança que escapava à produtividade geral de sua vizinhança, de sua etnia. Pois um pintor é sempre um excluído. Ele cria para o futuro. Ele tem certeza de não participar do concerto dos industriosos do momento e é, provavelmente, por isso que pode identificar-se com a criança que, embora esteja no grupo, já prepara o futuro. O pintor coloca-se fora do tempo para poder fixar o mistério do futuro.

> Era uma exposição de 150 obras. Se procurarmos, ao longo dos cinco séculos percorridos, a evolução da maternidade nas cenas em que o bebê está no berço ou nos braços, poderemos observar apenas uma atitude que não é convencional em um quadro no qual o caçula da família é cuidado pela irmã mais velha. Não se trata da mãe e da criança estereotipadas. A irmã maior brinca com o irmãozinho, não se sentindo vigiada pelos olhos da sociedade. Atitude lúdica que vemos apenas uma vez em toda a exposição.
> Na pintura do séc. XVIII, a criança, sempre vestida como um pequeno adulto, distancia-se um pouco do contexto familiar, do obrigatório quadro de família. Nós a descobrimos na natureza, brincando em grupo ou com os animais. Apenas no séc. XIX a criança aparece sozinha, de uniforme escolar, com atitudes de criança. Em Legros ("Erdkundestunde") observamos uma nítida distinção entre os meninos de cabelos compridos e as meninas de avental e vestido, de cabelos presos. Elas estão em grupos de amigos ou de irmãos e irmãs. O sentimento aparece nas expressões do rosto. A criança torna-se um ser humano dotado de afetividade.
> No período contemporâneo – a exposição termina em 1960 – , a criança aparece principalmente em grupos ou em duas, raramente sozinha, mas, mesmo que esteja isolada, fazem-na ficar em posição de fotografia. Quer seja a criança na guerra, na miséria, em barricadas ou em festas, a atitude é desesperadamente convencional. Desarrumada ou endomingada, é um macaquinho da mãe ou do pintor-fotógrafo.

Até durante a fase do cubismo observamos uma expressão melodramática da infância, tanto na condição burguesa como na situação miserável. Sobretudo entre os meninos. As meninas são "menininhas-modelo" até a Segunda Guerra Mundial.

> Uma escapadela livre sobre a tela, datada de 1950, de um artista alemão desconhecido na França: a criança, sozinha, parece absorta em si mesma, pega em uma expressão ambígua, uma expressão de ausência e de sonho. Nas

outras telas, a criança é representada como infeliz ou explorada ou, conforme o realismo soviético, líder de sua equipe, limpa e integrada à elite dominante. Não, porém, no que ela pode ter de irredutível e de incognoscível.

A mensagem ideológica do adulto incessantemente o subtrai de si mesmo, privando-o de sua própria história.

A IDENTIDADE SEXUAL

Até este século, ajudada pela falocracia, impôs-se a falsa ideia segundo a qual as meninas, diante dos meninos, percebem a diferença dos sexos apenas pela falta do pênis. Em quais momentos de seu desenvolvimento meninos e meninas descobrem sua identidade sexual?

São experiências bem diferentes para os meninos e para as meninas. Como eu, as mães podem observá-las. Isso acontece com os meninos de hoje e de amanhã, assim como, ontem, com meu filho Jean.

Até aquele dia, Jean... sabia que a ereção de seu pênis era frequentemente acompanhada pelo desejo de fazer xixi. Então ele urinava e seu pênis repousava. Isso foi suficiente para que ele estabelecesse uma relação entre o fenômeno da ereção e a função urinária.

Hoje, entretanto – ele acaba de completar 29 meses –, ele constata uma mudança extraordinária: seu pênis enrijece, ele acredita que vai fazer xixi. Nada acontece enquanto ele está rígido. O acidente se repete. Quando a ereção termina, ele pode urinar. Pela primeira vez ele pressente, sem palavras para se expressar, que seu pênis pode ter uma atividade extraurinária, pode ter vida própria. É entre 28 e 30 meses que o bebê do sexo masculino descobre que a ereção do pênis está dissociada da micção e nesse momento ele desperta para sua identidade de menino.

As meninas descobrem a própria identidade sexual interessando-se pelos "botões" dos seios e pelo "botão" do próprio sexo, pela semelhança ao tato, tocando-os. A masturbação desta zona erógena é o sinal mais incontestável do momento de sua história em que elas recebem a revelação da grande diferença.

Em Bretonneau, quando jovem externa, eu fazia os curativos das crianças que haviam se queimado; observava, então, que as meninas esfregavam nervosamente o bico dos seios, para melhor suportar a dor. Os curativos de queimaduras são dolorosos. Quando há enxerto de pele, a manipulação torna-se ainda mais delicada. Como eu não era desastrada – eu tinha esse dom desde minha primeira experiência como enfermeira – elas me chamavam mesmo que eu não fosse da repartição. Um dia, chamada à cabeceira de uma menininha de seis anos, comecei a umedecer o curativo para descolá-lo e vi – o que não era mais surpresa para mim – a menina acariciar os mamilos rígidos. A vigilante, que até aquele momento tivera os olhos distantes, percebeu e, energicamente, chamou a atenção da menina: "Vou ficar de olho, você não vai recomeçar, porca!" Ela estava indignada e não foi fácil acalmá-la. "Ela está sofrendo e precisa de um consolo. Isso a faz lembrar-se da mãe, que lhe dava de mamar..." – "Lá-rá-rá... Não tem desculpa, eu não quero criança porca em meu departamento!" – protestava a funcionária da Assistência Pública, que não queria saber da busca da libido primitiva como um autoanalgésico.

Quando eu fazia análise, fiquei surpresa com uma menininha de menos de três anos a quem ofereci uma boneca, ao visitar sua mãe. Ela imediatamente virou a boneca de cabeça para baixo, abriu-lhe as pernas, tirou-lhe a calcinha; depois, jogou-a em um canto, dizendo: "Ela não é bonita". "Por que ela não é bonita?" "Ela não tem botão." Eu, de início, pensei que ela falasse dos botões de pressão que fechavam o vestido da boneca. Mas não era isso. Não se tratava desses botões. Ela me mostrava a boneca nua, de pernas abertas. "Ah, ela precisava ter um botão no próprio corpo?" "Eu tenho três botões!" Ela se referia a seu aparelho genital, aos bicos de seus seios e a seu clitóris. Depois, como médica, ouvi muitas menininhas falarem dos "três botões, um embaixo, com um buraco, e os outros dois, nos peitos".

É, sem dúvida, o toque mamário que desperta as meninas para a consciência de não serem do sexo oposto, bem antes de verem um irmãozinho ou um primo nu na praia ou no banheiro. É um erro dos homens pensar que as meninas, não tendo pênis (que para os meninos é, antes de tudo, seu "pipi"), não sintam a existência do próprio sexo, certamente, para elas, associado imediatamente ao prazer, independente da necessidade e ligado ao desejo, enquanto para os meninos o prazer da ereção peniana está ligado ao prazer de aliviar uma necessidade antes de ser descoberto independentemente dela.

A angústia que as meninas sentem por não terem pênis é rapidamente superada pela certeza de que logo terão seios. Para elas, a ausência ou o atraso do desenvolvimento dos seios é frequentemente dramático. Sua hipertrofia é muito mal vivida.

Um menino pode olhar o sexo de uma menina sem notar a diferença, até a idade de dois anos e meio. Ele começa a ficar muito sensível a isso quando, no momento da micção, observa as variações de volume de seu sexo. E sente medo da mutilação. A ereção para. Ela voltará? Será que vai perder seu pênis erétil? Esse medo é apenas uma projeção tardia da angústia da castração primitiva.

A angústia da castração vem daquilo que fragmentamos para engolir. Há uma representação inconsciente desse fato. É uma angústia de divisão que se fixa particularmente sobre o que "ultrapassa" as partes protuberantes do corpo. Os egípcios apertavam os braços dos mortos para que o corpo chegasse inteiro ao reino das sombras. Para que a criança continue a evoluir integralmente, é preciso que ela tenha consciência de preservar a integridade do próprio corpo. Isso não é espontâneo na criança. Se vestimos luvas na criança, ela não sabe mais onde estão seus dedos. Ela não tem mais a referência dos olhos, e isso é importante para uma criança que enxerga. É preciso que ela os apalpe para ter a representação dos dedos e para os deslizar um por um em cada dedo da luva. (Nós lhe vestimos as luvas quando ela está distraída.) Também quando experimenta um calçado a criança faz uma bola com os pés: ela perdeu o pé. É o pesadelo dos vendedores das lojas de calçado infantil. Se a criança não tem ao menos seis anos, ela tira a roupa, nós lhe chamamos a atenção, a mãe se irrita. Os vendedores me agradecem ter-lhes ensinado como fazer: a criança deve ajoelhar-se antes de experimentar um novo calçado. Não vendo os próprios pés, ela se interessa por outra coisa e deixa-se calçar.

Nos meninos, a angústia da castração não se expressa apenas pelo medo de ver cair o pênis, mas pela apreensão diante de toda ideia de mutilação, como a de perder os dedos. Uma menina de três anos, diante do pênis de um menino, pode supor que tivesse um e também teme ter sido diminuída em sua integridade física.

Ninguém jamais consegue resolver a angústia da castração. É o que alimenta nosso sentimento da morte. Parte por parte, é o desmembramento, pela última anulação carnal, suporte de nossa existência cujo nome é morte. Falar a respeito traz segurança.

> Entre os negros, não existe um adulto que, antes da iniciação, não diga a um menino: "Vou pegar e cortar seu pênis". Isso faz parte dos ritos de boa convivência. E a criança não acredita de jeito nenhum. Mas gosta que lhe falem de seu próprio sexo.

Entre nós, alardeamos: "Não se deve dizer isso, é traumatizante!" Depende do modo como se diz. "É de brincadeira." É salutar para os meninos traduzir em palavras a angústia que sentem.

> Quem sabe por que uma menina pega o "feminino" de seu pai ou um menino o "masculino" de sua mãe, conforme a expressão de alguns psicólogos? Circunstâncias particulares que esquecemos, fatos da infância que negligenciamos e que reaparecem por ocasião de uma psicanálise tardia, podem favorecer os problemas de comportamento sexual, ambiguidades, confusão de identidade, medo da mulher-mãe etc.

Fui chamada por uma mãe que tem medo da violência de seu filho adolescente. Ele ataca na rua, diz ela, mulheres que se parecem com ela. Contou-me também que o filho adolescente levanta a mão para ela se ela acaricia sua filha. "Minha irmã é minha." "Ele diz isso desde bem pequeno?" "Sim, desde pequeno." Certamente faltou a esse menino que a mãe o repreendesse na primeira vez que ele quis apropriar-se da irmã. E o pai não soube, através das próprias atitudes, nem de palavras ou de comportamentos, levar o filho a respeitar a mãe, nem proibi-lo sexualmente em relação à irmã, como "as mulheres com as quais ele nunca terá relações sexuais", como também ele nunca soube fazê-lo em relação à própria mãe e irmã, avó e tia paterna de seus filhos.

O não dito prolonga perigosamente o equívoco do incesto. É importante dizer a um menino que ele não pode substituir o pai e que existem relações de casal entre seus pais que ele não pode pretender, mas que terá, por sua vez, com uma mulher diferente de sua mãe.

Certas questões, infelizmente, ficam sem resposta durante anos, permanecendo em uma ambiguidade vergonhosa ou sagrada. É sagrado, não podemos tocar. A proibição do incesto deve ser explicitada em resposta ao mutismo que se repete de diversas formas e que muitas mães não conseguem entender. Uma menina que se masturba tocando os bicos dos seios estabelece uma "questão muda". Temos novamente uma questão muda quando ela pega a bolsa e os sapatos da mãe e passeia, dizendo: "Como poderei ser mulher se sou reta e não tenho pênis como os meninos?" As meninas pensam que a mãe tem pênis. Questão muda é também a do menino que se fantasia com as coisas da mãe: "Quando eu for grande, serei mãe como você, terei bebês na minha barriga?" Não se deve deixar passar a ocasião de falar-lhe sobre seu sexo: "Você nunca será mulher. Se você quer fazer de conta que é adulto, calce os sapatos de seu pai!" Isso me lembra uma menina de quatro anos e meio que dizia: "Quando eu for avó, farei isto e aquilo com meus netos". Ela já havia passado a faixa de idade em que não sabemos que somos meninas. Mas ninguém lhe dizia: "Quando você for velha, será avó, e apenas se tiver tido filhos que, por sua vez, também os tenham tido, e não apenas por ter envelhecido". A ambiguidade do deixar-dizer pode bloquear o desenvolvimento sexual. Toda criança pode continuar a divertir-se, imitando crianças ou adultos de outro sexo, desde que seja uma brincadeira e não um projeto.

Essa diferença não é explicada às crianças. Da mesma forma que para compreender por que não devem pôr o dedo nas tomadas, elas precisam de palavras que explicitem as contradições entre a tentação sedutora para o espírito e seu perigoso cumprimento.

SEXUALIDADE INFANTIL: O MURO DO SILÊNCIO

Depois da última guerra, uma questão embaraçosa começou a atormentar os educadores: transmitir ou não informações sexuais no contexto escolar?

Assisti a uma reunião oficial organizada na Sorbonne. A perspectiva era desesperadora para os inspetores de academia que viam apenas um remédio para acalmar os ardores da pré-puberdade. Uma só medida se impõe: massacrar de trabalho intelectual e de exercício físico todos esses jovens, para que, à noite, não tenham tempo nem força de ficar masturbando-se nos dormitórios. O cansaço mental e físico afastará os fantasmas ligados às pulsões genitais, às ligações afetivas entre crianças ou entre crianças e adultos, hétero ou homossexuais. Último triunfo de Jules Ferry, cuja ética educativa encontrava aqui seu apêndice.

Em último caso, esse remédio forçado decorre da lógica dos campos de concentração: as rações são diminuídas de modo que os deportados sintam tanta fome que pensem apenas em comer e não em manter relações interpsíquicas. Pessoas esgotadas e ameaçadas de morte, quando param de trabalhar, não têm tempo para essas trocas.

O meio de explorar o trabalho do homem é utilizar ou subtrair sua energia.

Voltando aos liceus, quando se teve a preocupação de corrigir a pedagogia jules-ferriana, nela introduzindo a informação sexual, nada foi feito além de acrescentar um exercício retórico a um discurso árido e impessoal sobre a questão. Nem tudo se resolve em termos de Biologia em uma idade na qual estamos sob pressão e a ponto de fantasiar.

Em todo caso, essa informação chega muito tarde, pois a sexualidade é importantíssima desde o momento em que chegamos ao mundo; ela não para de se expressar na criança, dia a dia, por meio do vocabulário do corpo. As pulsões genitais trazem uma comunicação interpsíquica permanente entre os seres humanos desde o início da vida. Elas são projetadas em uma linguagem que está no âmbito de nosso desenvolvimento. Na puberdade, quando se desenvolve o sentimento de responsabilidade, o psiquismo, que é uma metáfora do físico, estaria maduro para a responsabilidade de um ato sexual que comporta ressonâncias emocionais, afetivas, sociais e psicológicas. Mas, para chegar a esse estágio, seria necessário, desde a infância, considerá-la como um fato nem bom nem mau devido à fisiologia dos seres humanos, depois como uma relação cujo objetivo é a fecundação. Esse jogo criador muda de estilo com o sentimento da responsabilidade recíproca dos seres sexuados... É preciso que isso tenha sido preparado longamente, por meio do sentimento da responsabilidade por seus próprios atos... o que não acontece: no senso de uma ética estruturada do desejo, não há, absolutamente, uma educação moral; há sempre uma educação-máscara para o outro de desejos inominados e escondidos, quando sentidos. Em que consiste a educação cívica das crianças? Em conduzir um cego na rua, em ceder o lugar a uma senhora idosa, em saber votar... É assim a educação cívica... Mas não houve uma educação para a dignidade de seu corpo e no sentido da nobreza do corpo em todas as suas partes e, se não soubermos ocupar-nos de nosso próprio corpo, tanto para sua manutenção, seu crescimento, o respeito por seus ritmos, haverá descompensação e, por isso, desvio das forças humanas... Tudo isso deveria ser uma informação e uma instrução desde a idade da escola maternal. Isso, porém, de modo nenhum é feito: há uma carência no ser humano, alimentada pela omissão sistemática de se falar a respeito na escola, uma ignorância total e uma incapacidade de assumir o que vem do próprio corpo... É absolutamente desesperador!

O que aparece na representação da criança na natureza, nas artes plásticas... o que aparece também no discurso sobre a criança é que, praticamente até nosso século, separamos a alma do corpo. Codificamos tudo: a formação do "espírito", no sentido da formação do cérebro, mas o corpo é esquecido (quando não é carregado de todos os vícios, pecados... tudo o que é maléfico, negativo). Esquecemos, ocultamos, exceto quando se trata de atacá-lo, açoitá-lo, proibi-lo de se mexer. As atividades naturais do corpo são vistas como triviais, como um insulto ao espírito humano, uma humilhação infligida à espécie humana. Entretanto, tivemos na cultura francesa um mestre pensador que teria podido ser, desde a idade da escola maternal, um senhor do vocabulário: Rabelais. Rabelais sublima pela linguagem tudo o que é da ordem corporal, da alimentação e, ao mesmo tempo, tudo o que há nele de mais transcendente, pois até Gargântua nasceu da orelha de Gargamelle; "da orelha", não "pela orelha" materna. Ele nasceu do que sua mãe ouvia. Ele nasceu pela linguagem... para a humanidade. E da linguagem ele fez palavras, fez a alegria de todos em comum, e que nada tem de erótico para esconder. É um erótico para a alegria do grupo.

Não há melhor preparação para a informação sexual do que ser iniciado desde bem cedo na linguagem da vida, que expõe, pela metáfora, todas as funções do corpo. Até em uma casa moderna, equipada de botões para apertar, existem vestígios dessa linguagem metafórica: dessa forma complementamos os objetos uns em relação aos outros para que adquiram sentido: o fio macho e o fio fêmea das tomadas; a janela que se abre graças à lingueta e que se fecha graças à correspondência do objeto que penetra no objeto que é penetrado. Tudo isso é uma metáfora da sexualidade produtora de coesão e, além disso, criadora de prazer, de felicidade e de utilidade cívica também.

Creio que hoje há duas aberrações no sistema educativo que fazem com que o adolescente não possa entrar em acordo com seu corpo: os exercícios físicos baseiam-se totalmente na competição e não na descoberta do próprio corpo ou no prazer lúdico. O que falta para a criança escolarizada, testada, treinada para os esportes assim como para os exames, é saborear jogos em que há um ganhador e um perdedor que não é humilhado por sua derrota se o jogo tiver sido uma bela partida. A segunda aberração educativa é a negligência das mãos e o empobrecimento da linguagem em comparação com sua inteligência. Alijamos do vocabulário tudo o que era concreto, tudo o que correspondia às funções do corpo ou aos objetos que manipulamos. E cada vez mais cedo. Há vinte anos, na escola primária, a aritmética veiculava realidades (balanças, frascos, bacias, torneiras...). Hoje, até na matemática, ensinamos rapidamente os alunos a manipular (mentalmente) conceitos totalmente abstratos. Não é a prática do esporte puramente competitivo e a linguagem abstrata, muito conceitualizada desde os 8 anos, que podem ajudar uma criança a viver inteligentemente com seu próprio corpo.

Ficamos de consciência em paz, dizendo: "Hoje as crianças praticam esporte... Hoje existe liberdade de linguagem porque as crianças podem dizer palavrões para os pais ou diante deles". Mas isso não tem nada a ver! Isso pode liberar certa agressividade, mas não o que é formador. Essa linguagem não é criativa. Nossas crianças não têm mais vocabulário. Caminhamos em sentido contrário àquilo que seria mais favorável para o equilíbrio do adolescente.

Como explicar esse obscurantismo tenaz que levantou um muro de silêncio diante da sexualidade infantil, levando pais e educadores da Terceira República a agir como se ela não existisse?

No adulto, a memória apaga tudo o que pertencia ao período pré-edípico. É por isso que a sociedade teve tanta dificuldade para aceitar a sexualidade infantil. Nos séculos precedentes apenas as babás a conheciam. Os pais a ignoravam. As babás amas a conheciam porque, diferentemente dos pais, viviam no mesmo nível que as crianças, tanto entre a burguesia como no contexto rural. Aqueles que se ocupavam das crianças eram pessoas à parte, que compreendiam a pré--linguagem não através das palavras, mas do comportamento. Quando Freud falou da masturbação das crianças, os adultos puseram-se aos berros, mas as babás diziam: "Está certo, é isso mesmo... todas as crianças". Por que elas, então, nada disseram? Porque, para a maioria dos adultos, as crianças faziam o papel de animais de estimação ou de criação, conforme gostassem delas ou não.

> Nas sociedades como a do séc. XVII, muitas crianças de classe abastada eram criadas por amas; elas alcançavam rápida e precocemente o estágio de autonomia. Podemos perguntar-nos se, com as amas, finalmente, elas não viviam bastante bem a sexualidade infantil, à medida que elas não tinham as proibições que as mães tiveram depois, no séc. XVIII e no séc. XIX, quando começaram a alimentar seu próprio filho.[2]
>
> A infância de Luís XIII, conforme Philippe Ariès, mostra o que podem ser os primeiros anos de vida sem proibições. Até os seis anos, os adultos comportavam-se com o príncipe de maneira perversa: brincavam com o sexo dele, permitiam que brincasse com o sexo dos outros, que fosse para a cama com os adultos, que os atormentasse. Tudo isso era permitido. Mas, de repente, aos seis anos, eles o fantasiam de adulto e exigem que se comporte como um adulto, governado pela "etiqueta".[3]

Apesar do trauma que poderia ocorrer, havia algo essencial a salvaguardar, pois ele havia, nos primeiros anos de vida, vivido a sexualidade com outras pessoas além dos próprios genitores. Ele tinha mais possibilidade que outros de sair-se bem, apesar da precocidade com que lhe impunham a fantasia de adulto. Seu exemplo é válido apenas para as classes ricas. Então, nos outros níveis da sociedade, como a criança dessa época podia reprimir seu desejo incestuoso e sublimá-lo? Ela era ajudada pelo fato de começar a trabalhar muito cedo. As mães tinham gestações muito próximas, e rapidamente a criança que estava

---
[2] *L'Histoire des Mères du Moyen Age à nos Jours*, Yvonne Knibiehler, Catherine Fouquet, p. 90, a boa ama.
[3] Ph. Ariès, *op. cit.*, I, 5, do impudor à inocência, p. 145.

em seu joelho era substituída, pois chegavam outros bebês; então, para ela, as prerrogativas sensuais passavam a ser apanágio do pueril, agora que ela fora colocada na lista das que cooperavam com o trabalho familiar. Ela compreendia que os direitos sobre a mãe eram daquele que concebia as crianças e que sua imaturidade sexual a afastava da mãe. O pai, ou um substituto do pai, é que dava continuidade, durante todo o tempo da vida genital, fecunda, das mulheres, forçava-o a se promover, pois não era mais bebê e nem capaz de engravidar. O surpreendente é que as meninas, desde os quatorze anos, eram objetos sexuais de homens de idade avançada. Não parece que o incesto tenha tido necessidade de ser dito do mesmo modo e que de fato ele estava atrasado: "Quando eu for grande, poderei beijar mulheres da idade de minha mãe... quando eu for velho, beijarei minha filha em uma outra mulher..." A situação de Agnès, em "Escola de mulheres", deveria ser algo absolutamente banal. Penso que a descoberta de Freud ocorreu em um momento em que a criança vivia muito mais "na família", ao invés de ser criada por uma ama ou de ser posta precocemente fora da família por causa do trabalho. Na família nuclear de hoje, sobretudo na cidade, as tensões e os conflitos são muito mais explosivos, à medida que permanecem subjacentes. Hoje, o número de pessoas com as quais a criança tem contato é mais reduzido em relação ao número de adultos que a cercavam antigamente. Nos sécs. XVII e XVIII, a criança podia transferir seus desejos incestuosos para outras mulheres que achavam engraçado brincar de jogos sexuais com crianças de quem não eram a mãe. De fato, percebe-se que hoje, de certo modo, a criança que vê os avós praticamente apenas em algumas raras reuniões está, por certo número de circunstâncias, cada vez mais fechada na tríade: pai, mãe, filho único. Finalmente, ela é sufocada nesse núcleo, enquanto tendemos a dizer que, por ter televisão, por sair em grupos e por viajar, a criança tem seu espaço ampliado. Isso é muito relativo. Ela tem um espaço material ampliado, mas um espaço relacional-afetivo reduzido.

Para viver os sentimentos que acompanham as inter-relações humanas, ela está muito mais coarctada que antigamente; ela encontra-se ligada a seu genitor ou genitora que são amos e educadores. Antigamente, em geral, os genitores não eram amos nem educadores, mas colegas de ritos de trabalho ou de ritos de representação. A criança agia como eles em relação ao mundo, em relação ao espaço, e entre eles havia muitos adultos substitutos para depositar os sentimentos e a sexualidade incestuosa que se transferia para pessoas do círculo dos pais.

Havia também os exutórios, como as festas de carnaval, as festas de máscara.

Essas festas possibilitavam sob a máscara, ao menos uma vez por ano, às vezes duas, a permissividade das pulsões sexuais: o início ou a metade da Quaresma eram dois dias, durante o inverno no norte da Europa, em que as pessoas ficavam anônimas para os familiares e vizinhos; o rosto era escondido por máscaras e os desejos sexuais, os jogos, as fantasias podiam ser vividos e, por vezes, a realização do desejo sexual, sem que fossem assumidos, pois era Quaresma.

Hoje, a Quarta-feira de Cinzas tornou-se, como a festa dos pais, uma festa puramente publicitária, para vender lembrancinhas. As festas que permitem transbordar emocionalmente não são mais vividas pelos adultos. Mesmo nos lugares onde comercialmente querem dar-lhes continuidade, como em Nice ou mesmo no Norte, como os palhaços na Bélgica.[4] Nossa sociedade, sem dúvida, é muito mais repressora que a de outros tempos. Também para as crianças. Parece que antigamente não havia as mesmas proibições de brincadeiras sexuais entre crianças, exceto irmãos e irmãs, entre crianças e adultos, exceto filhos e pais.

No séc. XIX as proibições existiam, mas na prática havia os recursos, graças às pessoas laterais. Numerosos meninos fizeram as primeiras experiências sexuais com as criadas da família, e isso não apenas entre a burguesia, mas também nas fazendas. Quanto às meninas, se as faziam casar muito cedo, era porque, casadas ou não, seriam objeto sexual dos homens e era melhor que um homem fosse responsável, o pai dando-lhe a mão da filha para que dela cuidasse. O que era surpreendente em nossos costumes é que davam ao genro uma mulher com dinheiro, como se ela fosse uma carga, em vez de fazê-lo pagar, como em certos países africanos, onde é preciso comprar a mulher, pois ela é um valor. Entre nós ocorria o oposto: era necessário dourar a pílula, oferecendo um dote. Nos meios abastados ocidentais, o casamento das mulheres foi, até o séc. XX, algo da ordem do proxenetismo legal. As negociações sobre o dote introduziam no casamento uma relação de venalidade. Primeiramente, infantilizavam o genro, como se ele não fosse capaz de assegurar a responsabilidade pela mulher, uma vez que não podia sequer lhe dar seu valor. Em segundo lugar, infantilizava a mulher, pois parecia dizer: Você custa dinheiro; então, você não é boa para nada. Tratava-se ainda de transformar a menina em objeto de posse do próprio pai, ao qual lhe custava renunciar. O dote representava seu amor por ela. E, para além da pertença a um outro homem, o dote que ele lhe havia destinado tornava-o materialmente presente no casal.

---

[4] *Cf. Le Carnaval de Binche,* Samuel Glotz (1975), Ed. Duculot.

Capítulo 2

A falta

"DEIXAI VIR A MIM OS PEQUENINOS" OU A FONTE DA CULPABILIZAÇÃO

Antes do séc. XIII, as crianças comungavam desde o dia do batismo, com uma gota de vinho consagrado colocada nos lábios. No séc. XIII, os meninos faziam a comunhão pública aos 14 anos, as meninas aos 12. Depois do Concílio de Trento, no séc. XVI, meninos e meninas eram admitidos à mesa de comunhão aos 11, 12 anos. Pio X, que antecipou a idade da razão para 7 anos e instituiu a comunhão privada, fazendo-a preceder pela confissão,[1] deu aos "inocentes" um presente envenenado, acreditando responder à Palavra de Cristo: "Deixai vir a mim os pequeninos".

Essa inovação no culto católico foi uma obra de perversão associada a uma ideia justa e generosa. Ela desencadeou a culpabilização muito precoce da criança e a erotização da confidência a alguém escondido na penumbra do confessionário. Para receber o sacramento da penitência a criança deve estar inculcada pelo sentimento do pecado. Ela não se sentia culpada diante de Deus; a criança, desde pequena, ficava com o sentimento de agir mal quando causava desprazer a um adulto. Ela ficava feliz ou infeliz conforme recebesse balas e cumprimentos ou punições e castigos de seus educadores. A criança não tinha nenhuma possibilidade de distinguir o bem e o mal do agradável ou desagradável.

Para a cristandade do Ocidente, foi a inauguração de um rito que institucionalizou o valor da culpabilidade em uma idade (antes de Édipo), na qual a criança confunde a imaginação e o pensamento, o desejo inconsciente e o agir, o dizer e o fazer e, pior, Deus e os próprios pais e professores.

Antes que a comunhão privada pervertesse tudo, saíamos da infância pela confissão geral das faltas, no momento da comunhão solene, terminada a infância; e, diante de Deus, no plano místico, tornávamo-nos iguais aos pais. Era também a idade da inserção social. Nessa época, na Europa, muitas crianças de 12 anos estavam mergulhadas no mundo do trabalho, deixavam a casa da família, confrontavam-se com a realidade e, diante da lei dos homens, tornavam-se adolescentes responsáveis. Era costume nas famílias que, na véspera da comunhão solene, se pedisse perdão aos pais por tê-los ofendido ao longo da

---

[1] Cf. o decreto da Congregação para os Sacramentos "Quam singulari", de 8 de agosto de 1910.

infância, tendo ou não consciência disso. Depois, a partir dessa festa familiar e sócioparoquial, começávamos a participar – as meninas com as mulheres, os meninos com os homens –, das atividades sociais. Estando à mesa, podíamos falar e, na família, também se passava a ter direito à palavra, o que até ali ainda não ocorrera. Na França, nas famílias que continuavam a educar os filhos como antes de Pio X, em 1940, as crianças tinham direito de falar à mesa apenas depois da primeira comunhão, que era solene, aos 11 ou 12 anos (no 6º ano do liceu). Nessas famílias cristãs, a comunhão privada estava fora de questão. A primeira comunhão acontecia durante o primeiro ou segundo ano de estudos secundários, após três anos de ensino religioso. Antes disso não havia confissão; não se misturava Deus com os rigores contra a moral leiga "pueril e honesta". E as crianças não eram induzidas pela religião a aferir o bem e o mal diante de Deus conforme os caprichos e as neuroses de seus pais e educadores.

> Aos olhos do etnólogo, o acesso à mesa de comunhão pode ser considerado um rito de passagem.

Antigamente, sim. Depois de Pio X, não.
Existe o sacramento instituído por Cristo, fundador da religião, e o ritual que o acompanha. Seria um rito promocional e libertador se acontecesse no tempo adequado. É muito cedo se os dois sacramentos induzirem a culpabilidade e não a confiança em si e nos outros. Confundir o sacramento da confissão e o sacramento da eucaristia já não é bom, e aí também se acrescenta a confusão entre o essencial desses sacramentos e a contingência dos ritos. Evidentemente, tudo dependia do modo como as mães e os pais (principalmente as mães) preparavam a criança para essa autocrítica, diante da lei de Deus, não da deles. Poucos adultos dão exemplo às crianças que os veem viver. Poucos confiam na vida que é a criança e em sua intuição; e eu falo apenas da vida do corpo. Muitos adultos semeiam a desconfiança em si e nos outros, o medo das experiências, o medo das doenças (mesmo depois de sabermos prevenir o contágio). A culpabilidade está presente em tudo; até mesmo a culpa da morte. Uma estrita observância ritual antigamente parecia importante: o jejum. Para comungar deveríamos estar em jejum. Por que não, se era libertador... Mas isso trouxe também certa ambiguidade, como se o alimento espiritual, místico, referente às Palavras de Jesus, alimento simbólico de nossa realidade humana, fosse uma antinomia do bem-estar digestivo. O bem-estar orgânico, a serviço de nossa realidade vital, temporal e espiritual, não é necessário aos diálogos e, por que não também, à criatividade espiritual?

Por que a comunhão a partir da idade da razão aos sete anos? Por que não de zero a sete anos, como fazem os ortodoxos? A criança participa de tudo, a tudo misturando suas interpretações mágicas de tomar e fazer, magia da oralidade e da analidade. A criança desconhece sua parte de liberdade nos próprios atos, agradáveis ou desagradáveis, úteis ou nocivos para si mesma e para os outros. Quando toma consciência disso, ela adquire também a percepção do bem e do mal, o que, aliás, a maior parte das vezes não tem nada a ver com o pecado espiritual. O sentimento do erro é um sentimento leigo. A criança percebe a imprudência de ceder às preocupações que angustiam os pais e ao que estes proibiram. Ela acredita-se em falta quando se machuca ao perseguir uma necessidade ou um desejo. No tempo dos castigos corporais, quando apanhava nas partes sensíveis e motoras de sua individualidade, a criança não se sentia punida por Deus, mas pelo dono dos bens dos quais fazia parte seu corpo de criança que ela havia posto em perigo. Mas, a partir do momento em que se sentia culpada, a criança era instruída pelos mandamentos de Deus, que não devem ser confundidos com ordens humanas. Os ortodoxos fazem uma pausa de dois anos, durante os quais a criança recebe instrução religiosa, entre a admissão à comunhão e a comunhão privada solene. A confissão é feita diante de todos, no meio do coro; o padre está presente, mas o penitente se dirige a uma imagem do Salvador. A criança não diz nada sobre sua vida pessoal. O padre pergunta: "Você pecou contra o primeiro mandamento?" "Sim, pequei." "Contra o segundo mandamento?" "Sim, pequei... Eu sou pecador em tudo." Mas os atos não são detalhados para um interlocutor curioso. Conhecendo os rudimentos da própria religião, depois de dois anos de instrução, a criança era novamente admitida, durante uma festinha familiar, a comungar como "adulto responsável pelos próprios atos".

Para a criança católica é diferente: desde os cinco anos a submetemos a um pequeno catecismo. Em vez de despertar para a vida espiritual, reduzimos o rito a uma psicologização da mística e a uma erotização da relação da criança com Deus e vice-versa. Tratava-se, para os adultos, de um meio de pressionar a criança, ameaçando-a com o castigo supremo da Providência, com o "pecado mortal", com o inferno! Para algumas crianças já é difícil compreender o que é o pecado por atos; ainda mais o pecado por omissão. Mas, para uma criança, o pecado por pensamento não faz sentido. A criança, aos sete anos, não sabe o que é pensar. Pensar é um ato voluntário. Aliás, pouquíssimas pessoas pensam ("Ninguém medita", dizia Sr. Teste). O pensamento dirigido, o pensamento que trabalha em alguma coisa, como o cantor trabalha a própria voz, é um ato mental que nada tem a ver com fantasias. A criança toma as próprias fantasias como pensamentos. Então, que diferença ela pode conceber entre os pecados por pensamento e as faltas por omissão? Ela conserva apenas o medo do pecado mortal. Esse decreto da Igreja católica culpabilizou inutilmente todas as gerações de nosso século, em nome de um Jesus do qual se dizia querer que deixassem as criancinhas se aproximarem! Ele, que veio para os que viviam mal, para os pecadores, os imorais, os fora da lei ou, ao menos, os que eram assim julgados pelos mantenedores da ordem.

E o que dizer da culpabilização do corpo e das novas exigências de relações fora do meio familiar com a puberdade, a explosão vital da adolescência, a masturbação, sempre interpretada como um fracasso, na pior das hipóteses prudente, mas por que a declarar um pecado diante de Deus? É o mesmo que considerar pecador – porque impotente – o saltador que não consegue ultrapassar o obstáculo que se propusera saltar.

Capítulo 3

Memórias da infância

O ANJO, O ANÃO E O ESCRAVO OU A CRIANÇA NA LITERATURA

Na literatura medieval da Europa ocidental, a criança tinha a mesma posição do pobre, quando não do pestilento, do pária. É essa a vontade da Igreja. Os textos do clero lembram que a criança é um ser do qual é absolutamente necessário desconfiar, pois ela pode ser o centro de forças obscuras. O recém-nascido pertence a uma espécie inferior e deve ainda nascer para a vida do espírito. Ele carrega a maldição do homem expulso do paraíso e paga pelos vícios dos adultos, como se fosse sempre o fruto do pecado. Os termos empregados em relação à criança são de desprezo ou mesmo injuriosos. Longo período de desgraça que se esclarece pelo fato de a criança ser batizada tardiamente. Mesmo quando for sistematizado, o sacramento do batismo não apaga o pecado original. Este obscurantismo é sucedido pelo humanismo da Renascença, que põe fim à desgraça dos anões de Deus que estão no purgatório ou no inferno dos inferiores, domésticos, servos e animais. Mestre Alcofribas à frente, com sua genial parábola de Gargântua que pelo poder do verbo nasce gigante. Pede-se que o adulto reencontre o espírito da infância, que vai tornar-se, no séc. XVIII, a primeira virtude cristã. A Igreja, que a princípio jogou as crianças nas trevas, vai reabilitá-las nas consciências.

"O Evangelho proíbe-nos desprezar as crianças pela alta consideração que elas têm dos anjos bem-aventurados que as protegem" (*Tratado da escolha e do método de estudo*, Fleury, 1686).

"Sejam como os recém-nascidos", recomenda Jacqueline Pascal em sua oração inserida no regulamento para os pequenos pensionistas de Port-Royal (*Regulamento para as crianças*, 1721).

É possível que o culto ao Menino Jesus tenha preparado e facilitado essa reabilitação. Em todo caso, ele marca uma etapa, uma primeira conquista. O presépio foi inventado por São Francisco de Assis no início do séc. XIII. Antes dele, não existia o berço da criança-símbolo. Anjo ou demônio, ela era uma criatura aérea ou em seus carvões ardentes. A criança-símbolo está entre o céu e a terra, entre duas cadeiras de beatos, deitada entre dois genuflexórios. Ela é um anjo decaído ou um herói futuro.

Outra causa histórica da reabilitação da criança é o culto aos principezinhos. Este começou em plena guerra de religião. Durante o enfrentamento entre católicos e protestantes, Catarina de Médici projetou viajar de carruagem por toda a França, exibindo para a multidão o novo rei, Carlos IX, que tinha dez anos. Isso por volta de 1560. Luís XIII, quando criança, era realmente festejado como menino-rei. A corte cuidou de sua popularidade como nunca fizera por nenhuma criança. Tudo o que se refere à condição da criança e a seu lugar na sociedade é cíclico. Mas a dialética do discurso do qual ela é objeto é muito mais complexa e sutil do que os dominantes fazem crer. Assim, não se pode afirmar que na Idade Média a criança-símbolo da inocência e da pureza existisse. Se nos discursos literários ela não estiver em primeiro lugar, estará presente nas cantigas populares, nas canções de Natal. No séc. XIII, a maternidade é celebrada no repertório lírico. Esses aspectos dominantes certamente forçam os traços ao extremo e desnaturam, ocultando todos os outros momentos dialéticos, deixando na sombra os outros aspectos. Mas eles não são pura ficção, julgamento arbitrário sem nenhum fundamento. Cada um dos aspectos dominantes recorda ao homem que, no fim do séc. XX, pode pretender senão compreender o fenômeno em sua totalidade, mas, ao menos, conhecer o mistério em sua complexidade e respeitá-lo como um dos componentes da realidade do ser humano em devir.

O julgamento dominante da Idade Média revela que o consenso desses séculos antes de tudo pretendeu conservar a maleabilidade, a plasticidade da infância e a influência do meio, da educação sobre os jovens cérebros; a criança em estado latente é perversa. Apenas a religião a salva. É essa corrente de pensamento que Fénelon receita com seu Telêmaco, racionalizando e laicizando o julgamento do clero da Igreja: a criança deve ser completamente modelada pela educação, a fim de não se perverter. Rousseau inverte o postulado: a criança nasce como o bom selvagem; é a sociedade que a perverte. Lênin retomará para seus pequenos pioneiros o modelo de Telêmaco. O ciclo reproduz incessantemente essas contradições internas. Mas os românticos são herdeiros de Rousseau. O Emílio de Rousseau abre caminho para a Petite Fadette[1] e para Paul e Virginie.[2]

No início do séc. XIX, segundo a dialética dominante, o angelismo sobressai e passa para o primeiro plano. Todos os poetas românticos cantam à criança. Mas sua representação é pueril. A criança é mal encarnada, pouquíssimo corporizada. Trata-se do espectro frágil que evoca a origem divina do homem e o paraíso perdido. Ela faz o adulto recordar a pureza primitiva que é o aspecto mais nobre, mais carismático da condição humana.

---

[1] De George Sand.
[2] De Bernardin de Saint-Pierre.

DIREITO DE VIDA OU DE MORTE

Na Alemanha do tempo do Império Romano, a sociedade parece ter concedido ao pai o direito de vida e de morte sobre a criança apenas no momento do nascimento e antes do primeiro aleitamento.

Em Roma, as decisões dos magistrados tinham força de lei e limitavam a *patria potestas* que era um direito de fato.

No séc. II d.C., Adriano havia condenado um pai de família à deportação por ter matado na caça seu filho que se tornara culpado de adultério com sua madrasta, circunstâncias, porém, muito desfavoráveis para a vítima.

No início do séc. III d.C., os juízes exigiram que os pais não matassem seus filhos, mas os fizessem submeter-se ao julgamento.

No início do séc. IV, segundo os termos de uma constituição editada por Constantino, o pai assassino devia sofrer a pena de infanticídio (*L. unic., C., De his parent vel. Lib. occid.*, IX, 17).

No séc. VI, o Código Justiniano pôs fim ao direito de vida e de morte (*IX 17, lei única,* 318).

INFANTICÍDIOS

Nos processos de infanticídio, apesar de seu número impressionante, é difícil deduzir uma ética da jurisprudência.

O assassino de um recém-nascido tem uma pena menor que o de uma criança com mais idade? A Corte impressiona-se mais com o "modo de realização" (sevícias, veneno, punhal...)? Parece que o infanticídio seguido de tentativa de suicídio goza de circunstâncias atenuantes. Exemplos: Em 1976, Jocelyne L., de 30 anos, mata seu filho mais velho com 10 anos e tenta suicidar-se: condenada a quatro anos de prisão em 1977. Em 1975, Eliane G. mata com água fervente seu filho de dois anos: prisão criminal perpétua.

SEVÍCIAS GRAVES

Os magistrados parecem optar por uma menor severidade das penas, avaliando que a sanção penal dos pais culpados não resolve o conflito com a criança vítima. Notar que as crianças mártires não têm defesa legal (o advogado as representa).

A impunidade é mais frequente do que a repressão em matéria de maus-tratos infligidos a crianças por seus pais. O silêncio da vizinhança cobre as ações do ou dos torturadores. São o médico, o assistente social, frequentemente um vizinho, que dão o alerta.

Os golpes e feridas por sevícias repetidas são mais sancionados do que os acarretados por uma "correção paterna", muito frequentemente desculpada como acidente lamentável.

A violação de uma criança pelo pai ou pelo avô é escondida na maior parte do tempo como um segredo de família. Quando a justiça intervém, ela tem dificuldade para distinguir a relação sexual forçada e o ato de violência da relação por resignação e com cumplicidade do ambiente.

Os romancistas do séc. XIX procuram colocar a criança em seu meio social e dramatizam a infelicidade de sua condição. Ela é vítima da sociedade, do bode expiatório ao mártir, passando por todas as estações de sua via-sacra.

Ainda que se enterneça com a infância, ainda que tome a criança como personagem de romance, a literatura do séc. XIX apresenta a seu respeito apenas uma representação social e moral ou uma reação poética sobre o verdadeiro paraíso perdido ou sobre a inocência achincalhada. Trata-se de um discurso adulto sobre o que foi convencionado chamar "a criança". O romantismo exige que os autores se compadeçam das vítimas de uma ordem estabelecida, colocando-as em cena a partir de uma visão sentimental e humanitária: Gavroche, Oliver Twist, David Copperfield. Mas eles passam ao largo do mundo imaginário dos primeiros anos. A subjetividade permanece a dos adultos que idealizam sua própria juventude. Revanche do escritor libertário sobre o clero: eles caminham na contramão da Igreja: nós nascemos sem pecado. É a sociedade que perverte.

Com o naturalismo desenfreado, reaparece a ambivalência. A bondade natural da criança é outra vez colocada em causa. Mostrando que ela se adapta facilmente nos meios onde está em perigo (Dickens, Hugo), fazendo-a desenvolver-se na rua como um peixe dentro d'água, o romancista revela suas qualidades de esperteza, seus dons de imitação, assim como os vícios e as virtudes dos adultos, suas astúcias, sua simulação, sua capacidade de viver na violência e da violência social, seu amoralismo. Ela é perfeitamente apta à marginalização, e a fome ou a necessidade de proteção dispõem-na facilmente a tornar-se cúmplice da delinquência. Na visão naturalista (Zola), a criança não é mais um personagem que o romancista quer embelezar e gratificar a qualquer preço. Pretende mostrá-la em carne e osso, como ela é, bem viva, mas nem boa nem má. O homem pobre e nu em miniatura, a humanidade sofredora o diminui. Alguns chegam ao ponto de atribuir todos os vícios aos moleques de rua, como se quisessem dar razão ao clero dos séculos anteriores, reconhecendo sua atitude negativa em relação aos órfãos de Deus.[3]

Jules Vallès (A Criança) rompe com o melodrama naturalista sobre a criatura fraca, eterna pequena vítima. Vítima, sim, mas não resignada nem passiva. Em idade de defesa. Soa a hora da revolta. A insurreição da juventude tem seus primeiros sobressaltos durante a trágica utopia da Comuna. A criança de Vallès nas barricadas continua a escalada da qual Gavroche havia lançado a primeira pedra.

Nosso século não inventará nada nesse campo. Ele acelerará o tempo, reproduzindo o mesmo ciclo dialético, ainda que todos os temas dominantes ou

---

[3] *Les Visages de L'Enfant dans la Littérature Française du XIXe siècle, esquisse d'une typologie*, Marina Bethlenfalvay, Librairie Droz, Genève, 1979.

latentes da Idade Média ao pós-romantismo sejam utilizados pelos escritores de duas gerações. O existencialismo sucede o naturalismo em outros termos. Em *As Palavras*, de Sartre, o narrador reconstitui os anos de sua juventude como um conjunto de atitudes e imagens diante dos seus. A criança-camaleão adapta o próprio comportamento ao de seu ambiente, para manipulá-lo ou para ficar em paz. Ela é de tal forma alienada pelo espetáculo que lhe é imposto que busca modelos e nada encontra para imitar.

Em toda essa tradição literária e em suas retomadas, apenas o comportamento social da criança é levado em conta, estudado, descrito. A única novidade, em Sartre, é tentar permanecer neutro.

Em oposição, precursores e marginais têm outro olhar sobre a infância: desse aspecto dorme a imaginação sem poder, a criatividade que brota no deserto e todo o problema consiste em impedir que os adultos a abafem. Mas como? Quem se interessa pelo consciente e pelo inconsciente dos primeiros anos, pelo imaginário dessa solidão tão desesperadora quanto prometedora? Quem explora essas galerias, esses poços, essas fontes naturais como um universo subterrâneo, invisível, mas bem real?

> Tom Sawyer, Huckleberry Finn, de Marc Twain, são uma primeira manifestação da descoberta da criança enquanto ser humano tomado em si mesmo, buscando iniciar-se na vida por meio de suas próprias experiências.[4]
>
> Por fim, temos Isidore Ducasse. Em *Chants de Maldoror*, a metáfora não se deixa decifrar facilmente, mas Lautréamont entregou-nos o mais importante documento escrito em língua francesa sobre a subjetividade da criança. Sua linguagem, no entanto, é iniciática. Apenas pela intuição poética ou pela inteligência da psicanálise temos acesso a ela.

É um romance autobiográfico brasileiro que marca uma reviravolta no discurso literário sobre a criança: *Meu pé de laranja-lima*, de José Mauro de Vasconcelos. A árvore é confidente de um menino de cinco anos. O texto possui uma força instintiva extraordinária. Eu me pergunto como um adulto pode recordar e exprimir dessa forma tudo o que sentiu naquela idade. Ele descreve o luto de toda a vida imaginária de seus primeiros anos – a literatura ocidental é muito pobre quando se trata dessa idade – em uma doença que o poderia ter levado. Ele consegue escrever do ponto de vista da subjetividade da criança que ele foi – sua própria subjetividade memorizada –, algo completamente diferente da subjetividade do adulto, – sua subjetividade de escritor. Subjetividade atual que passou pela castração. Escolhendo um pai simbólico, ele deixou o mundo imaginário animado por sua árvore – que representa sua vida simbólica – para aceitar o mundo real. Ele resolve a crise edipiana por uma fixação homossexual

---

[4] *Terres de L'Enfance*. Le mythe de l'enfance dans la littérature contemporaine. Paris, P.U.F., 1961, por Max Primault, Henri Lhong e Jean Malrieu.

de criança em um velho senhor casto, que ele ama como a um avô e que se torna o sustentáculo de sua evolução. Quando ia adotá-lo, esse homem morre em um acidente. O menino descobre assim a morte, que marca para ele o fim do mundo imaginário e sua entrada iniciática em um mundo onde tudo é comércio e luta pela vida. Esta provação se passa fora da moral ou da contestação social. Não há revolta. *Meu pé de laranja-lima*, na literatura, é uma obra marginal, que nos pega pelas vísceras, totalmente ilógica e poética, estranha a todos os romances de costumes ou de crítica social que trazem crianças à cena. Viver nessa idade é viver como o herói de *Meu pé de laranja-lima*. E logo depois, viver como adulto é outra coisa: é aceitar a morte.

Na Europa, esse testemunho não encontraria sua fonte de inspiração. A criança está por demais enquadrada nas instituições. No país do autor, aos três anos a criança não está matriculada em uma escola; ela tem pais, mas se encontra com quem deseja, levando uma existência um pouco selvagem.

Na literatura da lembrança, nas obras de memória, a criança é uma projeção do adulto. Quando adolescentes, projetamos nossa infância em um indivíduo que não tem nossa história e interpretamos o que ele vive em função de nossa própria história ou, antes, em função do que permanece, em nosso estado consciente. Nos primeiros anos de vida nós não fomos aquilo que projetamos mais tarde. E nunca poderemos ser totalmente verídicos a respeito do que vivemos na infância. Uma vez que traímos assim a nós mesmos, como respeitaríamos a subjetividade das outras crianças? Essa anulação do outro, quando se trata de uma criança, é inelutável. Isso faz parte da repressão dos afetos daquele período.

O sacrifício do mundo mágico em proveito do mundo racional é uma etapa tão real como a perda dos dentes de leite: faz parte da castração do ser humano. A criança reproduz o ciclo da humanidade desde as origens: ela crê na razão mágica ao passo que nós nos submetemos às leis da ciência que explica tudo de modo racional. Ela continua anã na linguagem. É impossível abstrair uma criança da etnia na qual nasceu. O novo para nós, ocidentais, é que a etnia descobre formas de comunicação e técnicas às quais a criança se adapta bem mais depressa que os adultos. Daí a inversão das relações filhos/pais. Percebe-se bem durante as guerras: enquanto os adultos têm medo dela, as crianças pouco se importam de sobreviver ou de morrer, e dela participam inteira e energicamente. Mas chega o momento em que não mais se pode viver assim; é quando temos o sentimento da responsabilidade do outro em um mundo de realidade pensada e experimentada; precisamos idealizar as leis da realidade. E descobrir o medo e o perigo. A criança é uma pessoa que, enquanto tal, não se dá conta de sua própria história, nem da experiência da passagem da preocupação impaciente da infância para a responsabilidade da puberdade assumida. No fundo, a criança é como um sonâmbulo. O sonâmbulo não cai do telhado, mas alguém, desperto, ao tomar consciência do vazio, percebe o perigo do risco, sente medo, e cai. E os adultos querem despertá-lo o tempo todo. Não se deve despertá-lo demasiadamente cedo e, ao mesmo tempo, não se pode despertá-lo um dia, pois ele pertence a uma etnia que obrigatoriamente o desperta. Iniciá-lo muito precocemente faz com que ele perca potencialidades. O que não impede a mudança que, cedo ou tarde, ocorre em todos os seres humanos.

Em *Meu pé de laranja-lima*, o encontro entre o velhinho e a criança é capital. Os dois parecem viver algo juntos e podem compreender-se: o velhinho não tem mais uma vida sexual erótica, a criança ainda não a tem, e eles vivem o amor... um amor entre aquele que vai morrer e aquele que acaba de sair do limbo.

Um lindo livro que também dá conta da verdadeira relação entre uma criança bem nova e um adulto é *Les dimanches de Ville-d'Avray*. A sociedade não aceita essa inocência. Como são essenciais, porém, o diálogo e a vida que esses dois seres dão um ao outro por meio de uma comunicação simbólica e na castidade.

O campo imaginário da infância é absolutamente incompatível com o campo da racionalidade por meio da qual o adulto assume a responsabilidade pela criança. Testemunhar isso autenticamente, sem projeção do narrador, sem repetição de clichês, sem referência a um modelo social, fora de toda moral e de toda psicologia, e sem tentar fazer poesia a respeito, é, no limite, "intraduzível" pelo adulto.

Então, a verdadeira literatura seria a que uma criança escreveria (como Anne Franck, mas ela relata os primeiros anos)? Seria preciso encorajá-las a escrever. Essa literatura não se pareceria com a literatura para agradar as crianças. Ainda que de nenhum interesse para outros, talvez fosse uma terapia da escrita. Cumpriria a palavra de São Paulo: "Quando eu era criança, eu falava como criança..." (1Cor 13,11).

Ela não teria valor de testemunho? *Meu pé de laranja-lima* prova que a tentativa de reconstruir e recriar a subjetividade da infância é comunicável e de grande valor literário. Se víssemos florescer trabalhos desse gênero, diferentemente de todos os romancistas conhecidos que utilizam a própria infância sob o pretexto de um herói para contar uma história, parafrasear um mito ou ajustar contas em um panfleto social, não contribuiria para desenvolver no leitor o respeito pela subjetividade da criança? O pressentimento de que vivemos nos primeiros anos de nossa vida uma experiência sensorial e imaginária sem relação com o que projetamos mais tarde? Talvez, mas faz parte da evolução normal de cada pessoa trair e deformar, um dia, sua própria subjetividade.

> Até o séc. XX, a criança não aparece na literatura dominante como um símbolo da fraqueza fundamental do ser humano, quer seja positivo: é um anjo decaído; quer seja negativo: é um monstrinho... é verdadeiramente um vilão e apenas o humanismo pode salvá-la. Nos contos, nas lendas e nas canções, encontramos tanto a criança malvada como a criança angélica.

A tradição popular coleciona os clichês estabelecidos por séculos de costumes e preconceitos utilizados para distinguir os meninos das meninas. Estas são imitações das mulheres e os meninos, imitações dos homens. A uns e outros indicam o caminho a seguir para que não se deem mal. A criança é considerada um ser imaturo, inferior, sem que haja uma linha divisória nítida entre menino e menina. Então, quando as meninas aparecem como personagem na literatura? Incontestavelmente, até o séc. XX, os heróis masculinos são mais frequentes que os femininos. Nos contos e nas lendas, o Chapeuzinho Vermelho poderia ser um menino, se não fosse comido pelo lobo, que é, no fundo, um velho satírico. Mas sabemos que um menino pode pôr as sátiras em dúvida.

Os personagens femininos da literatura romântica limitaram-se durante muito tempo a representar o papel da mãe ou da jovem que vai se casar: a mulher mãe ou a esposa futura. Parece que foi necessário vencer mais que a inércia, a recusa de toda uma sociedade, para que a menina entrasse, de fato, na literatura como personagem principal. Concebe-se que a criança dos contos não seja sexualmente diferenciada quando não se trata de um menino típico, pois este é a emanação de uma sociedade conduzida por homens, ou até profundamente misógena. É preciso dizer que a maioria dos escritores são homens, George Sand foi uma vanguardista. *La Petite Fadette* é, na França, a primeira heroína de saias. *Les Petites Filles Modèles*, de capa cor-de-rosa, introduz a ambiguidade erótica no personagem. Sofia é a filhinha de Justina.

A Condessa de Ségur não escrevia para adultos, mas para crianças. Ela não considerava sua obra como literatura. Hoje é que afirmamos tratar-se de literatura.

Ela se encontra um pouco na linha dos contos cuja moral deve conduzir a criança a aceitar a norma, mas o tema do sadismo está muito presente; de resto, é o ponto mais original: existe toda uma tradição educativa do romance escrito para os jovens, com o objetivo de lhes indicar o caminho a seguir, o saber-viver, o código da integração social. A Condessa de Ségur lamentava não ser possível cutucar os indisciplinados até sangrarem. Não dizia ela: "É preciso que a punição inspire o terror"?

> *Tess*, de Thomas Hardy, é uma figura premonitória, mártir da revolta do segundo sexo. Muito jovem, por volta de 11 anos, ela é colocada a serviço de um castelão. Aos 15 anos, é mais ou menos violada pelo filho do patrão. Ela parte, tem um filho e se casa. Mas nunca esquecerá o homem que a forçou, que a quebrou. Com raiva no coração, termina por eliminá-lo. Essa rebelião feminina é nova na literatura do final do séc. XIX. Mas a revolta só é consumada pela mulher madura. Como criança, ela é vítima social. Revolta feminina de classe e não revolta sexista no interior da burguesia, como em Simone de Beauvoir.

A criança como vítima da sociedade é uma concepção do séc. XIX. No fim de nosso século, o tema da mulher-criança explorada pelo homem difere e diverge da verdadeira questão: o discurso sobre a criança oculta o imaginário dos dez primeiros anos de vida. Seria inelutável, como um destino, poder utilizar a escrita apenas para recreação literária de nossa juventude, para inventar uma infância que na realidade não existe ou para impor uma ideologia através de modelos? A literatura é a expressão mais alienante da infância e, ao mesmo tempo, a mais iniciática da passagem para a vida adulta? Nesse sentido, ela seria o principal instrumento de doutrinação, de sufocação da sensibilidade artística, pois o próprio escritor cede inconscientemente ao mimetismo que a sociedade desenvolve nos "bons alunos" mais que a criatividade deles.

A literatura não poderia testemunhar a subjetividade da primeira idade e incitar ao maior respeito pela pessoa humana em seu estado de maior fragilidade?

A poesia de Lautrèamont e Rimbaud é para a escrita o que a psicanálise infantil era, no âmbito oral, há meio-século.

> Hoje, quem não conta as recordações da infância! Na literatura francesa atual, esse narcisismo encolhe muito o universo romântico e é preciso ler a produção estrangeira para encontrar sujeitos mais épicos, mais cósmicos. Michel Tournier tenta reencontrar os grandes mitos, mas, no conjunto, a inspiração do romance francês atual inspira-se na infância que o autor teve ou não.

Talvez seja pelo fato de a psicanálise estar entrando na cultura dos intelectuais. Mais que nunca eles suspeitam a importância das primeiras sensações.

Esse "berço" imaginário que se entroniza no quarto dos romancistas contemporâneos representa o lugar cada vez maior que a sociedade dos anos sessenta atribui aos problemas da infância. Moda, culto?

O culto da infância, caso exista, é recente em nossa sociedade ocidental? Na concepção atual – digamos americana –, não acredito que possamos falar de culto da infância, mesmo na primeira parte do séc. XX: trata-se, antes, da entrada da criança como personagem integral, mas também cercada de símbolos. Assim, não podemos dizer que a criança é tomada em si mesma, com uma atitude neutra, mostrada tal qual é, sem ser poético-mitologizada. Ela ainda é prisioneira de todos os símbolos que carrega e o adulto projeta nela todos os seus sonhos, vendo na criança a idade de ouro perdida. Atualmente, poderíamos falar de um culto da criança? Não é fato que a criança, enquanto pessoa, seja bem defendida. Esse "culto da criança" também possui algo de muito mítico. Não é porque aparentemente lhe concedemos um espaço, hoje considerável, que isso torne mais claro o olhar sobre ela. Tenho impressão de que o discurso sobre a criança continua sendo tributário de uma herança cultural e mitológica.

A Criança com maiúscula não existe, assim como a Mulher com maiúscula. São entidades abstratas que mascaram os indivíduos. Na análise do discurso literário, o paralelo entre as relações criança-sociedade e as relações homem-mulher é revelador da fonte comum de todas as neuroses. Da mesma forma que os adultos projetam nas crianças o que rejeitam de um universo ou o que não encontram em si mesmos e querem magnificar, o homem projeta na mulher seus fantasmas, seus sonhos frustrados, seu mal-estar. A mulher-mãe faz o mesmo, acobertando um companheiro que procura uma asa protetora. Os casais se infantilizam. Se a atitude do adulto, tanto do homem como da mulher, mudasse em relação às crianças, talvez a relação do casal fosse mais sadia. O fim do sexismo, da falsa rivalidade e da psicose da alienação machista passariam pelo maior respeito à criança e a sua autonomia, o que implica em melhor vitalidade sexual e amorosa entre adultos casados, pais.

"PELE DE ASNO" E "PLANETA AZUL" (CONTOS DE FADAS À S. F.)

> Parece que os autores de contos e lendas, aqueles que transcreveram a tradição oral emanada do fundo comum do folclore, tiveram a intenção de ajudar seus jovens leitores a passar da infância para a vida adulta, de iniciá-los na aprendizagem dos riscos e na aquisição dos meios de autodefesa. Bruno Bettelheim[5] estabelece, assim, a fronteira entre contos de fadas e mitos. Os mitos trazem à cena personalidades ideais que agem conforme exigências do Superego, enquanto os contos de fadas evocam uma integração do Ego que permite a satisfação dos desejos do Id. Essa diferença destaca o contraste entre o pessimismo penetrante dos mitos e o otimismo fundamental dos contos de fadas.

Os mitos propõem o exemplo do herói com o qual não podemos nos identificar, pois este é um deus ou semideus que realiza feitos extraordinários aos quais não podemos pretender. Ao passo que os contos de fadas falam da vida cotidiana; os personagens principais, meninos, meninas, adultos, fadas etc., frequentemente não têm sequer um nome: diz-se "um menino... uma menina... um pastor..." Eles não têm história, não têm pais. São seres humanos de qualquer família. Não é o príncipe de..., o rei de... Os heróis da mitologia têm algo que é impossível imitar. É desesperador encontrar-se diante de uma montanha inacessível. Eles representam para a criança o papel do pai esmagador.

Nem todos os heróis gregos têm fim trágico, como Prometeu ou Sísifo. Ulisses volta para Ítaca. É importante para os jovens leitores. Se o personagem com o qual se identifica morre ou sofre o eterno suplício, a criança, que deve continuar vivendo, pode ser tentada a abandonar a luta. O final feliz é necessário para encorajá-la ao esforço, à combatividade.

Os mitos, entretanto, têm um valor de iniciação para o jovem leitor. A ideia de provação pode ser percebida: esforçando-nos, podemos com frequência ou sempre vencer as inevitáveis provações da vida.

Penso que o final feliz dos contos de fadas dá à criança a imagem das provações que, evidentemente, estão longe de sua realidade, mas lhe permitem, momentaneamente, identificar-se com heróis que atravessam situações difíceis, mas, com toda certeza, chegarão a triunfar sobre os obstáculos.

---

[5] *Psychanalyse des Contes de Fées*, Bruno Bettelheim (The uses of enchantment), R. Laffont, 1976, p. 39 e 58.

Antes da era da televisão, de uma geração a outra, as crianças liam ou outros liam para elas os contos de fadas. Agora, assistimos na telinha aos filmes de "ficção científica".

Creio que há um substitutivo. O sinal disso é que as crianças querem um final feliz. Há dias acompanhei pela televisão uma luta de OVNIs e pensei: "É o equivalente perfeito dos contos de fadas: há o suspense, o herói com o qual a criança se identifica, os robôs fazem o papel de bruxas ou de fadas, há sempre um tema humano". No filme em questão, uma mulher que se dizia extraterrestre, de repente, transformava-se em uma bela jovem e o robô desaparecia. Mas, para os telespectadores de menos de cinco anos nada substitui o menino e a menina dos contos de fadas.

Bruno Bettelheim, que não é saudosista, e não acusa sistematicamente a televisão ou o cinema, não vê para as crianças com menos de cinco anos nada equivalente aos contos de fadas. Vemos ainda, na programação das quartas-feiras, a dramatização de contos de fadas, mas forçando o grotesco, o bufão. A criança não encontra mais a ética que sustenta seu desejo de se identificar com um herói.

Recoloquemos os contos de fadas em seu contexto social. Eles foram feitos para crianças? Não creio. Os contos de fadas foram feitos para as vigílias, tanto para os adultos como para as crianças. Tratava-se de uma mensagem que podia ser compreendida "por todas as idades", mas que ensinava verdades rudes. *Pele de Asno* é chocante para as crianças: perseguida pelo pai incestuoso, Ane é obrigada a se fantasiar de asno para impedir que o pai a possua. *Pele de Asno* é a história de uma menina que se furta ao prazer incestuoso do pai. Os adultos compreendiam eroticamente este conto, e as crianças também. Ao mesmo tempo, o conto dava a entender que, quando a mãe morria, era perigoso para uma menina permanecer em contato com o pai.

Muitas vezes confundimos os contos para crianças e os contos que os adultos contam para as crianças, que os pais ou os avós têm prazer em contar para as crianças.

> A história do *Patinho Feio* ou a história de *Pele de Asno* são também encontradas na China: trata-se de arquétipos. *A Gata Borralheira* tem sua origem no Tibet. É testemunha disso o folclore ladakhi, recolhido por refugiados tibetanos de Delhi (Índia) por Ngawang Sõpa: "No fundo de um vale vivia um rei. Lá em cima, na encosta, viviam uma velha e sua filha...". O tema da *A Gata Borralheira* é colocado. Na versão tibetana, enganada pela madrasta, a Gata Borralheira mata a mãe com as próprias mãos: quando esta pilava cevada em um moinho de grãos, a filha solta a roda do moinho que esmaga a mãe. Seu trabalho de borralheira e sua vida de exilada são uma forma de assumir a falta ou o erro cometido anteriormente.

São histórias da evolução da criança que tem dificuldades com os adultos, com o cosmo, com a natureza, com a realidade. Representar uma criança em relação a um gigante não tem nada a ver com mostrar um pequeno ser imaturo, mas é a melhor metáfora da passagem obrigatória para a vida adulta: ou você passa de lado ou você passa por dentro sem perceber. Mas, se você se der conta, isso o levará a viver. Ainda que seja um discurso escrito por um adulto e para adultos, é o que tem maior valor para a criança.

Eu me pergunto se os mitos não servem mais o destino de um ser humano essencial, que todo ser humano encontra, enquanto o conto de fadas ajuda a suportar as situações características de alguns seres humanos. Os mitos tratariam das relações da criança enquanto indivíduo da humanidade, a criança cósmica diante das forças da natureza naquilo que elas têm de incompreensível, às voltas com um real que jamais conheceremos. E os contos de fadas seriam a representação da criança histórica e social, mas a "criança" considerada – com a exceção dos contos edificantes – de modo totalmente impessoal, despersonalizada e compreendida em sua totalidade.

Nos mitos, nunca vemos personagens doentes; é nos contos de fadas que encontramos a criança doente, a mãe doente, o pai ferido por causa de um feitiço que uma feiticeira sobre ele lançou. Nos mitos, eles ficam prisioneiros de forças, mas não doentes.

Outro aspecto específico é que frequentemente os mitos representam as origens da humanidade, pois muitas vezes tratam dos conflitos e da filiação entre os deuses. Talvez haja aqui uma função específica dos mitos que não encontramos necessariamente nos contos de fadas... Vemos isso entre os indígenas, em toda a bacia do Mediterrâneo: trata-se do combate entre deuses, da infância dos deuses, das provações dos deuses, das guerras entre deuses, do ódio, da inveja, do amor e do incesto entre deuses. São históricos ou pré-históricos, ao passo que os contos de fadas têm o espaço do imaginário.

Os contos começam com "Era uma vez...", enquanto os mitos são atuais, uma forma de tornar antropomórficas as forças cósmicas e telúricas de sempre.

Nesse sentido, podemos dizer que o mito é um aprendizado da metafísica e da religião, do homem cósmico em relação com as forças e com a lembrança das origens, enquanto os contos de fadas seriam muito mais a aprendizagem da preparação para a integração social. De resto, em sua diversidade, de um país a outro, eles revelam, por meio dos objetos, pelos ambientes e pelo modo de vida, determinados tipos de sociedade. Nos mitos, as constantes são mais chocantes: os incestos, as maldições, os tabus infringidos, tudo isso está quase às claras nos mitos indianos, greco-romanos, africanos. É espantoso verificar que nos mitos da criação do mundo dos masaï há uma mistura de arquétipos cristãos, bíblicos e puramente animistas. Com um touro, Deus criou um homem e uma mulher.

Seria mais interessante falar para nossas crianças a respeito da Lua, de Plutão, de Marte, do que de Ulisses ou de Prometeu; contar-lhes, de fato, contos do espaço. Talvez se trate de uma literatura a ser adotada, mas cujo fundo existe; bastaria apenas utilizar mais as lendas que vêm da Ásia, da América e da África.

Michel Tournier, com a ajuda dos Reis Magos, tenta retomar a tradição, parafraseando livremente a lenda. Ele inventa o quarto Rei Mago, que é um grande comilão e vai a Belém exclusivamente para encontrar a receita de *loukoums* (doce árabe de goma recoberta de açúcar). Esse tipo de humor divertiria muito as crianças de hoje.

Quanto a mim, acredito, por diversas razões, que o conto de fadas de Perrault não é mais mediador (primeiro porque não há mais contexto, pois não há mais os avós para contá-lo... e depois porque o mundo mudou). Pergunto-me se não haveria entre a ficção científica, a conquista do espaço e os grandes mitos uma nova osmose; talvez tenhamos chegado a um momento em que as crianças podem saciar-se com os arquétipos planetários, ser colocadas em contato direto com os grandes mitos e, talvez, simultaneamente, com um vocabulário e um espaço diferentes. As histórias em quadrinhos prepararam-nas para isso.

Contrariamente aos contos de fadas, os desenhos animados são histórias sem palavras, mas não sem som ou colorido. Trata-se da linguagem em atos (passivos e ativos), em um ambiente natural ou criado pelas mãos do homem, mas simples, tornado abstrato; são um quadro para a história ou para um herói (não necessariamente humano) que deve resolver problemas de vida, de sobrevivência, de vizinhança, de rivalidade, de prestígio, de inveja, de malevolência, de mal-entendidos, de violência, do fraco vitimado pelo forte... No entanto, todas essas provações são compensadas, quando não resolvidas, pelo amor. Os desenhos animados substituíram as histórias contadas às crianças pelos adultos. Os heróis animais anões possibilitam que os menores de cinco anos se identifiquem com eles, e as crianças que têm pouco vocabulário compreendem o texto latente. É pena faltar uma pessoa amada que traduza em palavras as emoções suscitadas por essa história em imagens que fazem eco a experiências reais ou a fantasmas que as crianças criam nos momentos de solidão.

A CRIANÇA-SANDUÍCHE

Quando eu era criança, imagens de meninos não eram utilizadas para publicidade; os bebês tinham o sexo dos anjos. Impossível saber se o "Bebê Cadum" é menina ou menino! Para anúncios e propagandas, tratava-se de um bebê objeto. O hábito de fotografar os recém-nascidos nus, mas de bruços, foi adquirido depois da invenção do processo fotográfico primitivo de fotografar recém-nascidos nus, mas com a frente lisa. O pipi não era visto nem conhecido. Nos álbuns de família os meninos desapareciam sob o longo vestido de batismo. Essa indiferenciação ou ambiguidade manteve-se praticamente até a véspera da Segunda Guerra Mundial.

Os primeiros anúncios ilustrados de interesse para os bebês em fase de amamentação saem à caça de amas de leite. Elas é que aparecem. Depois apareceram as propagandas dos primeiros leites em conserva. E das farinhas. *La Phosphatine Fallière* era representada por uma grande sopeira sendo escalada por criancinhas. Sucedâneos dos anjinhos de outrora. A primeira representação publicitária de uma menina aparece em um pôster do Chocolate Menier: uma menina escrevendo "Chocolate Menier" em uma parede, com letra de boa aluna, conforme o padrão da época.

Esse precedente – a inclusão de meninas na publicidade – permaneceu muito tempo sem seguidores.

Observamos que, a partir do momento em que a representação publicitária da criança é claramente sexuada, a imagem masculina domina até os anos cinquenta. Como se a publicidade fosse coisa de homens, grandes e pequenos, para escolher a marca e a cor. Paralelamente, o vestido de batismo do menino desaparecia do álbum de família à medida que ele se torna, nos muros da cidade, o modelo da criança-consumidora ou, de preferência, de mediador de compras.

Observar que a publicidade transmitida pela televisão é a que mais atrai e mais prende os telespectadores mais jovens é prato cheio para a sociologia. Após maio de 1968, denunciava-se o "desvio cultural de menores": "Que calamidade! Considera-se a criança como consumidora". É verdade, mas a resposta do interessado não é passiva. A criança não é pateta e exerce seu senso crítico: ela ri se a piada for engraçada, memoriza os slogans que lhe agradam. A publicidade brinca com a linguagem, inventa efeitos cômicos. A vida cotidiana é estressante; a seriedade, o cansaço, estão presentes no rosto dos adultos. São raras as pessoas de bom humor e os jogos de palavras que antigamente alegravam os colegiais são substituídos pelas onomatopeias das histórias em quadrinhos. A publicidade desdramatiza o "métro-boulot-dodo"[6] e ajuda a criança a libertar-se de certas situações conflituosas por meio do riso ou da alegria.

É possível que a publicidade por meio da linguagem visual e verbal desenvolva as faculdades críticas da criança mais do que a escola. A criança pode dizer: Se eu escolhesse, não escolheria necessariamente como a criança da propaganda.

A menina do Chocolate Menier estava na vanguarda da mídia no início do século. Ela anunciava, com mais de cinquenta anos de antecipação, que a criança de menos de dez anos seria, aos milhões, a vedete dos muros das cidades. Essa conquista seria feita em etapas: vivemos o reinado da dupla mãe-bebê; depois vem a família nuclear, radiante, graças ao uso de determinado produto; o papai--galo sucede o solteiro musculoso e a publicidade mostra o pequeno príncipe sozinho. A *criança-sanduíche*, clamaram os críticos da publicidade. De fato, esse destaque que lhe é dado em primeiro plano a valoriza. Daí por diante a sociedade reconhecerá seu direito de escolha. Ela toma parte na decisão de compra. É representada desperta, astuciosa, desenvolta, de bom gosto, exprimindo-se com facilidade. Os clichês do bebê-catástrofe são rejeitados. A exploração das crianças pela mídia é um falso processo.

---

[6] Pronuncia-se "metrô-bulô-dodô" e significa "metrô-trabalho-dormir", ou seja, a maior das rotinas (N.T.).

Capítulo 4

O fechamento

O ESPAÇO DA CRIANÇA

Em que medida mudou o espaço no qual a criança se desenvolve? Ele é mais fechado que no período medieval por causa da privatização do espaço social e familiar. No séc. XIX e até a metade do séc. XX, o enclausuramento é o destino dos filhos da classe abastada, pequena e média burguesia. A grande mobilidade das famílias, hoje, não modificou em nada esse espaço tão protegido, pois as crianças são transportadas de porta em porta e, como os percursos cotidianos são feitos cada vez mais rapidamente, o espaço atravessado torna-se quase irreal, sem relação com os habitantes desses lugares.

De onde veio a ideia das mansões burguesas onde vivemos, rodeadas de muros, voltadas para si mesmas? Para compreendê-lo, é preciso voltar à época do feudalismo, quando a segurança coletiva era assegurada por um senhor, por um príncipe.

Possuir muros atrás dos quais se entrincheirar, reservas com as quais resistir a um assédio e armas para se defender eram prerrogativas de um senhor a quem pagava impostos em troca de sua proteção. A exemplo dos chefes de toda uma região, os pequenos chefes têm a ideia de viver como ele em escala reduzida. A casa é como um pequeno castelo, no interior do qual todos podem sentir-se em segurança. Pouco a pouco, nas casas da burguesia, chega-se a possuir aposentos privados "como no castelo".

A imagem do castelão alimentou o desejo de modificar a arquitetura interna, enclausurando a unidade de vida. Mas é provável que ela tenha sido mais imposta no campo que na cidade. As cidades eram cercadas de muros e fechadas à noite por grandes portas; milícias patrulhavam para assegurar a proteção das pessoas; a riqueza privada estava repartida entre mãos mais numerosas no Renascimento que no início da Idade Média.

A privatização do espaço é um fenômeno dos tempos modernos, ainda que, desde o séc. XV particularmente, nos palácios italianos e mesmo na casa dos notáveis, os arquitetos tenham reservado mais aposentos para a intimidade da família. Ficam abertos os pátios, as loggias, permitindo ainda a passagem de uma multidão de visitantes. Existe sempre um lugar comum onde todas as classes se misturam e onde a criança se desenvolve e adquire muito rapidamente uma grande experiência das relações sociais.

No interior das casas dos artesãos e dos camponeses, o papel da sala comum permanecerá preponderante por muito tempo. A socialização do espaço tem também um motivo prático que não podemos esquecer. Compreendemos que ele tenha sido privatizado muito mais tarde no campo, onde a técnica penetrou nos lares com um século de atraso em relação ao fenômeno urbano.

Calor do fogo, calor humano: na casa fria, o átrio reuniu durante muito tempo adultos e crianças ao redor da única fonte de calor para a vigília. Atividades e repouso aconteciam no mesmo local. A técnica pôs fim à promiscuidade familiar. Mas, ao mesmo tempo, expulsou a convivência. Desde que se tornou possível aquecer diversos aposentos, as crianças passaram a ter quartos separados do quarto dos pais.

A privatização do espaço é acompanhada pela evolução da vida familiar. Quando sobrevive às doenças da primeira idade, a criança deve, antes de tudo, defender os interesses da casa paterna e conservar seu patrimônio. No período medieval, aos sete anos ela era considerada um pré-adulto, destinada a tornar-se rapidamente útil para a sociedade, isto é, para seu grupo social, a corporação do pai, e não apenas para sua família. A partir do momento em que está exclusivamente a serviço da casa paterna, a família do séc. XIX tende menos a confiá-la ao exterior – salvo em pouca idade –, a colocá-la como aprendiz desde os sete anos. Ela permanece em casa.

Tendo seu espaço de vida reduzido, o que ela ganha em trocas coletivas com os parentes mais próximos, mais atentos, mais preocupados com sua saúde, ela perde em autonomia, em contato com os outros.

Esse fechamento burguês lhe confere uma proteção ilusória, pois apenas a experiência dos riscos imuniza verdadeiramente contra os perigos que podem ameaçar sua integridade física.

A multiplicação das escolas completou a internação da criança. "É culpa de Carlos Magno." E não passa de uma lenda. Tudo começou sob seu reinado. Nas primeiras escolas religiosas, os adultos iam com os jovens ouvir os clérigos. Mas, no fim da Idade Média, vemos surgir no Ocidente as primícias dos ciclos de escolarização dos tempos modernos: os alunos são agrupados por idade em vez de estarem misturados a outros por disciplinas e por nível de instrução.[1]

---

[1] *Huit Siècles de Violence au Quartier Latin*, André Coutin, Editions Stock, 1969.

4.000 ANOS DE COMÉDIA ESCOLAR

"Estudante, onde você foi desde sua mais tenra infância? – Fui à escola. – O que você fez na escola? – Recitei minha tabuinha, tomei meu desjejum, preparei minha nova tabuinha, enchi-a de escrita, e a terminei; depois me indicaram minha recitação, e ao meio-dia me indicaram meu exercício de escrita. No fim da aula, fui para casa, onde entrei e encontrei meu pai sentado. Falei com ele sobre meu exercício de escrita, depois lhe recitei minha tabuinha, e ele ficou encantado... Quando acordei de manhãzinha, virei-me para minha mãe e lhe disse: 'Dá-me o desjejum, pois devo ir à escola'. Minha mãe me deu dois pequenos pães e pus-me a caminho. Na escola, o vigilante em serviço me disse: 'Por que você está atrasado?' Espantado e de coração batendo, fui até diante de meu mestre e lhe fiz uma respeitosa reverência. Ele me repreendeu por meu atraso. Depois me puniu por eu ter-me levantado durante a aula... Eu lhe mostrei minha tabuinha e ele me disse: 'Sua escrita não é satisfatória'. Recebi também o açoite. O estudante disse a seu pai: 'Convide o mestre para ir até nossa casa'. O pai prestou atenção ao que disse o estudante. Fizeram vir o mestre da escola e quando ele entrou na casa, fizeram-no sentar-se no lugar de honra. O aluno o serviu e o cercou de cuidados e tudo o que ele havia aprendido sobre a arte de escrever sobre tabuinhas, ele enumerou junto de seu pai. O pai derramou vinho para o mestre e o vestiu com uma roupa nova, deu-lhe um presente, colocou um anel em seu dedo. O mestre disse ao aluno: 'Jovem homem, como você não desprezou minha palavra nem a colocou no lixo, que você possa alcançar o pináculo da arte do escriba; que você possa chegar plenamente a ele... De seus irmãos você possa ser o guia, de seus amigos, o chefe; que você possa ter a mais alta posição entre os estudantes... Você realizou bem suas tarefas escolares, e eis que você se tornou um homem de saber'."

(Texto reconstituído conforme as tabuinhas sumerianas e publicado no "Journal of the American Oriental Society", junto com trabalhos dos mais eminentes assiriólogos.)

Foram os mais ricos que escaparam por mais tempo da internação escolar. Os filhos dos senhores continuaram a aprender o ofício das armas, beneficiando-se de todos os contatos sociais oferecidos por uma existência aberta para o exterior; havia solidariedade de casta, mas não segregação de idades ou de classes: nos jogos e nas lutas, eles estavam ao lado do povo. Nas escolas, os pobres eram bons alunos e os ricos, maus alunos. Pois aqueles que por nascimento detinham o poder político eram menos assíduos junto ao clero, que dispensava o poder intelectual. Eles consagravam-se à vida das armas. Os filhos dos plebeus, que podiam esperar uma promoção, dedicavam-se a uma vida de estudos. Eles foram segregados, em primeira linha, pelos professores que desejavam fazer de suas escolas viveiros de clérigos. O saber livresco, a erudição, foram assim desviados da cavalaria. Podemos encontrar aí o fermento da revolução. Pois isso desemboca em um poder político que muda de mãos.

O que ocorreu na Gália e na França medieval aconteceu também na África Negra nos sécs. XIX e XX. Em nossas antigas colônias, os primeiros escolarizados foram os filhos dos plebeus, dos mais pobres, das concubinas que não tinham nenhum futuro. Os filhos dos notáveis, dos costumeiros chefes, não sentiam necessidade de ser valorizados pela escola para ser apreciados pela sociedade. O prestígio do nome, o poder da casta lhes bastavam. Para os deserdados, a única oportunidade de promover-se socialmente era aceitar o ensino que o colonizador dispensava às crianças negras. Aqueles que foram escolarizados em língua francesa tornaram-se os professores do país. Essa segregação escolar, desejada pela antiga elite de poder hereditário, está na origem de uma verdadeira revolução social na África negra francófona. Como na França da Idade Média.

A abertura das escolas de clérigos foi para a Igreja um meio de contar suas tropas, de ter nas mãos as ovelhas desde pequenas. Com efeito, os clérigos admitiam apenas aqueles que estivessem inscritos no livro de registro de batismos. Isso por causa de uma política interna: desejava-se instruir apenas os cristãos. Mas também de uma razão prática: como controlar a frequência se não for possível chamar cada aluno pelo nome? Até o Império carolíngio, não havia pressa para batizar: basta ver os pequenos batistérios do tamanho de uma pequena banheira. Significa que eles tinham sido concebidos para acolher não recém-nascidos, mas crianças que haviam crescido.

Desde que a Igreja convenceu os franceses da necessidade de escolarizar a criança, de confiá-la à escola, os registros de batismo começam a encher e a cerimônia não mais será adiada.

Observamos retomadas coloniais deste fenômeno saído do Ocidente medieval nos países evangelizados por missões muito católicas. Hoje, no Brasil, os pais não podem matricular na escola uma criança que não seja civilmente registrada. A ausência do registro implica penalidade. A multa é tão alta que os pais aguardam muitos anos para fazer o registro. Então, para pagar uma multa menor, os retardatários declaram uma idade inferior à real e matriculam na 1ª série crianças que poderiam estar na 4ª ou 5ª. Os dirigentes das escolas, contentes por terem "clientes", observam apenas a idade do registro civil. Isso ocasionou lamentáveis erros de diagnóstico. Casos de puberdade muito precoce eram apresentados aos médicos. Meninos púberes que na certidão de registro civil tinham apenas oito anos. Eles recebiam tratamento endocrinológico, sem pesquisar a respeito dos cinco anos que os pais tinham omitido para pagar a multa menor.

> A separação geográfica entre crianças ricas e crianças pobres nas cidades da Europa data do séc. XIX.
> Na Idade Média, a exibição da riqueza era um espetáculo. Um rico não hesitava em ir muito bem-vestido a um asilo miserável ou a uma casa paupérrima. As classes sociais misturavam-se na rua e nos lugares públicos. A segregação não dividia a cidade em bairros bonitos e guetos de miséria. A insalubridade era para todos. Havia uma mistura constante das populações europeias. Um estudante francês de família nobre chegava a Paris com seu valete ou com seu irmão de leite e, por falta de internato, ficavam alojados na casa de um habitante do Quartier Latin, sem procurar a casa de alguém de sua condição.²

Como celibatários, os clérigos recebiam como filhos aqueles que não podiam ficar a cargo dos próprios pais, alojando-os durante o tempo que seus estudos durassem. Em troca, eles eram destinados a engrossar o clero da Igreja católica. Apenas na segunda metade do séc. XVIII, os ricos começaram a fechar-se em bairros reservados e a separar-se da população trabalhadora. A noção de belos bairros data de Haussmann. Antes do séc. XIX, quem teria dito: "Vamos ao subúrbio"? Em Paris, a burguesia e o povo acotovelavam-se incessantemente.

Enquanto os clérigos se multiplicavam, recrutando os pobres, a nobreza dava continuidade à tradição de colocar socialmente os meninos.

O filho de um homem de posição elevada partia dos sete aos catorze anos para o aprendizado, para a casa de um outro nobre, com o objetivo de tornar--se também ele um senhor, um senhor que seria servido. A ideia sadia era que para aprender a ser bem servido é preciso, antes, saber servir.

As crianças pobres colocadas nas casas após os 14 anos permaneciam a serviço do senhor ou eram recolocadas em outras casas. Mas elas também aproveitavam o tempo de aprendizagem. Aos oito anos, para tudo o que se referia à vida prática, elas eram auxiliares manuais das crianças menores da casa e aprendiam ao mesmo tempo em que o jovem senhor. Quando o valete

---

² Id., op. cit., Huit Siècles de Violence au Quartier Latin.

servia a refeição, o senhor lhe falava sobre o que estava aprendendo e, se fosse inteligente, ele também aprendia. Ele ouvia o senhor estudar, entretendo-se e estudando também. Para as meninas era diferente, pois elas ficavam na cozinha ou na lavanderia e aprendiam apenas a cuidar da casa. Casavam-se aos 15 anos. O ensino das meninas separadas da própria família era reservado para aquelas que tinham sido destinadas a ser religiosas; os pensionatos as recebiam como pupilas.

A Igreja contribuiu muito para fazer as crianças carregarem todos os pecados do mundo e para manter a ideia de que sua vulnerabilidade as torna suspeitas: elas são permeáveis aos maus espíritos. A Igreja não ensina e, mais ainda, não proclama que nem o batismo apaga o pecado original? A criança nasce marcada. Marcada pela desgraça, pela fraqueza. Desconfiam dela quando não é desprezada. Sendo assim, é preciso remodelá-la completamente para escapar à potência maléfica cuja sede predileta é essa presa fácil.

O rito de passagem era a Primeira Comunhão. Antes dessa iniciação, em quase todos os meios e até a Segunda Guerra Mundial, as crianças não falavam à mesa na presença do pai, salvo se lhe perguntassem algo. Elas não tinham direito de tomar a palavra se não fossem convidadas a fazê-lo. Podiam apenas ouvir os outros comensais. Um resquício da educação religiosa de seus ancestrais. Apenas a partir do momento que tinham sido admitidas à Santa Mesa que elas podiam falar à mesa profana da família. Antes da Primeira Comunhão, o espírito não sopra sobre elas. Eu tinha cinco anos e meio em 1914, e em minha casa era assim. E assim continuou entre as "crianças bem-educadas", até 1939.

O respeito pelo pai não era apanágio das famílias burguesas. Mesmo nas casas dos camponeses as crianças dirigiam-se ao pai na segunda pessoa do plural. Será necessário aguardar a ruptura dos anos sessenta para que a criança, à mesa, possa interromper e discordar do adulto. Entre artesãos e operários é diferente; o aprendiz, mesmo que não tenha dez anos, come com o patrão. Em poucas palavras, os que mais podiam desenvolver a inteligência da vida eram os jovens que pertenciam a uma estrutura social e econômica inferior.

A admissão à mesa paterna foi postergada até a adolescência nos meios burgueses. A criança não faz as refeições com os pais, mas em companhia da "senhorita", a governanta que preside as refeições, delas participando e, frequentemente, com a responsabilidade de lhe ensinar boas maneiras. Manter-se ereta quando sentada, as mãos sobre a mesa, mas não os cotovelos, o garfo à esquerda, a faca à direita, mantida com delicadeza e voltada para o prato. Nunca mastigar com a boca aberta etc.

> Com a dupla internação, familiar e escolar, o espaço concedido à criança das cidades estreita-se cada vez mais. E o que lhe resta é trancado, balizado, delimitado por proibições.

No caminho para a escola os pequenos aldeões conservavam um pouco de iniciativa, marcavam encontros, inventavam esconderijos e jogos. Hoje, o transporte escolar os priva de todo contato com a natureza e com a vida dos adultos. O trajeto se reduz a ser levado de porta em porta. Nada de desvios, de encontros pelo caminho. As mães vão de carro buscar as crianças e o transporte escolar as trata como encomenda postal registrada. A criança-pacote não tem mais direito de observar, de se distrair.

Por ocasião de uma recente mesa-redonda sobre os fracassos escolares, os professores constataram que eles têm mais sucesso em captar a atenção dos alunos no meio rural que no meio urbano. Observaram que nas pequenas cidades, onde o transporte escolar ainda não é organizado, o grau de concentração na sala de aula é melhor. Ir a pé para a escola possibilita que as crianças vejam o mundo que existe: um mundo de frio, de calor, de vento, de neve, de chuva; podem sentir o solo muito duro, ou lamacento, ou seco, sem contar os pássaros, o barulho da natureza, os riachos, os animais etc. Tudo isso dá às crianças mais o sentido das coisas, por exemplo, o motivo para vestir tal roupa que protege; em consequência, elas dão mais importância ao trabalho dos professores. Elas querem aprender, respeitam mais os livros. Na cidade, são os pais que compram os livros que, aos olhos das crianças, não têm mais importância. No campo, as crianças estão fisicamente cansadas quando chegam à escola, mas disponíveis intelectualmente e querem progredir socialmente. Para tanto trabalharão mais.

Ocorre o mesmo com as crianças que fazem o ano escolar durante o mês de "sala de neve". Em geral, os professores obtêm excelentes resultados. Os alunos, ao ar livre, podem experienciar seu próprio corpo, têm um espaço no qual são responsáveis por si mesmos e, por isso, quando vão para a sala de aula, têm o espírito muito atento, pois foi empregada toda a necessidade motora. Além disso, à noite, não precisam entrar no padrão moral pueril: "Diga para a mamãe", "Diga para o papai"; contar todas as noites o que fizeram. Na pequena cidade onde foi instalada a "sala de neve" elas têm real autonomia e não são obrigadas, todas as noites, a relatar para os pais tudo o que fizeram. Pode-se dizer que os pais só vivem após ter ouvido o que os filhos lhes contam. Além disso, quando estão ao ar livre, a apreensão não é a mesma de quando estão dentro da sala de aula; a criança não é reduzida a um discurso sobre a segurança. É preciso prestar atenção às pistas, cuidar do material, escutar o monitor, mas durante o caminho não há: "Você vai encontrar um sádico que lhe oferecerá balas" ou "Os colegas vão levar você para jogar nos papa-níqueis". Não há proibições ("Os menores de idade não podem fazer isso, não podem fazer aquilo..."; "Você vai ser esmagado..."). Na cidade, o espaço é cheio de tentações e, por isso mesmo, de proibições, pois a criança não tem poder aquisitivo e está à mercê de qualquer um que, parado diante de uma vitrine, lhe ofereça um brinquedo; portanto, diante de eventuais perigos.

Nas cidades onde vão para as salas de neve, existem freios e proibições necessárias, mas eles existem também para os adultos: por exemplo, não fazer loucuras nas pistas de esqui.

Frisamos um pouco demasiadamente o fato de os resultados escolares serem melhores nas salas de neve porque os alunos estão longe dos pais e estes, diariamente, desfazem algo da vida de infância que se estrutura na escola... Não creio que seja essa a única explicação. Creio que é porque a vida de liberdade, de expressão de si mesmo e de intensa atividade física representa uma contribuição para o tempo de confinamento. A concentração mental é possível após uma grande queima de energia física, de gritos, de risos, de emoções. Alguns professores me disseram:

– Uma criança dá conta de todo o ano letivo durante esse mês apenas.

As crianças recuperam o espaço imaginário do próprio corpo; elas veem uma montanha: "Vou bem lá em cima!" Elas se identificam com as pessoas; em relação aos pais elas recuperam o direito imaginário ao próprio tempo de infância. Evidentemente, além das aulas, elas têm de submeter-se ao curso de esqui. O que o corpo delas aprende não é a disciplina obrigatória, mas um jogo, uma parte de prazer. Embora a escola também lhes seja prazerosa. A escolarização seja prazerosa. Tudo é mobilizado: a necessidade de motricidade, de imaginário, de promoção. Conquistar o domínio do esqui valoriza a criança a seus próprios olhos e também aos olhos dos colegas.

> Se um policial encontra uma criança andando sozinha pela rua em horários extraescolares ele a interpela, pergunta-lhe onde moram seus pais e a encaminha. Ele tem, inclusive, autoridade para acompanhá-la. Se perceber que a criança está entregue a si mesma, pode ser aberta uma pesquisa social. Na França, não há restrição de circulação do regulamento policial, mas o representante da ordem pode limitá-la de fato em nome da proteção aos menores. Os seguros podem não cobrir os riscos de acidente se o estudante se afasta do trajeto da escola onde estuda, o que leva os tutores legais da criança a acompanhá-la ou a cronometrá-la, para que percorra exatamente o trajeto residência-escola nas horas de abertura e de fechamento dos estabelecimentos. Não há força da lei ou regulamento policial mas o seguro é – a menos que haja um contrato que preveja cobertura mais ampla – um argumento dissuasivo que leva a canalizar a criança e que a impede de passear sozinha.

Meu marido conheceu na Rússia, antes da guerra de 1914, essas restrições de circulação de estudantes. Quando as pessoas encontravam uma criança na rua, fora dos horários regulamentares, interrogavam-na e levavam-na para casa. A lei as proibia de, após o horário escolar, saírem quando bem entendessem, e a polícia da cidade, com a ajuda da população, zelava por sua aplicação. Os estudantes tinham autorização para percorrer apenas o trajeto que ia da casa deles à escola. Não era uma medida extraordinária durante um período conturbado, mas um regulamento normal. Hoje, essa medida evoca os rigores de uma educação vigiada.

Lá, naquela época, fazia parte dos costumes. Para enfrentá-la era necessário fantasiar-se e ter cúmplices. Aos 16 anos, meu marido, que estava na última série, queria ir ao teatro admirar a mulher de seu professor, uma comediante por quem ele se apaixonara. Sua mãe o havia autorizado a usar um bigode falso, o sobretudo e o chapéu do pai. Ele se escondia sob esse disfarce. Os vigias do liceu estavam postados no teatro para surpreender os alunos contraventores. E tratava-se dos maiores, que estavam na última série. Felizmente, os jovens do liceu masculino contavam com duas viúvas que faziam parte do conselho de professores que os iniciavam na vida social... e nos galanteios de boa qualidade.

> O engenheiro de um escritório de estudos, enviado em missão ao Zaire, testemunha que os policiais de Kinshasa, para melhorar os próprios rendimentos, prendem sistematicamente as crianças que durante o dia brincam fora de casa. Eles sabem muito bem que os pais estão trabalhando e, evidentemente, que não se trata de vagabundagem. À noite, quando voltam do trabalho, os pais sabem muito bem onde encontrar as crianças "detidas": na delegacia, onde são devolvidas por alguns trocados. É como o dízimo de uma guarda forçada.

O que os zairenses fazem com zelo intempestivo, corrupção à parte, é a caricatura do que poderiam fazer os policiais na França: teoricamente, toda criança surpreendida brincando fora de casa é passível de ser levada à delegacia. Se não tiver dinheiro será acusada de vagabundagem. Para alguns pais, a rua de Paris é um lugar de perdição. Os pais do menino que ateou fogo no C.E.S. Pailleron viviam em uma H.L.M.[2] de construção recente, diante da sede do P.C.F., na praça Colonel-Fabien. Os dois trabalhavam e educavam os filhos conforme o princípio de que nós nada podemos contra as más companhias. A mãe dizia para o filho todas as manhãs: "Volte logo, sua avó espera você, não faça nada no caminho. Não saia, pois lá fora é uma selva!" Podemos avaliar aqui o confisco do espaço. O que sobra para a criança é cheio de restrições: "Cuidado, volte diretamente, atenção às companhias, não converse com ninguém..." Ora, a criança passa o dia fechada na escola e em casa também. As mães de famílias que vivem em lugares apertados, ao contrário, para ter paz mandam os filhos brincarem na rua. Quantas crianças da cidade grande não sabem aonde ir depois que fecha a escola! Para algumas não há ninguém em casa; para outras, são indesejáveis; as superprotegidas não têm vontade de voltar logo para casa.

> Nos C.E.S. modulares, tipo Pailleron, de galerias superpostas, durante a recreação, não só as salas de aula mas também os corredores permanecem fechados. Todos são reunidos no pátio. Como o pátio de uma prisão durante o passeio dos prisioneiros. Os alunos sentem certo mal-estar.[3]

---

[3] *Les Cahiers au Feu,* André Coutin, Ed. Hallier, 1975, p. 164-165.

Nos internatos, os dormitórios são fechados a chave durante o dia todo. Os internos não podem pegar um objeto no armário ou se estirar na cama para repousar durante alguns instantes. Como se, em uma casa, um membro da família não tivesse direito de voltar para o quarto antes do pôr do sol. Entretanto, o quarto é o lugar de repouso; se estivermos cansados ou depressivos voltaremos para a cama. Se admitirmos que é assim para o adulto, por que privaríamos disso a criança que tem mais necessidade ainda?

Ao voltar para casa, o aluno externo gruda na televisão. Ao menos, enquanto estiver hipnotizado pela imagem, ele não incomodará. A telinha é uma janela aberta para o mundo exterior ao espaço fechado onde o encerramos. Essa boca que vomita imagens e informações pode impunemente chocar a criança para quem não temos mais tempo de explicar as coisas. A criança é submetida a um bombardeamento quantitativo; ela não seleciona e os pais não têm tempo para fazê-lo com ela.

Esse espaço privatizado é, de fato, uma chaga. A sociedade moderna modelou e destruiu pouco a pouco o espaço onde as crianças podem descobrir o próprio esquema corporal, observar, imaginar, conhecer os riscos e os prazeres. O fechamento reproduz com hipocrisia o conceito da vida nas prisões. O poder arbitrário com o qual os adultos restringem a civilização dos pequenos é um racismo de adulto inconsciente, exercido contra a raça--criança.

O CAMINHO DA ESCOLA

A estrada das férias e até o caminho da escola, principalmente na zona rural, antigamente davam oportunidade para a criança de seis anos descobrir o mundo para além de seu pequeno território. Para que ela percebesse o trajeto que vai do lugar onde vive a lugares de novas trocas, é necessário que o desfilar da paisagem seja relativamente lento. Isso era possível quando se andava a pé, de charrete, ao passo do cavalo, que era uma velocidade humanizada; agora, porém, que é transportada de carro por uma autoestrada, são necessários longos trajetos para que, através dos flashes sucessivos, que nunca são os mesmos, de repente, ela descubra um pedaço de paisagem e faça a ligação com a representação que tem de si mesma naquele momento. O avião descaracteriza ainda mais e completamente a mudança de lugar. A viagem para ir de Paris a Lyon tinha sentido quando se viajava de trem; este não ia muito depressa e parava em todas as estações. Contudo, ela perde o sentido quando não se vê sequer a paisagem atravessada. Não nos damos mais conta de que mudamos no ritmo das mudanças de lugar, esses saltos de pulga no espaço fazem que hoje conheçamos pequenas manchas na terra, mas não o que liga umas às outras nem o que nos prende a elas. Para os bebês do século da velocidade, não há diferença entre o espaço que percorrem no planeta e um espaço fora do planeta em outra galáxia. Ontem, o bebê era transportado de um lugar a outro no ritmo dos passos, o que não mudava muito de quando era um feto. Agora, as crianças são transportadas em ritmos que não são aqueles da mãe que as carregou. Para essas mudanças de lugar, elas dependem sempre de uma coletividade ou de uma instituição organizada. Inventor de itinerários, o estudante de antigamente passava através dos campos. A volta da escola era menos banal. Hoje, o jovem telespectador, viajando no espaço através da imaginação, muda menos com o corpo.

Antes que André Ribaud falasse de "estranhas lucernas" no *Le Canard Enchaîné*, eu dizia "as estranhas janelas" a respeito da telinha. Antes que a televisão invadisse os lares, o espelho era para as crianças a primeira estranha janela em que elas descobriam uma criança. E cada uma compreendia que era ela mesma. Ficava intrigada com aquele face a face desconhecido. Depois foi inventada a televisão, que traz para o local de vida pessoas completamente deformadas: pequenas, só o tronco, grupos. Minúsculos homenzinhos debatem-se na tela, para rir ou para morrer. Tudo isso abre o mundo à estranheza visual que, tornando-se habitual, entra em cada criança de modo inconsciente e bizarro, sem que ela perceba. Para nós, chegou como um progresso para sustentar nossa memória, satisfazer nosso desejo de saber o que acontece no mundo. Nós não nascemos diante de um aparelho de televisão; já tínhamos recebido uma formação. Eu me lembro de meu irmão mais novo, Jacques. Quando éramos crianças, não tínhamos gramofone, mas em casa, todas as noites, havia muita música. Jacques andava de cá para lá, com um cesto que era seu toca-discos. Ele fazia de conta que colocava um disco e começava a cantar óperas. Quando não gostava de um canto, ele dizia: "Senhor, deixe a senhora falar, não é sua vez!" Ele abria o cesto e falava aos senhores e senhoras que cantavam, convencido de que estavam dentro do cesto. Mamãe gostava de "Manon". Ele pulava as réplicas de Manon para interpretar apenas o papel dos Grieux. Na época não notei que foi meu irmão mais novo quem me levou a ficar interessada, em primeiro lugar, pela linguagem da criança. Ele tinha aproximadamente três anos e meio. Com quatro ele não teria mais feito isso, pois já sabia utilizar um toca-discos. E agora? Fazemos televisores de brinquedo. Eu vi uma criança de 4-5 anos que tinha uma máquina fotográfica de madeira, simulando a forma exata de uma Kodak com uma tira para passar em volta do pescoço. Esse menino inteligente fazia "clique-clique" o dia todo sem ter um só botão para pressionar. Tudo era fictício, exceto o formato da máquina. Ele se divertiu muito mais do que se tivesse uma de verdade.

A FONTE E O ESCOADOURO

Antigamente, íamos ao depósito público de lixo para as coisas grandes das quais nos queríamos livrar, mas cada um tinha seu monte de lixo, sua lata particular; não havia fossas públicas. O que era excretado era guardado. Em troca, íamos à fonte, íamos buscar água na fonte. Devia haver uma comunidade de fonte, pois todos íamos buscar água pura no mesmo lugar. Os escoadouros eram individuais. Os excrementos, com os quais os animais marcam o próprio território, não eram postos em comunidade, nem mesmo aqueles que não cheiravam mal: os objetos muito incômodos, as coisas que jogávamos e que não eram queimáveis iam para o depósito público. Atualmente, porém, as coisas se inverteram: existem semicomunidades de escoadouro, ao menos todos põem em comum os dejetos para que sejam levados, agora que cada um tem sua fonte de água.

Desde o nascimento, a fonte e o escoadouro são algo de fundamental para a formação do indivíduo social. A partir do momento em que é privado para alguns e público para outros, é certo que há grande diferença. O aprendizado da vida comunitária não é mais o mesmo para aqueles que têm água corrente e banheiro em casa e para aqueles que não têm. Talvez seja uma mudança importante na sociedade a privatização da fonte e do escoadouro. Existiram e existem ainda banhos públicos que obrigam a uma comunidade dos corpos, a uma deserotização. Era o caso, até os últimos anos, da sociedade japonesa que com pequenas banheiras públicas possibilitava que acontecessem na mesma sala banhos familiares.

No Ocidente, dizemos: "É privado" ou "É público", com conotação de promiscuidade ou de pudor exagerado. Os japoneses inventaram, há quatro ou cinco séculos, uma fórmula interessantíssima que concilia aquilo que para os europeus sempre pareceu antagônico. Um equilíbrio impossível. (Da mesma forma que na casa tradicional com divisórias de pano não há dentro nem fora; da mesma forma, não há parede entre privado e público.) A criança pode evoluir em um espaço muito menos fechado, muito menos limitado e, ao mesmo tempo, a relação com o próprio corpo e com o dos outros é muito menos erótica, estando perfeitamente próxima da natureza, perfeitamente socializada, de maneira alguma vergonhosa; nada é escondido. A experiência do Japão deve ser citada.

SEGURANÇA, PARA FAZER O QUÊ?

Tudo acontece na sociedade, parece-me, com o exemplo dos poderosos. Os burgueses bem de vida querem viver – quando pequenos – como o príncipe. Os trabalhadores querem viver como o burguês bem de vida. Não é uma luta de classes, mas um exemplo idealizado: o poderoso é idealizado. De um lado, o que ele deixa ver é desejável e, portanto, ele é feliz, e os que querem imitá--lo atribuem-lhe o senso da responsabilidade: ele não guarda apenas para si as vantagens de seu próprio poder, mas distribui uma parte para aqueles que estão a seu redor. E eu creio que é algo de que não se falou na luta de classes:

a contradição a ser assumida de ser contra o senhor quando ele é um exemplo e quando, sendo senhor da própria segurança, ele a partilha com os demais. Assim, ele tem um celeiro onde as pessoas podem guardar o próprio trigo, pagando-lhe em troca o imposto de seu tempo de trabalho. Ele dá, ainda, às pessoas que distingue os meios para chegar a essa segurança. É exatamente o que fazemos com a escolarização, distinguindo alguns alunos aos quais damos bolsas a fim de assegurar-lhes os estudos; a segurança de serem funcionários, caso sejam aprovados por concurso, não precisando mais correr o risco de serem autônomos ou de ter um "patrão" além do "Estado".

Segurança! Eles têm apenas essa palavra-chave na boca, todos esses pais, funcionários ou não, que nos trazem crianças com patologias e "que não querem estudar". Se eu lhes pergunto: "... Mas, estudar, por quê? – ...Para ter um bom trabalho! – ...Um bom trabalho como o seu? – ... É, por exemplo. – ...O senhor gosta de seu trabalho? – ... Não, mas tenho segurança!"

Queremos, portanto, que nossos filhos tenham segurança. Tudo bem! Mas segurança para fazer o quê? ... Se o preço da segurança é não ter mais imaginação, criatividade, liberdade, eu creio que a segurança é uma necessidade primordial, mas é preciso não exagerar. Segurança demais decapita o desejo e o risco que são necessários para se sentir a cada instante "vivo", "questionado". O adulto obcecado por segurança a ponto de perder toda a imaginação não terá sido uma criança a quem, nos primeiros anos, nas primeiras semanas, faltou cruelmente a segurança?

Todos nós fomos assim: todos os humanos são crianças que não têm segurança se os pais não a tiverem. A psicanálise nos mostra que esse medo permanece durante muitas gerações: alguém que sonha apenas com a própria segurança tem pais que, na infância, tiveram pais inseguros. Creio que é necessário ver muitas gerações de uma sociedade, pois todo o ser humano é inseguro se o adulto não lhe transmitir segurança. Se ele sobreviveu é porque o adulto a deu, no início de sua vida, mas principalmente permitiu que ele a adquirisse por experiência. Não existe segurança adquirida na dependência de outros. Se esta é fatal no início de sua vida, essa dependência para com a instância tutelar, caso ela deva se prolongar, impede a confiança em si para se estruturar. Mas não existe apenas a segurança material da criança; há a segurança de seus pais em relação aos próprios pais, e eu creio que, transmitida, é ela que permite à criança desenvolver suas potencialidades. Se eu tomar apenas meu exemplo (os psicanalistas personalizam bastante), por que eu quis fazer medicina? Foi por causa da guerra de 1914... Vi a meu redor muitas mulheres inseguras beirarem à loucura, tantas crianças entregues a desvios de caráter e socialmente fracassadas pelo fato de que o pai havia desaparecido ou estava morto, de que, de um dia para o outro, não havia nada para viver, e a mãe não tinha trabalho. E eu disse para mim mesma, durante toda a minha infância: está fora de cogitação crescer sem ter um trabalho. Quando somos responsáveis por crianças, é necessário ter um trabalho para poder ganhar a vida se o homem faltar... Assim, surgiu a Seguridade social, o seguro-doença, a aposentadoria para todos. E o desemprego chegou. Agora todos têm com o seguro-desemprego, isto é, com a indenização, uma segurança relativa, ainda que não faça nada. Hoje, mesmo que o pai tenha ido embora, a mãe recebe uma pensão pelos filhos etc. Tudo isso veio por lei... porque todos viveram essa insegurança e todas as pessoas que foram crianças como eu, que não a experimentou, mas a observou, todos experienciaram a insegurança. Depois das catastróficas inundações na região de Limoges, em 1982, as companhias de seguro devem cobrir os riscos em caso de cataclismos climáticos. Anteriormente, os seguros cobriam apenas os casos de cataclismos individuais, mas não um cataclismo social geral ou um cataclismo climático geral. Acabou: é uma cláusula que as seguradoras não podem mais conservar nos contratos. Ocorre que as experiências das gerações precedentes servem para a geração seguinte combater a insegurança que foi a causa de muitos fracassos. O sentimento de insegurança na criança vem menos da ansiedade de uma mãe que não sabe educá-lo que do fato de ver sabotar suas potencialidades, em idade consciente, entre nove e vinte anos, após um cataclismo social, ou após o desaparecimento precoce de um pai, em uma sociedade que não assegura esses riscos.

Os velhos angustiam os jovens se for necessário que estes os assumam, como antigamente. Uma sociedade como a nossa enfrentou esse problema. Mas atenção! Se ela for muito longe nessa proteção, ela fará que todos sejam assistidos. E este é o perigo: se não houver mais risco, não haverá mais libido. Quando os jovens fazem *raids* solitários, frequentemente encontram a incompreensão de seu ambiente, que diz: "Mas, por que esse desafio?"

> Esse espírito de aventura é, frequentemente, eliminado do real. É desejável que ele seja confrontado com os perigos cotidianos de certos meios desfavorecidos. A experiência de uma jovem austríaca que foi viver com os índios Wayapi na Guiana é reveladora. Nos primeiros meses eles toleravam sua presença, mas pareciam desinteressar-se dela. Na realidade, eles a observavam, a experimentavam. Assim, querendo pescar peixes no rio, ela punha minhocas em sua vara e voltava de mãos vazias. Os Wayapi não lhe diziam que ali os peixes eram herbívoros e que, para pegá-los, era necessário pôr na vara pequenas bagas silvestres. O que fazer para chamar a atenção deles? Mostrar coragem. Boa canoísta, ela havia levado um caiaque. Certa manhã, ela aventurou-se em correntezas nas quais os índios não se aventuravam. E passou-as sem soçobrar. Eles a olharam, estupefatos... e ela compreendeu que não os havia surpreendido; eles lhe disseram: "Você assumiu riscos inúteis". Na floresta amazônica é preciso lutar tanto para sobreviver que os índios não pensam em acrescentar a isso façanhas desnecessárias.[4]

---

[4] *Wayapi, ein Jahr im Djungel Guyanas*, Elfie Stejskal, Urac-Pietsch Verlag, Wien, 1981.

É preciso que o ser humano tenha na vida uma parcela de riscos em relação a seus congêneres e em relação ao cosmo, mas se ele as tiver na medida da satisfação de suas necessidades, não haverá necessidade de acrescentar outras extraordinárias.

A jovem austríaca compreendeu bem que, para não ficar à margem da comunidade dos homens da floresta, era necessário assumir os riscos de sobrevivência, e não inventar riscos suplementares.

Na Europa medieval, no interior da morada do príncipe, havia com o que alimentar todas as curiosidades e todos os interesses: os trovadores, os saltimbancos e todos os vendedores ambulantes levavam notícias do mundo exterior e o enriqueciam sempre mais: o príncipe, para cada um, era um subdesenvolvido. À imagem do príncipe, as pessoas fecharam sua própria moradia sobre si mesmas, acumulando alguns móveis, acumulando todos os seus bens; não lhes restava mais segurança suficiente para filtrar os visitantes. Se um entrava na casa do patrão, havia três ou quatro homens para colocá-lo para fora. Mas não era possível para qualquer um... Então, os burgueses foram obrigados a brincar de patrão sem ser patrão, isto é, não se alimentando de encontros com o mundo exterior. Creio que os encontros foram tornando-se raros e foi isso que acarretou uma espécie de sufocação da vida burguesa nos sécs. XVIII e XIX, sufocação que tornou as pessoas cada vez mais desconfiadas em relação ao modo de viver dos outros. É curioso que, desejando seguir o exemplo do patrão que vivia largamente a própria libido e a própria sexualidade, que viajava, que se interessava pelas artes, que recebia artistas e sábios, eles, ao contrário, reduziram-no até absolutamente não mais viver, abrindo a porta só de vez em quando para os vendedores ambulantes ("o plantador de kaïfa") que passavam e engravidavam as mulheres negligenciadas pelos homens.

O fechamento social que se seguiu à privatização da habitação foi viável enquanto as fronteiras permaneceram abertas. Os vilões dessas famílias que, cheios de riquezas libidinosas, se sentiam marginais partiam para as colônias, para os países inexplorados. Sempre houve pessoas que não podiam se contentar de reprimir o tempo todo seus desejos, a fim de viver em segurança. Estes, então, partiam para a aventura ou ficavam onde estavam e viravam delinquentes; para livrar-se deles, eram enviados para a América ou para a Guiana. Por meio de provações, riscos e criatividade eles povoavam o mundo. Quem eram esses delinquentes? No início, tratava-se de pessoas tão boas como seus vizinhos, exceto por terem uma libido que não se encaixava na norma.

O que é que produz, então, crianças delinquentes ou débeis? Elas foram traumatizadas muito cedo, ou dotadas geneticamente de tais necessidades ou de desejos que a personalidade delas não se encaixava nos limites estabelecidos. Então elas trapaceavam e cometiam fraudes, e de um ou outro modo se livravam delas... ou elas próprias se livravam das contingências e das dificuldades, partindo para a aventura. Havia sempre guerras onde era possível ser mercenário: arriscar--se... Ou, então, era possível partir de navio para uma terra desconhecida etc. Se a privatização não tivesse ocorrido, talvez não tivessem existido grandes viajantes, emigrantes do Novo Mundo. Hoje, vivemos em uma sociedade completamente diferente, na qual as fronteiras não estão fechadas. O que podem tornar-se aqueles que não entram no código da segurança obrigatória? É um problema grave, e é por isso que, de repente, não se deixa mais nascerem os bebês. Chegamos a esse bloqueio. Dizemos: "Não... gente demais é uma terrível insegurança". E certamente não é: quanto mais pessoas houver mais serão descobertas outras formas de viver... Isso mudaria a sociedade.

Os Estados voltam-se para si mesmos, não há mais a expansão colonial; a legião estrangeira não é mais o que era. As prisões mudam de destino, elas estão lotadas e as pessoas têm medo de criar outras e de abrir as que estão superlotadas. Temos repugnância de cuidar até das que existem: os detentos custam caríssimo.

Como não há mais exutório e purgatório, como ninguém mais vai para o inferno, as sociedades fechadas são explosivas. Aqueles que não aceitam ser cópias exatas não têm mais espaço e, excluídos, os marginais devotam-se à odiosa inatividade. É por isso que as pessoas estão regredindo a uma mentalidade malthusiana em escala planetária. Daí resultam uma política de redução dos nascimentos e uma maior normalização daqueles que chegam a nascer ou querem nascer. É necessário, cada vez mais, aceitar o código.

Antigamente, havia a solidariedade de "casta". Era por assim dizer uma solidariedade de profissão, ou seja, de classe. Na guerra, soldados rasos e oficiais confraternizavam-se. Atualmente, essa necessidade de solidariedade está deslocada. Existe solidariedade apenas nas reivindicações: reivindicação do direito de satisfazer necessidades e desejos. Mas a marginalidade não é mais sustentada por protetores poderosos. Os ricos eram mecenas de marginais que tinham a pintura, a música, as viagens, as expedições como meio de expressão da libido. Agora, não existem mais mecenas para artistas e inventores, e essa carência com certeza prejudica a cultura. Se a libido estiver comprometida com a criatividade artística, ela não poderá ser submetida à lei do maior número, pois sabemos que a maioria das pessoas quer o que é repetitivo, e não o que é novo... e a massa não pode sustentar os artistas que fazem o novo. Por que os mecenas o faziam? Provavelmente porque a libido os arrastava muito além da defesa de suas prerrogativas; eles estavam aprisionados e teriam desejado pintar, viajar, e pagavam pessoas capazes de fazê-lo no lugar e em nome deles, mas que sozinhas não podiam ganhar sua própria vida e sem a proteção do príncipe não tinham prestígio. Animava-os a preocupação de se identificarem com os artistas ou, ao menos, de serem solidários a eles para ter acesso ao mundo do espírito, ao qual a burguesia desejava pertencer por meio da realidade do poder. E os simples queriam a ele pertencer por meio das poeiras de honra que lhes caíam do alto: servindo algum rico, eles sentiam-se alguém. E os ricos sabiam que eles nada tinham a desejar além do imaginário.

Havia uma espécie de consciência artesanal em ter um bom senhor e em ser um excelente valete. A libré que se vestia dava o sentimento da honra.

Não seria justo dizer que para todos isso fosse infame e insuportável: primeiro, dependia do senhor e também, certamente, das pulsões individuais: havia aqueles que, no fundo, estavam bem. Além disso, era possível trocar de senhor, embora não de condição. Eles queriam ter orgulho de seu senhor, da casa dele, e fazer parte da família.

Lembro-me das férias em Deauville, quando eu era criança, quando chamavam pelo alto-falante os motoristas dos patrões que iam pôr o carro nos estacionamentos, que ainda não eram chamados assim. Eles eram chamados pelo nome do proprietário, por exemplo: Rothschild... La Rochefoucault! Aquele que servia a família era da Casa. E orgulhava-se disso. Nossa metade de século decretou, no entanto, que os ofícios de servos eram uma vergonha social, esquecendo a tradição medieval da colocação como aprendiz dos jovens de famílias ricas. Eles eram colocados na casa de outro senhor.

Até o séc. XIX, os grandes fazendeiros colocavam os próprios filhos de 12 a 16 anos como valetes na fazenda de outro fazendeiro. Na Normandia, por exemplo, o enxoval ficava três anos em um armário, chamado valete, um enorme baú, dividido em duas partes: de um lado as roupas ficavam penduradas e, de outro, prateleiras para arrumar as roupas dobradas e uma prateleira mais baixa para pôr botas e sapatos. E o nome da pessoa era gravado: "Jean-Marie... Loïc etc." O baú era colocado em uma charrete e o filho era levado com sua roupa de domingo de verão ou de domingo de inverno. Eram os mais honoráveis que mandavam os filhos aprender na casa de outros do mesmo padrão social. Em troca, eles pegavam o filho de outro fazendeiro. Frequentemente, o valete casava--se com a filha de quem o hospedava. Eles eram alojados e alimentados na casa de outros para aprender o ofício que mais tarde exerceriam na casa do próprio pai. Em Charente, o "estagiário" chegava com um armário chamado "homem em pé". O "homem em pé" é mais alto que o armário dos valetes da Normandia: aproximadamente 1,70m, como um homem... Ele tem uma porta no alto, uma gaveta no meio e uma porta embaixo. Não é igual ao "armário de casamento", largo e com batente duplo, dado como dote para a filha, com lençóis e toalhas para a casa. Essas duas espécies de armário, "valete" e "homem em pé", testemunham perfeitamente os costumes da época: o valete não era mantido pelo senhor; ele ia com todas as suas roupas para a casa de quem iria hospedá-lo; tudo era pago pelos pais, o que provava que ele era rico...

Parece que, para todos, a formação dos jovens era extraescolar, para todas as categorias mais abastadas; os mais pobres tornavam-se clérigos e eram escolarizados pelos padres. No interior das castas, a vida era ensinada através da partilha das atividades dos adultos e da escuta das conversas destes. Essa organização da instrução empobreceu cada vez mais pelo fato de a instrução dos clérigos não ser uma instrução adquirida com a cultura, isto é, inscrita no próprio corpo graças à convivência com os adultos e com seus amigos. A escola era a única a contribuir com sua existência e suas famílias com nada contribuíam. Ora, o que é cultura? É encontrar pessoas que vivem aquilo que lhes é ensinado. Mas os professores não vivem o que ensinam; ouvindo as aulas, sentados em grupos em horários estabelecidos, nem os alunos nem os professores vivem o que é ensinado. É um empobrecimento total. A libido não foi inscrita, como antes, no que é vivido pela criança desde pequena; a cultura não inscreveu a libido; a informação não se inscreveu em seu corpo à medida que vivia. Como o ensino escolar é dispensado ao futuro senhor? Através das palavras de alguém que está sentado e como morto diante dele. A cultura livresca é letra morta. Assim, é tardiamente que as crianças compreendem que se trata de um autor que se entrega a eles através de um livro didático. Atrás do livro está uma pessoa de carne e osso. Até do manual de história, de física ou de cálculo. Quando eu era criança, eu lia sempre o prefácio de meus livros didáticos; os outros alunos não o faziam. E eu me espantava de encontrar nesses prefácios verdadeiros seres humanos. Os prefácios das gramáticas são extraordinários! Lendo esses prefácios eu compreendi que se tratavam de pessoas que se perguntavam sobre o ensino da gramática que elas pareciam amar (é espantoso, mas parecia que elas gostavam disso)... e que relatavam suas próprias reflexões, suas próprias hesitações sobre a colocação dos capítulos, a fim de que a língua fosse mais depressa compreendida e mais bem assimilada. Todos os livros didáticos são prefaciados de uma forma muito interessante para as crianças. Por que não dizemos para elas: "Vamos começar lendo o prefácio?" Não, nós não lemos o prefácio para as crianças sob o pretexto de que ele é para os adultos. O professor poderia inicialmente apresentar o autor. Poderia até dar uma pequena biografia dele. Frequentemente, não denominamos um livro pelo nome de seu autor? Dizemos: "Peguem o Georgin... Peguem o Bled!" Vimos o Sr. Bled na televisão, é um homem delicioso. E seu livro era, ouso dizer, bem enfadonho.

Penso que tudo isso foi perdido no ensino, enquanto poderia ter sido guardado sem atrapalhar as evoluções necessárias.

A APRENDIZAGEM DOS RISCOS

Descobrir o espaço para uma criança pequena é aprender a correr riscos. É certo que o espaço de que a criança europeia dispunha antes de 1939 evoluiu, à medida que a família nuclear não vive mais do mesmo modo: menos sedentária, ela tem muito mais mobilidade. Teoricamente, em nossos países, a criança é mais protegida pela lei; por outro lado, ela corre maiores riscos por causa da mudança do espaço em que faz a descoberta. Ela tem ao alcance da mão produtos nocivos que pode engolir, máquinas perigosas que ela vê os pais acionarem e, por mimetismo, crê poder manipular, mesmo sem ter compreendido a tecnologia; ela faz gestos como os pais e corre riscos muito maiores do que corria antigamente. Talvez ela tenha tendência a considerar como brinquedos objetos puramente utilitários, mas perigosos... e nós podemos nos perguntar se, em relação à criança da sociedade industrial, a criança de uma sociedade predominantemente rural, mais depressa tratada como adulta por conta das necessidades da vida cotidiana, levada a fazer uma parte do trabalho dos adultos, principalmente na fazenda, não aprendia melhor sobre o fogo, o frio e os riscos de mexer em determinados utensílios, de prender os dedos em uma máquina...

Atualmente, a criança tem grande necessidade de uma verbalização que a informe sobre a tecnologia e a razão de tudo. Assim, a criança pensa que todo perigo é uma punição. O pai e a mãe são para ela senhores de tudo o que acontece... assim, se levar um choque em uma tomada, da mesma forma que antigamente se dizia: "É Júpiter que está dentro", ela diz: "É o papai que está lá". Tenho a esse respeito um exemplo marcante. Meu marido havia dito a um de meus filhos, que na época estava com nove meses: "Não ponha o dedo nas tomadas", pois todos os pais dizem isso às crianças... E todas tratam de transgredir a proibição, para se afirmar e fazer a experiência do que lhe dizemos que é perigoso... uma vez que isso é ser humano. Então, a primeira vez que ele levou um choque ao pôr o dedo na tomada, veio me dizer: "Papai está lá", mostrando a tomada. Ele falava o suficiente para dizer papai, mamãe, lá, lá não... Ele ainda não andava. Ele engatinhava na direção das visitas e, chamando a atenção delas, mostrava-lhes uma tomada e dizia: "Papai está lá". Dizia isso também ao pai, quando ele estava em casa. E o pai lhe dizia: "Sim, é proibido mexer lá, é perigoso". O pai estava onde fora dada a confirmação de sua palavra, como se a palavra do pai tivesse machucado a criança, não aquilo de que ele havia falado. E isso é muito interessante do ponto de vista do inconsciente da criança. Todo objeto manipulado pelos pais é para a criança o prolongamento dos pais. Então, se os pais manipulam objetos e esses mesmos objetos, ao serem tocados ou manipulados pela criança, são perigosos e a fazem correr riscos, para ela é o pai e a mãe que, estando naquele objeto, proíbem sua iniciativa e sua motricidade, o que significa que eles estão limitando a humanização da criança a sua própria imagem. Foi necessário que eu explicasse a meu filho que não era o pai dele, mas a eletricidade que ele havia sentido; que se seu pai ou eu tivéssemos feito o mesmo gesto que ele, nós também teríamos levado um choque; que a eletricidade é uma força útil, que suas leis devem ser respeitadas tanto pelos adultos como pelas crianças; que o pai não o tinha punido nem estava na tomada. Depois dessa experiência e as palavras explicativas que se seguiram à falsa dedução da presença do pai em todas as tomadas, ele aprendeu a ligar um abajur, uma torradeira... tão habilmente como um adulto e a não correr riscos inúteis em relação à eletricidade. Um saber técnico havia substituído a magia. A criança havia adquirido confiança em si mesma, e seu desejo de agir como os adultos observando e solicitando explicações técnicas através do olhar e da voz quando não conseguia fazer como eles.

Se ensinarmos a uma criança que seu pai também corre o risco de ser eletrocutado, ela compreenderá que o perigo é real. Essa historinha da tomada confirma que as proibições só têm sentido para a criança se existirem também para seus pais. Aliás, é aí que se inicia o complexo de Édipo. Se um menino pequeno declara que a mãe é sua esposa, é porque por identificação com o pai ele deseja comportar-se em relação à mãe como marido. Mas é apenas quando ele compreende que seu pai nunca se comportou em relação à própria mãe como se comporta em relação à esposa que a criança integra um futuro biológico e a lei da proibição do incesto, a lei de todos os seres humanos em relação à própria genitora. Isso é dificílimo para a criança, pois no início da vida, não antes de alguns anos, ela não compreende que seu pai e sua mãe tenham sido crianças como ela e tenham tido com os próprios pais o mesmo tipo de relação que ela tem com eles. A relação de massa corporal também lhe escapa. Ao ver fotografias dos pais e verificar que eles também foram bebês é algo que não tem sentido para ela. Nós lhe dizemos: "É seu pai quando era pequeno". Mas ela diz: "Não é o papai, sou eu". Antes dos cinco ou seis anos uma criança não consegue admitir que seu pai ou sua mãe tenham sido crianças.

Para que pouco a pouco a criança possa compreender que a realidade não é exatamente como ela imagina, é necessário introduzi-la na linguagem. A linguagem esconde as lembranças do passado tanto como os projetos e as realidades das quais até o momento ela tem apenas o testemunho frequentemente errado de seus sentidos. A criança não consegue situar o próprio pai em relação aos outros. Ela só consegue representá-lo a partir do que ele é para ela. O fato de ouvir dizer que seu pai foi criança é, para ela, crime de lesa-majestade. Antes dos sete ou oito anos, pensar que seu pai foi um bebê é ridicularizá-lo. Mas, se tiver oportunidade de ouvir seu pai chamar os próprios pais de "mamãe" ou "papai", a linguagem a prepara para admitir o que lhe explicam, sem que possa ainda compreender. Daí a importância que têm para a criança os encontros frequentes com os avós; a importância de terem nomes diferentes; a importância, se eles não forem mais vivos ou morarem longe ou forem desligados do próprio filho, genitor ou pai legal, de falar em família dessas pessoas, explicitando as razões de a criança não poder conhecê-los. Todos os não ditos referentes aos avós como todos os não ditos referentes a um dos genitores desconhecidos constituem uma amputação simbólica e têm, no inconsciente dessa criança, isto é, em sua estrutura somato-linguística, a longo termo, repercussões no âmbito da sexualidade, no sentido freudiano do termo (libido, energia de expressão fecunda em sociedade criadora ou procriadora).

> Em nossa época, em vez de iniciar a criança na segurança por meio de uma palavra clara sobre a manipulação de todos os objetos, nós a abrigamos, cercando-a. O cercado (ou "chiqueirinho") para crianças foi inventado quando nas cidades foi adotada a arquitetura vertical, e também quando foram generalizados a iluminação e o aquecimento elétrico e a óleo. Criaram os cercados para que as crianças não caíssem das escadas dos apartamentos e também para que elas não se queimassem, tocando em tudo.

Sim, mas em vez de começar pela linguagem, nós a tratamos cada vez mais como um corpo perigoso para si próprio. É um defeito que devemos corrigir na sociedade atual. Também não se pode, inversamente, subestimar o risco ao qual a criança é naturalmente exposta. O espaço que a envolve corresponde para ela à própria mãe; sua confiança é total e, por conseguinte, o perigo também é total. Isso requer um trabalho enorme da mãe, para que a criança compreenda o que não deve tocar – como o adulto – e, além disso, uma perfeita compreensão entre elas; a criança só deixará de fazer o que lhe foi proibido se compreender que é proibido também para sua mãe. Por exemplo, quando uma mãe proíbe uma criança de tocar ou de beber água sanitária, ela lhe diz: "A água sanitária é perigosa; em pequena dose ela é boa para a limpeza... Eu presto muita atenção; pura, ela me queimaria, desbotaria os tecidos e, se eu a bebesse, ela me envenenaria".

A criança, então, não tocaria nela, pois se sentiria como a mãe. Mas, frequentemente, a mãe lhe diz: "Não mexa" quando ela mexe, sem lhe explicar como ela faz e que precauções toma, como fazem todos e a criança também deverá fazer se um dia tiver de mexer. Se quiser, com essas proibições todas, é como se puséssemos Édipo[5] em tudo. Em relação a todas as coisas da vida para as quais as crianças devem, através de exemplos ou de palavras, imitar os pais, é necessário que estes obedeçam à mesma lei que as crianças e não continuem representando o papel de todo-poderosos em relação à criança toda-impotente. Na verdade, a criança, bem mais cedo do que acreditamos, é tão capaz quanto os adultos... Com a condição de que confiem nela, ensinem-lhe a tecnologia do saber-fazer, e façam-na compreender e integrar a realidade das coisas com as quais eles mesmos, na verdade, são confrontados, ensinando o porquê dos riscos e perigos. Com a condição de que, seja qual for o pequeno acidente que ela cause para si mesma em um momento em que o adulto tutelar não esteja presente, ela não tema falar-lhe a respeito, compreendendo que teve uma tecnologia ruim em relação ao que lhe fora dito e, a partir desse momento, ela tenha plena confiança no adulto, como um guia que merece crédito. O adulto que explica para a criança que o perigo é o mesmo para si, caso tivesse feito o mesmo que ela, não humilha nem culpabiliza a criança.

Isso é educar uma criança: informá-la antecipadamente daquilo que a experiência irá provar para ela. Assim, ela sabe que não pode fazer tal gesto, não porque a tenham proibido, mas porque é imprudente, pela natureza das coisas, pelas leis universais e também por sua falta de experiência e de exercício prévio na presença do adulto-guia.

---

[5] O Édipo, em poucas palavras, é o sexo dos pais proibido de contato; o incesto é proibido de sua realização, mas não de seu desejo imaginário. Aqui é o mundo. Podemos dizer de outra forma: o mundo aprendido pela visão não é apreensível de direito para a criança por seu toque e sua preensão. É coisa sagrada, proibida à criança em sua forma absoluta, e não relativamente à experiência à qual ela é temporariamente confrontada e que lhe ensina a tornar-se capaz disso pela tecnologia prudencial e eficaz que, a exemplo dos adultos, ela é solicitada a adquirir em confiança.

Transportada de carro, porta a porta, de um interior aconchegante para um ambiente climatizado, a criança das cidades, hoje, é dispensada da experiência de sentir calor e frio.

Falta-lhe, de um lado, fazer essa experiência e, de outro, ter vocabulário sobre essa experiência, pois os dois são necessários; não basta que as sensações do agradável e do desagradável feitas pela criança informem seu corpo a respeito dela. Palavras e explicações dos adultos são necessárias, não reprovações e julgamentos como: "Você é bobo... Deixe isso... Não toque mais... Vista-se, você vai 'pegar' frio... etc.".

Punimos, ralhamos, às vezes até batemos em momentos em que uma conversa seria de valor inigualável. A próxima vez que viver tal situação ela terá novamente a mesma dificuldade para evitar o incidente, pois o risco não foi intelectualizado e a criança não é considerada capaz de garantir a própria segurança. É nocivo desvalorizar uma criança que fez uma experiência nefasta do frio ou do calor por conta do risco eventual de 'pegar' um resfriado. Por causa do frio, impedimos uma criança de sair como quer, por exemplo, sem um casaco bem quente, em vez de deixá-la sair como quer – ela não morrerá e, ao menos, quando voltar, contando que está gelada, diremos: "Foi por isso que eu lhe disse hoje cedo para vestir um casaco bem quente, pois você tem um". Atualmente, quando começa o frio, ela sai de casa para ir à escola e volta apenas para o almoço ou à noitinha. Então, a mãe fica brava porque a criança não quer levar, de manhã, o casaco mais quente. Às vezes é uma briga. A criança sente-se oprimida pela solicitude materna que acha abusiva. Antigamente, para ir ao banheiro, ela tinha possibilidade de fazer a experiência por alguns minutos; ela não queria vestir o casaco? Como quisesse! Ela saía, voltava, esquentava-se no canto do fogão, mas a experiência havia sido feita e, após duas ou três vezes, ela vestia como a mãe um xale, um casaco... uma roupa quente. Ela compreendia que todos faziam isso e que não era para ter poder sobre ela que lhe diziam para vestir o que ela não queria, mas porque todos deviam submeter-se às mesmas condições e ela era como todas as pessoas, estava nas mesmas condições que todos. Ocorria o mesmo com a fome. A obrigação de comer, de dormir. Hoje, a criança não sabe que vive nas mesmas condições de todas as pessoas do planeta, pois evitamos que ela tome consciência disso. Nós a arrastamos conosco, queremos ser rápidos, e a superprotegemos e a impedimos de fazer suas experiências... Resultado, a criança da sociedade moderna não tem mais segurança!

Paradoxo de nosso tempo que assegura contra todos os riscos, as crianças e os jovens tornam-se cada vez mais vulneráveis por falta de experiência adquirida no dia a dia.

O que dá segurança deve ser experimentado e há palavras a serem ditas sobre a tecnologia dessa segurança. Essas chaves não são dadas à criança. Em vez de verbalizar bem os riscos imediatos da vida cotidiana da criança, o adulto, através dos meios de comunicação, não pára de falar dos riscos planetários. No início, para os pequenos telespectadores talvez isso não queira dizer nada... Depois, rapidamente, vê que o indivíduo que fala sempre do fim do mundo, do risco de todos juntos irem para o ar, da quebra dos países ricos... o dinheiro não tem valor... o futuro é incerto. Esse clima de insegurança generalizada não é um fenômeno relativamente recente para a criança? Certamente, pois nunca tivemos um período tão longo sem guerra de fogo ou de sangue. Mas a guerra econômica e a corrida armamentista geram um medo mais surdo e não permitem avaliar concretamente os riscos reais. No período feudal, havia momentos em que era necessário acolher as pessoas no castelo porque os bandos iam passar. Havia invasores, tropas estrangeiras... e até os pequenos alsacianos na época do "Tour de France de deux enfants"... Ali, sim, havia um inimigo concreto – inimigo dos adultos e das crianças, igualmente. Agora, fala-se de um risco absolutamente global, mas invisível.

Isso me recorda nosso segundo filho. Na escola de educação infantil haviam falado da bomba atômica. Era 1947, e ele tinha três anos. Ao voltar, ele me diz:

– Mamãe, é verdade que existe a bomba atômica?

– Sim, é verdade.

– Então, é verdade que uma bomba atômica pode destruir Paris inteira assim?

– Sim, é verdade.

Ele se cala e depois me diz:

– Mas isso pode acontecer antes ou depois do almoço?

Eu disse:

– Sim, isso poderia acontecer se nós estivéssemos em guerra, mas neste momento não estamos.

Ele retoma:

– Isso poderia acontecer antes ou depois do almoço?

– Sim.

– Bem, eu gostaria que acontecesse depois do almoço.

Em seguida fomos almoçar e pronto. Foi assim que ele lutou contra esse imaginário. Por segurança, ele garantiu para si mesmo a barriga bem cheia...

– Que azar... eu gostaria que isso acontecesse depois do almoço.

É um recurso do homem moderno salvar o próprio corpo para estar mais sólido diante das provações. É o que faz o soldado. Sob o fogo, ele aprende a viver instante por instante para se proteger do medo da morte. É isso que nossa sociedade ensina atualmente. Certamente, existe uma enorme diferença entre a relação que as crianças de hoje têm com a morte e a que tiveram as de ontem. Os adolescentes de hoje temem muito mais o desemprego que a morte; eles assumem riscos mortais por prazer, sabendo que os assumem porque, acredito, têm necessidade de assumir riscos e como não podem assumir riscos úteis, ao menos assumem riscos lúdicos. Fraudar as leis da prudência, talvez pagar com a vida o prazer de sensações fortes. Em todas as épocas, os jovens brincaram com o perigo. É pior atualmente? Talvez nenhuma época tenha presenciado, como agora, a perda do gosto de viver que leva tantas crianças e jovens a tentarem o suicídio e muitos a conseguirem isso, sem que tenham se arriscado a viver ou a colocar o gosto pelo risco a serviço de causas nobres.

Acontece o mesmo com os adultos que têm tradicionalmente o senso das responsabilidades familiares.

> Enquanto assumimos riscos inúteis, o risco útil foi quase suprimido do mundo do trabalho. Por que há tanta dificuldade para fazer com que as normas de segurança sejam observadas nas fábricas? É preciso que um operário tenha sido vítima de um acidente para que, durante dois ou três meses, seus colegas prestem atenção às normas de segurança. E, logo depois, não as respeitam mais.

Como a libido pode sobreviver em um trabalho repetitivo e fastidioso? Violando o regulamento, adotando uma conduta perigosa. E, se ocorre um acidente, a culpa é da sociedade, não daquele que não tomou as devidas precauções. Em um período prolongado de paz, somos levados a assumir riscos inúteis? Como a morte está muito distante e é muito abstrata, a libido precisaria sentir sua proximidade, desafiando-a? O ser humano não tem outra escapatória em uma sociedade na qual a educação não leva à emulação, ao prazer de conceber, de criar; o trabalhador está muito habituado ao fazer e o fazer sem risco não é humano; é a sorte fastidiosa do burro de carga. Para romper com esse esquema morno e resignado, para ter iniciativa custe o que custar, as pessoas se dão a liberdade de violar as regras de segurança. Os motoristas que assumem riscos nas estradas o fazem por si, mas também por todos os que estão transportando e por todos os que estão na estrada. E ficam felizes por assumir riscos; talvez eles tenham de deixar a pele nisso, mas é o que preferem. Talvez os "barbeiros" estejam entre aqueles que não passaram por provas suficientes, por experiências suficientes da morte, ou aqueles que não têm suficiente senso das próprias responsabilidades familiares e cívicas.

> Maurice Trintignant dizia que todos os pilotos de corridas de carro, nos circuitos, assumem riscos calculados, mas enormes – é considerável a mortalidade dos pilotos de corrida – mas, na estrada, nunca lhes acontece nada, pois eles não assumem o menor risco; eles não têm vontade. Eles brincam com a morte; então, não sentem necessidade de brincar nas vias públicas, a expensas de outros e sem nenhuma regra.

Podemos perguntar-nos se privar uma criança de "brincadeiras perigosas" não seria incitá-la a perder o gosto de viver, a deprimir-se ou então a viver perigosamente. Todas as normas que fazem que os brinquedos não sejam mais perigosos acabam dispensando os pais de assumir o próprio papel tutelar junto às crianças.

> Quando uma criança se queixa de que outra lhe bate é porque ela não tem relações sociais normais. Se as tivesse, não aconteceria de um colega agredi-la individualmente pois alguém de seu grupo enfrentaria o grupo da outra; é uma criança

que absolutamente não está na sociedade, ainda que pratique judô... O judô não a coloca na sociedade, pois é um esporte individual, não um esporte de equipe.

O trágico em nossa sociedade, atualmente, é que as crianças que não vão bem na escola têm vida social e as crianças que vão bem na escola não a têm. Os alunos que fracassam na escola têm pais que não lhes deram vocabulário sobre a maneira de viver, o vocabulário das relações interpessoais, nem o da tecnologia, da destreza manual e corporal. Eles assumiram os próprios riscos e ainda são muito animais; não têm identidade de sujeitos humanos; são gregários, têm identidade de grupo no agir e, particularmente, na violência. Ouçamos todos esses jovens, individualmente ou em "bandos": não se compreende o que dizem, pois a sintaxe deles não foi construída; mas, em grupo, são muito bem estruturados para atacar e para se defender. É uma sociedade tribal constituída de violentos interdependentes que têm entre si um acordo social, mas que são potencialmente delinquentes, pois não têm código de linguagem e não podem adquirir as sublimações culturais das pulsões arcaicas (estas são feitas pelas aquisições escolares). O pegar e o fazer não foram educados correntemente, com palavras. Então, eles possuem o tomar delinquente e o fazer delinquente, mas em grupo. Aqueles que não têm amigos e cujas mães os matriculam autoritariamente no judô, com frequência são educados como pequenos indivíduos que não têm vida social. E – cena clássica – se na saída da escola um outro jovem agride ou maltrata um desses pequenos solitários, ele conta para a mãe, e esta lhe diz: "Defenda-se!", o que é idiota, pois está subentendido que ele não é capaz de fazê--lo. Creio que nesse caso o mais adequado seria dizer:

– O que significa para você apanhar de um colega? Se isso acontece todos os dias é porque você está precisando. Sem dúvida, você precisa dessa experiência. Em vez de se queixar, observe como ele faz para pegar você.

Fazê-lo falar do que acontece em vez de lhe dizer: "Defenda-se!" ... Como se defender de alguém que agride tanto quando ainda não se aprendeu nem a observar os outros, nem a falar com eles? A vida em sociedade ensina vocês. A criança deve descobrir por si mesma que ficará menos exposta se estiver associada a diversos colegas, se fizer amigos. O interesse vital do ser humano é desenvolver o mútuo auxílio, as relações sociais. Há Caim e Abel antes que haja a sociedade. Abel é eliminado por não ser capaz de se defender... E é a Caim que Deus dá o papel de ser chefe das cidades. Caim tinha um amigo, seu irmão, que ele matou. Ele fica tão desesperado que se esconde de Deus por considerar-se muito culpado, principalmente por estar angustiadíssimo, não tendo mais ninguém com quem conversar. Naquele momento Deus lhe diz:

– Você vai ser o chefe, o dono das cidades, e ninguém tocará um cabelo de sua cabeça.

Isso significa que ele vai associar-se a muitos homens que estão em perigo; em vez do perigo interior de suas pulsões, é o perigo exterior que ele vai afrontar com todos os outros. Ele torna-se o fundador das cidades, aquele que garante a proteção dos indivíduos associados por contrato e regulamentos em benefício do grupo, contra os perigos exteriores. Mas foi necessário que ele passasse pela experiência do perigo interior da própria violência. A história de Caim e Abel é exemplar. O fratricídio é descrito como experimental, como prova iniciática. É um fato da evolução que o assassino sinta-se "mal", sofrendo por não ter mais o irmão a seu lado, pois sozinho ele nada pode e em dois também não: é sempre o risco do espelho ou da rivalidade. A sexualidade primitiva é consumida, canibalizada, trucidada... Mas a partir do momento em que somos muitos, ao menos três, mobilizamos nossas formas de defesa, associadas contra um perigo exterior.

A SANÇÃO-PROMOÇÃO OU O CULPADO-RESPONSÁVEL

Todos os testemunhos concordam na questão: os índios Xingu (Amazônia) jamais batem em suas crianças. Um dia, uma criança pôs fogo em uma das casas. O fogo estendeu-se logo a toda a aldeia, que foi completamente destruída. Não bateram na criança incendiária. Foi simplesmente apelidado de "o capitão do fogo". Comparar com a história de Caim e Abel. Caim matou seu irmão Abel e foi nomeado por Deus como responsável pela segurança das cidades.

Hoje, o aluno que sofre dor causada por um outro corre perigo interior, pois não tem vida social. Seu agressor pode dar-lhe os meios para perceber o risco de não ter amigos. É a união que faz a força. O colega que o maltrata não lhe possibilita também uma experiência muito aproveitável? A mãe e o pai que lhe dizem apenas: "Defenda-se!" não sabem explicar-lhe. Um esporte como o judô não põe as crianças no grupo. Os pais atentos aos próprios filhos sofrem para aceitar que eles estejam com todos no grupo. Eles os protegem e até os superprotegem. A calçada, o terreno baldio com outras crianças são para aquelas que não são bem cuidadas pelos pais.

O fato de oferecermos segurança às crianças, impossibilitando-as de assumir riscos, torna-as inseguras. Esse tipo de segurança sobre as outras crianças, dada pelos pais e não conquistada com a assistência destes, não cria na criança uma identidade responsável pelo próprio corpo; identidade de si mesma, com o direito a iniciativas que é compensado por sua própria autorresponsabilidade, autodefesa experimentada a serviço da integridade do próprio corpo, com todos os colegas da mesma idade e desde a mais jovem idade.

Nos países europeus, a criança, hoje, é mais móvel, mais nômade do que seus avós quando tinham a mesma idade; ela movimenta-se mais, ou ouve falar de viagens, vê imagens de países distantes; mas, ao mesmo tempo, há muito menos conhecimento da natureza. A vida urbana não lhe ensina o que é a terra, as estações, o que é o céu, as estrelas, o lugar do ser humano no mundo vivo. Esse alargamento geográfico pediria uma vida social cada vez mais rica que não lhe é familiar quando pequena. É por meio da vida social, atualmente, que uma criança pode sair-se bem, e jamais quando está completamente sozinha. Ela é reduzida à família por tempo demasiado.

> Se compararmos, por exemplo, uma viagem como se fazia há cinquenta anos, mais rara, porém mais cheia de aventuras, e uma viagem como se faz agora, vemos que, com ela, a criança não ganha em experiência. Na viagem moderna tudo é preparado, tudo é mastigado. De carro ou de avião, ela está em um casulo. Antes, ela participava de uma viagem muito mais lenta, com formas de deslocamento muito menos confortáveis, com etapas, com riscos muito maiores de falha. Agora, transporta-se o mesmo fechamento de um ponto para o outro.

O adulto de hoje está reduzido à mesma situação, o que não era o caso de seus antepassados. Em viagem, a criança está, agora, no mesmo nível de experiência que os adultos. Não há mais nenhuma diferença, salvo o fato de ela não saber como obter os documentos e o dinheiro. A carteira de identidade, porém, traz uma segurança relativa. A maior parte dos viajantes não saberia se virar se o trem parasse. Eles são transportados de um lugar para outro apenas por terem documentos e dinheiro. Como as crianças, os adultos não sabem se deslocar sozinhos e, ao menor imprevisto, ficam tão perdidos quanto as crianças. Isso tira todo o valor educativo das viagens. Portanto, o triunfalismo dos responsáveis que dizem: "A criança de hoje tem mais oportunidade de tornar-se autônoma do que antigamente, de inserir-se", não tem fundamento. Observamos uma regressão.

Essa autonomia pode existir se os adultos delegarem às crianças o próprio saber... pois as crianças detêm tanto quanto eles todo o saber que se refere à locomoção na cidade, sabendo pegar o ônibus, o metrô tão bem quanto eles e... desde os três anos. Contudo, se o adulto se engenha em deixar a criança sem liberdade espacial, não é, tirando-lhe o direito à iniciativa e à liberdade de se locomover, para submetê-la o maior tempo possível ao poder do adulto? Parece que os meios tecnológicos que poderiam de fato ser utilizados pelas crianças bem informadas voltam-se contra as crianças, pois os adultos querem conservar um poder arbitrário e ilimitado sobre as crianças. Eles estão de tal forma infantilizados que é preciso que seus filhos se tornem pueris em relação a essa infantilidade.

Os instrumentos criados pela sociedade não são por si mesmos perigosos, e sim a atitude dos adultos que, talvez, se aproveitem de todos esses meios para intimidar as crianças e exercer seu sádico poder sobre elas. Os meios modernos podem, por sua vez, tranquilizar a consciência deles, dando-lhes a ilusão de que as crianças de hoje têm mais sorte do que as de antigamente, são mais livres, mais autônomas; porém, afinal de contas, permite-lhes exercer uma pressão ainda maior, desculpando-se, deixando-os com a consciência tranquila. A criação coercitiva, a educação estrita das crianças são as novas chagas das sociedades humanas consideradas civilizadas.

No estágio da nutrição, a aprendizagem encontra dificuldades, à medida que a comida escapa ao desejo da criança. Não lhe perguntam o que ela gostaria de ver sua mãe fazer, nem o que quer ou não comer. Ela deve comer. Se ela não come "bem", isto é, na quantidade decidida pelo adulto, ela é ameaçada como se isso fosse muito ruim. Em nossas sociedades ocidentais a criança não tem sequer o direito de fazer a experiência de sentir fome. Ao lado disso, o conjunto da humanidade não tem comida, enquanto as crianças da sociedade civilizada são saciadas à força.

– Se você não comer, o médico vai lhe dar uma injeção!

É incrível que as crianças sejam ameaçadas, que queiramos "adestrar" o corpo delas conforme o desejo do adulto.

Outra ameaça: "Você não vai crescer!"

O poder do médico é misturado a isso e torna-se uma obrigação empanturrar-se. Obrigação absurda para a criança que não está com fome. Uma obrigação pervertedora.

Finalmente, talvez haja por parte da criança uma reação muito sadia quando ela se recusa a empanturrar-se... quando não tem mais escolha, quando não tem mais o direito de sentir fome ou de querer este ou aquele alimento. É por isso que, de resto, entre as refeições, ela se joga sobre os aparelhos que distribuem automaticamente guloseimas, salgadinhos... o que lhe restitui o prazer de sugar e, além disso, lhe permite escolher fora dos horários alienantes das refeições obrigatórias. Muitas famílias espantam-se ao ver que as crianças na hora da refeição não têm apetite nem apetência. Há escolas em que, ao meio-dia, há um self-service, o que funciona muito bem. A cozinheira vê os pratos que sobram, o que a criança prefere não comer. Ela pode escolher entre dois pratos. Então, a criança tem apetite para aquilo que pegou. Algumas vezes ela não faz uma boa refeição, mas fica feliz com o que comeu. E existe a possibilidade de trocar com os colegas... ela sente que tem poder sobre o que pegou:

Você pega duas sobremesas e fica com meu queijo... etc.

E por que não? Em casa isso não seria fácil. Então, todos os lugares em que se restituem a liberdade e certa possibilidade de escolha estão novamente humanizados.

Mas a sociedade considera que devem existir rações, como para os soldados; e misturamos com isso o poder do médico. A dietética transformou-se na obrigação de comer o que é sadio, equilibrado etc.

A criança tem dificuldade de tornar-se autônoma na locomoção, nos gestos e nas iniciativas se não dermos uma resposta para sua curiosidade e inventividade, para seu senso de descoberta. Quando ela se machuca, por exemplo, e vem contar chorando, quantas mães têm o reflexo de perguntar:

– Viu como você se machucou? Como aconteceu isso?

Quantas se preocupam em saber o que a criança aprendeu, para que uma outra vez, no mesmo lugar, ela se sinta segura? Se for o caso, ela poderá aproveitar-se de uma pequena experiência de insegurança relativa, que não havia sido prevista. Mas, a maior parte das vezes, a mãe impede a criança de voltar à atividade e de renovar a experiência.

– Ah, se é assim, você não irá mais a esse lugar.

Esta é uma mãe que destrói o fruto da experiência da criança. Se, quando a criança pôs algo em risco, explicarmos sem brigar, ela ficará imunizada para a próxima vez. Quantas mães perdem a paciência e a oportunidade! A criança se machucou praticando esqui?

– Ah, você não irá mais esquiar!

A criança caiu porque desceu correndo a escada?

– Agora, você só irá de elevador!

Um dia, o elevador está parado:

– Vá pela escada!

Se a criança, depois dessa experiência, prefere não pegar mais o elevador, o problema é dela; por que a mãe deveria impedir a criança de fazer uma experiência da qual se saiu bem e da qual tirou algum resultado? Ela é uma pessoa como outra qualquer.

A proibição da mãe frequentemente se baseia nas "duas rodas". Os jovens cada vez mais cedo, desde os dez anos, querem usar a moto do irmão ou do amigo. Muitas mães dizem:

– De jeito nenhum! Está fora de questão, proibindo de andar de moto até jovens de 18 anos (maioridade).

É uma falta de fé no ser humano. Cada um tem seu destino. Somos todos feitos para morrer e são fantasmas do desejo de morte que trabalham atrás desse medo da morte prematura. O discurso construtivo consistiria em advertir desde cedo as crianças em relação aos perigos, sem nada proibir. É a melhor forma de evitar aqueles que são inevitáveis, conhecer bem como o veículo funciona e o código de trânsito, saber dominar, aprender a observar, a refletir.

– Escute, é preciso que você saiba que o mais grave não é morrer de repente, mas ficar paralítico para a vida toda. Cada um de nós é responsável pela própria vida.

E citar os acidentados do centro de Garches. Não é ruim informar a criança, com a condição de não impedi-la de agir por si mesma.

– Você foi avisado. Agora, faça como quiser.

É verdade que um acidente pode tornar alguém enfermo. Temos muitos exemplos! Mas isso não é motivo para proibir uma criança de utilizar uma "duas rodas" na idade que a lei autoriza. Agora que ela sabe o que está arriscando, o problema é dela. E se ela mesma vir uma criança acidentada, ela introjeta muito mais que se lhe contarmos. A educação humanizadora é a experiência fundada na vida concreta.

Antigamente, a morte era familiar; hoje nós a alijamos da vida das crianças, com a mesma mania de proteção que consiste em esconder dos jovens o que causa medo aos adultos: a senilidade, a doença, a morte. A câmara mortuária deveria permanecer aberta para as crianças. Não se trata de empurrá-las para o leito do defunto. É preciso dizer as palavras:
— Irei ver o morto?
— Você quer dizer o cadáver? Você pode me acompanhar, se quiser.

Que uma criança possa, se quiser, ver um morto, principalmente um parente próximo, sem que seja chocante para os adultos. Quantas crianças são não só subtraídas a essa experiência quando se trata do pai, do avô, da avó ou da mãe, mas também impedidas de assistir às exéquias.

Recentemente, fui convidada pelos dominicanos de Toulouse para falar sobre a morte: com Philippe Ariès: a morte na História; com Schwarzenberg: a morte dos cancerosos; com Ginette e Emile Rimbaud: a morte das crianças acometidas por doenças incuráveis. Na noite de minha conferência sobre a morte, havia mais de 3.000 pessoas em uma grande igreja. Fiquei chocada: havia muitos jovens que tinham vindo ouvir alguém que não sabia mais que eles!
— Eu não sei mais que vocês sobre a morte e vocês querem me ouvir!

O que há de fascinante em ouvir alguém falar sobre algo que não conhece? É verdade, é surpreendente. É surrealista.
— Talvez a senhora tenha uma resposta para o porquê dessa afluência para tal tema de conferência.
— Então vocês podem dá-la para mim!

A morte não está mais no cotidiano da existência; desde a primeira idade, ela é como que um fantasma. Então, alguém vai falar a respeito e vamos acreditar que essa pessoa não tem fantasmas. Sobre a morte, nós temos apenas isso, caso não a conheçamos.

> No livro "La vie après la Vie",[6] dão depoimentos aqueles que teriam estado em comas prolongados, na antecâmara da morte; aqueles que teriam se aproximado da morte.

É, de fato, o tipo de experiências que me foram trazidas por pessoas que também voltaram do coma. Exatamente isso. Três ou quatro pessoas, em particular uma mulher que estava em pleno coma pouco depois do nascimento da filha e sem mudanças de humor, ao passo que não conhecera nada de

---
[6] *Vida depois da vida*, Dr. Raymond A. Moody Jr., Nórdica, Rio de Janeiro, 1979.

semelhante por ocasião do nascimento de seu filho. Na verdade, ela revivia o que a própria mãe tinha vivido no momento em que ela viera ao mundo. Ela não sabia que a mãe havia ficado louca por ocasião de seu nascimento; ao vê-la, a mãe desejava matá-la. Esses distúrbios são chamados de neuroses puerperais. Então, mãe e filha foram separadas e disseram para a pequena, que foi criada por uma governanta, que a mãe era tuberculosa e estava na Suíça. Quando adulta, essa filha teve uma crise nervosa puerperal depois de dar à luz uma menina, sua segunda filha, repetindo o que se passara e ignorando a respeito da própria mãe "morta para a filha" afetivamente, mas sem perder a razão. Os pais da jovem mãe foram visitá-la. A mãe ficou fora, com a fobia de ver a filha que ia morrer. O pai visitou-a sozinho e encontrou o genro. Então ele contou-lhe a história do nascimento dela, que ninguém sabia. O jovem marido, que havia feito análise, veio me ver desesperado:

— Não vou suportar! Eu matarei minha mulher se ela sair do coma para ficar doente o resto da vida... Você vai ver meu nome nos jornais.

Ele adorava sua mulher, jovem e bonita. E recusava-se a assumi-la com os quatro membros paralisados para o resto da vida, pois era esse o diagnóstico pós-coma, se a jovem saísse viva, conforme o ritmo do eletroencefalograma. Continuavam a reanimá-la e ele vivia um drama insustentável, pedindo-me socorro! Eu lhe disse que fosse comer e dormir, o que ele não fazia há dois dias, depois iria ver a esposa e, ainda que ela continuasse em coma, contar-lhe a história de seu nascimento. Enquanto ele lhe contava, o ritmo do eletroencefalograma normalizou e ela despertou. Suas primeiras palavras foram:

— Acho que sei por que eu não tinha direito de ter uma filha.

Foi por isso que ela entrou em coma, embora não tivesse nenhum sintoma da eclampsia que acreditavam tê-la atingido. Ela entrou em coma 12 horas depois do nascimento da filha. Em seu caso, a despeito das aparências, tratava-se exclusivamente de histeria, mas sem a revelação do sentido de seus sintomas ela teria morrido. Depois, ela contou ao marido como vivera seu coma. Ela o viveu em um canto do teto, em um ângulo de paredes, como testemunha de seu marido e do cirurgião-animador que permaneciam ao redor de uma silhueta de papel, uma imagem que representava a pessoa dela. Como eles diziam a palavra "traçado achatado" (o significante, como diz Lacan), o significante "achatado" ela ouvia. Mas quem ouvia, se ela estava em um canto, ora curiosa ora indiferente ao que se passava?

— É verdade que ela está achatada; ela está achatada-chata, pensou. O que eles vão fazer? Como eles vão inflar isso? É papel, não tem substância.

Depois desse momento, contou-nos, ela não sabia mais onde estava, mas em uma escuridão espantosa, com a impressão de intensa dor moral e física. Ela teve a representação de si mesma penetrando o próprio crânio e preenchendo o corpo com uma tremenda dor; e ela se tornava sensível. Como era agradável antes, estar insensível em outro lugar. Foi nesse momento que ela sentiu a mão do marido, apertou-a, abriu os olhos, e lhe disse:

— Acho que sei por que eu não tinha direito de ter uma filha... E em seguida "Eu gostaria de ver minha filhinha". O reanimador disse para o marido quando este lhe contava o despertar da esposa:

— De jeito nenhum! Você vai explicar-lhe que a bebê ficou na maternidade, e que ela voltará para lá, mas antes precisa estar completamente curada. O reanimador constatou a retomada do ritmo do eletroencefalograma.

Essa mulher ficou totalmente curada, sem nenhuma sequela, depois de ter estado duas vezes com traçado achatado. Ela fez a experiência de testemunhar o que acontecia com o próprio organismo estando fora do próprio corpo, não sofrendo com isso, não se lembrando quem era nem que acabara de dar à luz. Ela não via o marido como tal, mas como um homem atencioso diante de sua imagem achatada. Eu penso que essa presença como testemunha acontece também com as crianças, quando elas não são reconhecidas pela afeição e pela linguagem terna dos pais. Penso que as crianças são testemunhas e é isso que faz sua sabedoria, sua inteligência. Quando elas escutam as conversas sem as escutar, mas as escutando, elas são testemunhas absolutas daquilo que vivem. Não são apenas estados pós-morte, mas estados em que poderíamos estar vivos. Acontece que nós os temos apenas no momento chamado "coma" (ou quase), contrariando aqueles que pensam, a respeito dos bebês e das crianças que ainda não falam, que eles não compreendem nada.

> É possível que, na infância, o futuro adulto tenha percepções, faculdades totalmente específicas desse estado do futuro.

As crianças não têm nenhum medo da morte. Por que os pais não querem que a criança entre em contato com a morte se elas não têm nenhum medo? É um fato a respeito do qual elas se questionam. Mas não ter resposta não as assusta; elas procurarão.

Do que têm medo os adultos? Eles receiam que as crianças, não tendo medo da morte, queiram experimentá-la, deixando-os sem descendência. Eu acredito que seja apenas isso. Mas as crianças não têm medo da morte. Eu sei, atualmente, de alguns casos de pequenos incendiários. Tratamos de curá-los. Mas eles não têm medo de se queimar. Eles querem fazer sua experiência, e eventualmente até morrer por causa disso, e ficam encantados. E qual o problema de os outros se queimarem... pois fazemos para os outros o que gostaríamos que fizessem para nós. "Se eu me queimar com o fogo?" A criança não tem experiência, mas deseja fazê-la, mesmo que precise deixar a pele. Para ela, viver só tem sentido se for para satisfazer uma grande curiosidade. Eu penso que os pais têm medo disso, pois para a criança a morte não é o fim: é como tudo o que ela ouve falar, um meio de prazer eventual. Eu sonho com uma declaração de Gilles Villeneuve, o piloto de corrida de automóvel que se matou no Grande Prêmio do Canadá. Ele havia sofrido e se recuperado de não sei quantas fraturas, mas ele não podia imaginar que morreria de acidente:

– Eu, disse ele no rádio, jamais morrerei de acidente... Sim, talvez eu sofra outros, mas o que isso poderia fazer? Eu fico ainda melhor cada vez que passo por um!

Ele não tinha o senso da responsabilidade por uma esposa e dois filhos. Achei fraca essa entrevista, principalmente por seu comentário. Na tarde dessa entrevista ele se matou em uma corrida. Não tornamos herói um adulto que, sendo pai de família, tem esse propósito; parece irresponsável. Teria sido necessário dizer: "Esse corredor havia feito tantos seguros de vida que seus filhos, ainda que o pai tivesse morrido, terão a educação garantida; sua esposa também, pois receberá muito dinheiro do seguro". Não se poder dar como exemplo alguém que ignora as consequências dos próprios atos, exercendo uma profissão perigosa. Na verdade, esse piloto permaneceu no espírito da infância. Aparentemente, estou contradizendo-me ao falar isso, pois eu disse que o que há de bonito no Evangelho é o espírito de infância. Mas não é o espírito de infância para pilotos de corrida. É o espírito de arriscar tudo por uma ideia que será útil para os outros. O gesto do corredor foi útil apenas para ele: ser o primeiro, aquele que vai mais depressa. É verdade que as crianças não têm medo daquilo que ignoram, pois o que ignoram as excita: o impulso epistemológico de conhecer... nascer desse novo conhecimento. Enfim, é a raiz do desejo. O desejo é de conhecer o novo. Há também uma estrutura que se constrói com nosso espírito consciente: a responsabilidade. O sentimento de fazer parte de um tecido social pelo qual somos responsáveis: no início é familiar, em seguida estende-se às pessoas amadas e, em seguida, aos demais da sociedade. E creio que um ser humano que não foi suscitado a esta evolução – a responsabilidade de cada um em relação a todos – é um ser inacabado. E sua vida não pára de questionar sobre o fim. Terá ele um fim espiritual ou o de tornar-se apenas um cadáver? Tudo é pó...

É aí que está, creio, a linha divisória entre dois seres psicanalistas tanto um como o outro... Eu não penso que a evolução humana, por sermos carne, seja a de voltar ao depósito de cadáveres. Creio que essa é a parte telúrica ou planetária de nossa existência. Mas quem me pode dizer se estou certa ou não? Creio que há outra parte, pois a palavra não faz parte da terra. A palavra não é o puro simbolismo do sentido. Ela é diferente daquilo que vem dos elementos materiais da terra; a potencialidade da palavra está contida na espécie humana, mas o ser humano é palavra, é sentido, além de sua vida efêmera de corpo sobre o planeta Terra. E podem me dizer (e é verdade, não nego):

– Sim, porque você é cristã.

– É verdade! Mas acredito que todas as civilizações se construíram com uma espiritualidade. Ponho minha "cabeça no cepo", mas eu não poderia pensar de outro modo.

Mesmo para o mais cético, o mais agnóstico, há uma estranha coincidência entre o que a psicanálise revela (de maneira experimental, de maneira vivida) e o discurso dos Evangelhos, depois do discurso do Antigo Testamento: uma ordem da dinâmica do ser humano.

O simbolismo mostra que a palavra, efetivamente, vai além, traz um além, vem de um além ou de um aquém. Mas que não se detém. Há não apenas o sopro, o emissor físico ou o suporte material conservador da palavra, mas também o poder que ela tem. Há essa relação sutil e criadora entre humanos que parece escapar às leis da física, que transcende o tempo e o espaço.

Os pais temem e receiam falar da morte para as crianças, porque, de fato, a criança ainda não possui o sentido da responsabilidade por sua própria vida em relação ao outro, e ainda está apenas no desejo. Penso que é necessário que nos reste sempre um ser humano criança, mas ao mesmo tempo também, se seu corpo gerou um adulto, homem ou mulher, ele deve ter o senso de sua responsabilidade. É preciso que ele tenha os dois. Picasso desenha como uma criança, mas uma criança que adquiriu o domínio técnico e instrumental e a perfeição do adulto artista trabalhador, capaz de uma perfeita reprodução das formas. Ao mesmo tempo, a criança com olhar novo permaneceria com o coração maravilhado; as mãos do adulto hábil contribuiriam para uma criação contínua, que nada tem a ver com as formas "mecânicas" estáticas; são as formas de sua vida interior emocionada, vibrante, em contato com a realidade que ele exprime com a inventividade livre da infância, mas com o domínio tecnológico de alguém que não faz qualquer coisa com as mãos, mas que domina totalmente a composição, o traçado, as cores, a fim de expressar conscientemente o espírito do desejo que o habita, ao passo que a criança, com genialidade ou falta de destreza, exprime isso inconscientemente, sem saber aquilo que diz. Ela desenha para seu próprio prazer, sem absolutamente se tocar pelo sentimento de sua responsabilidade em relação ao outro, nem da arte de seu tempo.

"OS 400 GOLPES" OU A SEGURANÇA AFETIVA

Esquecemos que a criança é sujeito de discussão e não está sujeita à discussão. Tanto no nascimento como depois, em todas as ocasiões. Por exemplo, para a custódia da criança depois do divórcio. Os magistrados não pensam que a criança é o único "juiz". Cremos que o melhor dos pais é aquele que tem mais dinheiro, mais tempo livre e mais espaço em casa. Mas para a criança não é isso que conta: é a tolerância que se tem para as dificuldades que ela tem para se adaptar à vida, e o amor que lhe é dado para ajudá-la a tomar consciência disso. A segurança material pode ficar para depois da segurança afetiva. Truffaut mostrou bem isso em "Os 400 golpes". O jovem Antoine Doisnel faz tudo o que pode para encontrar adultos dignos de exercer o poder sobre si. Quando o poder existe, mas a criança sente que vale a pena, ela o aceita. É como um boxista que admite que seu treinador o impeça de beijar durante as três semanas que precedem a luta. Isso tem um sentido. O que a criança não compreende é o poder que se diz educativo, que pretende lhe dar uma ética, enquanto a pessoa que tem esse poder não se submete à mesma ética. Antoine Doisnel procura em seus pais, antes de tudo, uma verdade interior.

No filme de Truffaut, a criança é, em primeiro lugar, uma chata. Ela extrapola. Sua mãe era mãe solteira; ela queria abortar e foi a avó materna da criança que a dissuadiu disso. Esta criou o bebê até que a filha se casasse com um bravo homem que quer uma mulher para seu leito e que se deleita com todas as pequenas histórias de seu escritório; ele tem apenas isso para contar quando volta do trabalho ("A secretária com o chefe da repartição..."). E casou-se com essa mulher que tinha um filho. Ele não está interessado no menino. Em relação à criança, ele é gentil e indiferente, e até um pouco cúmplice homossexual. Uma noite, a mãe telefona avisando que ficará até mais tarde no trabalho. Seu companheiro janta sozinho com a criança: "Ah! Agora estamos entre homens, vamos cozinhar só nós dois...". E falar de coisas bobas e brincar de lutar. Quando ela volta, o marido faz uma cena: "Você fez hora-extra e não vai receber por isso?" Mas o filho a tinha visto na saída do escritório beijando um homem e ela viu que ele a vira. Ele não diz nada, suportando que ela traia seu padrasto, porque em troca do silêncio ela fica mais meiga.

Certo dia, para que um professor que pegou em seu pé o deixasse em paz, ele diz: "Minha mãe morreu". O professor: "Pobre criança, desculpe-me... você deveria ter-me dito...". Ele estava aborrecido por pegar no pé daquele aluno. Ele o agredia por estar angustiado, não obtendo resultados com aquele menino inteligente que deveria ser o primeiro da classe. O pai e a mãe chegam. E o padrasto chama a atenção do menino por ele ter dito: "Minha mãe morreu". Mas é verdade que a mãe está morta! A verdade profunda é que ele não tem mais segurança. E então foge. À noite ele "se vira", procurando garrafas de leite. O espantoso é que ele continua indo à escola. E escreve uma carta para os pais, dizendo-lhes que não quer mais atrapalhar a vida do casal. Quando tiver vencido na vida e alcançado a dignidade ele voltará para vê-los. Os pais vão à escola e constatam sua presença. Surpresa. Vê-se que o menino quer promover-se para a sociedade, pois continua indo à escola apesar das dificuldades, passando noites geladas e comendo quase nada. Ele faz questão de ir à escola que o mantém em pé. O pai procura o juiz de menores: "Fizemos tudo. Não aguentamos mais...". E o enviam para uma casa de correção. Penso que os pais podem ser tão desajeitados quanto os de Antoine Doisnel, sem que a criança se torne delinquente: basta que ela se sinta amada.

A ESCOLA JAPONESA

No Japão, o mestre impõe aos meninos de oito anos uma prova muito dura: diante de toda a classe, ele pune um aluno que está entre os primeiros da classe por uma falta que ele não cometeu. "Você roubou dinheiro de meu bolso" ou "Você mentiu".

Depois do castigo, ele lhe dá a explicação de seu "erro judiciário": "Saiba que o melhor dos mestres ou o melhor dos pais pode ser injusto. Você deve aprender a suportar a injustiça do mundo e a permanecer um homem justo". Acontece que a criança submetida a essa prova caía doente. Essa prova tem o duplo efeito de desaprender a idolatria, o culto de um segundo pai, de um herói infalível. É preciso saber, em certos momentos, perder sua ilusão e aprender a sobreviver à traição de seu próprio ideal, como na decepção afetiva. Isso deve ser comparado com a técnica da humilhação, imposta pelos gurus indianos a seus discípulos. A admiração dura pouco tempo. Não é por lutos superados que se burila a dinâmica do indivíduo: o desejo até o amor?

Capítulo 5

A criança-cobaia

O DISCURSO CIENTÍFICO

O discurso sobre a criança, cada vez mais prolixo, emprestou seus instrumentos das ciências naturais e das ciências humanas: biologia, economia, estatística, psicologia experimental. Ele não tem mais de um século. As primeiras publicações sobre pediatria são da metade do séc. XIX. E podemos dizer que a pesquisa sobre o comportamento do recém-nascido – ele precisa mais de alimento ou de amor? – ainda é de ponta; todas essas questões são objeto de trabalho contínuo apenas há alguns decênios. Vamos, então, varrer a sabedoria das mulheres, os contos de fadas, a mitologia, as ideologias recebidas e vendidas através dos discursos literários? Ou, ao contrário, resgatar o fundamento das intuições dos poetas e romancistas? A condição da criança poderia ganhar com isso. A ciência, sobre a qual tanta esperança se fixava no séc. XIX, era, parece, chamada a se colocar a serviço da criança.

Nada disso aconteceu. A ciência não se colocou a serviço da criança. Ela se colocou a serviço da ordem estabelecida, da instrução pública, da polícia. Ou da própria ciência. A pesquisa pela pesquisa. Nisso, infelizmente, também a ideologia não está ausente. As correntes de pensamento, as tendências se confrontam. A infância enquanto campo de estudo é disputada pelos modernos: uns, psicossociólogos, privilegiam o papel do meio, do ambiente; outros, os fatores bioquímicos, os fatores genéticos. Os primeiros suspeitam que os demais sejam, se não reacionários, ao menos aliados objetivos da nova direita. Os neurobiólogos replicam, reivindicando a inocência das pombas.

Como diz o professor Imbert, responsável pelo laboratório de neurobiologia do desenvolvimento na Universidade Paris Sul (Orsay), o denominador comum das crianças de todas as origens, de todos os meios, ricas ou desamparadas, é o cérebro.
Aos olhos das neurociências, a criança não é um adulto em miniatura, a diferença não é apenas alométrica. A dependência do menor, familiar, jurídica, econômica, não é a única a criar, por meio de qualquer condicionamento social, o estado de infância.
A especificidade da infância é uma realidade no plano do sistema nervoso central: o que a neuropsicologia constata é, inicialmente, uma enorme fragilidade, uma forte sensibilidade aos choques do ambiente. Mas essa fragilidade não é

apenas negativa. Ela também apresenta uma vantagem de plasticidade sobre o estado adulto: em caso de lesão, maior capacidade de recuperação. A afasia que se segue a uma lesão cerebral não é reversível no adulto. Ela é reversível na criança. Após necrose ou ablação de uma região ou de um hemisfério cerebral, constata-se que o cérebro da criança pode produzir derivações, compensações, mobilizações.

Atualmente, o que chama mais a atenção dos neurobiólogos não é tanto a extrema fragilidade do recém-nascido, e sim a plasticidade destes, isto é, a possibilidade sobre o plano cerebral, sobre o sistema nervoso, de se recuperar ou de encontrar outros circuitos quando há lesão. Até os seis anos pode-se até suprimir um hemisfério que por alguma razão tenha sido machucado, o que é melhor que o deixar atrapalhar o outro. A criança que sofreu a ablação desenvolve-se como uma criança que tem os dois hemisférios sadios, ao passo que, se deixarmos um hemisfério cicatrizado ou mal irrigado, o outro se torna impotente. É extraordinário: temos um hemisfério a mais. Penso que durante toda a vida as células do cérebro podem atrapalhar umas às outras; parece que elas têm duplo papel e esperam retirar-se em caso de acidente. Nós não utilizamos todas as potencialidades de um cérebro; ele sempre tem reservas.

As neurociências confirmam a intuição fundamental da psicanálise a respeito do potencial do bebê e da importância dos primeiros momentos de vida.

Dissemos: tudo acontece antes dos seis anos e em seguida circunscrevemos os três primeiros anos como os anos decisivos para a formação da personalidade.

"Tudo acontece, talvez, em oito dias, os primeiros dias de vida. O tempo das primeiras impressões, indeléveis, das feridas que deixam cicatrizes se reduziria ao período perinatal.

> Os neurobiólogos estão certos, confirma o Prof. Imbert, de que a criança, desde o nascimento, imediatamente após a expulsão, discriminaria os sentidos da linguagem linguística dos sons não linguísticos. Melhor ainda, desde esse momento ela seria capaz de identificar a voz da mãe em relação à de uma outra pessoa.

Certamente, e sobretudo a voz do pai, pois foi a que ouviu quando estava no útero: ela percebe principalmente os sons graves no útero, e distingue bem a voz do pai da voz da mãe. Em Pithiviers agora a experiência é clássica, pois se constata que o feto reage aos impulsos fônicos do futuro pai quando solicitam que este entre em contato com ele. Isso ainda não foi confirmado por meio de pesquisas científicas. O Prof. Imbert, do Collège de France, é reservado a esse respeito. "Isso ainda não foi provado." É preciso dizer que nesse campo a pesquisa progride muito lentamente. Os trabalhos encontram principalmente obstáculos metodológicos; cada vez que um é superado descobre-se alguma coisa a mais, que é acrescentada ao patrimônio cognitivo e perceptivo do recém-nascido. Podemos, portanto, inferir que o potencial da criança é superior ao que se considera adquirido; podemos prever que serão descobertas no recém-nascido capacidades bem mais importantes que aquelas que já lhe são atribuídas.

BEBÊS BEM ASSENTADOS

"O exame neurológico habitual está longe de explorar a totalidade das aptidões sensório-motoras neonatais." Um pediatra do Centro hospitalar de Bayonne, o Dr. A. Grenier, construiu um material adaptado aos bebês de 15 a 20 dias, e procedeu a testes em vista de "desparasitar" os bebês de certo número de restrições que inibem suas reais capacidades motoras.

Um filme que foi realizado com sua equipe mostra recém-nascidos que ele consegue fazer sentar em uma pequena escrivaninha, mantendo a cabeça deles com dois dedos. Entrando em comunicação com a figura materna, esses bebês sentados estão em grau – vemos isso pela imagem – de tocar um objeto que lhes é apresentado. Um comportamento motor de que não suspeitávamos que os recém-nascidos já fossem capazes.

AS CRIANÇAS-MANEQUINS

Conheci uma jovem mãe que vivia exclusivamente do cachê do filho. Mas este ficou muito perturbado. Ela e o filho vieram me ver. Com a morte do companheiro, ela havia ficado sem recursos. Como não eram casados, ela teve de deixar a casa onde vivia, cedendo-a aos herdeiros. Que fazer? Alguém lhe deu a ideia de vender para publicidade o rosto e as nádegas do bebê. Dos seis meses aos dois anos e meio, duas vezes por semana, essa criança maravilhosa tornou-se manequim. E a mãe pôde sobreviver, conservar a criança consigo e preparar-se para uma profissão com o dinheiro que a criança lhe possibilitava ganhar. Quando tinha sessões de fotografia durante o dia, a criança não dormia mais à noite, ficava muito instável e nervosa, precisava ficar colada à mãe; ficava insegura, como se lhe tivessem arrancado a pele, principalmente quando era muito pequena. Eu não a conheci naquele momento, mas apenas quando começou a sofrer, por volta dos dois anos e meio. Eu falei com a criança. Expliquei-lhe que, graças a ela, sua mãe podia viver. Algum tempo depois ela me deu notícias: a criança havia suportado bem melhor o trabalho no estúdio depois que a mãe lhe disse: "Sabe, é como aquela senhora lhe explicou... Nós vamos ter dinheiro...". E, como eu havia sugerido, ela mostrava para a criança o dinheiro que conseguira ganhar graças a ela. E havia tomado uma decisão: "Vou parar quando ela tiver três anos, pois então terei terminado minha formação profissional".

Para uma criança é uma provação ficar debaixo das luzes, trocar de roupa repetidas vezes, ser fotografada, ter de sorrir e pegar determinado brinquedo, ser o brinquedo das câmeras e das pessoas que a olham por trás das máquinas. Nessa situação, a primeira coisa a fazer é dar um sentido àquilo que é obrigada a fazer: "Você vê, isso tem um sentido para sua mãe, que não tinha mais dinheiro; ela é paga cada vez que você veste uma roupa diferente e faz uma propaganda...". Recomendei à mãe que lhe mostrasse as publicidades feitas quando ela era pequena. A partir do momento em que a criança mostrava uma particular tensão nervosa após as sessões de fotografia, embora com certo atraso, explicamos-lhe a utilidade daquele "trabalho" para ela e para sua mãe. Se tivéssemos falado desse jeito desde o início, desde os seis meses, ela teria ficado menos perturbada.

Se colocarmos uma criança em uma filmagem, uma sessão de fotografias, uma série de testes, é provável que a perturbação seja compensada por uma explicação circunstanciada: preveni-la de que será observada enquanto estuda, brinca ou come, mas também lhe dizer para quem e para que serve essa experiência. O pesquisador pode explicar que precisa de fato filmar as crianças para dar continuidade a seu trabalho. A solução não é se voltar contra os pesquisadores: "Faça com seus filhos, não com os filhos dos outros". Não há razão para que os filhos dos pesquisadores e mais ainda que os de outras pessoas sejam cobaias. Os filhos de um psicólogo ou de um biólogo, enquanto pessoas, são dele mas não para ele.

Talvez não seja inútil incitá-los a limitar manipulações tão delicadas, pedindo-lhes que tenham sempre presente esta simples questão: "Você faria isso com seus filhos?"

A CÂMERA-VIOLAÇÃO

Quantas gerações, no séc. XX, foram embaladas na longa noite do recém-nascido! Tudo era determinado pelos pediatras e psicólogos da primeira idade. O primeiro sorriso, a primeira visão da própria imagem refletida em um espelho. E a imitação dos gestos da ama de leite.

René Zazzo, que brilhantemente deu continuidade ao trabalho de seu mestre Henri Wallon no departamento de psicologia da Sorbonne, mais que seus pares franceses que ele considerava exageradamente apaixonados por controvérsias teóricas, tinha o olhar voltado para os trabalhos de seus colegas anglo-saxões e canadenses, cuja pesquisa de campo ele apreciava.

Um dia, ele contou para os pares que o neto de três semanas havia lhe mostrado a língua.

Teria sido um sonho? Uma interpretação abusiva de uma mímica sem futuro? Para certificar-se, René Zazzo provocou o estímulo. Ele mostrou a língua para o bebê, que lhe respondeu fazendo o mesmo.
Até o mestre permaneceu incrédulo. Durante vinte anos, os vanguardistas da psicologia, na França, não quiseram levar em conta essa manifestação do bebê, embora tivesse sido repetitiva. Durante vinte anos René Zazzo gritou no deserto. Respondiam-lhe que era impossível, pois o bebê não podia ver quem lhe fazia caretas, ainda que o rosto do observador estivesse bem perto do dele.[1]

Penso que não podemos falar de campo de visão do recém-nascido, mas a curta distância ele dispõe, certamente, de um campo de percepção.

Hoje, a psicologia experimental oficial admite que o recém-nascido é capaz de imitar as mímicas do adulto.

Mais que descobrir um fato novo, essas pesquisas confirmam o que já sabíamos. Há tempos eu já afirmava que a criança reconhece a própria mãe pelo cheiro, e só encontrava ceticismo. Mas, durante um congresso, o Prof. Montagner, que em Besançon realiza pesquisas em uma escola maternal (primeiro e segundo ano), interpela-me: "Senhora Dolto, eu provei que a senhora tem razão no que concerne ao odor da mãe. Há trinta anos, eu pensei que a senhora estivesse inventando e dizia que isso não era verdade. O filme a que a senhora vai assistir confirma que o fenômeno é cientificamente incontestável". O que nos mostra o filme do Prof. Montagner? Em uma classe de escola maternal, onde as crianças estão ocupadas, podemos distinguir bem os pequenos líderes, os mais bem-adaptados ao meio, os que já possuem domínio sensorial dos mais passivos. Quando um líder começa um jogo, os outros o imitam. Em dado momento se faz a experiência do cheiro da mãe. Coloca-se sobre um armarinho uma roupa usada pela mãe de um líder. Filma-se a reação do grupo todo. Vê-se então que o líder se afasta do grupo, abandona o jogo, vai de um lado para outro e depois, em um canto da classe, coloca-se na postura fetal e chupa o dedo... Em seguida, após alguns momentos, a roupa com o cheiro da mãe é levada e vê-se que a criança, pouco a pouco, como se estivesse despertando de um sonho, levanta-se, para de chupar o dedo, retoma seu lugar... e sua ascendência sobre as outras. É extraordinário! A criança passiva, mal-adaptada, ao contrário, quando sente o cheiro da mãe em seu espaço, da mesma forma que o líder se afasta de tudo o que estava fazendo, como se tivesse sido tirado de seu habitat, torna-se alegre, vivaz; animada, brinca com as outras, torna-se ativa, motora... Mas quando a peça com o cheiro da mãe é retirada, em poucos instantes ela volta à passividade habitual.

Eu sabia de tudo isso. Era necessário, para prová-lo, empregar esses meios? Penso que essa experiência, ao mesmo tempo estranha e perigosa, talvez seja

---

[1] *Où en est la Psychologie de L'Enfant?*, Denoël, Médiations.

traumatizante para as crianças cobaias. Sem cerimônia, eu disse ao Prof. Montagner: "É como se em uma reunião de amigos o senhor fizesse aparecer de repente diante de um adulto o fantasma da mãe dele, quando ele tinha quatro ou cinco anos; o fantasma está lá, provocante, insólito, e não sabe mais onde está... O senhor tira completamente do próprio contexto as crianças que são submetidas a essa experiência: trazer de volta o fantasma de uma relação privilegiada à época em que ela tinha de zero a três meses e possuía apenas o olfato para se relacionar com os outros. Não surpreende que a criança desenvolta, avançada, quando brutalmente forçada a essa regressão, comece a chupar o dedo, substituto do seio materno, e se refugie na postura fetal. Essa criança, em minha opinião, tornou-se autista durante dois minutos... O cheiro passa e ela volta à realidade. Quanto à outra, a criança dependente, passiva no meio de um grupo de sua idade, é como que excitada por uma alucinação: a mãe, de quem ainda não desmamou completamente, está lá. A criança sente-se plenamente segura... Em seguida, ela volta à segurança cortada pela ausência. Essa manipulação tem algo de assustador".

O Prof. Montagner respondeu-me que era a única maneira de verificar as intuições científicas. E eu lhe respondi: "Talvez. E as consequências que esse teste, no entanto, traz para as crianças?" Em medicina, para toda experiência – em psicologia também deveria ser assim – antes de qualquer experiência envolvendo um ser humano se deveria ter certeza absoluta de não causar qualquer dano. Caso contrário, abster-se.

> Não seria preferível que a criança estivesse associada à pesquisa sobre a criança? Se for necessário dar prosseguimento às pesquisas sobre o potencial, sobre as aquisições da criança, sobre os estágios de seu desenvolvimento psíquico para não permanecer nas etapas esquemáticas da aprendizagem cognitiva, segundo Piaget, o mal não seria menor do que fazê-lo sem o conhecimento da criança?

Imediatamente após o término da experiência, se ao menos a pessoa responsável explicasse à criança o que ocorreu e o porquê da brincadeira!

Se a pesquisa sobre a criança não for motivante para a própria criança, ela irá aliená-la a um desejo do adulto; irá fazê-la representar o papel de objeto de prazer do adulto. Alienar a criança a um desejo de adulto é voyeurismo que se diz científico. E qual é o papel inconsciente da professora cúmplice do Prof. Montagner?

> Então, não há saída? Entre uma observação realizada com o desconhecimento ou à revelia da criança e uma observação da qual ela participaria... Não poderíamos respeitar certa ética nas pesquisas?

Isso é algo extremamente delicado. Poderíamos acreditar que a projeção de um filme de amador, feito em família, pode ajudar uma criança a tomar distância, a partir do que chamamos de Édipo, a partir do momento em que a criança passou pelo luto da própria infância. Mas até essas imagens não são inofensivas. Vou citar como exemplo um pequeno filme sobre nossas férias. Nosso filho mais velho, que tinha trinta meses, apontava o dedo para a tela de projeção: "Olhe para mim que estou molhando o jardim e G. (seu irmão) que joga bola com o vovô". Eu retifiquei: "Não, vamos repassar o filme e você vai ver que seu irmão está em pé perto de mim que estou sentada; naquele verão ele ainda não sabia andar bem. É você quem está jogando bola com o vovô, e é P., seu tio, quem está molhando o jardim". Sem responder, ele de repente fechou a cara, bateu a porta da sala onde estávamos projetando o filme, depois sua porta, e ficou no quarto até o jantar. Aos domingos, quando víamos os filmes, nunca mais ele se juntou a nós. Isso até os seis anos. "Não, eu gosto mais de brincar", dizia. Um dia, ele apareceu quando assistíamos aos filmes e, diante da imagem do tio que estava molhando o jardim, ele me disse esta frase (eu nem me lembrava mais daquela história): "Você se lembra? Quando eu era pequeno, eu não queria acreditar que eu era eu". Ele havia tomado distância em relação àquele passado, e naquele momento ele se divertia ao se ver e ao reencontrar as lembranças. Naquele momento ele sabia que era uma criança de seis anos e não se confundia com o pequeno de três anos; e ria de se ver com três anos; ele sabia quem era e tinha, como dizem os ingleses, um self que estava construído. Mas, por volta dos três anos, ele queria ver-se em um ato que satisfazia seu desejo promovendo o tornar-se homem. E o que mais promove o tornar-se homem, nessa idade prevalentemente uretral, que segurar a mangueira e molhar o jardim? Ele não pode, mais que não quis, reconhecer-se... Eu o tinha ferido. Dizendo-lhe a verdade, eu o colocara em um "non possumus". Eu não podia dizer: "Sim, meu queridinho, é você quem está regando o jardim e é seu irmão quem está brincando com o vovô". Teria sido caçoar dele. Penso que há provações que devem ser assumidas pela criança se os pais não agredirem com um: "Mas como você é boba!" Eu lhe disse: "Olhe melhor. Seu pai vai passar outra vez o filme...". Fiquei espantada com a fuga que era, para ele, uma reação salvadora: ao mesmo tempo, ele readquiria sua coesão, indo brincar em seu quarto. Para ele, a experiência de rever as férias de verão apenas dois meses depois não tinha nenhum interesse. Mais tarde, ao contrário, em torno de seis anos, ele ria ao se ver quando era pequeno. As crianças gostam muito de rever fotografias de família.

Finalmente, eu não penso que haja de fato uma demanda real da criança no contexto de experiências organizadas pelo adulto. Mas podemos prever que esse tipo de pesquisa irá se desenvolver.

> No mundo animal, observamos a vida das espécies noturnas graças às câmeras de infravermelhos. Os neurobiólogos só podem sentir-se tentados a utilizar, no futuro, todo esse material disponível para observar as crianças.

Eu me pergunto o que se tornarão essas crianças identificadas com comportamentos behavioristas. Para o ser humano, não é isso o mais importante, mas o que ele sente. Observa-se um comportamento, mas o que essa criança sentiu? As câmeras de Montagner, fixadas nas duas classes experimentais da escola maternal de Besançon, não revelam o que a criança sentiu nem o prejuízo que eventualmente lhe causou. Podemos sustentar que é interessante, para compreender a entrada em diferentes estados do hábito, ver como podemos tornar uma criança autista durante dois ou três minutos pseudomaníacos em comparação com seu modo habitual de ser. Isso prova a fragilidade da estrutura de uma criança nessa idade, que está se organizando, embora vivaz e aparentemente confiante em sociedade. O cheiro da mãe é mais atraente que a atividade que está desenvolvendo; para poder entrar em contato com as outras ela tem uma mãe interiorizada e, quando esta lhe é exteriorizada sob a forma olfativa, que é uma percepção relativa em comparação com as percepções táteis, motoras, esta passa a ser predominante. Quando, de repente, na sociedade em que se desenvolve, ela sente o cheiro íntimo da mãe, ela deixa de ser a criança dessa sociedade para voltar a ser o bebê de sua mãe.

Quanto ao pequeno, que sai da passividade no clima criado pelo odor da roupa da mãe, vemos que se ele não se adapta ao grupo, porque não integrou suficientemente uma segurança que tem origem na relação com a mãe.

Montagner parecia maravilhado com o que considerava uma colaboração objetiva entre a psicologia experimental e a psicanálise.

> Essas experiências, se não pudessem ser evitadas, poderiam ao menos ser objeto de um acordo entre os psicanalistas... entre aqueles que se interessam pelo que a criança sente e aqueles que têm uma concepção bem mais global do sujeito.

Talvez... Mas "a criança" não existe... Fazemos um discurso sobre a criança, mas a vida interior de cada criança é completamente diferente da de outra quanto ao modo como ela se estrutura conforme o que sente, percebe, e conforme as particularidades dos adultos que dela cuidam. O estado de infância existe em relação à idade adulta futura à medida que existem diferenças específicas – como, por exemplo, entre outras, as etapas do desenvolvimento do sistema nervoso. Assim, as interações que se produzem entre o sistema nervoso e o meio são extremamente ricas nas crianças, pois se vê a fantástica rapidez da aquisição, por exemplo, da linguagem. Existe a imaturidade sexual. Mas, se consideramos as pessoas umas em relação às outras, não deveríamos mais falar de crianças, mas de tal indivíduo em comparação (conforme este ou aquele parâmetro) a outros, da primeira idade, da segunda idade etc.

Os inconvenientes e os riscos que as pesquisas apresentam para as crianças observadas não detêm os pesquisadores. Tudo isso é bastante perturbador, pois não podemos efetivamente codificá-los. Em caso limite, seria necessário dizer que essas experiências talvez custem muito caro para aqueles que são observados, a fim de que sejam evocadas as contribuições da ciência para a humanidade. Não se pode pensar bem a respeito dessas pesquisas. Por outro lado, como são inevitáveis, podemos prever que elas irão desenvolver-se com novos meios tecnológicos... Como não podemos ignorá-las, existe, no entanto, uma ética dificílima, mas uma ética a ser promovida. Em medicina somática, os ensaios clínicos também fazem vítimas. Existem as doenças iatrogênicas; existem os acidentes terapêuticos e também a seleção; por que esse grupo de cancerosos tem direito a esse medicamento novo e um outro à quimioterapia clássica? Porque é necessário que a eficácia terapêutica seja estatisticamente comparada entre os dois grupos. Existe, forçosamente, uma injustiça social. Mas dela tiraram benefícios para outros doentes. Em psicologia experimental, os pesquisadores sustentam que se algumas de suas experiências chegaram a lesar uma criança ou o grupo de crianças observadas, os resultados, no futuro, serão proveitosos para todas as outras crianças. Como provar o contrário? Segundo qual critério julgar antecipadamente que essa pesquisa talvez seja nociva, pouco necessária ou até completamente inútil? A curiosidade própria do espírito humano não justifica tudo.

Vamos, senhores psicólogos, o que pode ser observado, do exterior, da realidade de um ser humano? Estudar os hormônios de um indivíduo, qualquer que seja sua idade, é tomar a parte pelo todo. Se alguns desses hormônios têm um déficit, não é apenas compensando-os que vamos ajudar esse ser a reencontrar o equilíbrio verdadeiro. Pois é a relação física dos seres humanos uns com os outros que dá sentido à vida. Suponhamos que seja administrada a "boa dose" hormonal a alguém cuja relação com os outros está cortada. Prescrevendo-lhe essa farmacopeia, estamos pensando apenas em seu estado de saúde física. A doença é um sinal e nós destruímos esse sinal. Como essa pessoa vai fazer-nos saber que está em uma situação de fragilidade inter-relacional? Toda pessoa tem um desejo de ser e quer manifestar essa intencionalidade. Mas, se toda intencionalidade for feita para o prazer do "príncipe", ela será a negação da pessoa. É nossa perspectiva fazer alfas, betas... com que objetivo? Estaremos preparando o "Admirável Mundo Novo"?[2] Arriscamos encaminhar-nos para um totalitarismo impossível, com uma espécie de Grande Computador que impõe a todos sua norma geral.

Os pesquisadores pretendem tranquilizar-nos com a seriedade científica de seus testes. Até recentemente, tateávamos, dizem eles, orientávamos os jovens conforme o humor dos educadores de modo arbitrário e aleatório, ao passo que, doravante, poderemos de modo muito mais rigoroso, muito mais objetivo, fazer um balanço das aptidões, das capacidades de cada criança. É a hora das neurociências. E sua chegada me inquieta. Na ótica dessa disciplina, o eixo é colocado no desenvolvimento da inteligência, mas é a afetividade que dá sentido à inteligência de todos os humanos. A inteligência sozinha não existe. É todo um conjunto que constrói a pessoa e ordena as variações.

---

[2] Romance de Aldous Huxley.

Eu me pergunto se, finalmente, o período pós-Piaget que iremos atravessar não correrá o risco de ser terrivelmente intelectualista. As neurociências são exageradamente objetivantes, o que vai na contramão de todos os nossos esforços para caminhar no sentido da subjetividade de cada um: seria melhor procurarmos interessar-nos por toda criança, quaisquer que sejam suas ocupações preferidas, em vez de canalizar muito cedo seu interesse pelos dados escolares que são os mesmos para todos. As provas têm pegadinhas. Trata-se de verificar o que o professor deseja ver confirmado. O pesquisador agrada a si mesmo. Testemunha disso é a prova que houve nos Estados Unidos. Uma prova? Um artifício do qual lançaram mão à custa de uma centena de crianças ditas "retardadas": cinquenta foram escolhidas arbitrariamente para constituir o grupo daquelas que, nos dois anos seguintes, deveriam se desenvolver. Piedoso silêncio sobre as outras cinquenta... de antemão condenadas pela prova a ser o grupo que não ultrapassa os dois anos. Essas cinquenta tinham sido selecionadas ao acaso. Os educadores fizeram que as cinquenta do primeiro grupo fossem bem-sucedidas porque os pesquisadores haviam dito ter detectado por meio de uma prova (que não houve) que elas desabrochariam durante os dois anos seguintes. Foi a atitude dos educadores em relação a essas cinquenta crianças que favoreceu seu desabrochar, pois eles se interessaram por elas mais que pelas outras cinquenta, a respeito das quais fora dito: "Nós não sabemos quando estas vão desabrochar... mas em todo caso não será nos dois anos seguintes". É uma aberração. Você me dirá que ninguém pode afirmar que isso tenha sido prejudicial para alguém. Quem pode afirmar que o sucesso escolar de tal a tal idade deva ser apreciado? Ou que fracassar é nocivo?

> Está na moda instalar câmeras por todos os lugares para fazer o cinema-verdade. Impor às crianças que sejam filmadas é um hábito incontrolável e irresponsável do audiovisual, pois não conhecemos todos os efeitos desse instrumento sobre seres mais ou menos frágeis.

Convidada para um programa de televisão, pude assistir a trechos de filmes rodados com crianças; entre outros, de Godard. Não sei quais são as opiniões políticas de Godard, mas seu comportamento com as crianças é chocante. É câmera-violação. Ele não compreendeu nada das crianças. As crianças que ele interroga são submetidas à pergunta e satirizadas por ele. Para uma menininha de nove anos que tem ar de ser inteligente: "Você tem certeza de existir?" Ela responde: "Sim". "E como você pode estar certa de existir?" "Eu não sei." "Veja, estou filmando você; então, depois, os outros vão ver sua imagem... Então, você é apenas uma imagem? Quando se olha no espelho, o que você vê? Você se vê ou vê apenas uma imagem?" "Sou eu!" "Mas é uma imagem!" "Sim, é minha imagem." "Então, quem é que existe, sua imagem ou você?" "Eu, porque se o espelho não existir eu ainda vou existir." "Como você sabe?..."

É trágico ver uma criança assim posta em questão. E o jogo bobo e perverso prolonga-se, incitado por ele.

"Você faz coisas... sua cama, você arruma? Quem é que a arruma? Sua mãe? Ou a empregada que ajuda sua mãe? E você?... E se não a arrumassem?" A criança responde com bom senso: "Não haveria nenhum problema! Ela se deitaria do mesmo jeito. Ela está pouco ligando se a cama não estiver arrumada". "Então, se você não faz nada, você é uma imagem." O jogo ridículo continuava em uma escola com a mesma menininha, durante o recreio. Ela recebeu como castigo escrever cinquenta vezes: "Eu não devo fazer barulho na classe". Ela sabia que seria filmada por um cineasta, o que é incômodo no meio dos colegas. Ela deveria estar agitada pelos preparativos, passagem de cabos, instalação de projetores, ensaios de iluminação, pela excitação de estar na mira. E a professora de puni-la. Ela deveria escrever cinquenta vezes a frase. E Godard estava lá interrogando-a, e ela sabia que se não terminasse o castigo não poderia ir para o próximo recreio... A besteira de um professor fazer escrever isso... Viam que ela estava escrevendo. Ele falava e ela parava de escrever. Quando ele terminava de fazer uma pergunta imbecil, ela retomava o castigo. "Você está de castigo?" "Sim, porque eu falei na classe." "O que você está escrevendo?" "Eu tenho de escrever cinquenta vezes: 'Eu não devo falar na classe'." Ele a atormentava. E para lhe dizer o quê? "Você gosta da classe? Mas você está sendo punida. Você é rejeitada pelos outros." Então, ela lhe diz: "Não!" "Mas você não foi ao recreio." "Porque tenho de escrever a frase!" "Então, a professora rejeitou você?" "Não!" "Então, o que foi que ela fez?" "Ela não quer que eu fale na classe." Ela justificava o sistema imbecil, mas tinha algo a fazer e ele a impedia, sob o pretexto de querer que ela fosse contestadora... Contestadora de nada: ela suportava a professora e aquele imbecil que a impedia de fazer o que ela tinha de fazer; pela segunda vez ela seria privada de ir à recreação.

Depois, Godard a filma em casa. Ele lhe diz: "Você se aborrece por eu estar aqui?" Ela responde: "Não, mamãe me disse...". (Sua mãe lhe havia dito que ela seria fotografada.) E ouvia-se a mãe dizer: "Tire a roupa depressa". Ela sabia que estava sendo filmada. Godard a repreende: "Mas há pouco você não queria que eu visse suas nádegas!" Ela tinha se escondido para que ele não a visse. Agora, seu ar era furioso para que ela não contrariasse mais seu voyeurismo.

Em seguida, podia-se ler em um cartaz a palavra "OBSCURO", escrita com letras bem grandes: "O que é, para você, a obscuridade?" "É o negro." "Mas, o que é o negro?" "É quando dormimos." "Por que quando dormimos? Podemos dormir de dia." "Sim, mas eu fecho os olhos." "Então você fica na obscuridade?" "Não, se não estiver escuro." "Então, quando você dorme, fica obscuro em você?" Ela não sabia mais o que responder... É completamente besta: são questões de intelectuais (de esquerda?) totalmente idiotas, mas que, ao mesmo tempo, tentam criar uma espécie de descompasso, de provocar uma interferência entre duas linguagens que não se encontram.

Nesse ponto, não é voyeurismo, é violação. A utilização do audiovisual é pervertida. Estamos longe da "câmera invisível" que responde ao velho sonho do adulto de observar os animais selvagens em seu estado natural. Estamos longe também da "câmera-caneta" ou do "cinema-verdade". Outro sonho de adulto de um cinema de crianças feito para crianças. Há um terceiro fantasma de adultos que consiste em apontar a câmera-violação para uma criança-objeto de experiência. O prazer de Godard é dizer: "Vocês veem, eu faço um filme sobre crianças que não é para crianças, mas não sou ingênuo. E a senhora também não, Mme. Dolto. Vocês, espectadores, estão livres para ver justamente tudo o que escapa da câmera e do entrevistador". Ele poderia defender-se com astúcia: "A criança tem certo modo de se defender, de responder com bom senso ou de se esquivar através do silêncio. E aí está a verdade. Apesar da agressividade do entrevistador, e a despeito das inquisições da câmera, a criança escapa". Nem essa justificação, no entanto, seria aceitável. A criança escapa... mas fica marcada. Esse jogo, portanto, não é inofensivo.

> Godard é daqueles que sacralizaram a câmera. Para ele, que considera o sistema escolar atual completamente contestável (os castigos etc.), a introdução da câmera na escola é salvadora: ela exorciza, libera a criança, os pais e a sociedade adulta que assistem ao filme podem ver com evidência o absurdo do sistema.

Realmente! E se fosse o absurdo do cineasta, neste caso, ao lado da placa? (Perdão, do filme.)

Penso também que os pais que autorizaram essa experiência não assumiram o papel de pais, nem os adultos que têm a tutela assumiram o próprio papel, que é também proteger as crianças dos outros.

Foi por isso também que eu disse para Hélène Vida, apresentadora do programa: "Aborrece-me vocês mostrarem essas imagens ao grande público como um documento interessante. Se Godard estivesse lá eu lhe diria: 'Você viola as crianças sem nenhum interesse científico. Não há nenhum interesse científico no que você fez'".

> Os pesquisadores que estudam as interações entre a criança e seu meio ambiente dividem-se a respeito dos métodos a serem utilizados: alguns trabalham em laboratório, sobre grupos de crianças, com ou sem câmera; outros, preocupados em não falsificar minimamente a experiência, são partidários de não fazer grupos de crianças, mas de observá-las em seu próprio meio. Por exemplo, onde estão brincando ou na escola, em casa, nas férias... Enfim, observá-las onde vivem, não as transplantar para um laboratório ou reconstituir a vida delas em um estúdio. Assim, pegar crianças de um ou dois anos, colocá-las em um estúdio cheio de cubos, de objetos para identificar etc., falsifica completamente o jogo, ao passo que filmá-las na escola ou em casa, no ambiente natural em que evoluem, preserva mais a espontaneidade dos indivíduos observados.[3]

---

[3] Cf. os trabalhos do Centro de etnologia social e de psicossociologia animado por Marie--José Chombart de Lauwe.

Inicialmente, existem imperativos técnicos, a iluminação, o enquadramento etc., tempo limitado para ver, demonstrar... Depois, chega-se novamente ao obstáculo metodológico fundamental: o observador muda alguma coisa, pelo simples fato de estar observando. Principalmente quando um ser humano observa outro ser humano. A questão não é saber se podemos minimizar um pouco a subjetividade do observador; não podemos reduzi-la suficientemente, mesmo se evitarmos que a criança seja transplantada, mesmo se evitarmos a criação de uma cena... como com a câmera de Godard.

Citarei um filme que foi rodado em uma escola nova, onde as crianças são responsáveis pela classe de maternal. Durante oito dias os cineastas plantaram suas câmeras e esticaram os cabos. De vez em quando fingiam filmar. Em seguida as crianças esqueceram deles... teoricamente. Os professores comunicaram-me as reações espantosas de uma menininha que estava um pouco atrasada em relação às outras crianças. Nessa escola, as crianças escolhem: "Eu quero estudar as plantas; eu, as cobaias etc.". Cada uma tinha seu programa, cada uma tinha suas responsabilidades para a semana. Ora, durante toda a filmagem, era essa menina que animava a classe, enquanto os alunos que aparentemente eram os líderes mais ativos e os verdadeiros participantes estavam amorfos. É preciso dizer que os pais tinham vestido as crianças com as melhores roupas. Elas estavam penteadas e usavam roupas diferentes das habituais. A menina que havia se tornado a vedete do filme tinha sido penteada pela mãe, o que nunca acontecia. Sabendo que haveria um espetáculo, a mãe tinha se ocupado com a menina... Talvez não mais que a mãe de todas as outras crianças, mas tanto quanto, o que anteriormente não era seu caso. Então essa criança apareceu para os espectadores do filme como sendo a mais animada, a mais inteligente. A professora testemunhou: "No dia seguinte, quando não havia mais câmeras, ela voltou a ser aquela que não fazia nada na classe". Como a Gata Borralheira, ela havia se transformado para a festa. Para ser vista por quem? Talvez houvesse um operador de câmera para quem ela vivia mais. Não sabemos e nunca saberemos o que aconteceu. Depois disso, no entanto, ela reassumiu o papel de parasita da classe. E os outros reencontraram seu modo próprio de ser. O que isso quer dizer? O filme não vai dizer nada... e nós não compreendemos mais do que compreendíamos. E os professores, estupefatos, também não compreenderam.

Essas experiências não fracassariam se fossem filmadas as reações das crianças, dos pais e dos professores, depois de terem visto o filme. Houve ensaios interessantes no departamento de pesquisa do antigo O.R.T.F. Um grupo ou uma personalidade eram filmados e, seis meses depois, o filme era projetado para eles. Pierre Schaeffer, o diretor do departamento, aceitou que a própria filha, cineasta, registrasse um programa durante o qual foram confrontadas a filmagem de uma escola tradicional e a de uma escola nova. Fui convidada para uma mesa-redonda com os professores das duas classes observadas e os inspetores dessas escolas. A discussão foi gravada e fazia parte do programa. Infelizmente, esse filme interessantíssimo nunca foi televisionado, pois Pierre Schaeffer se opôs (?).

Um fato é certo: a introdução de câmeras na vida privada transtorna a vida das pessoas filmadas. Então, o que significará isso para uma criança? Sem que saibamos. Uma razão a mais para manipular o assunto com delicadeza. Não seria preciso consultar os interessados em vez de tratá-los como cobaias? Quando se fazem ensaios pedagógicos, não se pergunta a opinião das crianças, assim como se solicita a autorização do doente ou dos responsáveis por ele para os ensaios clínicos. Um medicamento novo não é testado em um hospital sem que os pacientes tenham consentido anteriormente. Quem sonha em consultar os alunos quando se experimenta algo novo em determinada classe e se continua com o antigo sistema em uma outra, para em seguida estabelecer a comparação? Se estivermos tentando lançar as bases de uma ética das pesquisas pedagógicas, ao consentimento anterior das crianças deve ser acrescentada a discussão em comum após a projeção do filme. Os pesquisadores e o realizador deveriam interrogar-se e refletir seriamente no sentido e no alcance da experiência. Eu penso que, se as crianças ficaram traumatizadas, permitir que elas se vejam, tomando certa distância, pode neutralizar, desdramatizar, compensar o efeito de choque. Isso, infelizmente, não é feito.

Resta o valor científico das experiências. Qual é o alcance do que se diz a respeito da criança filmada? É extremamente perturbador, pois, a rigor, tudo fica falseado a partir do momento em que elas se tornam objeto de experiências. Como assegurar as condições constantes para fazer correções, como se faz em física e em química, para a temperatura? Podemos fazê-lo em psicologia experimental? Os pesquisadores do C.N.R.S. publicam diagramas, gráficos. Tudo isso é muito impressionante. A metodologia parece muitíssimo adequada. Mas o que, de fato, podemos induzir com todos esses dados de pesquisa sobre as interações entre o meio sociocultural, a idade e o sexo daqueles que cuidam da criança, a mobilidade (família nômade ou sedentária)? Notamos as constantes nessas interações: esse comportamento com um conjunto de fatores que são justamente a instabilidade da família, com ou sem pai... Enfim, chega-se a frequências estatísticas. Geralmente, não há surpresas. E é isso, talvez, que me preocupa. Pois, se fossem descobertos paradoxos, talvez pesquisássemos mais longe, dizendo-nos: "Veja, aqui aconteceu algo inesperado, incompreensível". Mas o resultado das pesquisas dos psicossociólogos confirma a voz do bom senso, ou o trabalho dos analistas nos tratamentos individuais. Quantas teses, quantas pesquisas de laboratório para revelar... o que já se sabia! É a montanha dando à luz um camundongo.

Os psicólogos ficam mais à vontade para estudar as interações nos meios ditos desfavorecidos do que nos privilegiados. Parece que é extremamente difícil estudar cientificamente o que há de específico no estado de infância. Isso parece mais fácil cada vez que a criança está em uma situação extrema, que ponha em risco sua liberdade, sua integridade física e moral, cada vez que ela está em grande miséria ou sofre maus tratos. Quanto mais caminhamos em direção aos meios privilegiados ocidentais, nos quais a criança aparentemente está garantida e tem o necessário assegurado, mais dificuldade temos para compreender os bloqueios, os resvalos, os fracassos. Podemos filmar as reações de sujeitos cujas necessidades estão manifestamente insatisfeitas, mas o que se refere aos desejos não pode ser filmado.

No campo do observável, a psicanálise – nos centros de saúde mental – pode ir muito mais longe que a psicologia experimental. É o único método de trabalho que respeita o sujeito enquanto ser humano em seu meio e, simultaneamente, enquanto ser humano em si mesmo, seja qual for o meio ao qual pertence. Apenas ela permite entrar em verdadeiro contato com a busca de comunicação que um sujeito, o psicanalista, tenta estabelecer com um indivíduo, seja qual for sua idade, economicamente desfavorecido ou favorecido e sejam quais forem suas condições familiares ou afetivas.

Não existe criança com C maiúsculo: existe um indivíduo na época da infância e que, quanto ao essencial em seu ser no mundo, é aquilo que sempre será. E tanto é verdade que eu vejo adultos que vi aos três anos e que voltam para me ver. Uma mulher me visitou nos últimos anos: "A senhora se lembra de mim? Eu vim vê-la quando tinha três anos e tê-la encontrado foi extraordinário para mim!" "Que lembranças você guardou?" "Eu me lembro de ter feito um desenho a respeito do qual a senhora me disse: 'Mas você pensa quando está dormindo', e era verdade, e eu disse: 'Sim, eu penso', e olhei para minha mãe." Ela se lembrava desse momento. E acrescentou: "Então, eu disse para mim mesma: eu também tenho direito de pensar em meu pai. Foi uma luz formidável que mudou tudo em minha vida". Na época, eu havia guardado o documento dessa consulta; ela não havia me falado de seu pai (de quem a mãe tinha se divorciado quando ela ainda era bebê).

Na análise, podem aparecer lembranças bem anteriores aos três anos, dois anos. O que não é dito, expresso, não pode ser conhecido pelo "observador", mas o que se passa com o "observado", indizível e sem referência para o observador, é justamente o mais importante do encontro. O mesmo acontece entre dois interlocutores humanos.

OS MANIPULADORES SÃO MANIQUEÍSTAS

Embora estando em declínio ou em desgraça, o jogo das ideologias imprimiu nas mentalidades o raciocínio maniqueísta até na medicina, na higiene de vida: é tudo bom ou tudo ruim. Para o nascimento sem violência, por exemplo, alguns dizem: "Absolutamente não, está fora de questão!" e outros: "É o único caminho e tem de ser seguido!", e obrigar o pai a participar mesmo que ele se impressione muito. Esse é um comportamento maniqueísta. Essas receitas únicas são como as ideologias.

Ocorre o mesmo com a chamada nova educação, que também é uma concepção maniqueísta: foram feitas experiências pedagógicas diametralmente opostas: tudo acontece como se fôssemos pegar dois grupos de crianças, dizendo-lhes:

como não sabemos para onde estamos caminhando, para o primeiro grupo será instituída a permissividade total; o segundo grupo terá uma educação jesuítica: com a palmatória.

Os psicólogos estudam o comportamento aparente, sem perceber que o ser humano é uma complexidade física ao mesmo tempo inconsciente e afetiva, mas que não pode ser dita, e que para cada um toca em sua verdade incognoscível para outra pessoa. O comportamento aparente não informa a respeito do sujeito nem sobre o que sua sensibilidade o leva a experimentar.

Há ainda o receio de que o florescimento contemporâneo de obras, de enciclopédias, de guias educacionais convide os casais de hoje a adotar normas e regras. Para não dizer receitas miraculosas. Ainda aqui está presente o condicionamento maniqueísta, pois os sistemas de educação propostos são contrários; não se ensina os jovens pais a modular, a interpretar, a escutar sua própria intuição: o filho nasceu de vocês, e assim como vocês são vocês, sejam verdadeiros, digam com palavras o que vocês sentem, pois é da sinceridade de vocês que seus filhos têm mais necessidade. Até a própria linguagem atual torna-se completamente conceitual, completamente desligada. Talvez seja simplesmente a morte de uma civilização.

A involução da matéria cósmica de que falam os físicos talvez se faça acompanhar por uma involução do psiquismo humano, ou é expressão de uma observação que não passaria de projeção, que não é uma realidade?

> A tendência maniqueísta é encontrada até nos melhores ensaístas. É preciso relativizar as conclusões de Elisabeth Badinter[4] sobre a ausência de solicitude materna que podia ser constatada no séc. XVII. A atitude em relação às crianças não era tão rígida, apesar do discurso que está na moda.
> Testemunhos escritos provam que existiam cidadãos e cidadãs que tinham pela criança uma solicitude muito desenvolvida, comparável à atual, com os mesmos defeitos de hoje (adoração excessiva, projeção do adulto, identificação com um brinquedo), sempre com esta interrogação: a criança tem alma? Se tiver, será preciso modelá-la?
> Ariès revela mais nuances que Elisabeth Badinter, quando distingue "sentimento da infância" e "afeto pela criança" (ver a obra citada, p. 117 e 313). Mas não podemos simplificar e dizer: o sentimento materno é algo que não se vê no séc. XIX. Isso não é historicamente exato: encontramos manifestações que podemos evidentemente qualificar de atípicas, mas hoje também poderíamos encontrar muitos exemplos em nossa sociedade, exemplos contrários à moda atual que faz da criança o centro; poderíamos demonstrar que existe igualmente certo número de pessoas que, ao contrário, se comportam com a criança como na

---

[4] *L'amour en Plus*, Flammarion.

Idade Média ou como no séc. XVII (por exemplo, no M.L.F., vozes elevam-se para reivindicar o direito de recusar a maternidade após o nascimento da criança, sem que o abandono seja julgado como algo desnaturado). Somos, portanto, levados a relativizar a avaliação, porque a pesquisa revela que a relação permanece praticamente a mesma: não há mudanças fundamentais.

Há, no entanto, uma grande diferença: na Idade Média ou no séc. XVII, a criança era sempre alimentada no seio de uma mulher – sem isso a criança morreria –, quer fosse a mãe ou não. A alimentação no seio durava enquanto a mulher tinha leite e não era comandada de fora por um homem – um conhecedor, um pediatra – que dizia: "Não é bom, você não deve amamentar seu filho depois dos quatro meses". Hoje, o corpo médico proíbe a mulher de alimentar o próprio filho como quiser ou, se a mulher resistir, ele a autoriza a fazê-lo por mais alguns meses, seis ou sete no máximo.

Invertamos os termos: para nós é a criança que conta, não os pais.

Até o momento estudamos a relação dos adultos em relação à criança; principalmente para estudar a sociedade daquela época. Mas, se considerarmos unicamente a criança, o interesse da criança, suas chances de se estruturar, perceberemos que no séc. XVII a imagem materna talvez estivesse perfeitamente desenvolvida para a criança a partir do momento em que ela tinha uma ama de leite que se relacionava com o companheiro adulto e com os próprios filhos. Hoje, existe mais um retrocesso em relação ao séc. XVII, pois não existem mais amas de leite. Quem quer que seja a ama de leite, ela é mecanizada no sentido de que aos dois anos e meio deve dar caldo de carne para a criança; em nome da ciência, há o anonimato e a neutralização da nutrição. E a ciência considera a criança como animal a ser observado, não como pessoa que tem sensibilidade; ela não busca conhecer o que a criança expressa. Parece impossível que a criança tenha algo a dizer em relação a si mesma.

O discurso atual atribui a nossa época o privilégio de, em relação aos séculos anteriores, ter priorizado a criança. Isso é relativo. Podemos perguntar-nos, ao ler os séculos passados, se isso não vai contra o verdadeiro interesse da criança, e até se ela não é prejudicada. Não cessamos de dizer: "Finalmente, estamos começando a dar à criança o lugar que ela merece: começamos a respeitar seus direitos, começamos a abrir-lhe espaço..." e percebemos que ela foi transferida de um lugar para outro como um pacote, com novas proibições, mais restritivas que os limites de seu território na França rural. Podemos perguntar-nos, a respeito da relação maternal, se a criança não for considerada como uma cobaia de criação industrial – e não é porque existe uma ampliação do discurso sobre a criança (hoje estão à disposição infinitos métodos para estudar a criança desde a primeira idade) que ela é mais respeitada.

Quais são os resultados disso tudo para a criança? Não é o fato de ter coberto os muros da cidade de imagens de bebês sexuados que faz progredir seriamente a causa das crianças.

> É sadio abalar a autossatisfação contemporânea que consiste em dizer: "Nunca se fez pela criança tanto como hoje; em relação ao obscurantismo do qual ela foi vítima nos séculos precedentes, há uma belíssima perspectiva". O discurso atual obscurece mais que esclarece as coisas. Isso leva-nos a buscar os matizes e a relativizar muito mais do que fazemos ao olhar a situação da criança nos séculos precedentes, pois encontramos as mesmas contradições.

O séc. XIX e a primeira parte do séc. XX herdaram esse fechamento da criança em ruptura com a Idade Média, que era certamente mais favorável à aprendizagem da autonomia da criança. Davam com segurança à criança uma comunicação social com todos aqueles que a ama de leite estava em relação; ela era a provedora e, ao mesmo tempo, quem a iniciava na comunicação: o meio era favorável para sua individuação.

O ESPERMA NOBEL

> Nos Estados Unidos há um banco de esperma dos prêmios Nobel americanos. Através de inseminação, a Sra. Blake teria dado à luz uma criança cujo pai seria um célebre matemático. Qual será a sorte dessa criança, concebida nesse espírito, que será seguida, observada e testada como alguém que deve responder precocemente à expectativa dos pesquisadores?

O ambiente espera, e até exige, que ela tenha desempenhos especiais em sua faixa de idade. Ora, a inteligência humana pode estar receptiva e não demonstrar absolutamente nada. Se não manifestar nada de excepcional – o que não quer dizer que não será um adulto inteligentíssimo –, essa criança Nobel terá muita dificuldade para sair-se bem, pois desde o nascimento ela será acolhida como alguém que obrigatoriamente deve ser hiperdotada. Ela corre o risco de ter de suportar o fracasso da experiência – fracasso aparente – que os adultos vivem mal. Neste momento, não podemos dizer mais nada. Aguardemos. Os frutos dirão se a experiência foi significativa. Agora, só podemos discutir no vazio. Sabemos que a educação representa um papel importante nas trocas com os adultos responsáveis, com a criança vendo-se adulta como eles. Então, no caso dessa inseminação, o bebê Blake vê-se adulto como o pai que lhe é proposto como modelo; mas não é como matemático que o pai interessa à criança, e sim como portador de uma dinâmica de vida ou de uma dinâmica de negação que lhe vai transmitir. E ninguém pode dizer que o fato de ser matemático é um sinal de inteligência. A inteligência é um conjunto de coração, de generosidade, de desejo de autenticidade transmitido à criança que vai nascer. Ela não é o adulto que deseja que a vida da criança seja a repetição da sua, o que significa projetar nela a própria morte. Veremos o que fará esse prêmio Nobel dentro de dez, de vinte anos. Não importa o que lhe aconteça, ela será sempre um animal de laboratório. É chocante para nós atualmente. Será chocante amanhã? Não sei. É um Cristo, um sacrificado. Um rato de laboratório. Mas ela poderia não ter nascido. Ninguém a obrigava a sobreviver. Ela escolheu esse destino que talvez esteja a serviço dos seres humanos do planeta. Não se sabe. O que acho excepcional é que uma mãe e um pai legais aceitem essa experiência. Que vazio entre eles, que falta de verdadeiras relações para que eles desejem uma criança antes de tudo pela inteligência, como se sem esse matemático eles não pudessem continuar suportando viver um diante do outro! Essa criança é, no plano genético, descendente de linhagens que não são as das pessoas que a estão criando. Por que o fazem? Será que a mãe é uma Virgem Maria e o pai um São José? Ou pais que desejam exibir um bebê intelectual? Vejo daqui essa mulher dando a mamadeira para o bebê e todas as suas amigas assistindo à refeição do príncipe: "É o filho de um prêmio Nobel... e seu marido, o que diz? Como é dar a mamadeira para um Einstein?" As pessoas esquecem-se de que Einstein não era bom aluno. Querem uma criança que seja inteligente desde o nascimento. A inteligência pode desenvolver-se muito mais tarde, em uma inesperada expressão de si mesma e, ao esperar, esconder-se atrás de uma aparência de fragilidade. Einstein, atrasado na escola, falando pouco, sonhador: seus pais o amavam assim, sem saber que ele era inteligente, aceitando que ele fosse reprovado nos exames. Ele era a pobre criança da qual não se conseguiria nada. Mas talvez isso tenha estimulado sua inteligência. Quem sabe? Se Einstein tivesse sido outro, reconhecidamente genial desde a infância, talvez ele nunca tivesse se tornado Einstein. Em todo caso, uma experiência como essa requer ser partilhada por uma etnia e um grupo excepcionais, a fim de que todas as pessoas a sustentem. Mas, qual é a atitude desse pai e dessa mãe em relação aos próprios pais e em relação a esse ser humano, descendente de uma linhagem que eles desconhecem? Não se sabe sequer se na família do doador houve mulheres-crianças, pais sádicos. Talvez essa criança seja, no final dessa linhagem, mais disposta se seus pais educadores não tiverem antecedentes muito neuróticos. Aí está o desconhecido. E o prêmio Nobel nada pode fazer diante disso.

Capítulo 6

A cabeça sem as pernas

O COMPUTADOR A SERVIÇO DAS CRIANÇAS?

> Se o corpo da criança hoje não pode mais se expressar da mesma forma que outrora – ele está muito mais cercado e prisioneiro –, em contrapartida, o espírito pode libertar-se e construir mundos, brincando com um computador. A telemática não está a serviço das crianças?

Ela apresenta certo aspecto positivo no sentido de que as crianças não são dirigidas por um ser humano que lhes queira impor sua sensibilidade. Elas veem também que seu espírito, quanto à lógica, é inteiramente tão aguçado quanto o espírito do adulto. Mas permanece, no entanto, que a afetividade se encontra completamente ausente desses jogos e que o prazer é tão somente um prazer de excitação mental; a sensibilidade está fora de questão: ou se errou ou se tem razão – Você se enganou, ou, uma vez que você não se enganou no circuito, você tem razão. Então não é nem uma nem outra coisa; trata-se apenas de um circuito que é um meio... Mas um meio do quê?

Os jogos eletrônicos isolam as crianças, ao passo que o jukebox é partilhado entre companheiros. Reunimo-nos a seu redor em certas horas e nos agitamos cada um por sua vez diante dos outros. Batemos sobre a máquina para fazer cair as moedas, refilamos as fichas. Com o jogo eletrônico, nós nos isolamos como para telefonar, mas o interlocutor é lógico e anônimo, sem imagem e sem coração. Estamos em um simulador e somos confrontados com uma guerra interplanetária, como um cosmonauta em sua cápsula.

Um jogo feito com sucesso sintetiza a voz do interlocutor da criança: quando ela respondeu corretamente, ou quando fez bem a combinação, há uma voz de robô que diz à criança: "Você é formidável". Aos psicólogos, que estão muito inquietos com as consequências afetivas sobre a criança, os partidários desses jogos replicam: "Mas há um diálogo justamente no qual os pais não intervêm, o que dá à criança confiança em si própria e em sua inteligência. A inteligência enquanto inteligência lógica".

Os pedagogos defendem que a voz sintética de uma máquina para ensinar jamais substituirá a relação falada com um professor. Se o mestre se contentar de impor um saber e uma atitude, se ele não for alguém que desperta e anima, um computador programado pode realizar a tarefa de distribuidor de conhecimentos. Esse substituto, pelo menos, não exerce sobre seus alunos uma autoridade sádica.

Os saudosos dos velhos brinquedos de montar dizem que a telemática impede que o imaginário da criança se projete. Os modelos em miniatura telecomandados, que são belas réplicas de instrumentos do mundo moderno, impediriam que a criança sonhasse. Parece que manobrar engenhos teleguiados é excelente para a lateralidade da criança: esquerda, direita, para frente, para trás...

Creio que é um defeito que temos quando somos pegos em uma época: não vemos as transposições e as compensações que a tecnologia obriga a descobrir. Finalmente, quando o cenário muda, o ritmo de vida muda, o espaço se modifica. Não se pode confiar no homem, em geral, para se adaptar e encontrar sob forma completamente diferente as mesmas funções, ou compensações dessas funções que ele não poderia exercer da mesma forma que seus antepassados. Ele chega a defender-se e a realizar-se por outros meios.

"Não é mais como antes" não implica necessariamente uma regressão. Os "modernos" defendem novas formas que permitem ao homem contemporâneo dialogar de igual para igual com o homem da antiguidade, ao passo que os "antigos", ao contrário, são nostálgicos que não veem nada de positivo, de criativo, nas obras de seus descendentes. Choram um passado que transformam em era de ouro, esquecendo de resto que nesse passado havia obrigações e frustrações de outro tipo, mas que eram talvez tão esterilizantes quanto as de hoje. Encontramos essa querela de antigos e de modernos a respeito dos brinquedos. As crianças de hoje não respeitam os brinquedos de plástico que são réplicas: elas os quebram e não têm nenhuma pena deles; seus pais haviam conhecido a tristeza de perder os brinquedos de madeira ou de ferro no tempo deles.

Os brinquedos que eram amados eram brinquedos com os quais a criança se identificava; quando estavam fora de uso, era como se ela perdesse um amigo. O brinquedo eletrônico não é um amigo, mas um instrumento. Já fora observado, a propósito das bonecas que falavam, das bonecas que faziam xixi (não se sabe o porquê), que quanto mais se programam funções sobre um mesmo objeto, menos a criança pode gostar dele, porque ela não pode projetar uma vida afetiva sobre esse brinquedo; é uma vida funcional e não uma vida afetiva. A boneca que repete à pergunta aquilo que já se encontra sobre a fita magnética, e não outra coisa, é um ser repetitivo e, portanto, não um ser humano que inventa sentimentos e pensamentos a cada dia. Em contrapartida, esses novos brinquedos vão acentuar o comportamento animal, por reflexo condicionado, em vez de favorecer a troca relacional.

JOGOS DE CRIANÇAS, JOGOS DE ADULTOS

Os jogos das crianças são por vezes, mas não sempre, uma deformação ou uma imitação dos jogos de adultos. Por exemplo, os jogos de bola dos adolescentes são o resquício de jogos de pela para jovens e guerreiros. Mas as bolinhas de gude, o jogo de saltar, o jogo do urso (hoje quase extinto e que me valeu, no liceu de Nice, grandes galos), as barras etc., são de modo específico jogos infantis. Entretanto, o jogo de cabra-cega, que também sai da moda, era ainda um jogo de adultos no séc. XVIII, segundo muitas figuras da época... As matracas que nossos meninos compram na feira e fazem girar o ano inteiro provêm diretamente das matracas que se deviam usar durante o ofício de Trevas apenas e que representam os sinos primitivos de nossas igrejas; com efeito, durante os primeiros séculos do cristianismo, as igrejas não tinham sinos e os fiéis eram chamados para a celebração por castanholas e matracas frequentemente enormes, costume que ainda subsiste em algumas igrejas do Oriente. Da mesma forma, as bonecas de nossas meninas eram primitivamente representações de diversas divindades; no Marrocos, bonecas ainda representam a chuva e são levadas cerimonialmente em procissão em tempo de seca. Eram, portanto, estatuetas sagradas portáteis que só perderam esse significado relativamente tarde na Europa – mais ou menos há três ou quatro séculos – para se tornar um brinquedo comum a todas as nossas meninas. Isso não significa que as meninas tenham o tempo todo se considerado como "bebês"; com efeito, brincar de mamãe é biologicamente um pré-exercício, assim como o cavalo de pau é um pré-exercício dos meninos em todas as nações do mundo...

Que o brinquedo das crianças e dos adolescentes seja um pré-exercício, ou seja, um treinamento para atividades prática ou fisiologicamente úteis para o decorrer da maturidade, é coisa evidente; no entanto, essa evidência apenas posteriormente apareceu; e produziu-se um excesso, pois a maneira de conceber os brinquedos e os esportes em nossos dias tende a cansar e a enfraquecer seus adeptos.

ARNOLD VAN GENNEP
Costumes e crenças populares na França
(Le Chemin vert)

Observemos as relações entre as crianças e os objetos de pelúcia. Elas conservam um por muito tempo, a fim de guardar em si mesmas sua primeira infância em relação com a afetividade de ternura, de doçura tátil quente e cheia de carícia, como com o adulto daquele tempo. Há aquelas que o colocam em seu leito até os 15 anos. Até qual idade as crianças do computador terão necessidade, por compensação, de acariciar o ursinho de pelúcia? Seria possível amar o computador como se ama um companheiro? Não creio. Ele é amado como um escravo. É um escravo que se quebra... Nós o substituímos por outro, mas será que o amamos? O que acontece com a ternura?

Com os jogos eletrônicos, encontramo-nos sozinhos diante do aparelho, privados de todo o lado afetivo da rivalidade humana: "Você me venceu, eu venci você... Como ele demora para pensar... O que será que vai fazer?" Eu jogava xadrez com meu pai tardes inteiras, e havia uma espécie de elemento de rivalidade humana.

Certo dia, meu pai disse: "Eu gostaria de jogar xadrez; quem aqui quer jogar comigo?" Então começamos juntos, meu pai e eu. No começo estávamos em pé de igualdade; depois ele ia encontrar-se com companheiros de X; quando voltava, ele me vencia durante dois ou três dias; mas depois eu chegava à igualdade; e depois ele me vencia; ele voltava a seu grupo de antigos politécnicos. Esses triunfos sucessivos foram muito agradáveis para nós dois. Apenas graças ao esforço de se aperfeiçoar com os fortes em matemática, que possuíam uma grande complicação de raciocínio, ele tomava muito tempo, embora eu lesse ao mesmo tempo em que ele refletia. Quanto a mim, eu refletia durante dois ou três minutos. Além do mais, isso não me complicava totalmente o espírito, e eu dizia: "Depois de tudo, eu talvez não tenha visto tudo o que podia ser feito; mas eu leio". Quando não era eu, minha mãe era sua parceira no jogo de xadrez, mas ela preferia o jogo de baralho.

Minha mãe, esperando, adormecia; não lhe agradava muito ver alguém que ficava refletindo (não tanto eu), e por isso eu lia. Mas meu pai gostava de ser acompanhado em sua reflexão. Com efeito, é muito agradável, durante certo tempo, ver que o outro reflete, porque refletimos em seu lugar: como se estivéssemos de seu lado; depois de jogar, dizemos: "Eis aí, o que é que ele poderia fazer?" Acreditamos alcançar, sem dúvida, intuitivamente, os processos de ideação do parceiro. Esse cônjuge imaginário é, talvez, um cônjuge edípico por se tratar de meu pai, talvez um cônjuge companheiro. Isso não podia agradar minha mãe, porque ele era justamente seu cônjuge genital. Ela ia jogar bridge com meus irmãos, deixando-me o lugar diante de meu pai. Digo que se eu tivesse tido logo a seguir um interlocutor perfeito – com os jogos eletrônicos é teoricamente o aparelho – em vez de progredir no contato com um outro que em si é relativamente limitado no ponto de partida, e que se aperfeiçoa cada vez mais, eu teria perdido o verdadeiro prazer de jogar. O jogo de xadrez, enquanto jogo apenas combinatório, mas sem a relação com a afetividade e o espírito de alguém com quem se gosta de jogar, é muito estéril. Não há, nesse caso, o prazer de se dizer depois da partida: "Oh! Mas eu venci você". "Sim, mas você verá que depois de eu tomar uma lição com fulano de tal, sou eu quem vou vencer você." Eis aí, meu pai e eu nos divertíamos com isso. E, quando ele voltava, havia feito progressos em uma noite. Quanto a mim, eu fazia progressos em contato com os progressos que ele havia feito. Esse prazer com o jogo de xadrez nenhuma máquina me pode dar.

Com a chegada maciça dos jogos eletrônicos, desde a primeira infância, ficamos habituados a estar a sós com um aparelho, um engenho, sem relação com companheiros.

Uma experiência-limite.
Crianças cujos pais trabalham em uma fábrica de brinquedos e que trazem gratuitamente para seus filhos todos os protótipos de brinquedos novos, jogos feitos, engenhos telecomandados, modelos em miniatura; filhos cujos pais viajam muito e que trazem para casa um brinquedo de algum país do mundo. Essas crianças, e seus companheiros vizinhos convidados, embaraçam-se para fazer uma escolha no meio de um monte de brinquedos à disposição. Eles se oferecem livremente. O que vemos? Suas relações lúdicas são pobres e as partidas acabam mal.

As trocas não se estabelecem, nem entre parceiros nem entre si e o brinquedo escolhido. É preciso então fazer alguma coisa: brigar ou quebrar. Isso é, pelo menos, um ato pessoal.

Uma imagem fora de moda.
O pai que se diverte com o trenzinho elétrico do Papai Noel, porque o destinatário é ainda muito pequeno para sozinho montar e fazer funcionar. Hoje a moda não é mais comprar um brinquedo para agradar os pais. "Não intervenham! É a criança que deve escolher." Em algumas grandes lojas, os queridos do Papai Noel já pedem seus brinquedos pelo computador. Dirão que isso é bom para a criança, porque assim ela tem o sentimento de que é ela quem os escolhe. De fato, existe o condicionamento publicitário que a faz escolher exatamente o que querem que ela escolha; ou então, no programa do computador, talvez não haja suficientes escolhas; ela só pode pedir aquilo que se encontra no programa. Evidentemente, não é o programa dos pais... Mas existe o condicionamento publicitário.

Afinal de contas, ela não estaria perdendo? Será que, na primeira infância, era de fato totalmente frustrante para a criança que o pai ou a mãe gostassem de seus brinquedos? Eles brincam também, participando e dizendo: "Olhe este animal, como ele é engraçado..." ou olham os livros. Antes, a mãe lia os livros, dizia para olhar as imagens, a criança fazia perguntas... Agora, existem os livros com disco que a criança usa sozinha. Então, isso é bom à medida que a criança deve servir-se por si mesma; não se brinca no lugar dela; ela é deixada em paz. Apenas há muito menos contato.

Em contrapartida, vemos aparecer uma nova onda de jogos de sociedade, para jogar em seis, sete, oito, dez pessoas. São jogos de estratégia – estratégia militar ou estratégia econômica. Sempre com essa preocupação de desenvolver apenas a inteligência, o quociente intelectual.

De fato, penso que esses jogos deveriam ser jogados na escola. E o idioma português, finalmente, deveria ser o único ensino com professor.

> Foram introduzidos nas escolas os jogos de estratégia; houve experiências em Versailles: jovens no fim do curso foram solicitados a participar em simulações de situações reais com as quais as empresas se confrontam: reconversão, resgate por um grupo estrangeiro, oferta de mercado, a concorrência, a exportação. Mas esse jogo de estratégia lhes fora proposto em uma idade em que já são adultos. Não se deveria fazer isso com os mais novos?

O que falta em todos esses jogos é o vocabulário de troca entre duas pessoas, entre dois sujeitos. São instrumentos. As pessoas tornam-se inconscientemente inteligentes, mas não têm mais vocabulário para se falarem.

> Nos brinquedos do séc. XIX e início do séc. XX (as bonecas, os disfarces), encontramos uma projeção de todas as ideias recebidas sobre os modelos que é preciso dar às crianças (a menina que chora porque quebraram sua boneca, o menino que pode vestir-se como pequeno soldado etc.). Ela corresponderia a arquétipos incontestáveis, ou imporia à criança modelos totalmente idiotas? Questionamo-nos sempre sobre essa experiência feita pelos suecos: colocaram de um lado um grupo de meninos, e um grupo de meninas do outro; davam-lhes certo número de elementos, e as meninas tinham a tendência muito clara de construir cidades; já os meninos, de destruir essas cidades.

Isso é muito evidente. Há muito tempo que não vou à praia... Quando éramos crianças, porém, íamos sempre a uma praia onde havia areia fina. Era muito espantoso ver esses jogos ardentes com que as meninas e os meninos brincavam; as meninas faziam barquinhos e, com a imaginação, aí viviam, como se se tratassem de transatlânticos. Os meninos, por sua vez, faziam castelos, e as meninas os ajudavam. Como só se constrói com a areia molhada da maré precedente, quando a maré subia, os meninos demoliam o que haviam feito antes que a maré chegasse, ao passo que as meninas olhavam o mar subir e demolir aquilo que haviam feito. Mas elas nunca iriam ajudar os meninos a demolir. Depois de terem sido construtores durante algumas horas, para os meninos era de fato a parte mais excitante do brinquedo demolir tudo; as meninas, porém, olhavam e diziam: "Mas que pena!" Seria possível ver pouco a pouco o mar engolir o castelo, mas eles de modo nenhum, eles não queriam esperar e brincavam de demolidores. Contudo, nada impedia que, enquanto construíam, os meninos ficassem revoltados se alguém pusesse o pé por acaso sobre sua torre ou sobre sua rota de acesso.

Entre os meninos, há os que são conservadores e não gostam de destruir o que fizeram, mas preferem eles mesmos destruir a deixar que o mar o faça. Pode acontecer que uma menina destrua a obra de sua vizinha, mas nunca a sua própria. A agressividade é relacional. Mas, nessa praia de minha infância, via--se dessa forma repetir-se os comportamentos no momento da demolição que a vida cósmica ia produzir. Entre as meninas, não havia nenhuma que brincasse de demolir, ao passo que para os meninos demolir era um jogo: como o mar vai chegar para demolir, brinca-se então de demolir. E as meninas, não, isso de modo nenhum as divertia.

Quando eu era criança, isso me espantava. Lembro-me: arrumávamos com esmero a cozinha, a sala, sabendo que o mar ia chegar; nós nos esmerávamos até o último instante; e depois, puf... uma onda arrastava a casa, e ficávamos olhando a catástrofe natural. Ao passo que os meninos, vendo que o mar subia, demoliam seu castelo... e o mar invadia apenas ruínas. Isso é muito curioso.

Em meio aos anais da guerra e da paz, o que observarmos? São os homens que fazem a guerra de Troia, e não as mulheres. Olhemos a Irlanda: mulheres de acampamentos e de ideologias completamente contrárias reuniram-se para que não houvesse mais guerra... Os homens jamais fizeram isso. As mulheres podem acender a guerra por vingança, mas elas não o fazem por prazer, ao passo que há certo ludismo destrutivo no homem.

O brinquedo eletrônico ainda é coisa de luxo. É nesse sentido que lamento que ele não esteja mais introduzido nas escolas. Lembro-me dos jogos de enciclopédia pela imagem. Havia uma série de tomadas, com pranchas de imagens perfuradas que se colocavam sobre as tomadas. Era um teste de conhecimentos. Para saber se a resposta era certa, bastava ligar duas tomadas para que uma campainha tocasse.

No começo eu tinha disposição, porque pensava: "Vamos aprender muito"; eu estava muito contente... A seguir, depois de três ou quatro partidas, como eu sabia que a coisa tocava sempre quando se fazia coincidir as mesmas tomadas unidas, achava isso insípido e tedioso. O circuito era sempre o mesmo, e eu sabia muito bem que a essa pequena tomada correspondia essa pequena tomada; de modo que, na quarta vez, já não se precisava mais colocar a prancha sobre o aparelho: tínhamos já a resposta na cabeça; havíamos integrado o circuito. Creio que as máquinas atuais para ensinar são como esses jogos, aperfeiçoados.

Os computadores estão aí, com os bancos de dados para nos fornecer o conteúdo dos dicionários enciclopédicos: a idade de Edson quando ele descobriu o fonógrafo; ou o número de habitantes dessa cidade. Agora, acredito que estamos mais preocupados em aprender a aprender, de conhecer métodos de trabalho, e de ter à disposição instrumentos que permitiriam reciclar-se quatro vezes na vida a partir de um tronco comum, adquirido no ponto de partida. Chegou o momento de introduzir a telemática na escola pública – todas essas máquinas com base em programas, máquinas baseadas na lógica. No momento, ainda estamos nos mecanismos, principalmente no que se refere aos brinquedos, pois são os brinquedos que de fato se apresentam como objeto de todo um condicionamento comercial. Parece-me desejável que o grande projeto de colocar os computadores à disposição nas escolas se realize. Penso que essa experiência marcará o fim do ensino que repousa unicamente sobre aquilo que é gaguejado, aprendido de cor, aquilo que é finalmente uma acumulação de conhecimentos que são registrados no vácuo e sem modo de usar. Até estes últimos anos, mesmo depois dos estudos superiores, os jovens eram lançados na vida ativa sem ter jamais aprendido a trabalhar; sem ter jamais aprendido a aprender.

Capítulo 7

Uma angústia arcaica...

A INFÂNCIA SIMBÓLICA DA HUMANIDADE

> Na sequência final de "A guerra do fogo", vemos um casal na alvorada da humanidade sair do bestiário do amor e da união animal para inventar a sexualidade face a face, olho no olho.

Esses dois seres que haviam permanecido em sua castração primeira fazem, no coito, a descoberta daquilo que representa simbolicamente a face de que cada um está privado. É uma revelação ver a face do parceiro amado em vez de satisfazer os instintos pela parte baixa do corpo sobre um mamífero humano. A excitação-necessidade-tensão o cede para o desejo de encontro. E é a partir disso que a linguagem se associa ao cosmo e ao "reconhecimento", conhecimento ao mesmo tempo encontrado na união dos corpos do valor respeitoso pelos outros, o do amor, harmônica sutil do desejo humano. Vemos que é uma nova aquisição de uma qualidade totalmente diferente daquela que permite não ter fome e frio graças ao fogo que mantém os animais a distância e que sabe como acender novamente quando ele se extingue.

Podemos pensar que nesse estágio ou nessa idade da humanidade os fantasmas começam, porque do outro desejado, ainda que ausente, a imagem permanece na memória e, a partir desse momento, a linguagem simbólica vai se desenvolvendo.

Penso que o filme "A guerra do fogo" vai muito, muito longe, e mereceria comentários, embora certos críticos digam que o filme é fraco. Quanto a mim, creio que fracos são aqueles que dizem isso. Eles têm medo daquilo que neles existe; o medo dos personagens do filme é seu próprio medo.

"A guerra do fogo" deixa-nos desnudados. Ainda atualmente, embora não estejamos mais nessas pregnâncias de perigo (o risco de morrer, de não satisfazer a necessidade de alimento, por exemplo), somos ainda habitados por uma angústia arcaica que faz com que todo ser humano possa ser nosso inimigo implacável. Basta ler os fatos variados dos jornais. Não tendo mais razão de ser tão perigosos uns para os outros, continuamos a ter em nós essa agressividade perigosa nas pulsões reprimidas. De onde o imperativo das sublimações dessas pulsões na cultura, caso contrário voltaríamos ao assassínio fratricida. É aquilo que acontece nos países totalitários e nos campos de concentração. Com os nazistas, vimos a destruição de uma "espécie" pela outra. As "espécies" eram os judeus e os que se diziam arianos. O espectro ronda quando não desperta em cada um de nós. E basta que isso seja justificado para que passemos ao ato da destruição do outro, para dele nos alimentarmos; a eucaristia é sublimação. Ela, de fato, mostrou que, por meio da destruição da vida, o sábio genocídio do trigo, símbolo da materialidade das criaturas vivas, e no amor do trabalho de cada um realizado dia após dia na agricultura e na padaria, é aí que reside o Filho de Deus, que nós comemos – alimento sempre sacrifical obtido às expensas da morte dada de nossa vida que dela se sustenta. E que são apenas as palavras de amor fraterno guardadas que dão sentido de vida espiritual a essa carnificina ininterrupta e necessária sobre nosso planeta para a sobrevivência das espécies.

"A guerra do fogo" é a infância simbólica da humanidade. Todas as crianças começam por agredir; todas. Aqueles que continuam adultos são indivíduos que não tiveram a possibilidade de sublimar em atividades criativas e lícitas essas pulsões agressivas. Se revivermos com eles sua história, deveremos compreender o que aconteceu em sua juventude. Muito frequentemente, esses adultos agressivos foram "crianças mimadas". A análise revela que a mãe violou os desejos da criança, satisfazendo-a além das necessidades, por medo que ela morresse de privação ou que buscasse fruí-los com outros, sem ela. Essa angústia vem do fato de que sua libido se engolfou nesse objeto que dela saiu, em vez de permanecer em relação com os de sua margem de idade, para ela, adultos de seu sexo e do outro sexo. Essa criança tornou-se fetiche de si mesma; ela masturba seu próprio umbigo, se me atrevo a dizer, representado pela criança.

O onanismo desempenha um papel capital nas relações entre mãe-filho, pai-filho, assim como, de resto, entre homem e mulher; há muito onanismo disfarçado que se diz fazer o amor; a fornicação, no sentido da distensão de uma excitação localizada em uma parte do corpo, é onanismo a dois. Essa distensão, que pode não se realizar pela mão do sujeito, é feita por um objeto que é intermediário entre ele e a mãe; por exemplo, vemos crianças débeis que se tornaram fracas por causa de situações familiares gravíssimas e que só conseguem masturbar-se com um travesseiro, jamais com suas mãos. Por outro lado, suas mãos não fazem nada... porque a masturbação começa por tocar a boca, colocar tudo na boca, depois colocar as mãos na boca do outro, no ânus, nas fezes etc., e progressivamente sobre objetos de transição do prazer com seu próprio corpo, suas zonas erógenas, esses objetos parciais, para o prazer a ser descoberto com um outro. Então esse outro é uma parte de si mesmo. No limite, meu interlocutor é uma parte de mim, enquanto eu falo com ele... no mínimo, eu lhe entrego meus ouvidos; e quando me calo e ele me fala, ele me entrega seus ouvidos.

Quando a mãe, por angústia, contrariou a criança, cumulando a pesquisa pessoal de prazeres da criança em busca de satisfações "sacrificadas" por sua inventividade em torno de necessidades, temos o desencadeamento do processo de agressividade. A criança tem necessidade de segurança. A mãe acredita erradamente que ela a dá pelo fato de dar à criança tudo o que ela parece querer. A criança só pode manter essa segurança quando alguém nela suscita um progresso cotidiano, que lhe fala de seus desejos e que lhe fala daquilo que a interessa: "Você vê a luz; nós a apagamos; você vê, a luz está apagada; a luz está acesa; é este pequeno botão que estou manejando aqui...". E, a um bebê, podemos fazê-lo manejar o botão, repetindo: "Você apaga, você acende", e então ele fica sabendo que é senhor de uma percepção. Ele não sabe muito bem como, mas sua mãe lhe ensinou com as palavras, e quando ele ouvir acender a luz e vir que a luz se acende ou se apaga, ele saberá que houve uma mediação humana para fazer isso; em vez de acreditar na magia ou na onipotência materna.

A agressividade de certos indivíduos de nossa etnia se esclarece a partir do momento que sabemos que nenhuma verbalização da mãe ou do pai os iniciou no fato de que é o desejo que está na origem de sua existência. Quase sempre, todas as crianças são instruídas sobre um funcionamento dos corpos na origem de sua existência, e não de uma opção de desejo entre dois seres; esse desejo que cria a vida e o enigma de seu próprio ser.

Ainda que não tenha sido "programado", querido por seus genitores, todo ser, pelo fato de nascer, é porque ele desejou nascer. E devemos acolhê-lo assim: "Você sempre nasceu de um desejo inconsciente... e muito mais pelo fato de que você não foi conscientemente esperado, desejado por seus pais, e eis você vivo muito mais por você ser sujeito de desejo. Você é muito mais sujeito de seu ser de desejo por não ser objeto de sua espera no decorrer de sua união amorosa, a concepção foi uma surpresa para seus pais, mas eles permitiram que você fosse até o fim". É o filho-desejo: ele desejou nascer, apesar de seus pais não saberem que ele desejava ser gerado, ele é desejo sempre, amor frequentemente, "carnalizado". Cada ser humano é assim verbo encarnado (exatamente o que é dito de Jesus Cristo). Com efeito, cada ser humano merece essa mesma definição no momento de sua concepção.

Se ele não tiver sido programado, haverá menos oportunidade para que a mãe se aproprie e se identifique com ele. Em todo caso, houve pelo menos três semanas ou um a dois meses (antes que ela não tivesse suas próximas regras) que ele viveu conhecido apenas por si mesmo, significando o desejo inconsciente de seus dois genitores. Os filhos que foram desejados e concebidos, depois de uma longa espera dos pais, não têm esse poder vital de vida secreta, apesar da ignorância de todos, pois eles satisfazem o desejo de seus pais. É o filho-surpresa, inesperado, que é o protótipo do ser humano mais rico de sua própria dinâmica vital, sem auxiliar em alerta no ponto de partida de sua existência.

BATISMO À CHINESA

Em Longbow uma figura de tigre disfarçado de patrono é entregue a cada criança, quando se celebra o primeiro mês de sua vida. Além disso, para manter afastados os demônios que ameaçam a criança, pais prudentes deram nomes repugnantes a seus filhos, como "filha do esterco", "menino vilão" ou simplesmente "salgado". O espírito dos tempos novos fez aparecer nomes não menos bizarros: é assim que "Serve o Povo", "Defende o Oriente" e "Pequeno Exército" hoje se encontram lado a lado em uma sala de aula.

Chego a pensar que o pecado original seria para os seres humanos ter comido seus bebês; na falta de animais para comer, açulados pela fome, os pais teriam chegado à ideia de comer seus filhos... e os filhos de hoje podem sentir-se como capazes de comer sua mãe, e eles próprios serem comidos.

Isso também está em nós. E seria a origem dessa função simbólica que se revela na linguagem familiar: "Ele é delicioso; eu poderia dar-lhe uma mordidinha?" etc., assim como nas perturbações psicossomáticas.

O mito nos diz isso. Para os gregos, era a tragédia do destino do homem, a fatalidade, a causa da desgraça da sociedade.

Descobrir assim os alicerces de toda a nossa dinâmica psicológica e criativa marcou um progresso considerável. Vivemos em uma época apaixonante.

Se de fato os seres humanos fossem capazes do respeito total pelo menor deles – o que está contido na mensagem desse louco que foi Cristo –; se chegássemos a reconhecer tanto valor naquilo que faz um bebê quanto naquilo que faz um adulto, e que já está construído com lógica, creio que isso já seria uma revolução considerável. Aquela que se comunica com aquilo que tem o maior valor no mundo é a criança; contudo, como ela é pequena materialmente, fraca fisicamente, o poder que os fortes impõem aos fracos nós lhe impomos. A mensagem revolucionária do séc. XX consiste em dizer: é o mais doente que não é agressivo, o mais pequeno que não é perigoso, que é como é... é este que é o mais belo.

É preciso convidar a olhar esse pequeno, esse futuro, esse que se torna, não sob o ângulo da fragilidade e da fraqueza, mas sob o ângulo daquilo que ele tem de novo, de criador, de dinâmico e de revelador de si mesmo e dos outros em contato com ele; dos outros que estão em curso de crescimento ou de diminuição, em estado de saúde ou de doença desvitalizante. O recém-nascido confronta-se com isso. No "Manual para uso das crianças que têm pais difíceis"[1], encontramos esta frase: "As crianças são de fato as únicas que podem fazer alguma coisa pelos pais, porque elas têm a vantagem de ainda não ter sido adultas". Com efeito, a criança ainda não foi deformada pela vida dos adultos. Devemos interessar-nos por ela, não só porque ela tem o direito de viver, o direito de ser si mesma (é verdade, sem dúvida, mas isso não é o que mais mobiliza para a coletividade dos adultos), mas porque ela manifesta muito mais do que pensamos, porque ela é o amor, a presença do amor entre nós.

A criança é o calcanhar de aquiles do adulto: aquele que é aparentemente o mais forte tem medo de ser desarmado diante desse ser de verdade.

MEDO DE MORRER, MEDO DE VIVER

Se observarmos os diferentes tipos de comunidades, os ritos de aprendizagem ou os modos de educar, temos a impressão de que certos tipos de sociedade (exemplos da Suméria, do Egito faraônico, do império Inca, dos Astecas) desempenham um papel de equilíbrio em relação à ação neurótica dos pais. O conservadorismo, o imobilismo das sociedades arcaicas muito hierarquizadas, no entanto, revelam que o Estado-pai, o clã, é mais "carcerário" ainda que a casa da família. Por razões econômicas ou por medo da aventura, do desconhecido, toda a sociedade desconfia da liberdade dos jovens, de sua impaciência. No fundo, a sociedade quer que a condição da criança melhore profundamente? Reconhecem seus direitos. Lutam contra a desnutrição, condenam – fracamente – os maus tratos, mas é apenas a parte visível do iceberg. Mas todas as outras crianças que têm quase tudo o que é preciso material e organicamente, o que possuem para se desenvolver como pessoas? Finalmente, apesar de todos os discursos e de todos os laboratórios que deles se ocupam, não podemos dizer que haja um progresso linear do qual cada criança tire proveito. Daí a hipótese de que há uma espécie de rejeição coletiva inconsciente: a sociedade tem medo do gênio próprio da criança.

Não no sentido de gênio artístico, mas de gênio sexual no sentido libidinal de desejo. As crianças exprimem mais a liberdade que o adulto. Elas impedem ou retardam a esclerose das civilizações. A geração nova é uma força que impede que os adultos se sintam em segurança (falsa), repetindo sempre seus mesmos modos de relação entre si. O mal-estar particular de nossa época é que a evolução técnica caminhou de modo tão rápido que a evolução da relação entre os humanos tornou-se algo como que secundário

---

[1] Jeanne Van den Brouck, edições Jean-Pierre Delarge.

em relação aos esforços técnicos que os adultos devem fazer... Embora eles não possam mais enquadrar suas crianças. Estas, então, vivem no vácuo, o que lhes dá um poder muito grande que não é humanizado. Atualmente, conhecemos e observamos de tal forma crianças que não são humanizadas em relação a suas pulsões, isto é, que não têm ética para se tornarem elas próprias criativas, seres humanos que têm o direito de pensar, de amar, de se conduzir, de ter iniciativas... A fase de latência encontra-se mal preparada para as sublimações válidas e vantajosas para o grupo, para a comunidade e para si mesmas, porque propiciando prazer e alegria para a criança que eventualmente recai sobre sua família, mas que se exprimindo em sua faixa de idade, faz com que ela aprecie e lhe dê a alegria e o prazer de uma irradiação na sociedade de seu tempo.

> O maior drama da condição humana é que no momento da mais viva criatividade, da mais forte vidência, sejamos colocados sob a dependência do adulto. A imaturidade física acompanha paradoxalmente uma extraordinária precocidade de gênio natural e de sensibilidade.

O último ponto de ossificação que está nas clavículas realiza-se aos 21 anos; é nesse momento que o indivíduo da espécie humana é por fim adulto, em sua totalidade somática e psíquica. Apesar de já ser sexuado e de ser capaz de procriar antes dos 21 anos, ele ainda não é totalmente adulto do ponto de vista estritamente orgânico. E, a partir de 21 anos, há um período estacionário, até 30 ou 35 anos. A seguir, ele declina do ponto de vista orgânico e entra pouco a pouco na velhice, conservando sua vida e tendo uma vida cheia da assim chamada maturidade na sociedade, mas seu organismo já está a ponto de se desgastar, e de caminhar na descida para a morte. Assim sendo, o ser humano é o único ser criado – criatura animal, uma vez que é também um animal mamífero – que leva tanto tempo para se tornar autônomo, que tem por tanto tempo necessidade de uma proteção particular. Ele morreria se não contasse com a tutela de seus pais. Ao passo que um pequeno animal pode encontrar sua vida, porque ele cambaleia e caminha logo depois de seu nascimento. Evidentemente, tem por algum tempo necessidade de mamar, mas ele se desenvolve e defende seu organismo; do momento que está sobre as próprias patas ele assume sozinho seu instinto de conservação. O ser humano, no nascimento, caminha... se for sustentado sobre o leito; mas se perde ao cabo de alguns dias. Mas ele caminha porque está contido em um organismo que caminhava: o de sua mãe. E ele é como sua mãe, já possui todas as suas funções, mas não pode ainda mobilizá-las sozinho.

OS CUIDADOS MATERNAIS NA ORIGEM DA VERTICALIDADE DO BÍPEDE

Incluindo os insetos, 99% dos animais não propiciam nenhum cuidado para sua progenitura. A nova sociobiologia veio reforçar a hipótese dos evolucionistas, segundo a qual o objetivo do indivíduo de cada espécie viva é assegurar a continuidade de seu capital genético. Ora, há duas estratégias para chegar a isso: 1) produzir uma quantidade muito grande de ovos fecundados sem investir em nenhum deles; 2) ao contrário, produzir poucos deles, mas investir muito em cada um. O homem e a ostra encarnam as duas atitudes mais extremas em matéria de cuidados com as crias: o primeiro é pródigo em cuidados para proteger uma descendência frágil, ameaçada e custosa, e investe tudo sobre a cabeça de um ou dois filhos, ao passo que o molusco põe até 500 milhões de ovos por ano, e essa abundância compensa toda ausência de cuidados. Mas a estratégia da maternagem tem seus reveses: a perda de um jovem da espécie devido à ação dos predadores ou dos flagelos naturais é catastrófica se os nascimentos são espaçados e os pais empenharam muita energia para criá-los. A taxa da mortalidade infantil deve ser moderada à medida que o tempo de investimento parental é considerável. A resposta a esse perigo de extinção da espécie materna que mais consiste em desenvolver a capacidade de aprendizagem do recém-nascido, para aumentar sua capacidade de adaptação a um meio hostil e, portanto, suas oportunidades de sobrevivência. Segundo alguns etólogos, como o Pe. Lovejoy, de Ohio (Estados Unidos), a locomoção bípede teria sido uma das respostas a esse problema de maternagem entre os primeiros hominídeos. A fêmea pode com menor risco carregar sua cria, diferentemente dos macacos que pulam de galho em galho na floresta com sua cria agarrada em suas costas, e ocupar-se mais facilmente de duas ou três crias por vez. A escolha da maternagem teria sido determinante na passagem do hominídeo quadrúpede ao humano bípede. Outros especialistas sobre o comportamento animal objetam que a evolução dos grandes mamíferos não deixa de apresentar formas de maternagem muito desenvolvida entre os quadrúpedes (como o elefante). Mesmo que, entre os humanos, o fato de pôr-se de pé não ter tido como finalidade facilitar a tarefa da mãe, podemos admitir que o encargo da maternagem estimula no ser vivo o comportamento inteligente e que o desenvolvimento cerebral assim induzido pôde favorecer a especialização do membro anterior nas funções de pegar e de manipular, o que teria refinado e individualizado os cuidados reservados aos recém-nascidos.

A partir do momento em que responde a essa necessidade de tutela do recém-nascido, o adulto não se pode impedir de ferir e de enfraquecer esse pequeno ser, de criar danos que reduzem seu formidável potencial. Ao mesmo tempo em que exerce uma pressão patogênica, ele tem essa responsabilidade decisiva de introduzir o filho na linguagem. É aí que a ruptura se estabelece, a crise se estabelece, pois a linguagem em 1984 não é a mesma linguagem de 1784. Basta ouvir falar os canadenses que emigraram com a linguagem de seus pais franceses dos sécs. XVII e XVIII e que evoluíram diversamente em um mundo social mais reduzido que o lugar de onde provinham e onde, por causa da Revolução Francesa, mudaram não somente a linguagem gramatical, mas também o modo de viver uns com os outros. O que há de inteiramente revolucionário sobre o planeta atualmente é que a comunicação entre os humanos faz com que eles recebam de todos os lugares elementos de suas funções simbólicas que não estão ligadas apenas a seus seres eleitos nem àqueles que pertencem a seu pequeno grupo. É nisso que atravessamos, social e etnologicamente, uma revolução extraordinária e que compreendemos que, seja qual for sua individuação, a educação marca profundamente um ser humano pela linguagem, não só verbal, mas gestual. Ele toma o exemplo que lhe é dado pelo grupo como modelo daquilo que ele terá de se tornar.

> Como, em 1984, o tutor pode ser mais respeitoso em relação ao desejo da criança do que seus ascendentes?

Para ser mais respeitoso, não é preciso que ele tenha necessidade dessa criança para se afirmar; é preciso sim que ele esteja totalmente na vida de desejo com os adultos de sua faixa de idade e que sustente essa criança que ele tutela para se tornar ela mesma, entre os de sua faixa de idade, sem ficar perturbada por diferenças. Ele deve cada vez mais fazer parelha a respeito do desconhecido; dar crédito a uma evolução cada vez mais imprevisível. Não há mais referência, termo de comparação. Com 35 anos já se é um velho para um jovem de 15 anos. E os reflexos de antigos combatentes tornam-se cada vez mais incongruentes. "Ah, eu, na sua idade..." Por que a comparar com esse velho quando tinha sua idade? Atualmente, estamos em uma situação inatingível, pois não sabemos absolutamente para qual sociedade uma criança se desenvolve, dada a rapidez da mudança social que acelera essa comunicação planetária.

> É possível que as sociedades, sejam quais forem, segreguem anticorpos que se opõem inconscientemente a qualquer melhoria profunda da condição da criança.

O grupo social dominante resiste à mudança por medo de ser demitido, relegado, posto no lixo, mas a sociedade inteira sabe que para não morrer é preciso não ficar estagnado: a vida não conhece a estagnação.

Penso que o ser humano é chamado a uma coisa diferente de depender apenas de um grupo social, conforme a estrutura atual de nossa sociedade. Chegaremos sem dúvida àquilo que a humanidade planetária for na intercomunicação constante.

> Quando olhamos todos os exemplos de civilizações há 4.000 anos, temos verdadeiramente a impressão de que, seja qual for a evolução do discurso sobre a criança – há 150 anos, a ciência a serviço da criança, a proteção jurídica dos menores, a tomada de consciência planetária "todas as crianças do mundo" –, o antagonismo entre veteranos e jovens, o maduro e o imaturo, o passado-presente e o futuro próximo, permanece tão tenaz quanto a querela dos antigos e dos modernos, como se nenhuma sociedade chegasse a conciliar interesses totalmente contraditórios.

A resistência àquilo que se pode chamar de revolução freudiana me faz pensar naquela que se desenvolveu diante da revolução galileana, ou copernicana, que forçou a humanidade a integrar repentinamente que o planeta não era mais que um elemento do espaço tomado em um conjunto sideral, ao passo que até então ele devia ser o centro do mundo. Doravante, sabia-se que ele não era mais que um pequenino ponto no espaço incomensurável para o comum dos mortais. Ora, aceitamos isso que parecia uma humilhação e uma contradição total com o pensamento dos humanos mais evoluídos da época.

A revolução psicanalítica significa a mesma coisa para a compreensão da individuação e da identidade de cada um. Os humanos, depois de fortíssima resistência, serão finalmente capazes também de assumir essa mudança radical de escala "mental" e de devolver a cada ser humano sua responsabilidade, em igualdade com a de todos os outros, de sustentar esse mistério que é um ser humano, que é um ser de verbo que se encarnou, mas que esse organismo emissor e receptor de linguagem é um ser puntiforme em relação ao verbo que toda a humanidade em conjunto exprime, que faz ser cada um, com sua função significante em relação criativa e dinâmica no mundo e que, para mim, é Deus em e por meio de cada um. Não há outro termo para dizer isso, embora esse termo "de olhos"[2] como o podemos ouvir (nossos olhos que percebem a luz), é ainda uma metáfora de uma coisa completamente diferente... Se houver interesses contraditórios entre a sobrevivência da espécie ou da sociedade em geral e o desenvolvimento do indivíduo, não me parece que isso se deva a razões econômicas, porque agora estabelecemos facilmente o custo enorme da multiplicação dos erros, da não prevenção, da incapacidade de produção de indivíduos que foram maltratados,

---

[2] N.T.: A autora faz um jogo com os termos franceses "Dieu" (Deus) e "d'yeux" (de olhos), para dizer que o conjunto total da humanidade expressa totalmente o poder criativo e dinâmico da vida. Sobre isso, cf. Gênesis 1,26-27.

que foram destruídos, que não puderam construir a si mesmos. Hoje, a sociedade não pode mais ignorar que é de seu interesse econômico modificar suas atitudes, organizar-se de modo diferente para dar maior lugar ao desenvolvimento da criança e dos meios de aí chegar. Ora, mesmo que se fizer esse balancete, isso não modificará absolutamente a política do grupo em relação às crianças. A razão disso, portanto, não parece ser de ordem econômica. Todos aqueles que são responsáveis por crianças se chocam com as recusas de ajuda pública. Mas a falta de créditos é frequentemente um falso argumento, pois, afinal de contas, são as mentalidades que não se podem ou não se querem mudar. Os adultos resistem. Eles têm medo, medo da vida que é imprevisível. Eles pensam que tudo deve ser "programado".

Creio, justamente, que esse imobilismo provém do fato de que a humanidade infantil carrega a certeza da morte para os adultos, mesmo que estes possam recusar a morte, confiando e identificando-se com a vida que se eleva. Em vez de investir tudo sobre este pepineiro que assegura sua sobrevivência sobre a terra, eles a impedem de crescer sob o pretexto de que, se quisermos continuar a viver como vivemos, não podemos deixar os mais jovens livres para imaginar, livres para suas iniciativas. Estranha perversão, os homens de uma mesma geração – e que têm parcelas de poder – raciocinam como se a espécie humana fosse apenas uma espécie animal e que seu papel consistiria apenas em reproduzir o mesmo capital genético, sem mudar o programa. Na verdade, são gerações e gerações que se privam de futuro. Tudo acontece como se não quisessem o futuro. Os homens são assassinos, não são suicidários, mas querem sobreviver à custa do assassínio daqueles que desejam vir à terra... O que é um país que não favorece mais o espírito de invenção, a criatividade, a alegria de viver, a renovação, o desenvolvimento dos seres jovens? É um país que se consome. Podemos repetir isso e todo o mundo concordar... mas os responsáveis não mudam de atitude!

Nossa sociedade quer viver sobre aquisições materiais, como se a geração jovem não tivesse a inventividade de conceber um modo de viver de forma diferente. Cada um é governado pelo medo de sua própria morte e quer defender sua sobrevivência, como animais que se defendem e não como seres humanos de desejo e de comunicação que deveriam investir na inventividade constante do espírito humano para encontrar como viver de modo diferente. São os jovens que são nosso futuro; são eles que devem contar com a confiança do país.

> Em outros séculos, construía-se, "obrava-se" para a posteridade. O desejo do artista sempre em atividade criava, e essa criação permanecia depois dele, como testemunho para outros. Agora, vemos homens de negócios que constroem fortunas que, de fato, estão destinadas a desaparecer, engolidas com eles. Os ditadores anunciam: "Depois de mim, o dilúvio" e fazem de modo a legar um campo de ruínas. Como Hitler. E até na escala da família, há casais que só vivem para si mesmos: nada deve restar do patrimônio sob este pretexto: "Não se pode viver a não ser um dia depois do outro; aproveitemos, porque não sabemos o que acontecerá amanhã...".

Mas, o que aproveitam eles? Eles não aproveitam aquilo que é essencialmente humano, que é a comunicação com os outros.

A única oportunidade para os novos de criar alguma coisa, de ter uma iniciativa, de mudar um pouquinho sua sociedade, seu meio ambiente, seria que, ao redor deles, os gerontes, aqueles que detêm o poder, os veteranos, deixassem interstícios, ameias... Ao passo que agora todo o mundo, mais do que nunca com medo do futuro, refugia-se na ideia de que tudo é incontrolável e que é impossível influenciar sobre o curso das coisas. Criaram os aparelhos para prever – os computadores – mas eles não governam absolutamente nada, pois são emanações do espírito humano e foram feitos para conservar aquilo que se repete.

> A geração atual não é ainda mais privada de futuro que as gerações passadas, que deviam superar apenas o obstáculo dos anciãos que não queriam ceder o lugar, que não queriam mudar de doutrina, que não queriam sair de sua rotina... O grande medo nuclear e o catastrofismo planetário são novas armas de dissuasão para as pessoas estabelecidas, o álibi sem réplica para se fechar ao abrigo dos hábitos e gelar uma sociedade já bloqueada. A conjuntura não é atraente para as crianças deste fim de século.

A menos que uma repentina mutação... Suponhamos que, de repente, os humanos tomassem consciência de sua obrigação de se comunicar com os outros... Tanto seus pensamentos como seus bens materiais. É possível que aí houvesse essa energia potencial retida que as barreiras desmoronariam. Os freios da sociedade só reforçam o desejo dessa jovem geração que vai finalmente trazer uma renovação de amor, transformando uma união contra em uma comunicação para, uma interpenetração entre uns e outros.

Em um mundo de excedente, de acumulação de bens materiais mal repartidos, o único bem real é justamente o amor entre os seres. Temos um modo completamente alienado de viver com os bens materiais. Quanto mais se tem, maior é a insegurança: o medo de perdê-los. Quando nos ligamos a valores que oferecem menos oportunidade a uma tragédia, nesse momento, sem dúvida, o medo é mais controlável.

Um ser vivo é uma individuação viva; ele tem sua identidade que é criadora e comunicativa, na qual ele voa... se tiver segurança em si mesmo. Mas o medo do futuro, o medo do amanhã, só pode reforçar a colonização das crianças e a proibição de viver para essas crianças que desejam nascer.

> A frase mais ouvida nestes últimos anos, dita por adolescentes e pré-adolescentes, é: "Nós não pedimos para nascer".

Eles talvez não "pediram", mas "desejaram"... O pedido e o desejo não são a mesma coisa. O desejo é inconsciente e o pedido é consciente.

Eles o desejaram, pois sem isso não estariam aí. Eles assumem o desejo de sobreviver. Com efeito, é uma queixa, um grito.

Quando o medo da morte invade tudo, as crianças encontram uma resistência do grupo social cada vez mais dura. É absurdo e trágico, pois apenas sabemos que estamos vivos porque sabemos que morremos. É a definição da vida: essa criatura viva está viva porque ela morrerá; ela nasce, desenvolve-se e morre. É, portanto, por meio da morte que a vida é definida. E nós temos medo daquilo que constitui nossa definição de ser vivo.

O medo de morrer é, finalmente, o medo de viver.

Pode aí haver uma mudança de mentalidade nos anos que vêm, porque atualmente se chega a uma espécie de imobilismo que é terrivelmente esterilizante. As pessoas se impedem de viver e impedem os novos de nascer. Não se pode mais circular livremente no mundo. Há uma vontade coletiva de congelar tudo. O próprio poder não se pode conservar a não ser mistificando as pessoas e intoxicando-as com palavras... com um abuso de linguagem. Assim, dizem: "Todo o mundo tem o direito à saúde...", mas isso não quer dizer nada, pois a saúde é o resultado de um modo de ser no mundo. Poder-se-ia dizer: "Todo cidadão tem direito aos cuidados" mas não "à saúde", pois isso não quer dizer nada.

Penso que as pessoas também têm direito à doença... Elas têm o direito de serem doentes. A doença é uma expressão. Quando isso não pode ser dito com palavras, com sentimentos, é o corpo que fala.

Em nossa sociedade, a doença é vivida como uma sanção. Quando um indivíduo está doente, além do sofrimento ou da mutilação que pode ser acarretada, ele se culpabiliza. Quando um indivíduo está perdendo suas forças, o grupo tem a responsabilidade de ajudá-lo a compreender, de ele próprio assumir a seu modo, e não de forçá-lo, como queiramos que ele assuma. Mudar o homem. Em que consiste isso? Isso consiste em perguntar a cada um: Qual é seu próprio desejo? Falemos de seu desejo.

Todo aquele que se presta a escutar a resposta das crianças é um espírito revolucionário. As outras assim chamadas revoluções não mudarão nada.

Por ocasião da última "Jornada dos velhos", eu disse a mim mesma que essa política em favor da 3ª e da 4ª idade era hipócrita.

Creio que há muito a compreender no sentimento de enfermidade dos velhos. Assim como os velhos, isso faz parte dos enfermos; nós nos ocupamos das crianças como enfermos que é preciso levantar, programar, porque se não fizermos isso, eles irão ficar enfermos. E digo a mim mesma que estamos enganados, porque, seja qual for a idade de um ser humano, o fato de que ele se sinta enfermo provém da dominante do eu adulto ideal que temos em nossa época atual. Na comunicação, ele é aquilo que ele deve ser e esquecemos isso o tempo todo. Cremos que é preciso substituir o que ele não tem, que é preciso socorrê-lo naquilo que lhe falta, ao passo que isso não é absolutamente verdadeiro. É preciso que nos comuniquemos com ele, e é tudo! Vivemos atualmente em uma sociedade na qual não integramos nem os velhos nem as crianças. Não existe um café, um restaurante onde possamos ir com um bebê, uma criança de zero a sete anos. Eles não têm seu lugar em um restaurante, assim como não têm seu lugar em um lugar de lazer, nem seu lugar em um lugar de conferência onde os adultos vão falar, nem seu lugar em um lugar chique como um campo de golfe.

Seria menos hipócrita colocar essa placa: "Cães e bebês não são admitidos".

Nos supermercados, as pessoas não gostam de ver crianças que estão indispostas, ou molhadas, ou que fizeram cocô.

Tenho a impressão de que na sociedade acontece o seguinte: os cães não são admitidos e os bebês não são desejados! Eles sequer são previstos, pois de fato são supérfluos.

DESESPERO DOS JOVENS

Os mitos coletivos fizeram furor. Cada um se sente mais responsável por si mesmo e procura ter sua própria linha de pesquisa.
A religião, sendo muito mais interpretada simbolicamente, não é tomada literalmente como antes; ela não é mais uma religião de Estado, não é mais explorada politicamente para submeter os seres ou para justificar as desigualdades. Nos países em que o partido único não tomou o apoio da Igreja Romana e no qual não se manipula o homem na multidão, o cidadão desperta para uma espécie de autodefesa do indivíduo, de volta para si mesmo. Mas o fenômeno de massificação é acompanhado de uma normalização de toda a vida coletiva. Finalmente, o paradoxo é que se chega, na evolução da sociedade atual, a dever tomar a própria autonomia como uma coisa absolutamente urgente, vital, para a partir dela se mover, para sobreviver, ao passo que, de fato, tudo tende a impedir isso.

A margem de liberdade para procurar seu próprio caminho desaparece cada vez mais. O menor comportamento que traduz uma iniciativa, uma imaginação, é imediatamente bloqueado. "Não, não, é neste sentido que é preciso ir... É deste jeito... Não procure seu caminho: ei-lo aqui."

Há uma aflição, uma ausência de esperança nos jovens que é perturbadora. Eu poderia crer que fosse um fenômeno parisiense, limitado às grandes cidades. Na França, o interior também se desespera, até em Aurillac, onde ouvi alunos do fim do liceu, estudantes de psicologia, no segundo ano de faculdade, enfermeiras, um bacharel no primeiro ano da escola de cinema, um grupo de matemáticos. Para começar, a política, essa não os interessa, o que é espantoso, entretanto; um pouquinho a ecologia, a natureza. Como não querem se drogar, então bebem, mas é a mesma coisa, e para discorrer no abstrato. Preparar-se para a vida atual? Fazer sua vida? "Como nada se pode fazer, para que serve isso?" Todos: "Caminhamos para o nada". Ao menos entre os alunos de liceu, navega-se na mesma galera? "De modo nenhum. Ninguém tem contato com ninguém." "Mas vocês têm colegas de classe?" "De jeito nenhum! Não somos mais colegas, apesar de nossos pais dizerem que nas classes eles se divertiam... por outro lado, não há mais brincadeiras e bailes; isso não existe; nem na faculdade nem em outro lugar. O curso passa depressa, para que cada um fique tranquilo em casa... E quando nos interessamos por um curso..." E uma aluna de liceu: "Quero ter meu diploma e é isso que me interessa; vou porque senão tiraria má nota por falta, mas tenho a impressão de que estou perdendo tempo!" Então, nada contra os professores? "São brava gente, dão seus cursos, nós nos lascamos e eles também..." Eis aí! E são pessoas que não têm nada de patológico, nem seus pais... "Ah! É assim mesmo a juventude", dizem os pais. "É esquisito, antes isso não era assim."

E se vegeta na brincadeira com a companheira (ou o companheiro), na logomaquia e no dilúvio sonoro, para se embriagar com alguma coisa. Tudo isso é puro sadismo oral. É uma espécie de refúgio em uma satisfação primária, um consumo muito primário. São os bulímicos. É porque não se tem mais nada de útil para fazer. O desejo não se sublima mais nessa ausência de relação verdadeira, de verdadeira pulsão de vida. Onde estariam para eles as pulsões de vida, uma vez que não podem ter filhos, embora sejam todos casados... Eles eram todos casais, esses jovens; quase casados até (companheiros e companheiras), mas não comprometidos mutuamente para o melhor e o pior.

Eles não têm dinheiro e ficam um pouco envergonhados porque papai e mamãe ainda os ajudam. "Somos obrigados a isso, pois não podemos ganhar a vida enquanto não temos diplomas... E quando tivermos o diploma, o que iremos ganhar? Nada como ter uma família."

Eles encontram-se completamente deslocados, e cada vez mais, porque, tendo ligações precoces, uma vida de casal muito precoce, sendo assistidos e sofrendo por serem assistidos, fazendo estudos que não levam a nada, que não prometem nada, que não asseguram nada, com uma política na qual não querem absolutamente entrar, porque ela lhes parece absolutamente fora de moda. Depois do amanhã de maio de 1981, os estudantes que votaram no socialismo dizem: "Bom, houve a festa, mas agora é tudo a mesma coisa". Depois de tudo, Mitterrand é um velho político que governa como pode um monte de coisas que o ultrapassam. Eles raciocinam desse modo. Então, não há esperança. E suportam ainda menos o fato de ver seus pais "virando a casaca" ou simplesmente vivendo o dia a dia, esfalfando-se com trabalho rotineiro e atendendo a suas necessidades quando já vivem como casais... casais que não levam a nada, porque são colagens ou apenas ginástica sexual.

O PODER PELO TERROR

Um relatório secreto sobre a infância e a juventude que Tocqueville teria pedido ao conde de Gobineau, em seus inícios em 1843, relata uma rebelião em uma colônia penitenciária da época, situada em Mettray, em Indre-et--Loire.[3] É uma casa de correção-modelo, chamada de "paternal e agrícola". Os pensionistas são semidelinquentes e crianças abandonadas. A rebelião aconteceu quando o anúncio da passagem de um cometa no céu tornou os detentos nervosos. Os rebeldes exigem a punição de seus carcereiros e uma carta de direitos dos jovens prisioneiros. O relator que visita essa prisão de crianças declara: "Os jovens são um dos grandes perigos que ameaçam nossa civilização... A única política que convém à juventude é a do terror". A correção pelo terror. Um terror organizado em âmbito de Estado e que combate obstinadamente os jovens recalcitrantes. É a primeira vez que a justificativa do terror exercido sobre os fracos e os menores é friamente colocada por escrito. É o que não se ousa dizer e que está oculto na consciência dos responsáveis. Esse relatório secreto é para a infância aquilo que "Mein Kampf" (Minha luta) foi para a raça judaica.

O poder que tem mão de ferro dentro de uma luva de veludo tem medo da espontaneidade, do espírito próprio, do natural da juventude. Ela perturba porque leva a pôr em questão certo número de valores recebidos e o sistema. Mas, além disso, é muito fatigante estar em sua escuta. É talvez a chave da verdadeira e única mudança, e que ninguém quer.

Os rebeldes sequestraram o diretor da instituição e também um inspetor geral que veio de Paris para fazer um relatório (ele seria hoje o diretor da educação vigiada na França, no Ministério da Justiça). Gobineau, testemunha dessa revolta, faz o papel de mediador das crianças. Faz com que todos os menores falem como homens e lhes fala como com adultos: na base da negociação. De modo nenhum se deixa questionar diante deles como os outros. Ele negocia e lhes pede para participar de uma mesa-redonda para estabelecer uma carta de direito das crianças.

Esse documento revela o desprezo das forças vivas de uma etnia.

---

[3] *La Semaine de la Comète*, Marc Soriano, Stock.

QUEM PODE MATAR UMA CRIANÇA?

"Quien puede matar a un niño?" Quem pode matar uma criança? é o título de um filme espanhol de Narcisse Ibanez Serrador, um dos mais ferozes no gênero. Um prólogo apresenta sequências de documentários sobre massacres de crianças no campo de Auschwitz, no Vietnã, em Biafra, na Índia. Essas pequenas vítimas do mundo dos adultos, de suas guerras, de suas injustiças entre povos e classes justificam de algum modo a revolta das crianças, sua dominação pela inversão do poder adulto/criança. Um jovem casal em férias desembarca em uma encantadora ilha espanhola que o marido conhecera quando estudante. São recebidos por crianças de rosto fechado e sorriso inquietante. Não há mais adultos, pois as crianças os mataram, exceto um velho que elas massacram. A jovem esposa está grávida. Uma menina aproxima-se dela e acaricia-lhe gentilmente seu ventre: dessa forma, ela contamina o bebê que de dentro do ventre rasga sua mãe e a mata. O jovem marido não ousou atirar nas crianças. Quando um barco da polícia chega, os homens descobrem a verdade demasiadamente tarde, na qual não podiam crer. Foram mortos, assim como o jovem marido. Vê-se então um barco com essas crianças mutantes ou contaminadas, não se sabe ao certo, dirigir-se para a costa, onde elas querem contatar as outras crianças para treiná-las em seu "jogo"...

Marie-José Chombart de Lauwe, mestra de pesquisas do C.N.R.S., no centro de etnologia social e de psicossociologia, classifica esse filme conforme sua tipologia das representações: a sociedade que se autodestrói. A criança mutante, na origem de uma nova raça, exprime crueldade, ódio dos adultos, desejo de vingança.

"Esse filme concretiza a má consciência dos adultos em relação às crianças e seu medo das gerações novas que os contestam, com as quais lhes parece cada vez mais difícil se comunicar. Diante da crise das sociedades modernas, a volta à infância é um reflexo de proteção ou uma projeção da angústia, ou ainda um apelo a outro modo de existir. Os realizadores do filme viveram eles próprios esses sentimentos e também os notaram no público. Colocaram em cena crianças com seus pontos de vista próprios, suas sensibilidades. Mas o conjunto da produção explica-se também em função de uma linguagem sobre e a partir da criança que é, ao mesmo tempo, comum aos homens de uma mesma sociedade e ancorada no mais profundo do psiquismo de cada um: a representação da criança é o objeto e o lugar da articulação do psicológico e do social."

Marie-José Chombart de Lauwe
A criança no filme, 1980.

A AJUDA ÀS CRIANÇAS DO QUARTO MUNDO

Os responsáveis pela família e pela profilaxia social mantêm, a seu respeito, o discurso dos ex-colonizadores para seus antigos assistidos. E de querer resgatar as faltas passadas e recuperar o tempo perdido pelo "estúpido" séc. XIX e pelo desumano séc. XX: "A criança foi deixada demasiadamente por conta, e agora vamos dar-lhe mais assistência, ocuparmo-nos dela etc.".

Resultado disso? Uma superproteção. Vigiamos para que ela não entre no mundo real, sob o pretexto de protegê-la, de prolongar a infância... temendo que ela não tenha infância. Nós a cortamos do resto, mantendo-a em um universo supostamente mágico. E isso se volta contra ela.

Queremos mudar alguma coisa ou apenas ter tranquilidade de consciência? Finalmente, o que fazemos de diferente de lhe reconhecer direitos teóricos, em vez de inseri-la de fato na sociedade com pleno direito?

Atualmente, no quadro dos organismos internacionais, a ajuda à criança consiste em dizer: "É preciso que as crianças da Nigéria, as crianças do Sahel, as crianças do Cambodja, as crianças da Colômbia, no fundo, vivam como nós". Esquecemos que, nas sociedades tradicionais desses países, nada era prejudicial à criança: a ritualização dos atos da vida e as relações com os adultos, a iniciação, davam a cada um o valor do homem.

Devemos temer ver apenas a desnutrição, a miséria da criança, as desgraças da guerra, e propor em troca um falso modelo ocidental. É demasiado fácil condenar esses tipos de sociedade. Há, ao contrário, experiências sociais comunitárias extremamente interessantes nessas populações, sejam as dos indianos ou as dos africanos. Então, o fato de desenraizá-las completamente, para lhes propor essa assistência não traz a felicidade para suas crianças. Como se, por exemplo, as crianças cambojanas tivessem necessidade do mesmo modo de vida que nós. Seria mais apropriado analisar nossos próprios fracassos pessoais em nossa sociedade, em vez de ir propor soluções milagrosas em escala mundial. Graças a essa nova ilusão que se cria: a boa consciência planetária, as sociedades industriais que tiveram um passado colonial e estão a ponto de o liquidar experimentam sempre a necessidade de agir como pai em relação a essas populações do Terceiro e do Quarto Mundo, a favor das guerras, das fomes etc. Para onde antes enviávamos missionários, agora enviamos médicos sem fronteiras. Para as urgências, sim. Todo ser tem direito de ser socorrido depois de cataclismos e catástrofes. Mas, se é para impor um modelo sanitário, familiar, social, não. Mesmo no plano da nutrição. O professor Trémolières, do qual não se contestava o humanismo, no entanto, denunciava as intervenções um pouco simplistas que eram feitas no momento da guerra em Biafra... com crianças ibos que foram levadas de avião para países vizinhos... Do mesmo modo que enviar toneladas de víveres não é uma solução. É preciso saber qual é o modo alimentar tradicional; não se pode impor a uma mãe africana não importa qual alimento para seu filho. E ainda é preciso nada ferir em sua mentalidade, em suas crenças e não se arriscar a cortar a palavra que ela troca com seu bebê, nem, para salvá-los fisicamente, separar os filhos de seus familiares, de sua língua, de seu clima.

OS DIREITOS E OS SLOGANS

Liberdade, igualdade, fraternidade: Revolução Francesa, 1789.

Os homens eram os beneficiários. As mulheres eram excluídas. Nenhum direito de voto, nenhum acesso aos postos de responsabilidade, nenhuma igualdade de salários, nenhum direito aos estudos superiores etc.

Daí a luta das mulheres para conquistar os mesmos direitos que seus parceiros masculinos.

Durante aqueles tempos, as crianças eram separadas pelo sexo, discriminadas. Os homens instruíam os rapazes, as mulheres, as jovens, que conquistariam o direito aos estudos depois de um século.

Depois os homens desertaram as carreiras do ensino, os lugares de mestres e professores foram em sua maioria ocupados pelas mulheres. As mulheres ensinavam os rapazes, foram colocados juntos os alunos de ambos os sexos. A mistura era instituída por força das circunstâncias.

Hoje, colocamos em destaque os direitos das crianças, assim como ontem minorias lutavam pelo direito das mulheres.

Os slogans acabavam por desencadear mudanças de comportamentos sociais, sem que a "ordem" viesse de cima.

Para as crianças, eu seria bastante partidária de "igualdade de oportunidades".

Mas o que querem dizer os direitos a isto ou àquilo?

Não se trata de fazer um julgamento de valor sobre as mudanças do modo de educar de uma sociedade e de uma época para outra. Nós nos contentaremos de constatar os fatos.

Perguntar-se se um sistema de ontem é melhor ou pior que um novo método é um pensamento regressivo. Isso não quer dizer que a causa das crianças não progride.

É benéfico para a criança que o pai biológico não seja mais o centro do poder e que seus professores não sejam mais os únicos detentores do saber.

O que falta à educação atual é a função de iniciação; o rito de passagem coletivo.

As máquinas para ensinar bastam para ensinar as técnicas.

Por que não ensinar a cada um a tecnologia da disciplina que ele tem vontade de praticar?

Os professores não são mais que examinadores de um controle permanente dos desempenhos. Os estudos são destinados somente àqueles que compreendem mais depressa que os outros e nos quais o professor reconhece seus melhores imitadores.

A Educação nacional fundamentou todo o sistema escolar sobre o postulado de que o homem descende do macaco.

As "humanidades" eram a conservação da cultura burguesa. Privilegiava-se nas crianças sua habilidade no mimetismo do homem. Imitar, conservar, repetir.

Esse sistema, que reduz a educação à transmissão do saber, é posto em questão diante da proporção dos fracassos escolares. O fenômeno "massa", aumento da população escolar, não explica por si só a inadequação do sistema, o desinteresse dos alunos: a escola na França no mundo atual não prepara para a vida de adulto.

Os jovens têm outras fontes de informação.

Eles têm necessidade de aprender técnicas, tendo interlocutores para discutir e se entregar. Interlocutores mestres entusiastas da tecnologia ou da disciplina que eles ensinam, mas que não sejam juízes.

Nada de pontífices censores e procuradores, mas animadores para ouvir e que gostem de formar os jovens no caminho que eles próprios escolheram. Os jovens não falam mais a língua de seus irmãos mais velhos.

Por que não encorajar e recompensar o exercício da memória? A aprendizagem do "de cor", principalmente na infância. A maior inteligência sem memória torna-se freada em sua eficácia.

A defasagem começou em 1936, com as férias pagas. E não parou de se acentuar com a instituição de férias familiares e a parte crescente concedida ao tempo dos lazeres. As crianças se acostumaram a ter pais apenas durante as férias. No decorrer do ano, elas veem entrar em casa um homem e uma mulher cansados, amargos, impedidos de viver, queixando-se de seu patrão, de sua profissão. Como se admirar de que o trabalho fique desvalorizado aos olhos das crianças?

A ecologia é talvez um recurso para encontrar, em uma melhor relação com a natureza, essa troca perdida com o pai e a mãe. Muitos jovens fungam diante do "labor" da sociedade industrial e aspiram a um modo de vida próximo dos ritmos naturais de trabalho, de produção, de crescimento animal e vegetal, porque perderam a triangulação, que é a única que permite comunicar. Na sociedade de consumo conhecem apenas o raciocínio binário: sim, não. Rejeitam o trabalho monótono e assalariado, mas despersonalizado.

PSIQUIATRIA SEM FRONTEIRA

Somos todos "transculturais".

O racismo que opõe Negros-Brancos assola de outras formas na velha Europa: sexismo, racismo crianças / adultos. O que me mostram minhas trocas de informações com medicinas tradicionais da África ou da América, é que eles conservam nossas práticas e crenças de alguns séculos atrás e que pensamos, erradamente, passadas e ultrapassadas entre nós, quando, na realidade, nós as transpusemos para outros objetos e as disfarçamos sob aparências tomadas de empréstimo da vida moderna e até da alta tecnologia. Quando dizemos, a respeito de um doente: "É a falta ou carência de potássio", nós herdamos diretamente da mentalidade arcaica daqueles que diziam: "é por causa de mau-olhado".

Os "quimbandeiros", os feiticeiros das Antilhas que desviam de vocês o "mau--olhado", o malefício que alguém lança sobre vocês, conhecem tanto a natureza do homem quanto o homem moderno que prescreve o potássio.

Um psicanalista compreende bem a eficácia dos feiticeiros-curadores: essa decocção de plantas pode modificar brutalmente, por exemplo, a atividade secretora, desregulando assim os sintomas habituais do corpo, outras decocções podem romper os comportamentos característicos habituais, induzindo uma regressão; isso pode levar o paciente a operar uma transferência sobre o feiticeiro. Este assume o lugar do pai ou da mãe tutelar com os quais contamos para sairmos das dificuldades.

Na Martinica, a sociedade continua infantilizada por uma atitude mental que segue o pensamento animista no modo de vida ocidentalizado, mas esvaziado de seu conteúdo original, de sua pré-história, e que consiste em projetar o sentimento de culpabilidade sobre os seres e as coisas. Tudo o que acontece de desagradável vem do mundo exterior, é sempre a falta de um outro que envenena vocês, que enfeitiça, que rouba a alma de vocês. A culpabilidade, assim "exteriorizada", assim falsamente materializada, escapa a toda tomada de consciência, a toda revelação da repressão inconsciente. A culpabilidade fixada sobre o eu, até em sua forma mais patogênica, é reversível. Há esperança de resolvê-la e de se tornar responsável pelo conhecimento de sua história e de aceitá-la.

Em nossas sociedades industriais, o "culto" da culpabilidade diluída sevicia sempre, pensemos como quisermos. Nossas crianças nos escapam porque, tanto o relacionamento com maus elementos, como os objetos eletrônicos que colocamos em suas mãos, as separam de nós. Essa cegueira nos impede de confessar: Cremos que elas se perdem porque não sabemos amá-las e ter confiança na juventude.

Sejam quais forem o tipo de sociedade e o modo da educação, o homem sempre recai na armadilha que é confundir culpabilidade e responsabilidade. A linguagem ambivalente mantém a confusão: o natural é por vezes puro e impuro, o selvagem é bom e perigoso. O ato de conhecimento é vitória e pecado.

A psicanálise tem um papel importante a desempenhar em uma sociedade de assistidos e um mundo que, em nome da assim chamada ciência, esvazia o sagrado, fonte de amor e de esperança.

O inconsciente corresponde ao mistério do ser, ao incognoscível, ao indizível. Nós nos afastamos dele da mesma forma pela qual fugimos do sagrado porque temos medo dele. É o desconhecido do Real, aquém e além da realidade.

Para os laboratórios farmacêuticos, os casos citados de doentes curados por seus medicamentos, são de idades: R... 64 anos, S... 39 anos, T... 25 anos etc. e, portanto, corpos de mamíferos bípedes e não de indivíduos que têm uma história pessoal e única, ligada a um pai e uma mãe. A medicina tecnológica diz: essa pessoa tem esse comportamento patológico porque tem um déficit de potássio ou de cálcio. Então, vamos dar-lhe o medicamento químico que lhe traz aquilo que está em falta. Na realidade, a doença não é dissociável de uma interação entre o orgânico e o psíquico que acarreta um excesso de consumo bioquímico, que cria uma necessidade momentânea de um oligoelemento no metabolismo.

Os que prescrevem medicamentos frequentemente tratam o homem apenas como mamífero ou, se o fazem na realidade com seus pacientes, não levam em conta a relação paciente-enfermo quando contam suas curas: isso não seria científico. A ciência humana tem de fato necessidade de considerar os pacientes como mamíferos?

Capítulo 8

A causa das crianças: primeiro balanço[1]

Se a fome no mundo, a guerra, a exploração da mão de obra, a prostituição, os tráficos de todo tipo tocam os homens mais veneráveis, isso significa que a infância é a menos poupada por esses "flagelos". Pesquisamos, apelamos para os Direitos do Homem, inauguramos o ano da Infância. Boas obras, belos discursos, todo o mundo derrama sua lágrima e sua esmola, denunciamos os carrascos de crianças, os Minotauros do século, os bichos-papões tecnocratas...

A fronteira entre as crianças ricas e as deserdadas, entre as mimadas e as esmagadas, é arbitrária e enganosa. O que impede de ver as reações de defesa da sociedade. Procuremos o denominador comum da infância: tanto o bem alimentado como o mal alojado, o escolarizado, o pequeno chefe e o pequeno escravo não são tratados como pessoas. A sorte que é reservada às crianças depende da atitude dos adultos. A causa das crianças não será seriamente defendida enquanto não for diagnosticada a rejeição inconsciente que impele toda a sociedade a não querer tratar a criança como uma pessoa, desde seu nascimento, diante de quem cada um se comportasse como gostaria que os outros o fizessem em relação a si mesmo.

Os maus-tratos, as perversões sexuais, a escravidão, a má nutrição, o divórcio, os fracassos escolares, as doenças infantis se tornaram temas da literatura. Mais raros são os estudos e pesquisas sobre o "mistério", o desconhecido da infância: potencial, carga emocional, relação íntima com as forças da natureza, dom mediúnico para comunicar.

Há séculos o discurso sobre a criança põe muito mais acento sobre sua imaturidade do que sobre seu potencial, suas capacidades próprias, seu gênio natural. O discurso científico tem o mesmo pressuposto.

A sociedade adulta tem dificuldade de perscrutar a infância em sua realidade intrínseca, sem recorrer a um critério de ordem econômica, rendimento, rentabilidade. É o futuro homem que se trata de formar e armar para o tornar produtivo. Cada vez que se queira considerar de fato sua

---
[1] Françoise Dolto e pesquisa coletiva.

O DISCURSO SOBRE A CRIANÇA

Pequena dialética da relação de forças (antes da psicanálise e da descoberta das leis do inconsciente no decorrer do desenvolvimento do ser humano).

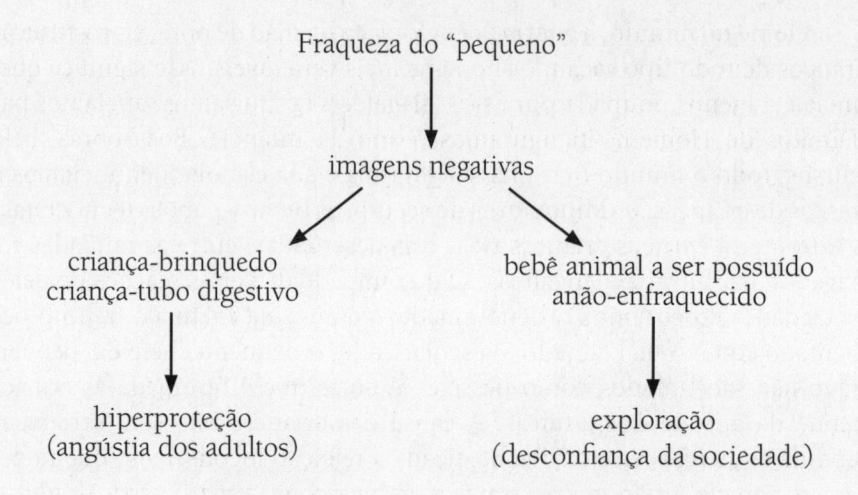

Fraqueza do "pequeno"
↓
imagens negativas
↙ ↘
criança-brinquedo / criança-tubo digestivo — bebê animal a ser possuído / anão-enfraquecido
↓ ↓
hiperproteção / (angústia dos adultos) — exploração / (desconfiança da sociedade)

A sociedade dos adultos fixa as normas do crescimento do "pequeno"

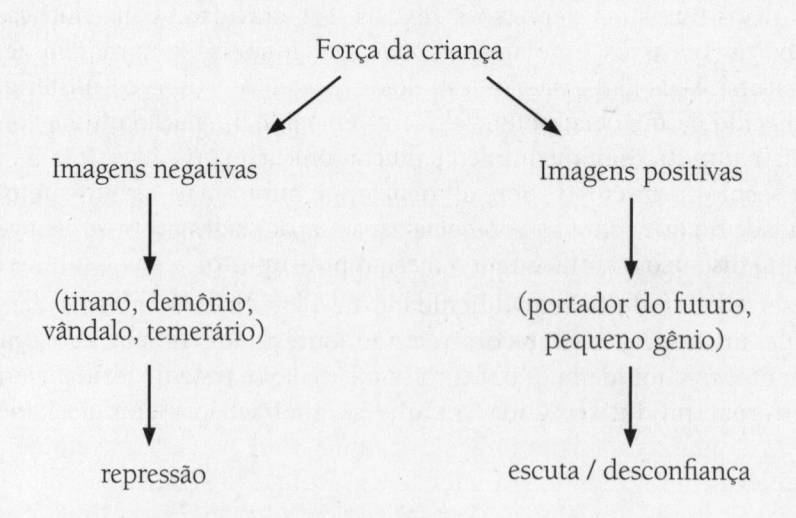

Força da criança
↙ ↘
Imagens negativas — Imagens positivas
↓ ↓
(tirano, demônio, vândalo, temerário) — (portador do futuro, pequeno gênio)
↓ ↓
repressão — escuta / desconfiança

criatividade, espera-se dele alguma produção artística ou científica; se ela deixar de ser tratada como inocente, fútil, ela será o anão inteligente, o pequeno adulto, a criança prodígio. Sua criatividade só é reconhecida se for de proveito para o mundo dos adultos.

Nesse sentido, a criatividade – de ordem artística ou científica – é menos o fato da criança de menos de dez anos do que do adolescente em ruptura que sublima um desequilíbrio, que se dissocia de seu ambiente imediato. Por outro lado, os dez ou doze primeiros anos da vida correspondem à plena expansão da espontaneidade. A criança é capaz de uma invenção muito diversa, de um desabrochar perpétuo em sua vida cotidiana, em sua linguagem. O que é muito diferente da criação no domínio da arte ou da pesquisa científica. Os educadores modernos confundem criatividade e espontaneidade. Ao exercer esta última, a criança liberta seu gênio próprio que, por outro lado, não faria dela um pequeno gênio. Nem artista nem sábio de elite. É o gênio da liberdade que é a coisa no mundo mais bem partilhada por todas as crianças que não se encontram demasiadamente cedo engajadas na competição.

O que pode revelar as verdadeiras percepções, sentimentos, conhecimentos da criança de menos de dez anos? Os testes? Os entretenimentos? Até essa idade, ela adapta suas respostas à demanda do adulto; ela o imita voluntariamente ou se deixa fechar em um mimetismo inconsciente. Seus interlocutores decodificam sua linguagem conforme seus próprios critérios, referências e modelos. Eles a recuperam, querendo detectar a todo custo um dom, um traumatismo, um emprego possível na sociedade. A criança é notada em função de sua aptidão para a inserção social.

Para que serve a infância se ela for algo diverso de uma passagem delicada e necessária, se ela não for apenas um tempo de iniciação e de aprendizagem? Para nada, do ponto de vista do economista e do sociólogo. Ela pode dar aos outros, no entanto, algo de insubstituível.

Um índice: a criança evolui como um peixe na água na mitologia. Ele a recria sem cessar. É sua linguagem primeira. É aquilo que investe e povoa seu imaginário. Um sonho desperto. Uma viagem que liberta você dos limites de seu corpo e da dimensão temporal. Talvez seja o "médium" da realidade. Ela está em relação direta com uma realidade essencial que, como adultos, só atingimos de modo deformado, por meio de metáforas e de símbolos, por meio de um sistema de convenções.

Perceberia a criança a realidade de nossa realidade? Isso é mais que uma hipótese. Nos primeiros meses de sua vida, ela não possui a reflexividade, mas, no decorrer de seu futuro, ela vai refletir sua inteligência. Nessa metáfora, a inteligência é como uma luz, um esclarecimento do mundo que cada um leva em si. Refletir sua inteligência: para isso é preciso objetos. Ela pode também irradiar sua inteligência ou embotá-la se, por sua inteligência, ela for vítima da visão que os outros dela têm. Com efeito, são as crianças inteligentes precoces – não consideradas como tais, ou seja, interlocutores válidos desconhecidos – que, por falta de objetos de linguagem, de trocas sensoriais substanciais ou sensoriais sutis, sons, formas, palavras, música, brinquedos, movimentos, a partir de alguns meses, parecem ficar regredidas, psicóticas, autistas. Sua função simbólica – a linguagem do coração – não foi integrada às trocas corpo a corpo necessárias para a sobrevivência física.

EVOLUÇÃO DO PREÇO DA CRIANÇA

1ª época: As sociedades endogâmicas.
Colocar uma criança (masculina) no mundo é servir o clã, a coletividade; assegurar o revezamento. Desse modo é versado o tributo de produtividade; uma contribuição de braços suplementares.

2ª época: As sociedades exogâmicas.
O filho que vem ao mundo é um presente para a família que espera um herdeiro masculino.
A criança, seja qual for seu sexo, é a coroação do casal.

3ª época: As sociedades malthusianas.
O custo da criança é demasiadamente elevado; a massificação causa demasiados problemas, de onde o controle da natalidade e a legislação do aborto.

4ª época: A sociedade do egoísmo coletivo.
A criança é um fardo para o casal e um embaraço para sua satisfação egoísta. E como o Estado não pode se encarregar dela... sem submetê-la a uma norma única, ela não tem nenhuma oportunidade de estar no mundo como pessoa.

Dezenas de milhões de crianças no mundo, que "não pediram para nascer", são antecipadamente rejeitadas pela comunidade. Elas se adaptam para sobreviver. Os adultos estão prontos para explorar essa "sub mão de obra". Quanta energia desperdiçada, quantos dons precoces rapidamente esgotados!

Querendo precipitadamente "rentabilizar" demais a criança dependente, a sociedade se priva de um inestimável potencial humano que permitiria assegurar o revezamento, caso lhe fosse dado o tempo da maturação necessária.

Sobreviver: é a prova da primeira idade, até para nossas crianças, cujo desenvolvimento físico não se encontra mais ameaçado. Se elas não estão arriscadas a morrer de fome, de guerra ou de droga, elas todas têm, contudo, um combate particular a fazer contra a doença mental induzida por seus próximos.

Servir: aqueles que sobreviveram à prova da primeira idade são arrolados como não sendo bocas inúteis: quer sejam crianças marginais ou crianças mimadas, elas caem sob o golpe da exploração sistemática.

Infância protegida é igual, frequentemente, a infância alienada.

As leis, a inserção social, a vacinação, não evitam para a criança da sociedade industrial os riscos da alienação e não a subtraem a sua condição. Ela partilha a inferioridade de sua classe de idade. Apesar dela mesma, ela pertence a um subcontinente.

Apesar das aparências, a condição da criança não variou muito nos últimos quatro mil anos (Suméria). Ao tratar de sua causa, podemos falar de ilusões do progresso. Toda "vantagem" é um desserviço para seu verdadeiro interesse.

Cada vez mais abundante, o discurso sobre a criança, seja literário ou científico, tende a reduzir o campo de estudo ao de sua relação com seus pais. Damos demasiada importância à função dos pais. A educação e a pedagogia abusivamente anexaram o universo da criança que, considerado em suas verdadeiras dimensões, no entanto, ultrapassa em muito o domínio e a competência dos que a alimentam e a educam.

O essencial é sempre evitado e dissimulado. Não ousamos abordar o problema em sua autêntica subversão. A sociedade tem medo de abordá-lo. Ela mascara para si mesma a realidade com imagens tranquilizantes. Dizer a verdade sobre esse subcontinente negro é como fazer a revolução.

Por que parece subversivo dizer que os pais não têm nenhum direito sobre seus filhos? Em relação a estes, eles têm apenas deveres, ao passo que seus filhos em relação a eles têm apenas direitos, até sua maioridade. Por que parece subversivo dizer que todo adulto deve acolher todo ser humano desde seu nascimento como ele próprio gostaria de ser acolhido? Que todo bebê e criança deve, por todo adulto, ser assistido em seu desabrochar físico, sua falta de coordenação e sua impotência física, sua afasia, sua incontinência, sua necessidade de cuidados e de segurança com o mesmo respeito que esse adulto desejaria se estivesse na situação dessa criança (e não como ele foi, ou acredita ter sido, ele próprio tratado em sua infância)?

Toda criança, homem ou mulher futuros, já é sustentáculo espiritual e força viva do grupo familiar e social que dela materialmente se encarrega. Essa força, essa esperança de renovação vital que a criança representa, diríamos que os adultos recusam reconhecê-las, e que o que elas lhes lembra é subversivo.

Por que a corrente de respeito e de amor entre as gerações se rompeu em nossa civilização industrial? Como sempre, no entanto, em todos os tempos e em todos os lugares, aqueles que hoje acolhem uma criança, a assistem, a protegem, serão em sua velhice os assistidos e protegidos dessa criança que se tornou adulta. É por meio de seus testemunhos falados aos jovens que ela, por sua vez, se encarregará de cuidar para que os atos de valor dos antigos permaneçam na memória desse grupo étnico. Tudo aquilo que – sejam atos, pensamentos, esperanças, fracassos – tiver sido humanizado pela palavra, será vivificante no coração daqueles que estão, por meio dessa corrente de amor e de interesses comuns, unidos uns com os outros para além de sua curta existência.

Como é possível que lembrar o valor inapreciável de um ser humano, em devir quando jovem, em lembrança quando velho, pareça subversivo?

SEGUNDA PARTE

Um ser de linguagem

Nova abordagem da primeira idade

"Fala-se muito dela, mas não se fala com ela."

"As crianças gravemente enfraquecidas e deficientes são úteis, indispensáveis para a sociedade em seu ser de sofrimento."

Françoise Dolto

Alguma coisa talvez tenha mudado na condição da criança a partir do momento em que o olhar da psicanálise se voltou para os menores, sem limitação de idade. Há trinta anos, o corpo médico não admitia muito que a relação de linguagem possa se estabelecer desde o nascimento. A experiência pessoal de Françoise Dolto esclarece bem as resistências da sociedade e as dificuldades encontradas a partir do momento que procuramos modificar a atitude dos adultos em relação às crianças e dialogar com cada uma delas como sendo "menor do que ele próprio, mas de igual grandeza".

Capítulo 1

A iniciação

O texto seguinte inaugura já um outro discurso literário sobre a infância. Ele não é uma projeção narcisista ou ideológica do adulto escritor ou educador, nem o jogo do arquétipo nem o exercício de estilo convencional; é uma verdadeira história de criança, ouvida de dentro e cuja voz é transparente e livre. O poder do desejo que leva essa menina a suportar pacientemente a aprendizagem, a triunfar na prova, a aceitar a passagem dolorosa do livro imaginário para a banalidade objetiva do relato escrito pelos adultos para as crianças dóceis. Medimos aqui o que os métodos de leitura podem ter de violento, a que ponto toda passagem iniciática é sofrimento, não fosse a aceitação da realidade, mas também o novo leitor descobre que ele também pode ser tomado como objeto pelos outros, um objeto coberto de sinais.

Nas páginas que seguem, Françoise Dolto relata sua aprendizagem da leitura. Em tantas pessoas que a leram ela desperta a lembrança esquecida de sua própria experiência que não parece deslocado usar esse texto para o propósito da causa das crianças.

AS PANTUFAS DE ABOUKASSEM

Decidi contar-lhe uma história:[1] "As pantufas de Aboukassem"; ou melhor, como descobri, num leito de sofrimento e de desencantamento, a felicidade da leitura... enfim... a felicidade posterior, sem dúvida...

"As pantufas de Aboukassem"! Título grandioso, não é? Ouço vocês concordarem como com a promessa de uma partida de futebol. É o título desse livro com bela encadernação vermelha, que para mim se associa com horas de esperança misturadas com lágrimas. ("Françoise, por que você está chorando? – Porque eu jamais conseguirei!"). Os fonemas desse título me evocam um dia radiante do mês de agosto de 1913, à beira-mar, na Normandia, onde tive a revelação que bruscamente me fez passar do analfabetismo para a cultura! Talvez fosse a repetição do longo trabalho na obscuridade e no paciente silêncio que prepararam, para mim, o desabrochar gritante de meu ser para o dia? Meu nascimento?

---
[1] A autora dedicou esse testemunho ao filósofo belga Alphonse de Waelhens que vinha exercer sua consulta de crianças no hospital Trousseau, "como jovem aprendiz psicanalista".

Ler? Que surpresa extraordinária para mim! Enquanto para os outros, a meu redor, isso parecia totalmente natural: a sequência lógica dos acontecimentos, como dizem as grandes pessoas, que não se espantam com nada. Não certamente um nascimento, mas sempre um milagre, o fato de este outro milagre, um objeto feito de folhas cheias de pequenos sinais conte uma história, evoque um clima, uma paisagem, dê vida a seres imaginários. Milagre também que palavras misturadas com nossos pensamentos nos tragam o mundo, os outros, até nosso quarto. Milagre que, na praia de luz de uma lâmpada, esse tesouro que é um livro espalhe em nosso coração a vida fechada que ele mantém em segredo por meio de pequenos sinais a serem decifrados. E depois, como é estranho que essas páginas mágicas, sem leitor, ou "o objeto" fechado, seja tão somente uma coisa. Um objeto, talvez nunca como um outro, mas que não sonha: um livro. Não estamos nós mesmos, cada um de nós, em nossa cadeira, coisa, nova, como vermelha ou dourada, ou velha e ressequida, não estamos cobertos de pequenos sinais? Os outros podem aí ler, um dia, com a atenção desperta, com o coração iluminado, sem que saibamos disso ou sonhemos com isso. Dessa forma, cada um de nós não se entrega aos outros, graças a sua existência enquanto objeto, a ser lido, a ser decifrado, a ser conhecido por eles mesmos e pelo mundo, e a ser sonhado?

Lembro-me, como se fosse hoje, dessa revolução em meu coração de criança. Quantos prazeres prometidos, em todos esses outros livros enfileirados na biblioteca, cujos títulos eu ia descobrindo. Com efeito, desde esse dia de agosto (doce) memorável de meus quase cinco anos (eu que gostava muito de brincar e depois, quarta filha de uma família numerosa, nunca se está tranquila depois que a moradia despertou, com seu bom odor de pão assado), lembro-me do raio de luz entre as frestas das venezianas fechadas, quando tudo ainda dormia, dessa hora de encanto e de silêncio filtrado. Encorujada em um sofá, no feixe de sol onde dançavam as misteriosas poeiras jamais cansadas, eu abria um dos livros e, contida e surda, nele me absorvia. Livros novos, ou deteriorados, livros chamados de escola de meus irmãos mais velhos, contos e aventuras, livros de contabilidade, marcados pelo liceu de Vanves com uma coroa de louros, troféus ganhados por meu pai quando era pequeno: história romana, Júlio Verne, contos de Floriano, de Grimm, de Andersen, de Perrault. Páginas de corte dourado, coleção encadernada do "Meu jornal", semanário para crianças datado de 1880, com imagens de crianças com roupas fora de moda como as que meu pai e minha mãe vestiam nas fotos Nadar... E depois... como aprendendo a ler eu também aprendera a escrever... sobre folhas com entrelinhas grandes em que, entre as linhas, eu escrevia com lápis cartas (quero dizer, missivas feitas com letras emendadas, sem dúvida bem difíceis de ler) a meus avós e a minha bisavó que, adorável, respondia imediatamente. Então, desde a algazarra do café da manhã, eu esperava o fator... Como vocês veem, "As pantufas de Aboukassem" tinham revolucionado minha vida.

Quanto reconhecimento senti por "Mademoiselle", uma jovem preceptora luxemburguesa que veio, no verão de 1913, ajudar minha mãe, quando meu irmão, o quinto, acabava de nascer. Ela viera para "os grandes". Com ela íamos à praia, e ela ficava tricotando e bordando. Eu admirava sua postura, imóvel diante dela, ao abrigo do para-sol.

— Vamos, vamos, Françoise, vá brincar, vá cavar um buraco, não fique aí a "vagabundear"!

Era o que ela dizia, quando observávamos ou quando refletíamos. Querida Mademoiselle! Ela estava sempre ocupada, "fazendo alguma coisa". Para ela, viver e refletir eram "vagabundear": uma coisa inútil! Isso me espantava. E depois, um dia, na praia, ela havia trazido agulhas para tricotar para mim (para mim!) e havia marcado os pontos "para mim", e me mostrou como tricotar para fazer uma colcha para o berço de minha boneca. Formidável. Eu sabia tricotar, e isso me divertia, isso me divertia! Mademoiselle e eu nos conhecíamos muito bem. À noite, era hora dos deveres de férias dos grandes e, junto dela e deles, mostrando a língua, eu tricotava. Milagre: ela sabia reajustar as malhas que ficavam frouxas (– não totalmente sozinhas, me dizia ela, e depois ali você fez "um piolho"). Durante muito tempo, até as trincheiras da guerra de 14, eu acreditava que os piolhos eram erros de tricô. (Fiquei muito espantada ao saber que os pobres peludos tinham muitos). Em casa, portanto, quando os outros "trabalhavam com Mademoiselle", eu havia descoberto um livro vermelho, bastante fino, que continha imagens fascinantes. Quanto eu já havia feito muitos piolhos ou perdido muitas malhas, esperava que Mademoiselle tivesse o tempo de reparar as desgraças, e – do modo como ela me lia frequentemente histórias – eu lia essas imagens grandiosas para mim. Eu "vagabundeava", sem dúvida, sem fazer barulho. Mademoiselle me olhava com o canto dos olhos. Por vezes eu ficava contemplando a capa encadernada. Sonhava. Tentava me lembrar de todos os detalhes de uma das imagens (deveria dizer "gravuras"), depois, abria o livro e sempre ficava espantada ao encontrar a imagem tal qual era antes. Em minha lembrança, os camelos, os asnos, as pessoas de turbante, tudo se movimentava, e eu os encontrava novamente imóveis.

De tanto me verem fazer esse manuseio de abrir o livro, fechá-lo, depois abri-lo novamente e, sem dúvida, vendo minha expressão, os outros, os grandes, davam gargalhadas. Principalmente quando eu lhes contava minha surpresa sempre renovada. Mademoiselle não. Ela me dizia os nomes das coisas: mesquitas, mercado oriental, crescente turco, como uma lua crescente, turbante, cafetã, fez, mulheres veladas, palmeiras, pantufas. Então as imagens não estavam erradas por não se moverem, e eu as olhava com todas essas palavras maravilhosas em minha cabeça e era como se eu estivesse ali. Ela, certo dia, me disse que o livro se chamava "As pantufas de Aboukassem". Aboukassem era aquele ali, com seu turbante, sua barba, seu cafetã, seu largo cinturão, sempre a ponto de discutir no mercado estriado de sombras e de luzes cruas, um bazar.

Além das páginas com gravuras, o resto estava cheio de grandes caracteres. Mademoiselle me disse, ao cabo de algumas horas:

— Se você quiser aprender a ler, você poderá ler esse livro e conhecer a história que ele conta.

– Sim! Quero aprender a ler!

Na manhã seguinte começamos. O famoso livro, "As pantufas de Aboukassem", estava lá sobre a mesa, mas não era ele que Mademoiselle abria. Era um outro, pequeno e fino, encapado com papel azul, com uma etiqueta colada, branca, retangular, margeada com dois traços azuis como uma gola de marinheiro com galões brancos. Sobre a etiqueta, com a letra de Mademoiselle, a palavra que ela me disse ser "Françoise".

– É seu livro de texto: "O método de leitura".

Era desse modo que se aprendia a ler.

Ela o abria na primeira página. Ele se abria facilmente, este livro fino, e não era preciso segurá-lo aberto, como "As pantufas de Aboukassem", que se fechava se não fosse segurado com as duas mãos. Havia sinais isolados, "letras", dizia Mademoiselle. Isso se pronuncia como sons. Havia maiúsculas e minúsculas. Havia letras com traços grossos e as mesmas com traços finos, de pé e inclinadas, direitas e menos direitas, de imprensa e de escrita cursiva. Que linda palavra, eu pensava. (Escrever em cursiva! Como, para M. Jourdain, falar em prosa! Não era mágico?)

Havia vogais e consoantes, as que não tinham som se não estavam reunidas com uma vogal, e depois os ditongos e depois... as armadilhas. Estas, as armadilhas, eram os sinais que esquecemos, os acentos, os tremas, os pontos, os apóstrofos, os traços, as cedilhas, as vírgulas e todos esses sinais que esquecemos de colocar mas que mudam os sons das letras e fazem com que sejam pronunciadas de outro modo, ou até, incrível, mudarem o sentido dessas reuniões de palavras, fazendo delas perguntas ou respostas, farsas ou coisas muito sérias. Era de fato extraordinário esse método de Mademoiselle, mas não muito tempo.

Todas as manhãs, Mademoiselle me chamava. Em cada página havia, à direita, uma pequena imagem de uma coisa cuja palavra para dizê-la começava pelo som claro ou surdo (consoante!), cada um em caracter de imprensa e de cursiva, não semelhantes de ver, mas semelhantes quanto ao som. Esses sinais ocupavam a esquerda da página. Cada página apresentava a mesma ordem. Era a metade superior de cada página. A outra metade era ocupada por reuniões desses sinais que víamos com os das páginas anteriores. Mademoiselle mostrava os sinais com a ponta aguda do abridor de cartas, e eu procurava o som que correspondia aos sinais. Minha atenção acesa parecia a que se tem para descobrir um truque, para matar uma charada. Se eu acertava, a ponta do abridor de cartas avançava. Do contrário, ela permanecia no lugar ou, pior, Mademoiselle voltava para uma das páginas anteriores e aí ficávamos o tempo que eu precisasse, e depois voltávamos para a página deixada à espera.

Eu queria avançar, olhar as outras páginas. Nada a fazer. Plaft! Um grupo de sinais que eu não conhecia fazia voltar para trás, à página do "método" em que eu havia, dizia ela, aprendido esses sinais e seu som pela primeira vez.

Depois disso, Mademoiselle tomava um pequeno caderno com grandes linhas, e eu devia nele escrever as letras do dia em escrita cursiva, com um lápis do qual frequentemente eu quebrava a ponta, tal a força com que o apoiava. Ela não ficava brava comigo. Eu me sentia bestificada e desajeitada. Com seu pequeno canivete, ela cortava a madeira do lápis, afinava a ponta, pacientemente, dizendo:

– Enquanto isso, estique bem sua mão, desse jeito, assim. Não, não olhe a hora. É preciso fazer toda a página do livro, e faltam três linhas para escrever.

Eu de nenhum modo via a relação entre esse "trabalho", como dizia ela, e a esperança sempre retardada de ler a história desse livro maravilhoso, fechado no canto da mesa: "As pantufas de Aboukassem".

E minha irmã e meus irmãos mais velhos que caçoavam de mim quando eu descia do quarto de Mademoiselle:

– E então, "As pantufas de Aboukassem" é interessante?

Eu respondia, orgulhosamente (muito envergonhada):

– Sim, muito.

– Mentirosa! O que é que o livro contava hoje?

Bem, eu não iria lhes dizer: "Pa, pe, pi, po, pu. Nha, nhe, nhi, nho, nhu"... E então eu dizia:

– Lemos sobre o mercado oriental, sobre as palmeiras do deserto... tudo isso... Mas vocês são muito bestas para que eu conte alguma coisa!

Mademoiselle às vezes me socorria:

– Não caçoem! Ela está aprendendo muito depressa, e logo saberá ler.

O quê? Essa meia-hora de esforços completamente absurdos chamava-se aprender a ler? O que ela chamava de "nosso trabalho com Françoise" tinha o ar de satisfazê-la, essa Mademoiselle sempre calma, ao passo que eu não via nem o sentido nem o fim desses gaguejos de sons que não queriam dizer nada além de sons.

Finalmente, chegamos à última página, com Z (*zed*, em francês), com a imagem da zebra. Em Paris, nós morávamos na rua Gustave-Zédé. Pois bem, acreditem em mim ou não, sobre a página para escrever, Mademoiselle, entre as grandes linhas, tinha feito um modelo: "Rua Gustave-Zédé" – que eu copiei sabiamente como um desenho, aqueles sinais que não estavam no livro, sem compreender que se tratava de sons escritos e conhecidos por mim. Lembro-me de ter admitido, para agradar Mademoiselle, que eu tinha escrito o nome de nossa rua em Paris, mas sem compreender o que lhe fazia me fazer acreditar e dizer isso.

Os traços das letras, os grupos de sinais que eu gaguejava e escrevia sobre as páginas de meu caderno não tinham nenhuma relação com o conjunto tão natural da modulação da voz que me trazia na memória a imagem de nossa rua, quando, saltitando de volta do passeio, eu gritava alegre, esquecendo minha fadiga e o medo de jamais encontrar de novo o caminho para minha casa:

– Eis aí! Chegamos à rua Gustave-Zédé!

Depois da página com o "z", havia algumas páginas sem imagem, com linhas de sinais negros, primeiro grandes e depois menores. Eram os "exercícios de leitura". Que complicação! Era apenas "texto", dizia Mademoiselle.

– Vamos! Você pode, você sabe!

Então eu ia em frente. A cada bloqueio, ou erro, era a volta à página em que esse grupo de sinais, essa "sílaba", esse "ditongo" que eu não reconhecia tinham sido estudados na primeira vez.

Que mistério, e que miséria, essa volta às páginas anteriores, quando eu acreditava ter chegado ao fim desse método infeliz. Esse fim do método que, dizia-me Mademoiselle, me permitiria ler "As pantufas de Aboukassem"!

Enfim, era preciso chegar aí, ter lido essas quatro últimas páginas de "textos". Depois de uma semana que me pareceu muito longa, Mademoiselle dizia que estava muito bem:

– Desta vez você leu sem nenhum erro.

Para mim, esses "textos" eram absconsos. Mademoiselle estava radiante. As pessoas grandes eram de fato incompreensíveis.

– Amanhã, Françoise, começaremos "As pantufas de Aboukassem".

– Que alegria! O método acabou?

– Sim, mas vamos guardá-lo ainda, para o caso de você precisar voltar a ele!...

Na manhã seguinte, eu estava excitadíssima ao chegar para trabalhar.

– Iremos até aqui, disse ela, colocando um sinal a lápis pela 5ª ou 6ª linha do "Primeiro capítulo".

– Não, não, até aqui, dizia eu, mostrando o fim da primeira página.

Ela ria:

– Veremos.

E eis-me, então, a gaguejar as sílabas dos sinais reunidos, passando por cima de uma, demasiado bizarra, para chegar ao fim da palavra.

– Não, não, preste atenção, você pulou uma sílaba.

E, com um lápis, Mademoiselle marcava com um semicírculo cada sílaba a ser lida, escondendo as seguintes. Ela corrigia:

– Não, não é assim: pronuncie "a", "r", não é "ra", é "ar", e depois "b.r.e." (sim, leia "bre"). Você vê a palavra inteira (ela cobria com um grande arco os dois pequenos semicírculos): "ar.bre", "arbre". Veja bem, "rabre", isso não queria dizer nada. Bom. Mas você está cansada, você leu muito bem sem erro até aqui e agora você lê de qualquer forma. Paremos por hoje.

Não tínhamos chegado nem até a marca feita com o lápis!

– Continuaremos amanhã. Mas, se você quiser, você vai escrever as duas primeiras linhas, aqui, até o ponto, em seu caderno, em caracteres manuais. No livro está em caracteres de imprensa, preste bem atenção.

Isso era de novo engraçado, até muito agradável, escrever igual de modo diferente. Mademoiselle não se incomodava. Eu parava e a olhava:

– Continue, está certo: não há nenhum erro.

Mas, tudo isso por qual motivo?

Eu gostava muito de Mademoiselle, mas não compreendia nada do que ela me mandava fazer. Onde isso nos levaria?

Lembro-me do dia em que eu li sem errar (como ela dizia) a primeira frase inteira. Era uma frase porque tinha começado por uma maiúscula, tinha vírgulas, onde era preciso parar para respirar, e, chegando ao ponto, eu devia parar.

— Bem, continue a segunda frase.

E meus olhos saltitavam, gaguejando com voz tensa e monocórdica os pequenos sinais das palavras que seguia com meu dedo. Mademoiselle não colocava mais semicírculos a lápis debaixo das linhas, não tapava mais com seu polegar a parte da linha não lida. Finalmente, eu chegava até o "ponto final". Aí está: cheguei!

— Está muito bem. Então, o que é que você leu?

Eu mostrava o parágrafo:

— Tudo isso.

— Sim, e o que é que você leu?... O que é que isso conta?

Havia uma imagem na página da direita. Então, eu me punha a inventar o que a imagem contava (em minha opinião). Mademoiselle, muito séria e sempre calma, me dizia:

— Não, isso é o que você está inventando. Não é o que está escrito e que você leu muito bem.

— O quê? (o que é que ela quer dizer com "leu muito bem"?) Eu lhe garanto que é isso.

— Vamos, recomece (lágrimas, lenço). Vamos, coragem, nós chegaremos.

— (Para quê? Sempre recomeçar, recomeçar) Não, não. Não tenho mais vontade de ler.

— Vamos, Françoise, você está quase lá... Coragem!

E eu retomava, fungando, em meio a lágrimas, a meia-página. Insípida e absurda atividade sonora, mais difícil ainda quando se chora e é preciso assoar o nariz.

Chegando pela terceira ou quarta vez ao fim dessa frase danada, Mademoiselle, sempre calma:

— Então, o que é que isso conta... Bom, primeiro enxugue as lágrimas, assoe o nariz, tome um pouco d'água, ali, e agora recomece.

— Não! Isso não quer dizer nada.

— Sim, isso quer dizer alguma coisa, sim. Vamos, recomece, pare nas vírgulas. Escute bem o que você está lendo.

Escutar? Escutar?? Recomeço, e aí acontece o milagre! Eu escutava o que estava lendo e a frase tomava um sentido! Era formidável! Chegando ao ponto, eu continuava, eu escutava; depois, chegando ao "ponto final", eu recomeçava, sem que Mademoiselle dissesse nada, por prazer, de início eu lia lentamente, eu escutava, e minha voz tensa e monocórdica se tornava menos tensa, eu lia mais depressa, eu parava nas vírgulas, eu continuava, baixava o tom no ponto! Eu não queria mais parar, mas anunciavam o almoço. Era isso ler? As frases, os parágrafos queriam dizer alguma coisa. Sim, mas...

À mesa, Mademoiselle disse para minha mãe:

— Aí está, Françoise sabe ler.

— Ah, sim? Isso não demorou muito.

— Não, mas para Françoise, sim, e depois, não estou certa de que ela esteja contente com isso, não é, Françoise?

– Sim..., mas eu não sabia que ler era assim.

Os irmãos acrescentaram:

– Então você pensava que era o quê?

– Não sei...; diferente.

– Como ela é tola! Ler é ler, sempre igual; escrever é escrever, e não uma outra coisa.

Sem dúvida, eles tinham razão, isso devia ser assim mesmo.

Na praia, à tarde, eu me aproximei do para-sol em que Mademoiselle bordava.

– Diga, Mademoiselle?

– Dizer o quê?

– Eu queria saber como se aprende a ler de verdade.

– Mas agora você sabe.

– Sim, porque você me disse para escutar... então isso queria dizer alguma coisa, mas talvez amanhã eu não saiba mais!

– Mas não, não se esquece, é como andar: quando sabemos, não esquecemos mais.

– Sim, mas aquilo que isso diz. Está bem que isso diga, mas não é interessante, não é as verdadeiras "Pantufas de Aboukassem".

– Mas sim; é o começo da história; você leu o primeiro capítulo.

– Eu estava refletindo.

– No que você está pensando?

– Estou pensando por que, antes, você não me dissera para escutar.

– Mas sim, eu dizia a você o tempo todo, mas você não chegava a escutar, você estava demasiadamente ocupada com seus olhos, talvez.

– Mas quando se lê escutando, não é a história que está desenhada?

– Vá brincar agora, amanhã cedo veremos o que preocupa você.

Na manhã seguinte, eu lia mais depressa e compreendia o que eu lia, mas de fato isso não contava o que eu havia querido saber.

– Por que ele diz uma coisa diferente das imagens?

– Escute, revelou-me Mademoiselle, quem desenhou, primeiro leu a história e depois inventou imagens sobre aquilo que havia lido. Você também, se não tivesse visto as imagens você as inventaria, a partir do texto.

– Mas "os textos", ele estava nas últimas páginas do método?

– Ah, sim, você tem razão, mas a história, a das Pantufas de Aboukassem, também é um texto.

– Ah, é um texto? Um texto é uma história? (Eu estava perplexa). No método, os textos, eles não queriam dizer nada; eram exercícios de leitura.

– Sim, eram frases que contavam alguma coisa. Você não havia compreendido?

– Não, não havia imagem, eram palavras.

– Sim, justamente, isso é ler; não temos necessidade de imagem; pensamos naquilo que isso quer dizer e podemos desenhar aquilo que isso faz pensar.

– Ah, sim! Mas há palavras que não fazem pensar em nada...

Eu começava a entrever; ao mesmo tempo em que esse saber novo, eu percebia alguma coisa que para mim, antes dessa aquisição, era impensável. A abundância de minha imaginação, que as imagens maravilhosas desse livro mágico haviam feito nascer em mim, isso tinha sido uma armadilha. A história que eu queria conhecer tinha sido a isca pela qual eu havia desejado tanto aprender a ler, graças à qual eu havia, como se diz "aprendido muito depressa", mas, associada a esse novo saber, que decepção!

O que me espantava então, é que eu podia aprender a ler. Isso aconteceu, era isso... nada além disso! E eu não podia mais esquecer esse saber. A seguir, dei-me conta de que era como quando se sabe andar de bicicleta. A pessoa não esquece. O nome das cores, não se podia mais confundi-las, as notas desafinadas ou afinadas. Como isso me parecia estranho. Eu havia me esforçado para tentar não saber ler... Achava que me servindo de meus olhos de certo modo, eu veria as linhas desfocadas... como se não soubesse mais ler. Mas eu sabia que estava usando um truque divertido (eu me adaptava ao infinito). Eu não "podia" mais ler, mas eu "sabia" sempre. E o truque não funcionava com as letras grandes, como as manchetes nos jornais. Eu estava, lembro-me, muito criança, mergulhada nessas reflexões sobre a irreversibilidade das aquisições; mesmo que não se quisesse mais a aquisição que se possuía depois de tê-lo ambicionado (era o caso da leitura com a qual, no início de meu saber, eu me sentira... pega na armadilha... bestificada por tê-la desejado).

A lembrança dessa mutação irreversível, no entanto, permaneceu ligada para mim a esse título inesquecível "As pantufas de Aboukassem", a essas "gravuras" em preto e branco para mim sublimes, a um texto achatado, inadequado à profusão imaginária cujas imagens tão expressivas haviam suscitado meu desejo e meu perseverante esforço de aprender a ler, esforço que, graças a Mademoiselle e ao "método", abrira para mim o caminho da cultura. E se eu não tivesse sido motivada pessoalmente por um livro particular, escolhido por mim como a única coisa desejável? E se eu tivesse estado na escola durante horas, no meio de trinta crianças para quem, não mais que eu, a urgência de ler esse livro não teria dado sentido à aula de leitura, urgência compreendida e utilizada por Mademoiselle que tinha de lutar contra minhas resistências, minha fadiga, que sabia sustentar minha coragem e negociar meus momentos de demissão; foi ela, essa "urgência motivadora", que – ao mesmo tempo em que o método, e principalmente a relação impessoal da aluna com a preceptora, confiantes uma na outra – foi tudo isso junto que tivera eficácia. Alfabetizar alguém. Quando? Como? Por que fazer isso?

Será que, se eu tivesse nascido cinquenta anos mais tarde, no tempo dos desenhos animados, do audiovisual, das fitas cinematográficas, eu teria tido um desejo tão ardente de aprender a ler?
Talvez seja uma pergunta para os filósofos.

Capítulo 2

Gênese e luta de uma psicanalista de crianças

Para melhor compreender o trabalho de Françoise Dolto e o interesse que ele suscita, que cresce com a ruptura das gerações, é importante recolocá-lo em seu contexto histórico e evocar não só os obstáculos que se levantaram em seu caminho, mas também o encaminhamento progressivo daquilo que foi tanto uma "ideia" de pesquisador quanto uma vocação. Veremos que a psicanálise não fez mais que reunir e confirmar uma intuição de criança, de jovem e de mulher.

Depois de ter assim descoberto a leitura, com cinco anos, acreditei que minha vida inteira estava traçada: eu seria fabricante de um jornal de crianças.

Antes de saber ler, eu era fascinada pelos jornais de crianças que via pendurados nos quiosques ou nas mãos de meus irmãos mais velhos. Ficava admirada diante dos modelos que podia realizar com papel cartonado e tecido, sem poder ler ainda o modo de usar. Semanários de 1880 tinham sido encadernados para os irmãos e irmãs de minha mãe. Eu via suas qualidades e defeitos. Ser adulto e inteligente era fazer um jornal de crianças que teriam as qualidades dos outros, mas dos quais se corrigiriam os defeitos, particularmente a inverossimilhança nas histórias verdadeiras inventadas.

Com oito anos, mudei meu propósito.

– ... E você, Françoise, o que quer fazer mais tarde?

– Médica de educação.

– O que é que isso quer dizer?

– Isso quer dizer um médico que sabe que as crianças podem ficar doentes por coisas da educação.

Eu era a quarta filha na família (na época já éramos seis). Entre a Inglesa que em nossa casa cuidava dos pequenos (minha mãe cuidava dos maiores) e a cozinheira, havia brigas. O caçula vomitava. O médico, alertado, vinha. E o colocava em dieta. Ele chorava, porque muito simplesmente estava com fome. Vi perturbações infantis por causa de tensões domésticas que escondiam de minha mãe. Eu sabia, mas não dizia uma palavra. Havia compreendido.

Em meu canto, eu me perguntava: Como é que o doutor não pergunta o que aconteceu? Como é que, diante da indigestão de meu irmão menor, ele diz: É preciso pô-lo em dieta e impedi-lo de sair durante três dias... Ao passo que, se tivesse perguntado o que havia acontecido entre seis e oito horas da tarde, hora em que meu irmão começou a vomitar, ele teria sabido que a Inglesa havia brigado, a propósito de seu prato, com a cozinheira que lhe havia feito uma cena... Quanto a mim, eu tinha observado (eu tinha cinco anos), mas ninguém viera me perguntar nada. Eu dizia a mim mesma que, se o médico tivesse sabido, teria podido tranquilizar meu irmãozinho:

– Você não precisa fazer isso; elas brigaram, mas não precisa ficar preocupado... São histórias de mulheres, da cozinheira e da senhorita. Uma vez que eu compreenda isso, não é necessário vomitar. Não dê atenção às histórias delas!

Entre meus tios, minhas tias, meus avós, havia sempre muita gente em casa. Muita alegria, mas também tensões. Essa vida familiar intensa permitia a uma criança observadora e receptiva como eu dar-se conta de a que ponto as relações entre as pessoas, as provações, alteravam sua tensão afetiva, sua saúde. As reações que são chamadas de doenças e que, na realidade, eram emocionais. Pude observar que mulheres e crianças se prejudicavam, física ou psicologicamente, porque um pai, um irmão, um noivo havia desaparecido na guerra, porque um dos filhos fora reformado... Eu dizia a mim mesma: "Mas como os doutores são idiotas; não compreendem as crianças. Mas não compreendem também as pessoas grandes; se essas pessoas gritassem ou chorassem talvez não teriam necessidade de medicamentos".

Eu desejava que o médico a quem minha mãe chamava para vir à cabeceira de uma criança que estava sofrendo não fosse pego pelo que minha mãe acreditava – que uma doença estivesse começando –, mas que ele compreendesse que a criança tinha alguma coisa a dizer, e descobrisse o quê. Ao passo que minha mãe estava angustiada e o acreditava doente. Sem dúvida, a criança não podia dizer a sua mãe o que havia acontecido. Talvez tivesse até esquecido.

Se nós ficávamos indispostos, minha mãe ficava furiosa (na realidade, angustiada). Nós nos sentíamos culpados de dar preocupação a nossa mãe. O médico vinha, nos colocava no leito, e ficávamos contrariados. Quanto a mim, eu achava que, desde que uma criança convalescente se sentisse capaz de fazer alguma coisa, era preciso deixá-la se levantar, brincar. Minha mãe teria ouvido o médico se ele agisse nesse sentido. Com efeito, ela era uma mulher ativa.

– O doutor proibiu que você saia, que você se canse... ou até: que você se levante antes de ter apenas 36,8° de temperatura.

Estávamos em um estado convalescente e era preciso dar a aparência de inválidos, quando tínhamos forças para levantar. Permanecer passivo. Eu achava isso estúpido e injusto. Porque alguém de fora decreta que se deve permanecer deitado. Que se deve permanecer deitado? Estúpido. Os médicos de outrora mandavam "vigiar o quarto". Mas era o aposento em que viviam todos os outros. Com a calefação de todos os aposentos, essa palavra é um sinônimo de quarto de isolamento. Até quando não se é ou não se é mais contagioso. Não ir às aulas, se eu fosse contagiosa para os outros alunos, isso eu compreenderia muito bem. Mas, na casa, eu poderia me divertir, ler, fazer o que queria. Por que se enfastiar no leito porque dizem que você está doente, mas você tem vontade de se levantar?

Em minha ideia de criança, um "médico da educação" jamais faria isso. Ah, isso não!

Para mim, decididamente não havia nenhuma dúvida: as doenças eram provocadas pelas histórias de família. (Sem dúvida, não há mais que isso.)

As crianças podem perfeitamente ter a presciência daquilo que é preciso para todas as crianças. Elas têm rapidamente a idade de serem consultadas. Seria isso, vindo de mim, uma intuição fundamental daquilo que ia se desenvolver em duas ou três décadas sob o termo de "psicossomático"? Não. Creio que foi a experiência da guerra de 1914 que me levou a escolher uma profissão que me proporcionasse abertura para o futuro, referido ao presente e ao passado.

Eu tinha cinco anos e meio quando o conflito mundial estourou. Entre essa idade e dez anos, em 1918, assisti à transformação de famílias e fiquei muito impressionada com numerosos dramas existenciais de pessoas que não estavam preparadas para assumir sua sorte sem um meio seguro em torno delas. Famílias se destruíam porque o pai não estava mais presente. Mulheres se tornavam loucas, outras "neurastênicas". A fragilidade das pessoas grandes. E o dinheiro. Sem qualificação, uma viúva devia ganhar sua vida. Eu via a meu redor comerciantes e empregadas que trabalhavam e que eram equilibradas, ainda que seus filhos ou seu marido tivesse morrido na guerra.

As costureiras ganhavam bem sua vida e não se envergonhavam de serem costureiras. Mas uma viúva de guerra de meio burguês não podia ser costureira; embora com mãos ágeis, não tinha profissão, e não a queriam; era preciso que ela fizesse as coisas às escondidas, para vendê-las pelo intermédio de mães chefes de pequeno negócio que lhes davam quatro níqueis... e elas não tinham mais recursos para sustentar seus filhos como quando o marido era vivo... Então, infelizes, mal nutridas, mal amadas, humilhadas, elas perdiam a dignidade, ou sua força, e tudo se degradava. Isso me impressionou. E eu dizia a mim mesma: um ser humano deve contar apenas consigo mesmo e poder dispor de dinheiro por seu próprio trabalho em caso de necessidade. Enraizou-se em mim a ideia de que uma mulher que cria filhos deve ter aprendido uma profissão antes de se casar, para que, se acontecer uma desgraça a seu marido, pela guerra, por um acidente ou por uma doença, ela possa continuar a assegurar para seus filhos vida e educação que ela e seu marido preconizavam para eles.

Portanto, ter uma profissão. Mas não importa qual.

Uma outra observação me inclinava a escolher uma profissão que não fosse apenas comercial. Durante a guerra de 1940 houve os B.O.F.[1] Durante a de 1914 eram chamados de "Novos ricos". Sabia-se que eles prosperavam com a

---

[1] *Beurre-Oeuf-Fromage* (manteiga, ovo, queijo), os que se enriqueceram com o mercado negro sob a Ocupação.

miséria do mundo. Especulavam em cima da desgraça dos outros, comprando a baixo preço casas, móveis, adornos, terrenos, propriedades, para revendê-los o mais caro possível. Eu não queria assumir uma profissão de comércio, porque o comércio me pareceu uma profissão suja. Ao passo que isso não é verdade. Os intermediários são necessários e tudo depende do modo, regular ou não conforme as leis, de assegurar a mediação.

A lei moral do proveito em detrimento do outro me chocara muito. Vi pessoas que eu admirava como pessoas honestas se tornarem, a meus olhos, desonestas durante a guerra, explorar no trabalho o tempo e a saúde das pessoas. Para mim, haviam se degradado. "Há profissões, diziam-me, que fazem perder o sentido humano."

Isso levava-me a voltar-me para os cuidados das crianças – certos adultos me decepcionavam –, porque havia tudo a ser feito por seres em devir; ainda não deformados nem esmagados pelas provações da vida (ou seus proveitos).

... "Médico da educação". Ele, pelo menos, teria influência sobre o futuro.

Eu também pensava em me casar, ter filhos e, se tivéssemos o bastante com a profissão do marido, viver de modo burguês, mantida por um marido. Eu não achava isso pejorativo; para mim, o papel da mulher, era ter seu lar e educar os filhos. Se o marido ganha o bastante, está muito bem. Mas eu dizia a mim mesma: Antes de me casar, quero ter uma profissão, para o caso de... Eu vira tantas viúvas continuarem encarregadas de filhos e sem meios. A Segurança social só foi criada em 1936. Havia apenas a guerra para arruinar as pessoas. Havia as crises, o crash americano de 1929, a revolução russa e seus migrantes. Havia a doença...

Depois do bacharelado, com dezesseis anos, eu queria continuar estudos para me tornar médica. Mas tive de esperar anos antes de me inscrever na faculdade. Por quê? Porque minha mãe opôs-se a isso e meu pai concordou: você é nossa única filha agora. Você tem cinco irmãos. Continue junto de nós. Você não tem necessidade urgente de ganhar sua vida.

– Com 25 anos você fará o que quiser. Mas, até lá, você continua sob nosso teto. Depois, caso ainda se obstine, você irá embora.

Eu não tinha nenhum motivo para fazer meus pais sofrerem.

Originalmente, éramos duas meninas e quatro rapazes. Eu era a quarta filha. Minha irmã mais velha morreu em alguns meses, aos 18 anos, com câncer, quando eu tinha 12 anos. Um quinto irmão nasceu quando eu tinha 15 anos. Para minha mãe, a ideia de que a única filha que lhe restava levasse uma vida fora da família era insuportável. Depois, para ela, se uma filha escolhesse o caminho dos estudos, ela se entregava a uma vida celibatária e estéril. Nas duas linhagens familiares, eu era a primeira filha que manifestara esse desejo.

– Você não é feita para isso, repetia ela.

– Quero ter meu próprio orçamento, eu replicava, viver em minha própria casa.

– Você pode continuar conosco e depois você se casará...

– Quero estudar e depois ter uma profissão.

— Então você não quer se casar? Você pode fazer todos os estudos que quiser, mas sem frequentar as faculdades.

— Sim, é verdade, mas quero estudar medicina. Isso me interessa e quero garantir uma profissão válida, ainda que, casada e com filhos, não possa praticá-la.

Para uma mãe, romper os hábitos das mulheres que pertencem a seu meio social era muito simplesmente se desviar. No meio dela, a ideia de que uma mulher fizesse estudos para ganhar sua vida suscitava terror. Eu arriscava o pior: tornar-me aquilo que minha mãe predizia: não casadoura. Era isso, e me privar de descendência. Uma loucura. Uma vergonha. Mesmo para pais como os meus, abertos à cultura: na casa não havia nenhuma restrição de leitura. E, como eu tinha interesses diferentes, costura, música, esporte, eu não tinha tempo de me entediar. Eu esperava com paciência. E não me lamento disso. Pude abordar, um pouco mais velha que meus colegas, estudos que, na época, colocavam o estudante imediatamente em contato, no hospital, com as aflições humanas.

> Outra lembrança-descoberta que denota certa facilidade natural para se dirigir aos jovens como a seres de igual grandeza: Françoise Dolto não se fixa sobre o tamanho, como a maioria das pessoas. Que os seres sejam grandes ou pequenos, a seus olhos, não conta.

Quando criança, eu lera os livros de um sueco: a ginástica para as mulheres, para os homens, para as crianças. Eram álbuns novos que propunham movimentos muito simples. A ginástica sueca em família, segundo o preceito de que, para passar bem, é preciso fazer a ginástica desde criança. Meu olhar se atrasava sobre as imagens de crianças praticando com trenó na neve, coisas que jamais havia visto. Era como pessoas dos sonhos, das paisagens dos contos de fadas.

Achava isso maravilhoso. Eu fora criada por pais que não praticavam nenhum esporte além da bicicleta, durante as férias.

Nessas imagens, as pessoas todas apresentavam ar alegre: as crianças tinham o ar feliz de se mover na natureza. Eu bem que teria desejo de fazer o mesmo, eu, que sempre estava vestida com roupas longas, de meias e calçados. No verão, os banhos de mar eram, naquela época, minutados!

Seguimos cursos de ginástica. Minha mãe pensava que era porque não havia feito ginástica em sua juventude que ela continuara pequena! Seu irmão e sua irmã, criados como ela, eram grandes...

Quanto a mim, eu não a achava pequena. É curioso: ela tinha o tamanho de minha filha que tem 1,51 m e que não acho pequena. Mas ela sofreu com seu tamanho, ao passo que minha filha não sofre por isso.

Para mim, o tamanho das pessoas não tem nenhuma importância, contanto que elas se sintam bem em sua pele e que seu corpo esteja conforme a seu desejo de ação. Eu não sou grande nem pequena.

Na toesa, meu pai, meus irmãos e minha irmã se classificavam entre os grandes;

o menor de meus irmãos tem 1,76 m. Ainda quando eu era criança, o tamanho de uns e de outros não me importava, pois vivíamos bem e éramos comunicativos. Isso impressionou muito meu marido, que se dizia pequeno por ter 1,69 m! Ele era bem ucraniano, russo meridional, mas musculoso, proporcionado... E então?

Ainda uma ideia contraditória à de meus pais e de numerosas pessoas que pensavam que era "bom" ser grande de tamanho.

Ser médico, a meu ver, não era cultivar a perfeição do corpo, mas associar a saúde e o viver do coração e do espírito. Era a busca de um equilíbrio entre uma vida para si e a vida com os outros, mas não a perseguição de "normas". Era um pouco vago, mas eu não tinha nenhuma tendência de procurar "normas", nem físicas nem mentais.

> Passeios mitológicos com seu irmão menor irão convencer a jovem que as crianças estão nas fontes do saber e que é perigoso abafar sua função imaginária.

Eu tinha 15 anos quando nasceu o benjamim da família. Decepção para minha mãe, que acabara de perder sua filha mais velha e não desejava ter um quinto filho homem. Ela o alimentou no seio como todos nós, mas, ocupando-se com os "médios", ela me confiou o cuidado de me ocupar do último filho, de seus brinquedos, de sua educação. Eu lhe contava contos e lendas inspirados pelos grandes mitos. Pude observar com qual facilidade e júbilo naturais uma criança pequena desenvolve e anima uma vida imaginária que é talvez de fato o real do real. A realidade essencial do sonho desperto coletivo. A seus olhos, os personagens da mitologia viviam entre nós. Levando-o a passear no Jardim das Tulherias, eu lhe havia mostrado o Sena e o Ródano, representados como mulheres e homens, e havia descoberto com prazer que na grande família dos cursos de água, os rios são adultos e os afluentes seus filhos e, para minha surpresa, retinha seus nomes. Nada de mais exato que um cavalo tivesse asas, pois tinha visto com seus próprios olhos a estátua de Dada Pégaso. Muito jovem, desde quatro/cinco anos, adorava ir ao museu, pois ali encontrava seus companheiros familiares da mitologia. O grande castigo, para ele, era ficar privado de museu. Eu então conseguia uma redução da pena: "Iremos apenas uma hora".

Meu segundo irmão, Philippe, dotado de uma voz muito bonita, comparável, diziam, à dos meninos da capela Sixtina, era o aedo da família. Ele recitava atitudes heroicas, interpretava trechos épicos de sua composição nos quais eu reconhecia palavras e expressões dos adultos que ele escolhera no voo de um ouvido sempre ao vento. Por suas improvisações operísticas, sem dúvida por causa do volume sonoro, ele era mais "criticado" pela vizinhança do que nosso último irmão, cujo palavreado, no entanto, era fabuloso, pois nenhum adulto podia atacá-lo pelas costas por achar seu discurso delirante. Mas Philippe, já rapazinho, teve de se preocupar apenas com seus deveres e lições; vez ou outra pediam-lhe que se calasse, porque seu canto perturbava, e o pobre jovem se sentia contrariado.

Tendo podido dar livre curso a suas incursões verbais, Jacques, meu último irmão, não teve nenhuma dificuldade de se inserir no mundo extrafamiliar, a levar desde muito cedo uma vida social fácil. Meu irmão Philippe, cujo "lirismo" perturbava, sofreu a repressão de seus dons artísticos, tratados com rudeza. Lembro-me de que depois da morte de minha irmã mais velha, ele improvisava um interminável magnífico oratório em tom menor sobre uma árvore atingida por um raio. Aonde ia ele procurar a linguagem épica do poema dramático que traduzia inconscientemente o luto familiar? Longos recitativos que interrompiam lamentos modulados exprimiam a desolação de toda a floresta, de suas árvores e animais, que choravam sua companheira. Eu, agora sozinha em meu quarto "de moças", o escutava, cantando assim "uma desgraça" em seu quarto "dos pequenos", de porta fechada... para não perturbar os outros. Isso me ajudava a viver... E depois o oratório se interrompia – uma voz de adulto intimara secamente que a criança de luto se calasse. "Você não tem coração! Toda a família está triste, e você cantando!" E o menino infeliz, culpado, se calava. O artista, o sensível, como a árvore, era abatido... felizmente o canto de sua provação, depois de um momento retomava, primeiro à capela, depois com o lirismo ingênuo de novas palavras de desolação. Eu, que tinha 12 anos, o achava corajoso, mas ele não sabia disso. Ele não podia agir diferente, apesar das censuras e admoestações de que era objeto da parte dos adultos incompreensivos e acusadores.

Creio que em vez de abafar sem parar, em nome de sua idade, em nome da razão e das exigências da escolaridade, a função imaginativa e espontânea da criança, seus dons de expressão, sua fantasia, sua espontaneidade – ela lança para os outros clarões, centelhas, fulgurâncias inumeráveis, sem razão interessada, seus impulsos que se manifestam fora das regras do comércio – a sociedade dos adultos deveria deixar as crianças livres com sua linguagem própria, para a expansão, não só da primeira infância, mas também na grande infância. Tantos bloqueios seriam evitados ou, ao menos, limitados. Mas, para isso, seria preciso inverter o navio. Respeitar as características expressivas de cada um.

Ocupando-me de meu irmão menor, eu descobrira como as crianças estão nas fontes do saber. Seres que apresentam as verdadeiras perguntas. Elas procuram respostas que os adultos não possuem. Quando os adultos querem compreender as crianças, mais frequentemente é para dominá-las. Eles deveriam escutá-las e, com mais frequência do que supomos, descobririam que as crianças detêm as chaves do amor, da esperança e da fé na vida, para além dos sofrimentos e dos dramas familiares ou sociais de cuja provação partilham, cada uma conforme sua idade e seus dons naturais.

Eu esperava, portanto, para começar os estudos. Dois anos antes do prazo previsto, minha mãe me permitiu fazer os estudos de enfermagem. Na ocasião, dei pulos de alegria. Com efeito, seria uma profissão, para o caso de os estudos de medicina se mostrarem demasiadamente árduos, o que eu temia.

Ela esperava, disse-me mais tarde, que eu me contentaria com isso ou até que isso me fizesse desistir. Ao contrário, isso me serviu enormemente em seguida, pois, nos cursos de medicina, nada se faz para a habilidade manual, a eficiência dos gestos. Ao contrário, como enfermeira, a pessoa é ensinada para o serviço dos doentes, "apesar" do cenário hospitalar. Há sempre uma representação quando "o doutor" passa; é depois que o doente ou o operado deve ser defendido sem distinção, à medida que seu sofrimento o esmaga, o desencoraja. Não é ao médico, coroado de muito poder, ou de saber, que a família expressa sua angústia, suas dificuldades morais ou materiais, mas ao pessoal que cuida, confiando sua inquietude, sua perturbação em relação ao tratamento, ao diagnóstico do médico... Isso foi para mim uma excelente escola e que muito me serviu no decorrer de meus primeiros anos de vida médico-hospitalar.

Comecei, portanto, meus estudos de P.C.N. (*Physique-Chimie-Sciences naturelles;* física, química, ciências naturais) em 1933. Na época, isso era a propedêutica para a medicina.

Foi nessa ocasião que encontrei Marc Schlumberger, o filho de Jean – o escritor. Engenheiro pesquisador de petróleo de formação, mas já psicanalista formado na Áustria e depois na Inglaterra (ele passara para a escola de Summerhill), ele queria tornar-se médico para praticar livremente a psicanálise na França. Foi ele que me disse que, se eu quisesse fazer o que eu chamava de "medicina da educação", conforme lhe explicava, eu devia estudar Psicanálise.

De início, fiquei muito admirada, pois, para mim, que havia escolhido a psicanálise como matéria optativa para o bacharelado de filosofia, era um ramo novo de filosofia e eu queria ocupar-me do desenvolvimento dos seres humanos, não somente da especulação de ideias, por mais interessantes que fossem.

Que sabia eu da psicanálise? Ela era então uma disciplina que só fora introduzida em certos meios, e mais no estrangeiro que na França. Respigando na biblioteca de meu pai, eu havia lido o que se podia ler sobre Freud em francês, em 1924. Na parte escrita do bacharelado, eu havia feito um bom trabalho de filosofia clássica. No exame oral, o examinador me interrogou sobre a psicanálise. Eu lhe disse:

– É o tempo e o espaço cruzados da infância que, sempre presente, inconsciente, voltam nas imagens dos sonhos.

Era esse sincronismo remanescente que havia me interessado, e isso já não era tão mal. Expliquei a esse professor o que eu então havia compreendido da psicanálise: que as associações de ideias podem estar também no inconsciente e que, durante o sono, a atividade do sonho protegia o repouso da pessoa adormecida, que não está fisiologicamente em estado de ter uma vida de relação, mas que a vive em fantasia, misturando a lembrança do passado real com seus desejos no momento. Minha exposição agradou o examinador. Ele havia, então, abordado a questão inevitável na psicanálise:

– E o lugar da sexualidade, senhorita? O pansexualismo de Freud: o que você pensa dele?

– Quanto a isso, posso não ter compreendido muito bem, mas o que me interessou para o sono e os sonhos prova que tudo o mais deve ser muito interessante também.

Discreto, ele não insistiu... Isso foi em 1924.

Devo a Marc Schlumberger, meu colega no P.C.N. em 1933, ter lido Freud, traduzido então em francês ("Psychopathologie de la vie quotidienne", "Le mot d'Esprit et l'inconscient", "Les trois leçons" e, depois, "La Science des rêves" = Psicopatologia da vida cotidiana, Os chistes e sua relação com o inconsciente, Os três ensaios, A interpretação dos sonhos). Isso foi uma revelação. Por outro lado, eu me sentia culpada por perturbar a ordem familiar ao optar pela realização de meus projetos de estudo.

Qual não foi minha angústia quando fui acolhida por René Laforgue, com quem fui falar sobre minha confusão em relação ao conselho de Marc. Minha psicanálise, muito clássica, durou três anos. Para aquela época era uma análise muito longa e a experiência era rara. Eu a fiz durante três anos, com uma interrupção de um mês apenas, durante as férias. Na França, minha especificidade é a de ter sido assim analisada antes de ser esposa e mãe. Eu não conhecia outros psicanalistas de minha geração nesse caso. Foi para mim um esforço enorme, mas uma ajuda extraordinária para minha vida de mulher e para minha profissão e, além disso, acredito, uma oportunidade para meus próprios filhos. Na análise, compreendi que minha mãe havia desejado reter-me junto dela por amor maternal, para compensar a perda dramática de sua filha mais velha. Para ela, minha presença em casa se tornara uma companhia necessária. A seus olhos, tornar-se médica era para uma mulher algo como estar perdida para qualquer vida de família. Era uma profissão que obrigava uma mulher a permanecer celibatária – e, portanto, a solidão –, entregue aos perigos de todas as promiscuidades.

Naquela época, entre os psicanalistas, se alguém se destinava a trabalhar com crianças, bastaria não ter tido dificuldades para si mesma na vida. Eu achava que para estar à altura das crianças e de seus pais, eu devia ser longamente analisada. O que era uma ideia de fato revolucionária. Felizmente, meu psicanalista aceitou esse prolongamento. Ainda hoje, penso que um psicanalista deve remontar muito mais longe em sua própria história se quiser trabalhar com crianças, da psicanálise de crianças, quero dizer, pois há psicoterapias de adultos ou de crianças que não dependem da psicanálise, e sim de orientação, o que é diferente.

Durante meu tempo externo no hospital das Crianças-Doentes, meus colegas ficavam surpresos e um pouco irônicos de me ouvir falar com recém-nascidos. As crianças eram para mim os filhos de seus pais. Eu lhes falava de seu papai e de sua mamãe que viriam vê-las, de seus pequenos vizinhos de leito, de minhas relações com elas. Se eu tivesse de ser criticada sobre o plano profissional, pediátrico, teriam me classificado como uma pessoa bizarra. Felizmente, eu tinha certa habilidade para os cuidados e era séria em meu trabalho. Na sala de plantão, discutiam firmemente sobre mim, zombavam da jovem externa que estava em análise prolongada e que, no hospital, falava com os bebês. E me repetiam:

– Mas não serve para nada falar com elas; elas não compreendem.

Eu respondia que tinham o ar de compreender tudo e então riam com doçura, sem me criticar duramente. Sentiam, de fato, que as crianças gostavam de que eu trabalhasse com elas. Quanto a mim, eu não sabia que gostava das crianças... Eu gostava dos seres humanos, e ponto. Por outro lado, não fazia diferenças: não amo mais as crianças do que os adultos, amo as crianças enquanto seres humanos, e amo seus pais desamparados da mesma forma que elas.

Num sábado, eu me achava na casa de amigos. De repente, levantei-me:

– Esqueci de dizer "até logo" a Michel! Volto dentro de uma hora...

Deixei lá meus interlocutores plantados, muito longe de poderem adivinhar quem poderia ser esse famoso Michel.

Ao chegar, eu dizia sempre "bom-dia" a "minhas" crianças e "até logo" ao ir embora. Naquele dia, ao meio-dia, Michel, uma das crianças (dezoito meses), estava na seção de radiologia quando terminei meu trabalho. Eu prometera a mim mesma ir lhe dizer "até logo" na radiologia, tanto mais que eu não iria revê-lo de sexta-feira até segunda pela manhã. Mas eu fora embora sem o fazer, tinha esquecido de ir lhe "até logo" na seção de radiologia. Voltei, portanto, à tarde, à sala das Crianças-Doentes. A vigilante me disse: "Você esqueceu alguma coisa? – Sim, esqueci de dizer "até logo" a Michel. – Ah, Michel! Depois que ele voltou da radioterapia, ele não está bem. Não quis tomar seu lanche. No entanto, ele estava tão bem esta manhã. – E a febre? – Subiu um pouco". Aproximo-me do leito de Michel, triste, prostrado, com ar indiferente. Então as outras crianças me interpelam: "Mam'zelle, Mam'zelle!" – "Eu disse 'até logo' para vocês, mas não para Michel". E, dirigindo-me a Michel: "Veja só! Sua senhorita Marette é muito má. Esta manhã esqueci de ir dizer a você "até logo" quando você estava na radioterapia... Parece que você não tomou o lanche. Ele não está bom? Escute-me, penso em você... e agora o doutor... vai passar (era o de plantão) e eu não venho, mas estarei de volta segunda, de manhã. Amanhã é domingo, é um dia em que não venho, mas o doutor está aí e, além disso, sua mamãe e seu papai virão ver você, e você tem também seus colegas. Até segunda".

Na segunda de manhã, a vigilante me disse:

– É incrível. Depois de sua passagem no sábado à tarde, Michel, contente, quis beber. Mostraram-lhe a mamadeira. Ele a pegou, ao passo que a havia recusado meia-hora antes. Ontem de manhã a febre diminuiu, ele viu seus pais. A partir disso, vai tudo bem!

A vigilante, depois disso, considerava-me como governanta.

Eu havia esquecido essa história até estes últimos anos. Foi preciso que uma pessoa que participara dessa reunião de amigos quarenta anos antes despertasse essa lembrança. Era o cotidiano de minha vida de externa. Eu era assim com os bebês. Eu lhes explicava o que lhes iriam fazer. Eu os tranquilizava. E meus colegas médicos não compreendiam que eu falo desse modo com crianças que ainda não possuem a linguagem inteligível.

Por que, de repente, na casa de meus amigos, eu pensei em Michel? Teria eu sentido que ele precisava de mim? Talvez estivesse a ponto de recusar sua mamadeira e de inquietar a vigilante? Creio que essa intuição faz parte da relação dos que cuidam com os cuidados. É a transferência. Mas, naquela época, eu não percebia isso, pois ainda não era analista e, por outro lado, nem tinha desejo de tornar-me analista.

Como, portanto, me tornei analista?

Um de meus chefes de externato, o professor Heuyer, que militava pela evolução da psiquiatria e que, por outro lado, era muito reticente em relação à psicanálise, comprometeu-me a fazer meu internato nos hospitais psiquiátricos em vez dos hospitais de Paris – que, na época, eram chamados de asilos. Preparavam o concurso do Internato dos asilos departamentais (era o Sena).

Tive a ocasião de fazer uma substituição de interna em um asilo próximo de Paris, um trabalho de mulheres. Ali a pessoa passava seu tempo a abrir e a fechar portas com um pesado molho de chaves. Os pensionistas eram, em um estado carcerário, mantidos em inatividade total. Era dramático. O lado relacional estava ausente. Havia um interno para mil ou duzentos doentes, e nenhum pessoal de hospital formado. Recebíamos entrantes cotidianamente: muitos dementes senis, mas havia mulheres de idade mediana em período de menopausa, algumas que haviam exercido uma profissão, jovens domésticas – frequentemente delirantes por ocasião de uma frustração ou de uma provação, de um luto – que haviam caído em estado depressivo. E jovens depois de um desespero de amor... ou abortos, fortemente culpabilizadas... Recolhidas em via pública, enviadas em trânsito à enfermaria especial do abrigo, eram colocadas em um asilo da periferia. Enviavam também para a periferia doentes que, internados em Sainte-Anne, não recebiam visitas. Quando chegavam, retiravam-lhes o cinto, meias, escovas, pentes (para que não pudessem se machucar!). Só lhes restavam uma blusa e uma veste longa sem cintura. Nenhum objeto nas mãos, e nada para fazer. Jovens mocinhas misturadas com dementes senis. Uma jovem de minha idade só podia se desesperar, vendo todas essas mulheres em degradação. A cada 15 dias era preciso preencher folhas de prolongamento de estadia, recopiando as precedentes, sem ter tempo de falar com a doente, sem conhecer o que a havia levado a essa descompensação. Achei isso de tal modo abominável que me determinei a intervir contra a corrente: é preciso trabalhar com as crianças. Diante do terrível e do impossível de nada fazer para os adultos, porque seria demasiado tarde, eu disse a mim mesma: é preciso se ocupar das crianças, antes que os seres cheguem a isso! Nesse estágio, é necessária a força da medicina geral, mas esclarecida pela psicanálise. Eis o que é preciso fazer.

Eu percebia que, fosse qual fosse a gravidade psiquiátrica, todas essas mulheres, tanto por causa de suas alucinações como por causa de um desespero recente, falassem a respeito de sua primeira infância. É preciso ajudar, dizia-me, esses seres a falar disso antes que fiquem gravemente descompensados, para que essas repressões na infância pudessem se expressar e não despertassem de modo irreconhecível por ocasião de uma provação na idade adulta. Uma mulher, por exemplo, que não teve o bebê que ela queria, ou que perdeu um filho, pode reproduzir a angústia de sua mãe, à qual havia acontecido isso quando ela tinha três ou quatro anos! Ela apresenta, então, bruscamente, como que uma falha em sua identidade, confundindo o modo de comportamento de ideação de um adulto e de uma criança.

Eu via que eram histórias devidas ao eclipse repentino do sentimento de identidade, porque odores da infância haviam reaparecido na vida da pessoa por ocasião de um incidente ou de uma provação. E isso me confirmou que era necessário se ocupar das crianças, a fim de prevenir: fazer expressar-se o que, não dito, explodiria mais tarde. Isso correspondia bem ao que eu havia compreendido no decorrer de minha própria análise. Pensei na aplicação da psicanálise à prevenção das doenças. No início, eu partira da aplicação da medicina à prevenção das perturbações do caráter e perturbações sociais na família, devidas ao desconhecimento do médico em relação a acontecimentos afetivos que provocavam sintomas físicos funcionais, irreconhecíveis como tais e tratados como verdadeiras doenças. Os acontecimentos em consequência da guerra haviam me ensinado muito, em meu meio social limitado, mas o hospital e o asilo psiquiátrico me haviam mostrado que a neurose estava presente em todos os meios sociais.

Tive uma oportunidade admirável na época, por ter sido psicanalisada enquanto jovem por alguém que nada manipulou em mim, que me deixou ser como eu era. Com certeza, devo a essa especificidade não ter tido a ideia preconcebida diante das crianças que eu via. Mais tarde, quando me tornei mãe, projetei-me, como toda mãe, em meus filhos, mas, sem dúvida, não com a mesma inquietação de fazer bem ou mal, a mesma angústia diante de seus sofrimentos, suas dificuldades que teriam sido minhas caso eu não tivesse já sido analisada, mas – com meus filhos – jamais reagi como médica ou como psicanalista – ao menos conscientemente. Eu sabia que não sabia!

A linguagem da verdade é salvadora, porém terrível, porque é preciso se aceitar tal qual se é com humildade, ir até o que é essencial para nós, mas sem se tornar pretensioso. O sofrimento de estar associado ao desejo de perseverar na existência, sem razão lógica, e de se reconhecer, torna-se vivo pouco a pouco. Viver é, no dia a dia, manter-se com os outros e construir alguma coisa. De minha análise havia nascido o desejo de ser autêntica, mas de modo nenhum o de eu própria me tornar psicanalista. Tornei-me por causa... da demanda social, se assim posso dizer. Para começar, ocupei-me de alguns adultos neuróticos arrasados de angústia, enviados por psiquiatras cujos outros psicanalistas não queriam, porque eles não trabalhavam e não podiam pagar. Pois, em todos os níveis socioeconômicos, a neurose retarda todas as trocas, a ponto de ser (ou de se sentir) rejeitado dos vivos que se comunicam. Comunicar-se novamente, ainda que com uma só pessoa que de fato escuta, sem saber nem poder, mas dentro de um contrato limitado de tempo e de espaço, sustenta a função simbólica para se reanimar, para retomar a vida. Eu fazia desse modo minha aprendizagem, ao mesmo tempo em que terminava meus estudos de medicina. No consultório de pediatria do hospital Bretonneau – medicina de crianças –, o Dr. Pichon me contratara exclusivamente como assistente de psicoterapia. Xixi na cama, insônias, pesadelos, problemas escolares e de caráter. Para escrever minha tese, havia tomado 16 casos. Na época, eu pensava que isso pudesse interessar o pessoal médico e havia editado minha tese a minhas custas. Eu não podia suspeitar que, trinta anos mais tarde, o mesmo texto tocaria o grande público.[2] A primeira tese de medicina consagrada à psicanálise pouco antes da minha: a de Schlumberger, era um estudo psicanalítico de um sonho recorrente da cura de um adolescente depressivo que ficou curado, o famoso sonho da taça quebrada. A minha, aprovada em julho de 1939, tinha como objeto de estudo "O complexo de castração". Esse conflito estruturante, dinâmico e inconsciente, que Freud chamou desse modo, porque se trata da angústia ligada em todo menino à renúncia à realização do incesto, a sua adaptação aos imperativos da realidade, ao sofrimento, à morte, assim como à aceitação da impotência humana dos adultos. A passagem para a idade da razão, como se dizia antes da psicanálise. Essa tese foi por mim dedicada aos pediatras chamados a cuidar das perturbações desse período sensível.

A guerra chegou e as crianças de Paris foram todas embora, em êxodo. Havia temor dos gases asfixiantes sobre Paris. Todas as escolas primárias e os hospitais de crianças foram fechados de outubro de 1939 até outubro de 1940. As mulheres médicas foram, então, requisitadas, pela Ordem dos médicos que acabava de se formar, para constituírem equipes volantes encarregadas de controlar a saúde, descobrir os doentes entre as crianças deslocadas para fora de Paris. Essas incursões continuaram apenas durante a "ridícula guerra". Quando os alemães ocuparam a metade norte do país, e a vida sob a Ocupação se organizou, os serviços pediátricos dos hospitais recomeçaram a funcionar e fui encarregada das consultas de crianças no hospital Trousseau, substituindo na cidade, em Boulogne, um médico geral. Mas, pouco a pouco, tive muitas solicitações para praticar a psicanálise de adultos em minha casa. Desse modo, deixei de praticar a medicina geral para ser apenas uma médica da relação falada, tanto com crianças como com adultos. Sempre trabalhei com consultas de hospital para as crianças e adolescentes.

Os pais vinham queixar-se de xixi na cama, atraso mental, atraso escolar etc., e eu via a criança sem os pais. E depois, pouco a pouco, percebi que os pais se desorganizavam quando seus filhos iam melhor.[3] Era preciso, portanto, falar

---

[2] *Psychanalyse et Pédiatrie*, Ed. du Seuil.
[3] Estranha consequência inconsciente de sua satisfação consciente. Fenômeno dinâmico positivo, análogo às "resistências" no decorrer de tratamentos dos adultos.

com os pais, um pouco, sem que isso fosse verdadeiramente uma terapia para eles, pois vinham à consulta em um hospital de crianças. E o que observei? Em certos casos, eram os pais que tornavam doentes as crianças; em outros, o mal estava feito, e uns e outros não iam bem. Se o estado do filho em tratamento melhorava, eu constatava que o do pai que requisitara o tratamento ia mal. Nunca as crianças se desorganizam porque os pais vão bem; é o contrário; são sempre os pais que se desorganizam quando o filho vai bem. Isso nos levou, em certos casos, principalmente em consultas privadas e não no hospital de crianças, a dizer:

– Comecem primeiro, vocês, pai e mãe, a vir falar quatro ou cinco vezes, com ou sem seu filho, para que compreendamos bem o que acontece com seu filho e o que inquieta vocês, a fim de que compreendamos o que ele (ou ela) sofre.

E foi assim que ora eram os pais que cuidávamos ora eram as crianças, logo em seguida; para outros ainda, era o pai que falava um pouco e que dizia:

– Quanto a mim, não estou bem... A criança, agora, vai bem.

Eu, então, dizia:

– Continuo com seu filho, e quanto a vocês, procurem um outro terapeuta para vocês.

Já fora percebido, entre terapeutas, que não era bom que o pai tivesse o mesmo psicanalista que o filho; era como se, no inconsciente do psicanalista, ele se tornasse o "referente que sabe" ilusório, tanto da mãe ou do pai como do filho. Assim, preferimos dar o endereço de outro psicanalista para aquele que, secundariamente, precisa de tratamento. Eu testemunho os inícios da psicanálise na França. Mas, quando vemos agora o que isso se tornou! Em todo lugar, há psicoterapeutas de crianças, "psi" para manipular e recuperar as crianças no social, reeducá-las... em vez de permitir a uma criança ser o que ela é, de se determinar em relação ao meio que a envolve, firmando sua confiança em si mesma e no sentido de sua vida. Percebemos que a escola não é mais o que ela precisa ser para o bem das crianças; na maioria dos casos, é muito difícil para as crianças terem sucesso na escola assim como ela se encontra, apenas desenvolvendo alegria de viver e sentimento de sua liberdade criativa e lúdica. Acreditou-se que era bom criar pedagogias especializadas... Por que não? Com a evolução da sociedade, a escola que arma as crianças para a vida deve mudar. Mas, a meu ver, é uma prevenção muito mais profunda da relação pais-filhos, filhos-sociedade dos adultos, graças à descoberta de leis dinâmicas do inconsciente, à qual é preciso chegar. A psicologia dos processos conscientes desenvolveu uma finalidade de sociedade que acentuou o espírito de imitação e de instinto gregário, que tende a endireitar tudo o que pareça ser desviante. Portanto, para tudo é preciso definir a norma. O que pode não ser uma expansão para o jovem, e sim uma regressão, se o obrigarmos a fazer ou parecer mais de acordo com a norma, em vez de se sentir motivado a se exprimir por um prazer partilhado com os outros, motivados como ele. É certo que essa banalização do psicologismo não é em si motivo de alegria. Sabemos hoje a importância que há em comunicar e ventilar emoções para a expressão de alguém. A cura psicanalítica ajuda colocar palavras sobre aquilo que vivemos. Quando ela tem "palavras para o dizer", para retomar a expressão de Marie Cardinal, a criança que está ligada aos pais, e que é sua detectora, não tem necessidade, por meio de *males*, de traduzir que ela recebe e sofre os efeitos daquilo que sua mãe e seu pai sofrem e que ela percebe. Quando a mãe pode dizer em palavras suas angústias, a criança recebe menos impacto desorganizador e, imediatamente, sente-se melhor... Isso é verdade, e podemos percebê-lo nas crianças pequenas. Ao passo que é desejável que muitas pessoas sejam formadas para escutar as outras. Mas, manipular ou culpabilizar aqueles que não estão de acordo com a norma é fazer mais mal do que bem. Isso não é melhor do que sobrecarregar os pais que sofrem com o fracasso na felicidade de seu filho.

– É falha de vocês.

Talvez tenha sido feita por eles, mas não é falha deles.

É terrível essa culpabilização que se inoculou no casal em nome da psicanálise, que já havia levado a fama disso, desde Adão e Eva. Com efeito, é uma aplicação má da psicanálise, uma perversão (inconsciente) da utilização consciente das descobertas das leis da dinâmica do inconsciente.

Na época em que redigi minha tese de medicina, ninguém nos ensinava uma abordagem específica das crianças. Eu não sabia "me ocupar de filhos". Talvez tenha sido melhor. Tudo estava, quanto à psicanálise, ainda por desbastar. Avancei passo a passo, com uma técnica de psicanálise muito clássica, mas seguindo minha intuição a respeito. Mme. Morgenstern[4] havia começado a desbravar o continente negro da infância, mostrando que uma criança, mesmo bloqueada, exprime-se quando se lhe dá um meio de comunicação não codificado pelo adulto, como o desenho. Freud, no caso do pequeno Hans, não se serviu do desenho. Ele se apoiava na palavra do pai de Hans, o menino fóbico. Mais do que o próprio menino, eram as projeções do pai e seus fantasmas que ele analisou, enfim, aquilo de que o pai se lembrava a respeito do que seu filho lhe dizia, o que não é a mesma coisa. Mme. Morgenstern, formada por Freud, psicanalista de adultos, também em Paris, tomou a iniciativa de dar papel e lápis a crianças que não falavam, mas que tinham ao menos quatro anos. Se elas rompiam seu mutismo, se o estado delas parecia melhorar, ela não ia mais longe na análise. Ela não falava, ou então falava muito pouco, com os pais. Não se sabia fazer isso com os muito pequenos. Quanto a mim, tentei ir mais longe com eles, como com os adultos, procurando observar e analisar a transferência na relação entre o cuidado e o cuidador. Cuidando de bebês na pediatria, eu havia percebido que eles reagem a nossas expressões. E que seus estados somáticos são respostas a coisas recebidas em família. É seu modo de linguagem. Relatei isso em minha tese. Isso era algo

---

[4] Sua família judaica, que permanecera na Polônia, fora deportada. Ela era a primeira psicanalista freudiana que se ocupava de crianças. Ela suicidou-se com 68 anos, no dia da entrada dos alemães em Paris.

totalmente novo. Procurar exprimir, verbalizar essa interação, era estabelecer uma comunicação mais profunda com o ser humano, coisa que até o momento não havia sido feita. Era o estudo da transferência, inaugurado por Freud, mas aplicado às curas de crianças. Eu detectava entre neuroses infantis algumas cujos inícios passados despercebidos tinham sido muito precoces; perturbações de saúde ou de relação repetidas, devidas à angústia, mas que eram atribuídas a causas orgânicas ou a caprichos de caráter. Era, portanto, na idade de criação, na da primeira educação, que era preciso vigiar e prevenir as neuroses, decodificar o sentido dessas perturbações repetitivas nas quais se esgotava a energia de comunicação e do coração a coração.

Médica da educação: isso pode querer dizer também que é preciso um médico para reparar os erros de uma educação que pode fazer mais mal que bem. E quando eu pensava educação, não era a respeito de tal ou tal sistema consciente pedagógico, mas das inter-relações inconscientes na família.

A inter-relação dos adultos sobre as crianças, e vice-versa, induz patologia ou saúde. É preciso trabalhar para compreender e sanear essas relações. Ajudar a compreender as crianças, ou os próprios pais, não era a psicopedagogia que me interessava. Portanto, mais do que internato nos asilos, o trabalho sobre grandes números, as consultas; a pediatria, mas orientada para as dificuldades do caráter, psicoafetivas, familiares ou sociais, as desordens funcionais inumeráveis das consultas de crianças e de adolescentes.

Nos serviços de pediatria, na França, até os anos 50, o olhar da psicanálise não se detinha ainda sobre os recém-nascidos. As raras pessoas que procuravam compreender os altos e baixos dos bebês, suas recidivas rápidas, seus restabelecimentos repentinos, as variações chamadas "imprevisíveis" de seu estado orgânico, deviam-se a uma abordagem intuitiva, mas não tinham o auxílio da psicanálise, que começava com dificuldade a ter direito de cidade para a grande infância. Mme. Aubry,[5] sem ser psicanalista, descobriu que a criança fala psicoafetivamente com facilidade ou dificuldade com seu tubo digestivo e que um clima de tensão provoca perturbações digestivas. Seus trabalhos marcaram a virada da pediatria na França.

Ela havia observado crianças da Assistência pública, rejeitadas por suas amas porque vomitavam. Estas eram recolhidas em uma creche de hospital, onde eram fisiologicamente recuperadas. A pediatra responsável, ao deixar seu serviço ao meio-dia, deixava as crianças bem. Às 14 horas chamavam-na com urgência por toxidez ou diarreia verde... Ela chegava imediatamente, mandava examinar as fezes, via que não estavam infeccionadas... Perguntava o que havia acontecido ao redor dessa criança... Então se descobria que o bebê começara a passar mal depois de ter sido testemunha de uma briga entre sua ama e a vigilante. O médico decidia dar-lhe uma mamadeira, que imediatamente produzia diarreia;

---

[5] Jenny Aubry, pediatra do hospital, tornou-se psicanalista após sua viagem aos Estados Unidos em 1945.

dava-lhe ainda outra mamadeira... e finalmente, enchendo e tornando a encher o tubo digestivo da criança, ela ficava fora de perigo. Por que, de um estado não infeccioso, ela passava a ter sintomas graves de infecção? Porque seu peristaltismo estava exacerbado; o bebê falava com seu tubo digestivo para se colocar no nível de tensão do clima afetivo de sua ama, estava em uníssono com ela, da mesma forma que um bebê de 12 a 18 meses chora porque sua mãe chora, e fica alegre se sua mãe está alegre. Estimulado pela intensidade verbal e emocional da pessoa que dele se ocupa, um bebê de algumas semanas reage a isso por meio de um peristaltismo superativado que o faz funcionar no vazio, depois de expulsar o conteúdo do tubo digestivo. Este, de início, não está infeccionado. Então, quando lhe enchem seu tubo digestivo, dão-lhe algo para triturar, para manipular, e a ocupação dessa superatividade acalma a criança, principalmente quando lhe falam daquilo que ela expressa. Pouco a pouco a ordem se refaz. Não há mais diarreia – a mucosa não se infectou mais. Antes que tivessem compreendido esse processo dinâmico reacional, a criança era posta em dieta, a água, "vigiavam".

Não se continuou a fazer essa superalimentação. A seguir, foi experimentado um tratamento pela relação falada, que explica ao bebê e ao adulto que dele cuida sua simbiose funcional simbólica.

Quantas vezes vi a mãe rir em meio às lágrimas e me perguntar:
– Você acredita que ele pode compreender?

Na época em que Mme. Jenny Aubry descobriu que um clima de tensão provoca as desordens digestivas nos bebês, nos hospitais, não se sabia que era possível tranquilizar a criança angustiada balançando-a no berço ou nos braços. Isso era um dos modos do campo, superados! As camas eram fixas, pois não se previa ter de balançá-las docemente. Ora, balançar os bebês é ajudá-los a se reencontrar imaginariamente no ventre de sua mãe e, portanto, uma tranquilização pacífica.

Eu tinha intuição de todas essas coisas há muito tempo, mas sem ter "as palavras para dizê-lo". Quando eu era estudante de medicina, essa abordagem era ainda insólita e encontravam-se apenas alguns "originais" para dar importância à angústia dos bebês, e depois havia muito a fazer pelas crianças em idade escolar, aquelas que falavam, que gaguejavam, que tinham tiques, que flanavam distraidamente, que tinham pesadelos, que fugiam. Eram, com os trabalhos de Piaget, as avaliações do nível de inteligência. Era a consciência, a memória, o julgamento, a calibragem do vocabulário. E os achados de Montessori, de Freynet e tantos outros, que relativizavam as conclusões das calibragens psicotécnicas, o papel da relação com os mestres, da confiança recíproca, da curiosidade pessoal de cada ser humano liberto da competitividade, o respeito do caminho e do ritmo de cada um pelos outros. Eram requisitos muito distantes da psicanálise. Esta era mais malvista nesses meios, mas, para mim, que pensava como psicanalisada jovem, apaixonada, eu achava seus trabalhos muito interessantes e, pela compreensão psicanalítica, eu tentava esclarecer o encaminhamento das crianças para essas técnicas pedagógicas, associadas ao desejo vivo de mestres compreensivos.

O mais difícil para mim ia ser não ficar isolada, como uma "original" que só fala consigo mesma. Não precisava principalmente fazer as coisas avançarem demasiadamente depressa, mas, entretanto, convencer jovens médicos a se dirigirem às crianças bem novas, até às recém-nascidas, como a seres de linguagem. Enquanto eu me aventurava nesse caminho pouco seguro de pesquisa, visando à prevenção precoce das neuroses e da psicanálise precoce, meus companheiros acumulavam pacientemente suas reprovações. E depois, quando, muito mais tarde, essa abordagem nova começou a interessar colegas jovens, e eu quis me dirigir a eles, a Sociedade Internacional de Psicanálise – isso foi em 1960 – me excluiu como *persona non grata*.

O destino foi bom para mim, pois essa exclusão me prestou um grande serviço. Eu podia trabalhar de modo inteiramente livre. Os responsáveis da Sociedade Internacional que assim me excluíam davam três razões:

1. Você é intuitiva, e isso é inútil e até prejudicial na psicanálise.

2. As pessoas que não conhecem você têm uma transferência selvagem sobre você.

3. Você tem ideias sociais por trás de sua pesquisa de prevenção que nos parecem suspeitas de comunismo! É perigoso para jovens analistas tomarem contato com você, embora, por outro lado, saibamos que você também consegue curas totalmente clássicas. Você lhes fornece ideias... É preciso inculcar um método. Mais tarde, a pesquisa, mas permaneça conosco e publique, mas não forme mais os jovens.

Concluindo, pediam-me que renunciasse a comunicar oralmente meu trabalho, caso eu quisesse continuar na Sociedade. Meus parceiros tinham a meu respeito as reações de defesa que o adulto tem diante da criança que representa o perigo para a ordem vigente, admitida.

O que havia, portanto, de tão inquietante?

Eu preconizava o abandono da medicina que chamava de veterinária, tal como a via ser praticada quando se tratava de crianças. Eu preconizava o abandono da domação no decorrer da primeira idade, substituindo-a pelo respeito devido a um ser humano receptivo da linguagem, sensível, o igual em alguma coisa de sutil e de essencial do adulto que ele contém e prepara, mas que é impotente para se exprimir pela palavra, e se exprime reagindo com seu ser inteiro às alegrias e aos sofrimentos da vida dos seres de seu grupo familiar, do qual ele participa a seu modo. Eu queria fazer compreender o valor estruturante da verdade dita em palavras às crianças, até as mais novas, em relação aos acontecimentos com os quais elas estão misturadas, o que acontece e modifica o humor e o clima familiar, em vez de lhes esconder isso. Eu preconizava responder com veracidade a suas perguntas, mas também, e ao mesmo tempo, respeitar sua ilogicidade, suas fabulações, sua poesia, sua imprevisão também, graças às quais – embora sabendo a verdade dos adultos – elas preservam para si o tempo que lhes é necessário pela imaginação do maravilhoso, as palavras mentirosas por prazer ou para fugir de uma realidade penosa (se, na maioria das vezes, acreditávamos que era uma mentira... ela não seria então uma realidade?). O verdadeiro tem muitos níveis, conforme a experiência adquirida. Cada idade só se pode construir pelo saber, por sua experiência. Mas todo saber é tão somente uma cisão entre uma questão que ele parece resolver e uma outra que procura resposta.

Eu trabalhava, portanto, de modo "clássico", como psicanalista convicta de que é o método inaugurado por Freud que deve ser seguido. A permanente recolocação em questão de um saber que fazem juntos o paciente e o analista do começo ao fim de uma cura que é questionamento permanente colocado pela transferência: relação recíproca do paciente – fantasiosa ou real – e do psicanalista que o escuta, colocando-se à prova para descobrir no que ele próprio pode induzir essa relação. E se ele não a induz enquanto pessoa, então é pelo papel que ele desempenha como catalisador que ele pode ajudar seu paciente a decodificar um trabalho energético de química sentimental e ideativa proveniente da revivescência da história desse paciente em sua transferência de emoções reprimidas. Isso, que é o trabalho clássico na cura, pode ser o mesmo com crianças que falam e com a condição de que a própria criança deseja ser ajudada. Para aquelas que não falam, pesquisei esse mesmo modo de trabalho com meios de expressão diferentes dos verbais, sempre associados com a palavra – desenhos, modelagens, fantasias mimetizadas com objetos (jogo livre) porque eles levam a criança a reviver seu passado em sessões em sua relação de transferência para o analista. É essa explicação do passado reativado que é o trabalho analítico. Quanto à parte atual de sua vida, isso é assunto de seus pais, de seu médico, de seus educadores – e dela, caso queira e possa contribuir para que a guiem e sustentem em seus objetivos atuais. Não é o papel do analista encarregado de uma cura psicanalítica, tanto a de um adulto como a de uma criança, aconselhar seus pais ou eles mesmos naquilo que se refere a atos inter-relacionais da vida presente.

É a grande distinção, tão mal compreendida por tantas pessoas, entre a psicanálise (que só se refere à pessoa por meio da experiência – mesmo que se trate de uma criança – de sua história passada) e a psicoterapia (que pode servir-se de todos os tipos de meios para a ajuda direta em relação a suas dificuldades atuais).

A psicanálise é um trabalho lento que – frequentemente – parece ter um efeito terapêutico rápido, por vezes não e até com frequência pouco convincente a curto prazo. Ao contrário, muitas curas psicoterápicas dão resultados apreciáveis a curto prazo, e sem recidivas.

É uma das razões da desconfiança de tantas pessoas em relação à psicanálise e de sua menor desconfiança em relação às numerosas psicoterapias mais ou menos justificadas por teorias provindas da psicanálise e aplicadas ao menos naquilo que se refere a seus fundadores por psicanalistas de formação, desanimados pela extensão do trabalho em muitas curas chamadas clássicas. Não sou inimiga das psicoterapias; cheguei até a praticá-las. Entretanto, seja qual for o tempo concedido a uma psicanálise, ainda que interrompida antes de seu término, a experiência mostra que os efeitos a longo prazo são sempre positivos e vantajosos, não somente para o paciente, mas para seus descendentes (quando existirem, caso se trate de uma criança ou de um adolescente). Do contrário, os efeitos de uma psicoterapia bem-sucedida terminam com o término da psicoterapia, e não desempenham um papel preventivo sobre a evolução posterior, quando a criança se tornar adolescente, com atividade genital social e ele próprio pai. E depois, há as indicações. Nunca é demasiado cedo para fazer uma psicanálise, mas frequentemente é muito tarde para adultos que empenharam sua palavra e sua responsabilidade por razões neuróticas dominantes. Sem falar de partir de novo do zero que não existe (porque a experiência jamais é evitável e um fracasso compreendido é proveitoso), uma psicanálise leva o paciente a adquirir nova pele de algum modo, em um tempo mais ou menos longo, e principalmente a estar totalmente quite com seu passado, da mesma forma que com seu psicanalista.

Uma psicoterapia toca pouco o passado, ajuda o paciente a sair de seu impasse ansiógeno atual, a tomar seu partido dos lados viáveis, organizando-os, daquilo que lhe parecia sem esperança antes de ter considerado todos os seus aspectos com seu psicoterapeuta. A transferência para o psicoterapeuta, que é o cerne do trabalho, é utilizada, mas não explicitada como uma armadilha neurótica que sustenta ilusoriamente o paciente na convicção de que seu psicoterapeuta sabe por ele.

Este papel do suposto sabedor é, na opinião do paciente na psicoterapia, mantido por seu psicoterapeuta (que utiliza sua confiança para ajudá-lo).

Ao contrário, o psicanalista sabe que não sabe nada ou não sabe muita coisa, e apenas aquilo que se refere a si mesmo, em todo caso nada daquilo que se refere a seu paciente. É o paciente que sabe (sem saber que sabe). O trabalho que fazem juntos desmistifica rapidamente a ilusão do paciente, que desejaria que seu psicanalista fosse para ele o onisciente.

O que impede o ser humano, mesmo adulto, de ser um vivente autônomo na sociedade são coisas arcaicas da infância. Ele recebeu a linguagem, mas, antes da análise, o que pôde ser dito não era dirigido a ele. Ficar em silêncio sob o pretexto de que o paciente é, por exemplo, incapaz de entender, não é uma atitude psicanalítica, nem guardar para si mesmo seu hábito humano. Pode-se falar para um surdo. O que ouve ele? Não sei. Ele intui aquilo que lhe querem dizer. Quanto a mim, falei do mesmo modo a surdos, quando os tive como pacientes, embora sabendo que eram incapazes de perceber o som de minha voz, porque é natural para mim falar quando me comunico com alguém. Mas, se uma criança colocada em relação comigo está inteiramente à vontade, não tem nada a me dizer e não espera nada de mim, eu não falo com ela. Nunca explico a uma criança que desenha aquilo que seu desenho traduz. Jamais. Ela desenha, bem... Depois, se ela o entregar a mim, eu lhe pergunto se ela pode e quer contar seu desenho. Frequentemente ela conta uma fantasia, frequentemente ela enumera: árvore, mesa, casa, homem bom... Eu encadeio:

– A árvore diz alguma coisa para a mesa?

Ela me responde ou não responde. Na sessão seguinte, a coisa melhora. Eu a chamo e a convido a falar por meio daquilo que ela diz, mas se ela não falar, tanto pior, ou tanto melhor.

Se me refiro a minha própria experiência de mãe – eu criei três filhos –, eu me pergunto quais conflitos podem perturbar a comunicação para além dos sete--oito anos. Não existem, a partir do momento em que deixamos a criança viver autônoma na família, para tudo o que lhe interessa, que cada uma faça aquilo que tem a fazer e que falemos com ela a respeito de tudo. De vez em quando, uma pequena discussão põe as coisas no lugar. "De fato, sua desordem... no dia em que você estiver pronto, eu o ajudarei porque de fato é preciso poder circular em seu quarto e saber onde estão suas coisas..." É preciso, sem dúvida, esperar o pedido: "Vem, mamãe, porque não estou encontrando mais nada...". Então, fazemos em dois a arrumação e depois combinamos fazer de novo cada quinze dias ou três semanas. Colocamos tudo em ordem com entusiasmo e alegria, brincando um com o outro sobre suas manias ou seus pequenos defeitos. As mães e os pais os têm da mesma forma que as crianças. Quando tornamos a vida agradável nas refeições, as crianças vêm à mesa porque é mais gostoso do que ficarem sozinhas, e aí se fala de tudo. Mas, se for para forçar a comer o que elas não querem, então ficam contrariadas. "Ah, essa dobradinha... Que horrível!" – "Muito bem, se você preferir ovos fritos, vá prepará-los". Elas os preparam, e por que não? Eu nunca impedi que meus filhos fizessem ovos fritos, e que comessem apenas o que queriam, no dia em que eu servia alguma coisa de que eles não gostavam. Ficavam muito contentes. É preciso dizer que, desde pequenos, foram habituados a serem autônomos, desde que o desejassem. Nunca tive essas pressões e chantagens de crianças, de que as mães tanto se queixam: "Se você não me fizer um carinho, eu não vou comer", ou "Não vou me deitar se você não me fizer um carinho". É tão simples dizer: "Se você não quiser se deitar, não se deite; nós, porém, vamos nos deitar". Em casa isso não durava. "Você não é obrigado a se deitar se não tiver sono; nós, porém, estamos com sono". Nunca tive de repetir isso três vezes.

Mas é preciso de fato dizer que a melhor das prevenções não impede as doenças, os acidentes, o sofrimento, a morte de seres que nos são caros. Existem as derrotas, os lutos. Há principalmente períodos sensíveis que fazem com que essa criança reaja pela violência ou fique "emburrada", sem nada mostrar sobre o momento dos acontecimentos que marcarão toda a sua vida ou que, aparentemente esquecidos, entrarão em ressonância com provações posteriores. Uma ou mais zonas de fragilidade tornam-se, com a idade, zona de fratura. A criação e a educação das crianças é uma coisa a ser aperfeiçoada. É uma coisa muito diferente de empreender a cura das neuroses e das psicoses instaladas, organizadas, já nas crianças.

Assim como em medicina existe a higiene pública familiar, as vacinas, a erradicação de certos flagelos para a saúde, mas continuam a haver doenças de que as pessoas que foram por elas atingidas têm perturbações reconhecíveis. Se frequentemente atacamos diretamente o pulular do agente microbiano patogênico, isso não impede que, mesmo nesses casos, as sequelas dessa doença façam com que cada pessoa que por ela foi atingida deva ser cuidada diferentemente. Acontece o mesmo para muitas sequelas de desordens microbianas.

Capítulo 3

As crianças de Freud

Atualmente se manifesta uma reação de rejeição em certos escritores, principalmente mulheres, que gostariam de romper suas ligações com a aquisição de Freud, aquilo que acham dele, sem terem sido analisadas. Em seus romances, aparece este leitmotiv: "É preciso sair da imagem paterna e da imagem da mãe... É preciso matar o pai mítico e matar a mãe mítica". À primeira vista, isso não parece inteiramente contraditório, pois, de fato, o que a psicanálise revela é a necessidade para ser, de ultrapassar, de se libertar e, portanto, de "matar" o pai e a mãe imaginários. Mas, afinal de contas, o que essas mulheres querem dizer é que é preciso desembaraçar-se do conceito de Édipo e começar relações novas com as crianças, assim como com seus pais, que sejam, dizem elas, muito mais calorosas, tranquilas, menos conflituosas etc. A que pode corresponder essa reivindicação, essa preocupação de se desligar de toda essa aquisição cultural como se ela fosse uma espécie de condicionamento? Do mesmo modo, parece, as feministas tiveram, por certo tempo, como cavalo de batalha, que a dor da gravidez era unicamente devida a reflexos condicionados, porque a tia e a avó tinham dito: "Ah, minha pequena, você sofrerá nos partos etc.", e concluir: De fato, todo o destino da mulher, até suas vísceras etc., tudo isso é finalmente uma encheção de cabeça multissecular que nos condicionou. E também de sustentar que se pode chegar a se libertar de todo esse confuso monte de coisas e criar a mulher nova. Agora, é a nova mãe, é o novo pai, é a mudança das relações entre o filho e o pai e a mãe.

É uma ilusão de intelectual. Como se bastasse fazer um ato de vontade, de uma bela manhã decidir que Freud é uma herança cultural que se rejeita! Quando essas mulheres letradas anunciam que é preciso matar o pai mítico, elas o exprimem conscientemente, ao passo que a psicanálise descobre que são processos inconscientes. Sua rejeição é apenas uma negação do discurso da psicanálise, ou daquilo que acham dele, mais do que uma libertação desses processos subterrâneos que a psicanálise sabe que estão dentro de cada ser humano, e que são principalmente inconscientes.

Negar sua existência não prova que isso não existe e que podemos nos subtrair ao Édipo. Para levar seu filho a matar o pai mítico, basta que, no decorrer de seu crescimento, o pai seja de fato real. O filho não tem necessidade de ter um pai mítico, pois o pai está de fato presente. Que erro cometem tantos intelectuais ditos liberados quando se fazem chamar pelo prenome! Que os adolescentes não digam mais "papai", como um bebê, é indispensável, mas "pai", e se o pai o chama de "filho", ele se afirma como o pai real. Para matar o pai mítico, é preciso que haja verdadeiramente realidade paternal. E, para reforçá-la, é completamente vão e até contraindicado negar a relação genética, e por meio dela o poder de desilusão de um diante do outro; o jovem toma seu pai como seu modelo, e o pai toma o filho como representante de sua genitude. É narcisismo partilhado. Ele confia em sua semente se o filho tem sucesso. Sente-se impotente, no entanto, se o filho está em situação de fracasso. Como se o fato de ter colocado no mundo um filho que não é válido a seus olhos significasse que ele é impotente de modo genital. Ele pensa: "Fiz uma porcaria". É o que acontece com os pais que não estão satisfeitos com seu filho: quando ele não vai bem na escola, o filho recebe a angústia de seus pais.

"Todo o mundo vê que eu sou um pobre tipo, pois meu filho é um pobre tipo." Essa relação narcísica e edípica não será abolida pelo fato de o jovem chamar seu genitor de "Júlio", em vez de "pai" ou "papai". A mesma relação se encontra entre aquele que ensina e aquele que é ensinado: o professor fica furioso quando tem um mau aluno, pois esse fracasso quer dizer que ele é mau professor, principalmente se ele percebe que esse aluno é, por outro lado, uma criança inteligente. "Bom para nada", "sem futuro", escreviam os professores sobre o jovem Einstein, mau aluno, anticonformista.

É a condição do ser humano procurar imaginar seu poder sobre o outro que não corresponde a seu desejo. Esse limite de poder produz nosso sofrimento. A psicanálise traz uma nova lucidez sobre a verdade dos laços entre os seres humanos gerados e os geradores. Mas, em vez de aceitar essa verdade, as pessoas querem negá-la e evitar o sofrimento decorrente. Mas é preciso passar por isso, por esse sofrimento. Um pai ou uma mãe não podem evitar o sofrimento por causa de sua impotência em dar ao filho o que ele pede, ou aquilo que eles creem que ele peça... Eles desejariam absolutamente que seu filho os deixasse satisfeitos, e é absolutamente necessário que eles vivam essa decepção. Eles agem de início como se ele fosse um ser a modelar. Apenas um sofrimento lhes ensinará a respeitar o fato da vida que está nesse filho.

O que é sintomático na reação dessas romancistas, é que elas ficam exasperadas por causa do empreendimento, que elas próprias, sem dúvida, experimentaram a respeito do pai na vida de uma mulher... Que elas desejem que, pela mudança da sociedade e pelo fato de ter trocas mais verídicas, mais vivas, o pai mítico seja nesse momento dominado e apagado pelo pai real, isso se concebe muito bem... É uma justa ambição ver que as gerações estejam um pouco menos cativas do que a presente... Mas negar o conflito e pretender suprimir o sofrimento é uma ilusão perigosa. Como também o agravar sistematicamente (como o faz Hervé Bazin) a luta entre os pais e os filhos, sob o pretexto de que haja uma, é igualmente patológico...

Houve excessos nesse sentido. Um modo expulsa o outro. Digeriu-se mal toda uma literatura que era muito mal colorida de freudismo, o que faz com que agora se tenha a impressão que é preciso livrar-se da hipertrofia de Édipo.

Ora, a literatura não pode deixar de ser narcísica, pois só escrevem as pessoas que sofrem de desejos que não podem satisfazer e que ficarão satisfeitos pelo fato de escrever suas fantasias.

Há uma verdadeira inflação das lembranças de infância. Todo o mundo escreve sobre sua infância imaginária e a considera como autobiográfica. É esse modo que, talvez, crie um efeito de saturação e leve romancistas com o mal de novidade a procurar outra coisa, com o risco de cair no excesso inverso.

O tédio é que não se escreve boa literatura ao usar a psicanálise, como se faria romance histórico ou romance de tese. O grande romancista faz isso sem saber. Inconscientemente. Nada mais. "A comédia humana" é uma exposição da dinâmica do inconsciente dos seres humanos. Reler "La Peau de chagrin", "Les Illusions perdues", "Splendeur et Misère des Courtisanes", "Le Père Goriot"... Da mesma forma, Zola e alguns autores que contaram a saga de famílias, como Jules Romains: tudo isso é uma exposição psicanalítica. E também a história de J.-P. Chabrol sobre as pessoas de 1935-1936: as crônicas regionais são uma iniciação no jogo inconsciente das influências recíprocas na vida, na morte, na doença, nas delinquências e nos sucessos sociais, de tudo aquilo que hoje se esclarece por meio da psicanálise.

Se quiséssemos analisar psicanaliticamente essas obras, encontraríamos verdades, e muito raramente erros. Por que essa exatidão? Porque são verdadeiros romancistas que não têm a pretensão de compreender teorias analíticas, e que se contentam em descrever finamente com uma receptividade muito grande as relações de desejo e de força, sem dar azo a interferências. São jogos executados por baixo. Se, sobre uma terra árida, aparecer uma vegetação, é porque haverá correntes de água subterrâneas, que não vemos. Toda a geografia da superfície é explicável pelo subsolo. E é simplesmente essa "profundidade do ser" que a psicanálise esclareceu ao analisar no tempo híbrido do desenvolvimento das crianças os encontros significativos, vitalizadores e desvitalizadores das ideias e das emoções, ou das percepções e das palavras que os validavam.

A psicanálise foi antecipada em Ésquilo e Sófocles.

Se Freud aí tomou o complexo de Édipo, é porque ele é eterno; sua contribuição original foi a de ter encontrado, de um lado, as leis e, do outro lado, um método para que as mutilações, as aberrações, as freagens, pudessem, ao se falar dele, frequentemente restabelecer a dinâmica de um indivíduo a seu serviço. Isso é tudo. Mas ele não mudou a realidade dos fatos. A psicanálise, como a ciência, apenas descobre o que existia antes e que ainda não se sabia. Não se diga que isso culpabiliza! Isso, antes, desculpabiliza, pois, como podemos prever, é despertado um senso de responsabilidade, mas não de culpabilidade no sentido de "Agi mal", não! Conhecer uma verdade não é a mesma coisa que ficar ciente de que se cometeu uma falta. É sair de um estado de ignorância para entrar em um período de pesquisa e esta jamais é adquirida.

Nunca sabemos qual é o começo. Ele pode estar no séc. XVI, um avô ou uma avó incestuosos. Carregamos tudo isso e, a partir do momento em que certo efeito neurótico se instalou, com lesões etc., se conhecermos suas distâncias, nós os admitiremos; sabemos que temos, talvez, um meio para não perseverar nesse erro, nesse caminho; podemos talvez melhorar as coisas; em todo caso, podemos não agravá-las. Essa consciência de que somos responsáveis não é penosa. O que está feito está feito; somos construídos por aquilo que aconteceu, mas sabemos que podemos talvez ter uma oportunidade para aquilo que se seguirá, para o desenvolvimento de nosso filho, ou de nós mesmos.

Com efeito, tudo retorna à angústia; de qualquer modo, é impossível viver sem ela; trata-se de viver com, de modo que ela seja suportável; ela pode até ser criativa.

Nas assim chamadas ciências humanas, a psicanálise pode esclarecer a dinâmica do inconsciente para aquilo que importa para a medicina, para a psicologia, para a pedagogia, para a sociologia e para a etnologia. Mas cada uma dessas ciências conserva sua especificidade; e se a psicanálise põe em questão o sentido, a finalidade, os fracassos ou sucesso dessas ciências, ela jamais pode dar uma resposta quando se trata da angústia humana e de seus arranjos, mas também quando se trata das alegrias humanas, das esperanças, das criações, enquanto ciência fundada sobre a observação empírica das inter-relações emocionais. A psicanálise permite elaborar hipóteses em relação ao *como*, mas nunca em relação ao *porquê* do viver e do morrer. A psicanálise não é uma metafísica, nem uma ciência oculta!

Se a linguagem obscura do inconsciente, que reúne todos os seres humanos, que os associa, que os estrutura, que os tece uns com os outros, não é dita, é o corpo que fala essa linguagem. Toda a patologia e a psicossomática na criança, e ela continua ainda a sê-lo no adulto naquilo que "ele" não pode "se" dizer.

Por que a música é, para aqueles que a escutam, uma psicoterapia? É porque ela já é uma simbolização das emoções e das trocas entre seres humanos, em um código artístico, que não é um código fixado como uma linguagem, mas que traduz emoções de uma pessoa para outra. O pré-verbal já é simbólico. E é uma troca. É a expressão do ser humano que ainda não pode falar: a criança fala por meio de sua mímica, e se a mímica não é "entendida" como resposta àquilo que está em jogo a seu redor, seu modo próprio de escutar e de comunicar sua significação no conjunto daquilo que é dito naquele momento é de representá-lo com seu corpo, com o risco de ferir em si aquilo que é humano e de supervalorizar o animal. E o animal não é humano, mas as pulsões de morte (no sentido de morte do sujeito do desejo e da vitalidade do indivíduo anônimo da espécie enquanto mamífero da espécie, mas não sujeito de linguagem). O desejo é um desejo de comunicação interpsíquica entre os seres humanos e isso é a linguagem. E o inconsciente está o tempo todo na linguagem, com a condição de que aquele que se exprime seja espontâneo.

Qual é, então, a linguagem que a criança entende? Ela não entende (no sentido de entendimento) que um ritual nutritivo de cuidados com seu corpo, se não a introduzimos na linguagem dos sentimentos e das ideias por meio das palavras que os exprimem para ela. Os animais comem quando encontram comida, mas os pequenos seres humanos podem continuar fixados no ritual alimentar. E este, estabelecido pelo grupo, pode, pelo saber médico, desviar o sentido simbólico das trocas alimentares. A mãe não escuta mais o chamado de seu bebê a partir do momento em que lhe inculcamos a regra geral: é "preciso" alimentar toda criança a cada três horas, porque a ciência diz que deve ser a cada três horas. Enquanto estava no seio, ela era alimentada quando tinha fome; com a mamadeira tudo foi regularizado e normalizado. Isso empobrece a linguagem dos sentimentos. Com a alimentação para os bebês – em pequenos potes – inteiramente pronta e em que todos os alimentos são passados pela peneira, a higiene está a salvo! Mas a expectativa do apetite, a observação da mãe atarefada para preparar, depois apresentar o prato inventado, pensado, cozido por ela com o cheiro particular dos legumes e dos frutos que ela descascava enquanto falava com seu filho... Tudo isso, que encantava os sentidos da criança depois do desmame e que personalizava a relação mãe-filho nas horas de refeição, tudo isso, cheio de sentido simbólico está, nos países industrializados, a ponto de desaparecer. *Fast-food*!

Capítulo 4

O segundo nascimento

O SER HUMANO NO ESTADO DE INFÂNCIA

O desejo que habita o organismo de um espécime humano em estado de infância é atingir, por meio de seu crescimento, a maturidade. O objetivo, se tudo correr bem, é procriar, de modo que sua morte deixe um ser vivo. É a lei universal dos indivíduos de espécies vivas. O imaginário do ser humano, de enorme poder, está em ação desde o início de sua vida, desde a vida fetal e desde a vida do recém-nascido. Nós, adultos, cremos erradamente que a criança só pode compreender a linguagem se tiver a técnica expressiva gramatical oral. Na realidade, ela intui a verdade daquilo que lhe é dito, talvez como plantas, sobre as quais se afirma que elas sentem a afetividade das pessoas que estão presentes, se seriam pessoas que poderiam prejudicar uma planta ou pessoas que amam as plantas. O botânico pesquisador se aproxima com uma tesoura, sem intenção de agredir a planta, e esta não acredita no gesto e não se encolhe. Mas aquele que despreza a planta, que pisaria nela, ela o sente, ainda que ele não tenha nada na mão. O pesquisador diz: "Vou queimar você"; ela sabe que isso não é verdade e que não passa de palavras; não acredita. E isso se liga justamente com a compreensão da criança em relação a seu pai ou sua mãe; de fato, com o adulto que está a seu redor: o adulto pode lhe dizer coisas agressivas com as palavras, mas ela não acredita quando não sente a agressividade destrutiva desse adulto que a rejeita; são palavras, mas não são vividas. É curioso. Receber um tapa de alguém do qual sabemos que somos estimados e amados não tem o mesmo valor do que receber um tapa de alguém que nos despreza. O mesmo acontece com os gestos e palavras "gentis", mas vazias de significado real. A criança tem a inteligência da verdade, e principalmente da sinceridade dos diálogos afetivos. Se um adulto agredir fisicamente uma criança, é porque ele não tem uma palavra em relação a ela; ele não a considera humana. Se desprezarmos o vegetativo que está em nós, é porque demos uma inflação ao intelectual e ao operacional: servimo-nos de uma planta para cortá-la, para tornar belo o jardim etc., mas a planta tem medo desse jardineiro... mas aquele que não agride a planta para seu próprio prazer, ela não o teme.

Há, na infância do bebê, no período aparentemente vegetativo – pois ele ainda não é motor –, esse mesmo estilo de compreensão em relação às intenções profundas do adulto, em relação com aquilo que, no adulto, foi criança e tem respeito pela criança.

Em seu nascimento o homem já é ele próprio, inteiramente, mas sob uma forma em que tudo está em devir. As coisas se realizarão pouco a pouco, se expressarão mais tarde, conforme seus encontros formadores. Mas tudo está aí, e ele merece, portanto, ser respeitado da mesma forma que se tivesse 50 anos de experiência, tanto mais que os anos podem degradar e destruir as riquezas de origem.

Na história da criança selvagem,[1] da qual Truffaut fez um filme, há uma lição a tirar: pelo fato de que a criança não teve os diálogos com o adulto desde o início de sua vida, a comunicação jamais acontecerá. Truffaut representou bem Victor sob o aguaceiro, como se ele tivesse ritos religiosos com a chuva; ele está em comunicação linguística e simbólica com forças cósmicas, como se fosse um vegetal que se alegra de receber a fecundidade pela chuva. Nesse momento, ele parece atingido pela loucura: para nós está louco, porque seu sistema simbólico é diferente do sistema simbólico que ensinamos às crianças.

Dizemos: "Recebi um degelo" (francês para "surra"), "Choveu torrencialmente" (francês para "cair em lágrimas"), enfim, temos o tempo todo imagens como estas, que são imagens em que o cosmos representa os seres humanos. Toda criança tem uma linguagem, ela se exprime, ela tem amigos na natureza; nem sempre os tem entre os seres humanos. É um ser de comunicação, desde a origem de sua vida e, não tendo recebido atenção humana, mas sobrevivendo a essa ausência de proteção, ela continuou a ser um ser de linguagem. Essa função simbólica é utilizada pelos humanos que dão seu código para a criança porque eles a protegem. Mas creio que não vimos suficientemente que, seja qual for o ser humano, seja qual for seu nível de idade ou seu nível de comportamento, é sempre um ser inteligente, animado em todos os instantes de seu estado de vigília por sua função simbólica e sua memória.

POR QUE A VITALIDADE DA JUVENTUDE PROVOCA MEDO?

O trabalho que se abre diante de nós desde que tenhamos compreendido o que se passa no inconsciente nos desencorajaria antecipadamente, caso não pensássemos no revezamento das gerações seguintes. Temos a impressão de desembocar em uma antropologia completamente nova: o homem não é tudo o que ele acreditava ser, e a criança não é o que os adultos creem que ela seja. Os adultos reprimem em si a criança, ao passo que visam a que a criança se comporte como eles querem. Esse senso educativo é falso. Ele visa a fazer com que se repita uma sociedade para adultos, isto é, amputada das forças inventivas, criativas, audaciosas e poéticas da infância e da juventude; bloqueiam a renovação das sociedades.

> Espécie singular que, na idade adulta, não quer evoluir por medo da morte e que instintivamente tem medo da vida.

---

[1] Conforme Victor de Aveyron.

Pelo fato de termos medo da morte, nós nos agarramos ao fato de estar vivos unicamente pela conservação do corpo, esse objeto conhecido, ao passo que a vida é muito mais que esse corpo. Esse medo impede a vida. Temos medo de ser mortos, de ser substituídos, de ser ultrapassados, de acabarmos; no entanto, dessa forma, nós nos apequenamos, abafando nossa criança, a criança que fomos e o que ela representa, e que jamais pudemos ser tão completamente por termos aceito renunciar a ela em nós mesmos. Apenas os poucos indivíduos que, em sua história, chegam "a não deixar morrer a criança em si mesmos", conseguem criar alguma coisa e fazer com que as coisas avancem, por meio de saltos, de descobertas, de emoções que eles trazem à sociedade; eles abrem uma janela diferente, uma diferente porta. Mas os mais inventores, os mais inovadores, são isolados, marginalizados, sempre ameaçados de psicose. De resto, podemos ver que há toda uma literatura, todo um discurso sobre loucura e gênio. Finalmente, a sociedade inscreveu no inconsciente, ao menos no subconsciente, a ideia de que o artista é suspeito, e também o pesquisador. Há uma visão patológica da arte e da ciência, quando ela é criativa. As pessoas sempre estão prontas para dizer: "Esse inventor é louco!"

Quão louco e esquizofrênico devia ser Arquimedes! Todo o mundo tomou seu banho, todo o mundo teve a sensação de um braço leve para levantar, ou de um esforço fácil ou difícil de fazer na água... Mas ninguém jamais olhou seu braço como uma coisa que poderia ser um objeto completamente diferente do que algo pertencente a seu corpo e assim ter uma ideia do cálculo da força que seu braço recebia... Para isso, seria preciso que ele pudesse ora sentir seu braço e ora o considerar como um objeto parcial qualquer, que poderia ser o do vizinho. É extraordinário ter descoberto isso! Que imagem de seu corpo teria ele quando estava no banho para ter podido dele se separar a esse ponto? Há milhares de anos as pessoas haviam tido essa experiência e dela jamais haviam nada deduzido. Os corpos flutuam... sim, mas é a medida calculável da massa que é científica. Podemos então pensar que este ser "mutante" deve ter sido negligenciado por sua mãe para de nenhum modo conhecer seu corpo! Para que lhe parecesse igual que seu braço ou sua mão fosse um objeto parcial. Seu cérebro refletia sobre esse corpo no espaço como se estivesse em pedaços. Arquimedes... um caso?

O DUPLO NASCIMENTO

> Para se comunicar com as crianças da primeira idade, gerações de mães acreditaram ser bom imitar a "fala do bebê".

A "fala do bebê" é a não comunicação. Durante a primeira idade, as mães têm a tendência de ter em relação aos bebês a mesma linguagem que as pessoas reservam para os animais de estimação: fala-se do animal de estimação, não se fala com ele. Há mais, porém. Algumas pessoas falam mais facilmente com um cão ou com um gato do que com uma criança. Penso que isso se deva ao fato de que, para nos estruturarmos como adultos, somos obrigados a reprimir tudo aquilo que é próprio da infância. Ser fascinados por um passado completamente caduco para nós seria como falar com o fantasma de nós mesmos. Então nos abstemos de fazê-lo. Recusamo-nos a falar com nossos bebês e, entretanto, vendo-os, nós nos identificamos com nossa mãe quando éramos bebês. É o que os pais espontaneamente fazem; eles se identificam com seus próprios pais, ao mesmo tempo em que se identificam com o bebê. São uma relação narcísica com si mesmos em um bebê "imaginado", em vez de serem uma relação com esse bebê na realidade. E essa relação com eles próprios, eles a objetivam ao ter uma relação com um outro adulto, com quem eles falam da criança sem falar com ele próprio.

O que acontece quando evocamos nossa infância?

Ouvimos frequentemente as pessoas falarem de si mesmas, dizendo, por exemplo: "Minha cara jovem, você vai parar de fumar"... Ou então: "Eu disse a mim: o que é que vou fazer nesta situação?" Há muitas pessoas que falam de si mesmas como se fossem outra pessoa; é mais raro que se fale de si dizendo "ele", mas isso também acontece.

Certa vez, tivemos alguém no jantar; nós lhe oferecemos que repetisse um prato, e ele nos respondeu (era um artista): "Não, ele já comeu o bastante... Não quero que ele repita". Não era uma brincadeira. Para ele, era um meio eficaz de não comer demasiadamente.

> Os homens públicos são tentados a falar de si mesmos na terceira pessoa, de modo que sua popularidade entre na legenda. Tal era de Gaulle, que assim falava de si: "De Gaulle se deve à França...". Escritores célebres até inventam pseudônimos (Gary-Ajar) que lhes permitem mais facilmente falar de si como sendo outra pessoa. Quando se fala de si no passado, seria de fato mais sadio falar disso como se fosse um outro... falar disso na terceira pessoa.

Se eu digo: "Quando era criança, eu fazia bobagens", ou "Quando eu era criança, meus pais me achavam muito vivo no meio de outras crianças...", estou falando de mim no passado, não se trata do eu de agora. Não se pode falar no presente de si no passado. Não chegamos a falar no presente com a criança, pois falaríamos a uma criança que está em nós no imperfeito. É por isso que se pode falar com um cão, porque temos um presente que é mudo e que consideramos como um animal doméstico que nos pertence, que está a nosso serviço como nosso corpo está a nosso serviço. E falamos ao animal doméstico... "Você não está contente..." como a uma parte de nós que não estaria contente. Mas, à criança com a qual nós nos identificamos no passado, temos dificuldade de falar "de verdade": considerando-a tão inteligente quanto nós, e frequentemente melhor. Não podemos admitir isso. Sempre essa confusão entre valor e força, falta de experiência e idiotice, razão e poder de intimidação.

Quando saímos de uma análise, restabelecemos a relação exata entre o eu presente e o eu infantil, a boa distância.

É mais que uma distância. Por nós mesmos, presentes e ainda mais passados, não nos interessamos de modo nenhum. É principalmente isso que, a meu ver, foi o principal dos resultados de minha análise: meu passado não me interessa de nenhum modo naquilo que eu dele ressentia. É como fotografias: de tempos em tempos pensa-se nisso... em família. Mas por si mesmo... é coisa morta. Não é "ressuscitável", a não ser que haja outras pessoas ao redor, como testemunhas diante das quais se viveu tal coisa. Tornou-se uma coisa "histórica". Acontece alguma vez que você encontre uma pessoa da família que fala de quando você era criança, e que lhe diz: "Mas você tinha o ar de pensar, quando as pessoas estavam juntas, você ficava de olhos esbugalhados... Você se calava, e diziam: Mas o que é que ela está pensando em sua cabecinha etc.". Não tenho nenhuma lembrança de estar pensando alguma coisa, mas, como as pessoas me contam, estou com elas, conforme dizem, como testemunha de mim, criança, e admito que eu devia ser como essa menina que as fotos mostram. Para mim, são pequenos traços de lembranças alegres. Pode ser que algumas pessoas guardem minhas expressões de lembranças mais sofredoras. Quanto a mim, não. Em todo caso, não me lembro da alegria; tenho apenas a lembrança de ter sido testemunha próxima de um momento de vida; uma pessoa, que devia ser eu, estava alegre. Por outro lado, o perfume da primavera, o despertar da natureza durante as férias de Páscoa, que eram passadas no campo... algumas tempestades de Paris no mês de abril... Lembro-me disso com uma sensação muito precisa: a alegre surpresa que isso pudesse existir. Está da mesma forma ligado com aquilo que sou agora, e isso, por momentos, me desperta. Se for a unidade reencontrada entre a criança e o adulto que estão em si mesmos, esse momento talvez se viva de fato no presente. Na serenidade da reconciliação com si mesmo. Quando dizemos que procuramos uma unidade, creio que seja essa. Não é preciso confundi-la com a que as pessoas creem ter tido na vida fetal, com sua mãe. Ilusão. Ela jamais existiu. Jamais tiveram a fusão com sua mãe: o óvulo, com seus envolvimentos no ventre de uma mulher, não é a unidade, e ele aí não teve unidade de percepção; ele teve contaminação química e física, sem dúvida: o calor da mãe se torna o calor do feto; a vida da mãe, a vida do feto; o açúcar no sangue da mãe alimenta o sangue do feto; trata-se de comunicação fisiológica, percepções auditivas que são as do exterior, em parte as da voz da mãe, mas jamais houve aí uma fusão... a unidade que por assim dizer se busca com a mãe, não creio que seja com a mãe. Minhas lembranças me levam com emoção a sensações que são de ordem respiratória e de ordem olfativa, e que estão ligadas ao cósmico. Eu me pergunto se não é a verdadeira personalidade que foi destacada da história relacional com a mãe e o pai. Nesse momento liberta-se a sensibilidade particular que se teve na relação com o mundo, despojada, finalmente, de tudo o mais. Tenho lembranças associadas a outras pessoas. Como não sou filha única (sou a quarta de sete), havia outras pessoas a meu redor. Mas eu, o que sinto é de fato apenas eu. E as pessoas que estavam lá, talvez, o sentiram, mas isso não era comunicado. Elas não me diziam: "Como me alegro com a primavera...". Sensações que jamais foram ditas e que sem dúvida eram partilhadas. Então, há outras pessoas além de mim que o experimentam em outros momentos da vida atual, quando algo da geografia física, do tempo, me faz experimentar isso novamente... E eu me acho a mesma do que em minha primeira infância nesse momento, experimento sem dúvida uma reminiscência, é como um *flash* sensorial.

Cada um de nós tem algumas pequenas lembranças de seu narcisismo novamente inflado. E é certamente mais frágil se esse ressurgimento for devido ao reencontro e aos dizeres de terceiras pessoas do que se for devido à de um espaço geográfico e de um acontecimento climático ou cósmico. Aí é possível reencontrá-lo de modo semelhante ou quase, ao passo que as pessoas, tais como eram, se perderam.

> No fundo, a condição do ser humano não seria de se libertar das marcas e dos traumatismos da vida fetal, uma vez que somos obrigados a assumir o passado, o que foi vivido pelos ascendentes?

Pelo fato de sermos estruturados por isso, não podemos disso nos libertar. A criança que nasce em 1981 não é a mesma que a de 1913 ou 1908. Não é a mesma criança francesa, sobre a terra da França... Ela tem o passado de seus pais, que não é o mesmo e que a formou como capital pré-sensorial a desenvolver, como uma foto a ser revelada que nela se encontra. E é isso, em sua sensibilidade, que existe no ponto de partida. Não se nasce Cro-Magnon, a memória como cera ainda virgem. De modo nenhum. Todas as lembranças de nossos pais, de nossos ancestrais estão incluídas em nós. Em nosso ser, mesmo que não o saibamos, somos representantes de uma história a partir da qual iremos nos desenvolver.

> Há todo um ciclo de provas a atravessar, antes de poder verdadeiramente expandir, liberar aquilo que cada um tem de único, de específico, isto é, de singular a cada um de nós.

Para compreendê-lo, é preciso fazer a comparação entre alguém que teve um destino contínuo, criado por seus genitores que se tornaram pais tutelares, educadores, e alguém que foi abandonado por seus genitores e dos quais não conheceu jamais o rosto ou a história. Ele foi seu representante e jamais teve palavras ou presença de pessoas que lhe apresentaram o laço que a liga a suas duas linhagens. E é aí que percebemos que ele não foi como um Adão, de fato, embora não tenha conhecido pais. Ele pertence de fato a seu tempo, ainda quando bebê: ele é o resultado de uma história de seus pais, que não pode por ninguém lhe ser dito com palavras. E é isso que ele não pode superar. De onde o drama profundo das crianças abandonadas, até aquelas que foram adotadas. Até nos casos em que se encontra um nome sobre uma tumba, ou o endereço onde esse genitor e essa genitora morreram, não se encontra a história. Se ele encontrar seus genitores tardiamente, eles têm uma história que é estranha à da criança que não foi sua cúmplice, e eles não foram cúmplices de sua história quando ela era pequena. O que pode dizer uma mãe, um pai a seu filho que os encontra quando ele ou ela tem sessenta anos e ele vinte ou trinta anos: "Ah, como você se parece com seu pai (ou com o meu)!" ou "Como você se parece com sua mãe, sua tia, sua avó!"? Ele ou ela vai lhe falar de sua semelhança física com pessoas de sua história, mas ele ou ela não pode dizer nada mais.

> O Édipo das crianças abandonadas não pode de fato se resolver, porque elas continuam prisioneiras de um enigma.

Cada uma dessas crianças é prisioneira de um enigma. Ela resolve certo Édipo que tomou como mentor representativo as pessoas que o criaram. Mas ela está sempre à procura de seus genitores e de seus irmãos. A prova disso é a fantasia que todas as crianças abandonadas ou adotadas têm: a do risco de se tornar por sua vez amante de sua irmã – ou de seu irmão. Isso as induz a procurar uma ligação em regiões distantes daquelas em que nasceram, isto é, onde sua mãe a amamentou. O tabu do incesto pesa sobre elas. Elas têm medo de que, se alguém lhes for simpático, essa pessoa deverá ser seu irmão ou sua irmã. E, para estar seguros de não serem incestuosos, escolhem alguém totalmente estrangeiro em relação a sua região de origem. Portanto, Édipo está aí, escondido em algum lugar.

> Seja qual for a vivência própria do indivíduo, ainda que ele não tenha tido **estresse** pré-natal ou complicações neonatais, toda passagem da vida fetal para a vida aérea é em si um traumatismo, algo como a prova inicial da qual de modo nenhum jamais se refaz: é o luto da placenta, primeira na data de nossas "castrações", separações dolorosas irreversíveis.

É uma separação de uma parte fundante de nosso metabolismo, a perda dos envoltórios amnióticos e da placenta. Só é possível se refazer disso depois de muitas provações e iniciações. E todas essas mutações só serão feitas a partir do modelo do nascimento. Quando se tem a idade que tenho e se conheceu muitas crianças, quando se soube como elas nasceram, o processo de seu parto, de sua aparição no mundo, pode-se dizer que cada vez que elas tiveram uma mutação em sua existência, ela aconteceu do mesmo modo que seu nascimento. Falo de crianças que não foram química ou agressivamente dadas à luz, que tiveram parto espontâneo. Nenhum ser humano nasce da mesma forma. Citarei essa mãe que teve sete ou oito filhos na época em que não se estava sob "monitoring" (agora os partos são absolutamente mecânicos e científicos): "Quanto a mim, sei que tal de meus filhos nasceu de tal modo. Pois bem, ele vai passar a prova dos 11-12 anos do mesmo modo". Muitas outras mães me falaram nos mesmos termos. E, por outro lado, elas se autoimplicavam, dizendo: "Estou ansiosa com a reviravolta que é preciso que ele (ou ela) faça, mas não me inquieto, porque eu também estava ansiosa no momento de seu nascimento e tudo correu bem... com ele (ou ela), fico ansiosa a cada vez que ele vai passar por uma reviravolta em sua vida". Quando estavam diante de uma dificuldade, essas crianças se comportavam do mesmo modo com que haviam negociado a passagem da vida de feto para a de bebê.

Quando vemos indivíduos assumirem decisões importantes, mudanças radicais de vida, com uma espécie de inconsciência ou de tranquilidade, é porque eles provavelmente tiveram um parto mais fácil do que os outros, sem ferimentos, sem dor.

Pertence à condição do homem não poder verdadeiramente expandir sua personalidade a não ser em um segundo nascimento. O Evangelho diz isso. As pessoas acreditam que é um modo místico de falar, ao passo que é, de fato, o processo de humanização, muito simplesmente. O primeiro nascimento é um nascimento mamífero, a passagem de um estado vegetativo para um estado animal, e o segundo nascimento é a passagem do estado de dependência animal para a liberdade humana do sim e do não, um nascimento para o espírito, para a consciência da vida simbólica. Esta seria a mutação que faria desse mamífero superior um ser humano, essa especificidade de ter um duplo nascimento, o risco da morte, seguido pela transfiguração.

O primeiro nascimento nos separa desse mundo de comunicação que nós, adultos, ignoramos e que o feto pode ter. É também o nascimento para a linguagem que se faz com o corte do cordão umbilical. O segundo nascimento, sem o qual não chegaremos de fato a ser nós mesmos, é aquilo que nos faz mergulhar de novo no código anterior com os pais para reencontrar nossa natureza, mas nossa natureza com o elemento da cultura que codificou a linguagem. Essa palavra do Evangelho: "Se não vos tornardes crianças..." se esclarece. Ao mesmo tempo em que vivemos nossa relação com o outro, lógica, referindo-nos ao sentido das palavras, vivemos também sobre um outro registro uma relação à qual não damos atenção, a do domínio do inconsciente, e essa sempre existiu. Mas retemos, na linguagem corrente, apenas aquilo que é lógico, localizável, nos diálogos com as pessoas. Ora, há muito de ilógico entre as pessoas que se comunicam, mas não o sabemos mais. E é preciso renascer para essa aceitação, para essa inteligência do ilógico, frequentemente muito mais dinâmica do que a que é lógica e que existe aí. A linguagem clara traz, quando é espontânea, ao mesmo tempo em que seu dizer manifesto, um dizer latente, a linguagem do inconsciente. Poder-se-ia dizer que o segundo nascimento serve para fazer o verdadeiro luto do primeiro nascimento, enquanto morte em nós do mamífero humano, mas conservando aquilo que existia, transmissível e viva, a comunicação sem palavras. É preciso que o primeiro nascimento seja sentido como uma morte a fim de que haja ressurreição, isto é, mutação em vida diferente: a passagem da placenta orgânica para a placenta aérea. Do ponto de vista respiratório, temos como placenta a atmosfera, que é a mesma placenta aérea para todo o mundo; e do ponto de vista digestivo, estamos sobre a terra da qual tomamos pela boca os elementos nutritivos e à qual devolvemos o inútil pelo ânus e pelo meato urinário. Depois de nossa expulsão do ventre materno, nosso alimento, em vez de ser o sangue que circula, vindo a nós pelo umbigo, e que restituímos da mesma forma à placenta, vem da terra: construímos nosso corpo pelos alimentos que engolimos pela boca. A boca é ao mesmo tempo nosso cordão umbilical – o nariz também – e ao mesmo tempo, por meio dela, gritamos e depois falamos, o que é uma coisa totalmente diferente; expressamos aquilo que sentimos, aquilo que não se podia fazer na vida fetal. Essa é a renovação, pois, quando nos expressamos com o código de linguagem que os outros compreendem, tudo aquilo que não entra nesse código existe entretanto também... mas permanece no inconsciente. Nós nos comunicamos de inconsciente para inconsciente, ainda que exista uma linguagem que, codificada e consciente, nos impede de dizer tudo, e aos outros de tudo ouvir, daquilo que expressamos.

> Com efeito, a adaptação a essa outra vida não acontece por si, mas pode durar a vida inteira de um indivíduo. E de nossa "pesquisa histórica" se deduz que se esteve muito mais atento, ao falar da imaturidade do homem, a seu desenvolvimento intelectual, ligado ao tempo de formação do sistema nervoso central, muito mais que a esse verdadeiro domínio da comunicação, que parece ser a própria condição do desenvolvimento da personalidade. Jamais centramos de fato todas as pesquisas e estudos sobre essa própria condição do ser humano, sempre em curso, de um luto de si mesmo, desde seu nascimento, e ainda durante todo o seu assim chamado tempo de vida.
> Depois de ter acabado com os balbucios atuais sobre aquilo que agora se chama de psicologia pré-natal, neonatal etc., deveríamos centrar um pouco mais a "Lei" essencial em obra nos indivíduos da espécie humana, essa espécie cujos indivíduos, graças a sua memória do passado, têm lembranças e, graças a sua imaginação, antecipam o futuro, o temem ou o esperam.

Creio que é muito importante o ponto de vista trazido pela psicanálise: o corte do cordão umbilical é uma castração no sentido de que é uma separação física do corpo, com a perda de uma parte até aí essencial para a vida do indivíduo, que é sentida como a alternativa fundamental: "Saia de seus envoltórios. Saia! É sua placenta ou a morte. Se você continuar com sua placenta, você morre. Se você deixar sua placenta para trás, você arrisca viver, mas talvez também possa morrer, pois isso depende de sua força para respirar...". Sair do abrigo dos envoltórios não separados do organismo materno, e indissociáveis da placenta. Abandonar a placenta, deixar os envoltórios, isto é, deixar a oxigenação passiva, o passivo nutritivo e ao mesmo tempo a segurança para o corpo inteiro, é de fato sair de um estado vital, o único conhecido; é morrer. Mas é dessa experiência, vivida até seu risco maior, que se abrem de repente os pulmões ao som do primeiro grito, ao mesmo tempo em que se fecha o coração: a criança perde a audição de seu próprio coração e ouve como o ritmo do coração da mãe que brincava com o balanço rápido perdido do coração fetal. Ela não ouve mais dois ritmos que se procuravam, que se casavam. Penso que toda essa vitalidade do mamífero humano se encontra sob a forma da linguagem arcaica nos tam-tams e na música de percussão. Os africanos e os indianos dançam e cantam com o martelar dos tambores durante horas e horas, sem aparentemente se cansar, como que fora do tempo e do espaço, como outrora *in utero*, com a fragmentação dos ritmos que os entretinham em uma vitalidade tensa de contínuo presente. Eles encontram de novo, pela arte dos ritmos, a vitalidade uterina mantida por si mesma, parece, sem nenhum trabalho ou fadiga para o fazer. Mas eles não estão sozinhos. É o grupo inteiro que carrega cada um, como a mãe carrega seu feto.

Seria uma versão nova do paraíso perdido? Uma visão biológica?

Quando se fala de regressão, trata-se da regressão a comportamentos de sua história de corpo e de afetividade. A própria palavra "regressão" implica que haja também progressão e estagnação em relação a um currículo biológico. A regressão quer dizer: retomar meios de expressão, ou meios de sustentação, ou meios de vitalidade de diálogo com o mundo exterior que são arcaicos, para nós, isto é, que foram os de uma história, ou desejados em uma época de nossa história, e ficaram imobilizados naquele momento, sem palavras. E voltar a eles é tomar forças para partir novamente.

A EXPERIÊNCIA DO TEMPO

As crianças da primeira idade não conhecem passado nem futuro. Vivem na eternidade. O que faz com que elas entrem na dimensão do tempo humano?

"Espere", "espere" – palavra essencial para iniciar o bebê no escoamento do tempo no momento de lhe dar a mamadeira, fazendo-o sentir o espaço entre sua demanda e a satisfação da necessidade. O desejo nos faz entrar na dimensão temporal, e vice-versa.

As crianças surdas não tiveram essa primeira experiência da espera da "resposta" à demanda. Não tendo, como as que ouvem, as palavras de temporização, elas não adquiriram o senso da hora. Nas escolas especializadas, de início não se exige a pontualidade dos alunos. Ela não se obtém sem aprendizagem.

Muitos estragos acontecem nas maternidades, a partir do momento em que o recém-nascido é separado de sua mãe. Sua primeira experiência são os lapsos de tempo que se escoam entre os encontros com sua mãe. Sem ela, ele está como que dentro da noite, mergulhado na gritaria dos outros bebês. O desejo de sobrevivência do corpo é saciado, mas não o da sobrevivência do laço simbólico com o pai e a mãe. Os obstáculos são as instituições hospitalares e a arquitetura das maternidades. Por vezes os bebês ficam dois andares acima das parturientes. Se ela não o alimenta, a mãe não vê seu bebê mais que cinco minutos por dia, na hora das visitas. Há esperança de ser ouvido? As jovens enfermeiras, esmagadas pelo tempo da instituição, começam a colocá-la em questão. As crianças que nascem acabam herdando dessa institucionalização de tudo.

Se quisermos cuidar da prevenção, há três momentos cruciais, críticos:
— A separação entre a mãe e o recém-nascido na maternidade.
— A vigilância das crianças em berçários.
— O maternal aos dois anos. No maternal não se levam em conta nem as escolhas do ritmo do desejo nem as escolhas das crianças.

Essas passagens são perceptíveis; podemos ter meios para agir sobre o desenvolvimento da criança nessas situações,[2] sob a condição de facilitar as substituições e principalmente de falar com a criança sobre as razões que obrigam a agir a seu respeito como fazemos e que para elas são penosas, até prejudiciais, mas, no estado atual da sociedade em que ela nasceu, são julgadas inevitáveis porque são soluções necessárias para os pais. Não é "bom", mas é assim. Poderíamos de fato pedir desculpas a esses pequeninos seres, não?

Se o tempo da criança for estruturado demasiadamente cedo pelo desejo da mãe, a criança não pode exprimir sua curiosidade no mundo, mas vive em um ritmo imposto pelas obsessões do adulto e em geral contrário ao dela. Ou ela se submete, ou recusa tudo. Em que dependência certas pessoas tutelares colocam a criança de que se ocupam! Mães e babás não estão conscientes de induzir uma vida que é um contrassenso, um contrarritmo, impondo aos bebês uma espécie de emprego padronizado do tempo: é preciso ir ao jardim, ir passear. Eu pergunto a elas: "A senhora está com vontade de ir ao jardim? – Ah, não. Vou só por causa dela! – É para ter uma boa relação com ela e para que ela seja feliz? Por que desperdiçar o tempo que ela tem em casa se nem a senhora para a senhora mesmo nem ela querem isso? Uma criança que não quer sair é porque está contente de ficar em casa, fazendo coisas agradáveis. Vai-se até o jardim público e se tem apenas o tempo de chegar para voltar de novo. E se vocês parassem no caminho? – Ah, sim. Ela pararia em todas as vitrines". Uma criança de dezoito meses ou de dois anos não "toma apenas ar", mas se interessa por tudo o que acontece ao redor dela. Fale com ela a respeito de tudo o que lhe interessa. Este seria o verdadeiro passeio. Muitas pessoas têm a ideia de que é preciso que a criança vá

---
[2] Cf. *4ª parte*: Prevenção.

fazer bolinhos de areia. Por que o "é preciso"? Acredito que são pessoas que não sabem estar em relação com a criança. Com esse emprego do tempo, o bebê não pode descobrir sua articulação no mundo da sociedade; ele não tem sequer a ocasião de a descobrir e de falar dela principalmente com quem a acompanha.

É interessante ver os desvios das relações mãe-filho na dimensão temporal, no tempo vivido.

O que corresponderia ao ritmo da necessidade e do desejo da criança é completamente contrariado por uma atitude obsessiva do adulto. Costumam impor-lhe um ritmo arbitrário, contrário a seu próprio ritmo.

Atualmente, agravamos ainda mais as coisas no plano escolar, dizendo que uma criança não pode entrar em uma classe se não nasceu no dia 1º de janeiro do ano, ou recusando deixar que uma criança, durante o recreio, escolha colegas de jogo mais jovens ou mais velhos, de outras classes.

É o ritmo de cada um que deveria contar e não a idade civil. As crianças são programadas como máquinas.

A idade afetiva e a dinâmica do desejo da criança deveriam ser o único fundamento das passagens para uma classe superior, da aceitação de crianças grandes no meio de mais novas ou mais velhas, cujo modo de vida lhe conviria melhor se for aceito por aqueles que os procuram.

Olhei com meus irmãos as fotos das classes de que fizemos parte, e nos perguntamos o que nossos colegas haviam se tornado. Os que se adaptavam melhor não ultrapassaram profissionalmente a média honesta, a boa mediocridade. As pessoas que conseguiram se tornar autônomas no decorrer de sua vida adulta haviam se comportado como cânceres ou como marginais dois ou três anos, durante suas classes primárias ou secundárias, em todo caso, alunos bem irregulares quanto ao trabalho e à disciplina. Na época, não faziam com que repetissem o ano, coisa que hoje não é mais possível. Atualmente são eles que são colocados em segregação. O tempo esmaga. Se uma criança não estiver inscrita em uma creche, quase antes de nascer, ela não poderá encontrar aí um lugar. Tudo é feito para não a deixar ser. Não há lugar para ela se não estiver no curso. É a angústia.

As crianças ouvem dizer precocemente: "Não haverá lugar para você. É tarde demais!" E, mais ainda: "Não haverá trabalho para todo mundo. Então, passe brilhantemente em seus exames para não ficar sem profissão!"

Cultivamos a angústia, que se torna a base da educação. Ela está na origem de tantos adolescentes desequilibrados.

É no laço mãe-filho que se origina a noção do tempo positivo para o desenvolvimento de um ser ou do tempo persecutório, como se o tempo fosse uma pessoa. Uma vez que é uma pessoa representativa da sociedade que estava de acordo com o tempo para, como a criança, também ser perseguida por ele.

Ou ficamos completamente ajustados, e o desejo está moribundo. Ou recusamos estar fundidos com esse perseguidor, e estamos impedidos de viver.

Cada um é objeto da necessidade devoradora do tempo, nosso ser inteiro submetido a ele, nos outros, ou uma perda do tempo, rejeitado como não conforme com a medida que os outros – no espaço comum ao de nosso corpo – especificam como "normal".

Em qual estágio de seu desenvolvimento a criança sabe o que é "amanhã"?

Eu o notei na chegada de um recém-nascido (irmão ou irmã) na família: a noção do tempo que escoa, irreversível, é adquirida por ocasião da superação do ciúme provocado por esse nascimento e da instalação do direito do caçula na família.

O mais velho começa por regredir para etapas anteriores de sua relação com o mundo, por vezes com seu corpo, para ser assim tão valente quanto o pequeno. Trata-se de dominar esse perigo de identificação. Quando a criança ouve dizer: "Deixe o bebê com sua mamãe. Você, que é o maior (ou a maior)... vamos fazer coisas mais interessantes", ela pode, sendo maior que o recém-chegado, conservar sua identidade e o nível adquirido de seus diálogos, aceitar ser e vemos em oito dias nascer nela a noção nos verbos do passado e do futuro. Parece-me que os filhos únicos são carentes dessa experiência do tempo. Sem o saber, eles podem não estar em coesão com si mesmos. Continuam prontos para se identificar com o outro do ser amado. É a superação do ciúme que dá ao indivíduo, a partir do interior de si mesmo, um enraizamento em seu ser, em seu tempo e em seu corpo próprios, e não no tempo e no corpo de um outro. Nesse momento, vi aparecer essa consciência do tempo entre as crianças.

Minha filha, que era a última e além disso a única menina dos três, não viu um menor que a ameaçasse de regressão para rivalizar com ele. Ela conservou por mais tempo a noção de se sentir em sua idade como se fosse mais velha, talvez arrastada por seus irmãos mais velhos. Ela não conheceu a provação sofrida de se comparar com um mais novo. Isso talvez tenha sido uma fragilidade. É absolutamente necessário que cada criança supere em si mesma as potencialidades regressivas.

O que a faz sofrer é a nostalgia do passado – sim, já cedo! É também a constatação da impotência em relação ao desejo "de ser grande", de agir "sozinha", como os adultos.

Amar-se a si mesmo mais que amar sua relação com um outro ou a de um outro para com si mesmo. O princípio de realidade vai ao encontro. "Não é se ter sentido valente por ser pequeno. Você não pode voltar para trás". O ontem já passou, o amanhã tarda a vir. É a morte; porém, se for aceita, é a transfiguração. A repetição de uma satisfação do desejo é mortífera, pois o desejo que nunca é repetitivo, mas sempre inventivo, leva a um amor libertador.

Até a idade adulta, a regressão está ligada com a relação com a mãe e com os outros que estão perto da mãe. A criança se identifica com o pai e com a mãe que nela estão introjetados, mais ainda do que com seus pais reais e atuais. É no momento da puberdade, ou mais tarde, que seria necessário abandonar esse modelo interior de pai e de mãe, bem como o desejo que pai e mãe educadores exprimem, e principalmente o prazer a lhes dar por estar apenas mais ancorado sobre o desejo e o prazer de realização de si com e para os outros fora da família. Caso contrário, como chegar à puberdade sem se encontrar entregue a essa liberdade, essa aspiração desmesurada pelo desconhecido do futuro que só pode ser vivido no risco? E, além disso, frustrar seus pais é tão doloroso quanto ser frustrado por eles.

Essa lentidão que vemos nas crianças por ocasião da puberdade provém dessa provação. Da mesma forma que essa devoração de alimento totalmente inútil que observamos em tantos adolescentes. Eles comem como glutões, e não conforme a necessidade de seu corpo. É uma volta à idade em que eram pequenos e em que lhes repetiam: "Coma para crescer". Na idade em que se encontram, é: "Sair para crescer", e não mais "comer". Sair fora da família. Os adolescentes sadios só falam disso: "Eles não querem que eu saia". Objeção dos pais (refrão): "A casa se torna um hotel mobiliado". De fato. É necessário. Os chefes do hotel mobiliado deveriam ficar contentes de ver os adolescentes voltarem, depois de terem se divertido ou se ocupado fora. Os adultos devem se alegrar por serem o cais, o porto.

Frustração dos pais: as crianças não são mais instrumentos de desejo, não trazem mais prazeres. Agora só querem aproveitar. O barco embriagado que parte para a aventura e que volta para o porto. Quanto o porto é demasiado angustiante, os adolescentes praticam fugas.

A fuga é salutar, embora sem experiência o jovem possa correr riscos.

Vi um juiz que estava desolado pelo fato de que a lei colida com o interesse do adolescente que foge, sobe o pretexto da desconfiança, devida aos riscos desconhecidos que o adolescente sem experiência pode correr. Alguém que abriga um fugitivo e lhe oferece um asilo momentâneo é considerado delinquente, caso não o denuncie ao comissariado de polícia de seu domicílio ou à guarda civil. Ele se torna cúmplice da fuga.

Seria salutar a experiência de ser socorrido por um outro adulto, caso a família avisada por esse adulto ou pelo próprio jovem viesse procurá-lo alguns dias mais tarde, mas que isso acontecesse sem pôr a sociedade de sobreaviso... Boa ocasião para os pais saberem que seu filho se asfixia no meio deles. Isso não é uma questão social. Por que penalizar a acolhida de um jovem em fuga?

Dessa forma, temos medo da exploração dos jovens por pessoas perversas, que não é permitido que os adultos acolham adolescentes fugitivos. O "S.O.S. Crianças" foi suprimido pela lei. Esses "cães perdidos sem coleira" tinham, no entanto, um local aonde podiam ir e falar. Os responsáveis puderam deixar-se seduzir por alguns desses jovens, ou então seduzi-los. E depois? É pior ser seduzido pelos pais do que por alguém de fora. Era o filho de Robert Boulin que tinha tomado essa iniciativa. Havia, evidentemente, alguns pré-delinquentes, mas também havia outros que tinham apenas necessidade de escapar 15 dias do círculo familiar asfixiante. E os pais eram avisados: "Seu filho, sua filha está conosco. Isso é melhor do que ficar na rua".

BEBÊ ANIMAL E CRIA DE HOMEM...

O que há de mais comum do que nosso enternecimento diante das crias animais? Principalmente os mamíferos.

Essa espécie de enternecimento diante das crias dos mamíferos provém, sem dúvida, de nosso próprio senso de mamífero que não pode se exprimir de outro modo a não ser pela motricidade quando somos crianças. Isso nos faz remontar antes da época em que havíamos errado ou acertado, quando tínhamos comportamentos desajeitados ao falar – enfim, não falados por nós e falados pelos adultos –, e creio que é por isso que há pessoas que são de modo ultrajante atormentadas por seu corpo, e que para sair disso têm necessidade de beber para voltar à época em que isso era o único meio de relação com outros pois, tendo bebido, intoxicados, eles têm comportamentos que não criticam, até comportamentos animais. É também sem dúvida a razão que motiva sua necessidade animal de companhia.

A absorção de decocções excitantes, de bebidas fortes entre as povoações chamadas de primitivas, assim como nas sociedades modernas, teria como motor secreto e irresistível encontrar de novo a asseguração suposta dos primeiros antropoides, uma abolição da angústia de estar sozinho em um presente insatisfatório entre um passado morto e um futuro ainda não vivo.

A cada vez que se bebe alguma coisa um pouco forte – quente ou fria –, alguma coisa que surpreende nossa temperatura corporal, isso presentifica o estômago e leva à sensação arcaica de plenitude. É justamente uma asseguração do ser humano desde sua mais arcaica relação com o outro.

Analisemos nossa atitude de êxtase diante do bebê animal. Não a substituímos inconscientemente pela cria do homem?

Isso não é estruturante para aquele que é o objeto desse desejo viajante. Muitas mães empregam em relação aos bebês uma linguagem erotofílica: elas têm prazer, elas bestificam como o fazem ao acariciar crias animais. É uma relação da fase oral; um age, o outro padece; não é uma relação de sujeito para sujeito; é uma relação de si para o outro como objeto. Ela leva à relação de objeto anal, isto é, a um desejo de expulsar o objeto que de início se desejou absorver. Não há mais lugar para a mãe se a criança é objeto totalmente invasor. E ela tende a rejeitá-lo. É a história de Ionesco, "Amedeu" ou "Como se livrar disso?". No início, é tão gentil essa criança que tem seus grandes pés na casa. Como ela é sujeito, ela sente sua posição de objeto como um valor para seus pais que são fatalmente seus modelos porque são adultos: ela é educada a tomar volume, volume... Mas ela não sabe quem ela é; ela é volume e se torna ávida, assim como a mãe é ávida. E chega um momento em que a mãe é invadida:

sentimos que ela não pode fazer mais nada; ela grita quando não a vê, pois quer ser como quando era pequena, tomada nos braços. Ela não pode mais carregá-la porque a criança se tornou demasiadamente pesada. Ela se encontra em uma situação de expansão fálica (fálico quer dizer simbolicamente o valor para sempre inacessível).

> Em vez de Amedeu, podemos recorrer à metáfora do bebê animal que criamos em um apartamento. Houve uma espécie do bebê *alligator* nos Estados Unidos; no início, ele é divertido, dá mordidinhas sem perigo, nós o colocamos em sua banheira, e depois, com sua mandíbula, ele se torna capaz de cortar um dedo. E tornou-se um atravanco quando passou de um metro. Então o jogamos nos esgotos, onde ele se pôs a proliferar. De onde uma caçada ao *alligator* pesadelo. É bem o que acontece em todos os verões em que tantos animais são abandonados. Seus proprietários os tomaram porque eram pequenos. Mas quando se tornam grandes, eles perturbam. A pessoa torna-se responsável pelas depredações e roubos que eles fazem, pelos ruídos, pelos latidos. Então eles são jogados na rua. As pessoas se livram dele em um caminho no campo.

Esse comportamento possessivo consola seu proprietário de muitas frustrações: desloca-se um ser vivo para fora de sua espécie para fazer dele tudo aquilo que se deseja. É o que se faz muito frequentemente com uma criança: nós a deslocamos daquilo que é o espírito próprio de sua espécie, ou mais, de sua idade corporal, que é sua expressão, seus brinquedos, sua comunicação para meninos e meninas de sua idade. O adulto se identifica com aquela que, segundo ele crê, gosta apenas de comer, e ele a empanturra, ao passo que essa criança tem necessidade de uma relação de respeito por sua pessoa e de sujeito como comunicação de desejo; ela está inteiramente na linguagem, entende e compreende tudo, mas não sabe se fazer entender nem compreender. A criança se torna exigente e perseguida se nos separarmos dela a seguir, pois, nessa época feliz e sem conflito ainda de sua pequena infância, ela fazia parte do ser de sua mãe, pois era objeto de seu ter, objeto de seu poder. O pesadelo da criança que tem medo de panteras ou do lobo provém do fato de que uma mãe pantera ou loba nela se desenvolveu, à imagem da mãe, da qual ela sentia, sem o perceber, essa agressão materna, consciente ou solicitante, da qual ela era o tempo todo o objeto na época em que sua relação com o mundo e com sua mãe era de dependência vital.

Como um animal contra seu predador, ela se defende com toda essa intensidade oral e, ao mesmo tempo, toda a intensidade anal do fazer (fazer cocô na cama, e se ele não estiver aí pela manhã, em sua calça durante o dia). Ela fará o que se chama de tolices, isto é, experiências, que são acompanhadas de risos ou de reprimendas, de carinhos ou de gritos, mas que jamais foram moduladas pela linguagem corretamente falada com ela. O que a leva a desviar todos os objetos que ela vê de seu uso. É a criança chamada de mimada, e que na realidade é infeliz, prisioneira da rejeição ou da solicitude dos pais. Ela não tem nenhuma autonomia possível sem se colocar em uma situação de grande risco ou de contínua dependência.

Dizem que uma criança que não conheceu seu pai, ou que não teve sua mãe, é uma criança infeliz e condenada a dificuldades de adaptação. Os que a rodeiam podem fazer alguma coisa muito essencial para uma criança da qual sabem que não conheceu seu pai, com a condição de não a deixase cortar de suas raízes e de lhe falar como a uma criança cuja vida toma origem em um genitor desconhecido talvez, mas válido, pelo único fato de que ele a gerou como menino ou menina. Ninguém veio por si mesmo nem pode dar origem a si mesmo de sua mãe sozinha, pelo fato de ela ser a única conhecida. Todo ser humano tem sua dupla origem em duas linhagens. Penso que este seja o problema das crianças adotadas, assim como, por outro lado, de crianças de nosso próprio sangue.

Se, já na primeira idade, durante a gravidez, ela for desprezada por ter sido concebida, e depois desprezada por ocasião de seu nascimento, sejam quais forem as razões (dificuldade do parto, sexo não desejado), a criança pode conservar disso – principalmente se isso não lhe foi dito em palavras – que a significação de seu ser é dor, desprezo, tristeza. Creio que nesse caso é como se ela devesse provocar sua mãe, que a cria e que é por vezes sua genitora, a renegá-la por sua primeira mãe, por seu primeiro pai, por seu primeiro tempo. Penso que um ser humano tem necessidade de estar ligado a sua origem encarnada, a esse momento que chamamos de cena primitiva, isto é, a cena concepcional, procriativa, e de estar ligada a ela para mostrar a alegria desse momento ou sua reabilitação por aquele que lhe fala, aceitando-a em sua presença atual caso essa concepção tenha sido, para sua genitora, problemática. Esse momento em que três desejos encontrados deram origem à vida autêntica deste ser humano que é amado hoje; o amor não pode cortá-lo daquilo que foi o início de seu ser no mundo, esperado já ou desprezado em relação ao que agora é amado. Penso que é esta continuidade desde o germe que faz o positivo de um ser humano. Se ele não foi criado por seus pais genitores, mas por parentes ou pais adotivos, estes devem lhe dizer: "Bendita seja sua mãe e bendito seja seu pai, pelos quais tenho a felicidade de amar você hoje" ou: "Que gratidão tenho por seu pai e sua mãe!" Isso é amar um ser humano vivo, filho ou filha de homem e de mulher que se desejaram para gerá-lo. "Hoje eu amo em você, que representa aqui e agora duas histórias cruzadas, alguém que é válido, rebento de duas famílias, destinado a criar e talvez prolongá-las". Penso que é isso que significa para uma criança o sentido de sua vida por meio da relação de palavra que estrutura um narcisismo sadio.

Os direitos do Homem expressam uma regra que é totalmente cortada do contexto afetivo inconsciente e dinâmico, para além do corpo material. Se dissermos: "Em nome do direito do indivíduo, eu respeito você", isso não quer dizer nada. São apenas palavras, palavras vazias de sentido. Isso deve sair do interior. Uma convicção interior do adulto que a exprime. Isso talvez esteja ligado com o que os matemáticos dizem de outra forma: é que tudo se organiza em torno do menor pequeno ponto; este lápis é o centro do mundo, tudo é o centro do mundo. Todos os nossos lugares de centro convergem para o mesmo ponto: o centro daquele que fala a um outro está no centro desse interlocutor que está no centro de seus filhos, de sua esposa, daqueles que ele ama e todo ser humano coincide em uma espécie de origem comum. Creio que é por isso que o deus único de nossa civilização tem esse sentido. Esse deus único, não importa o lugar em que o coloquemos, ao passo que ele está ali, no centro de cada um, no mesmo ponto para cada um. Ainda não dizemos isso a respeito dele. Já o dissemos do Sol: a Terra era o centro do universo, depois do que, foi descoberto que o Sol é que era o centro. Agora sabemos que ele o é apenas de uma muito pequena parte deste universo. No plano da metáfora afetiva e espiritual dos seres humanos, há essa mesma revolução a ser pensada, ou seja, que o *eu* é o mesmo em cada um, e a vida que emana de cada um de nós, sabemos que ela emana do mesmo ponto, este *eu* que está no outro.[3] Creio que isso é a chave da sanidade que nos damos uns aos outros, ou da doença com a qual nos contaminamos. Rejeitar o outro é rejeitar uma parte de si mesmo.

Para não tratar seu interlocutor como objeto, é preciso ter essa consciência de ser portador de um ponto que pode ser também o centro do outro e que o outro, reciprocamente, é também um outro centro idêntico.

Essa consciência está oculta no ser humano por causa de sua sensorialidade individuada no organismo. Na sensorialidade, somos indivíduos separados e não podemos mais viver em um corpo a corpo fusionado, não separados. Mas a comunicação psíquica é possível entre dois seres de corpos separados porque o espírito é o mesmo em todos, e esse espírito é justamente o verbo, isto é, o que deseja comunicando; ele está em lugares artificialmente diferentes, mas é o mesmo. Dizemos: "Meu Deus!" E Meu Deus, o que é? Ele está no centro de nós; não está longe e no exterior. Isso quer dizer que ele está em todo lugar: tudo é centro e nada é sua periferia, ao mesmo tempo em que somos seres separados no espaço de nossos sentidos e todos na periferia uns dos outros.

Nossa sensorialidade, no mais das vezes, comanda as relações entre adultos e crianças. Diante da criança da primeira idade, o adulto se sente alguém que devora por prazer os olhos, as orelhas, o contato de pele. Mas é com si mesmo talvez que ele toma contato para se reconciliar com uma parte dele totalmente esquecida ou muito reprimida. E depois, quando a criança cresce e o perturba, porque se torna invasora, o adulto, um belo dia, rejeita esse tipo de erotismo cujo desejo ele provocou, prolongando a alegria com sua criança. É a inconsciência humana.

Essa dialética da absorção e da expulsão, da monopolização e da rejeição é talvez uma relação com a vida e a morte.

---

[3] E não o *eu* gramatical.

"Você me dá a vida, eu incubo você, e depois de um momento, eu rejeito você porque você me perturba a vida; você me dá a morte, você me usa, você me cansa, você me mata". Frequentemente ouvimos mães dizerem de seu filho: "Ele me mata!" Existe a referência à morte associada ao viver de seu filho. Pouco tempo antes, ele ouvia sua própria mãe dizer: "Ele é minha vida; sem ele, não posso viver; não, não, não posso me separar dele". Comportamento de mamífero. Quando seu filho é pequeno, ele é incapaz de sobreviver sem elas. Desse modo, vemos mamíferos enfrentarem o fogo para salvar sua cria, com risco de morte; e depois há um momento em que o ignoram, o momento em que ele se torna capaz de sobreviver, de encontrar seu alimento, de se autodefender dos outros e principalmente quando ele se torna maduro do ponto de vista genital. No adulto humano isso acontece muito mais tarde do que no animal. Isso porque, no homem, há sempre, em alguma coisa, confusão entre desejo e necessidades. O adulto – em todo caso o adulto mãe – continua, para além do parto, uma gestação simbólica; a partir do momento em que ela tem um bebê, seja ela ama ou genitora, ela é tão responsável por esse bebê quanto por sua própria conservação; quando ela é a ama, ela tem necessidade da criança para lhe dar de mamar, e se a criança não mama mais nela, é preciso frequentemente que ela tire leite de si mesma pois ele não para de correr imediatamente. Os homens são como pais que se alimentariam por meio da doação de seu próprio alimento, seu ter, seu saber, seu poder, para seu filho, como para si mesmos, de um modo totalmente narcísico: eles aparentemente têm necessidade dessa criança, mas é um desejo até o momento em que essa criança se torna grande e forte – um pouco como na peça de Ionesco, "Amedeu" – e não se sabe mais como dela se desembaraçar caso seu próprio desejo não a lançar para fora de sua família de origem. Então ela invade tudo, e gostaríamos de abandoná-la. Demasiado tarde, pois a criança, que era cuidada quando pequena, ao tornar-se gigante, transforma-se em tirana doméstica.

Existe um fundamento biológico para as más relações pervertidas entre adultos e crianças?

Sim, um fundamento biológico, que é a confusão entre desejo e necessidade. Na origem ela está na criança: se lhe falarmos, a palavra que estabelece um laço a distância com o adulto (a linguagem verbal, a sonoridade verbal) substituirá essa plenitude física de que ela tem necessidade de modo repetitivo, mas não constante. É um desejo constante quando está desperto. É o desejo de comunicação. Essa comunicação, para ser sentida, deve ser caracterizada por variações de percepções. Se ela for contínua, de modalidade constante, a criança não a sente mais; é um clima emocional ou um banho contínuo de palavras que, se for monótono, rapidamente não quererá dizer mais nada. O que é repetido perde sentido para o desejo. A variação sutil, sensorial, ideativa, faz viver o coração e o espírito do ser humano. E o desejo é, o tempo todo, uma busca de novidade; creio que isso vem biologicamente de nosso encéfalo imenso, que antecipa nosso agir pela imaginação referida à memória, lembrança das percepções recebidas. A função simbólica estabelece entre nossas percepções um senso de encontros que, por sua vez, criam relações. O ser humano criança é impotente para agir, mas não muito tempo para perceber; ele morreria fisicamente se não tivesse o adulto indo até ele e agindo a favor de sua sobrevivência. Ele é, portanto, o centro de tudo o que vem até ele, para manter sua vida. E essa vida que amadurece progressivamente, naquele momento, foi informada do modo de ser em relação a ele para agir do mesmo modo em relação ao outro. A relação devoradora com sua ama lhe faz compreender a atividade de seu corpo como individuada em relação ao outro à medida que a ama se afasta, que ele sofre com sua falta, e que ela volta até ele. Ao se desenvolver, a criança também quer ir ao corpo ausente do outro, para dar ou para tomar, e é nesse momento que a simbólica lhe permite dar e tomar palavras e conservá-las consigo como representantes do outro em sua atividade criativa imaginária, que por sua vez funciona em relação aos materiais que o cosmo ou que a indústria humana lhe dão para manipular. E, para que haja essa variação emocional na manifestação da afetividade, como na comunicação pela linguagem falada, é necessário que a relação da criança com o adulto tutelar não seja dual, mas triangular, que ela seja testemunha de que o ser desejado, indispensável para sua sobrevivência, é amado e desejado por um outro, que se torna então modelo relacional humano. A linguagem que eles empregam é para a criança uma descoberta que codifica as variações de suas relações de necessidades e de desejos deles. É assim, por meio do outro, que o ser humano criança é estimulado – se esse outro for mais desenvolvido que ele – a se desenvolver para adquirir suas características, que ele constata terem valor em seu ser escolhido. É preferível também que haja certo número de costumes e de comportamentos do grupo das crianças que favoreçam essas tomadas de consciência. Para evitar que tudo se torne monótono, contínuo e pletórico, certos tipos de sociedade inventaram soluções que não são forçosamente aplicáveis, transferíveis para hoje, mas que podem resolver justamente certas buscas de equilíbrio. Por exemplo, repartir os diálogos com os outros membros da família, ou com os vizinhos.

"VOCÊ ME DÁ"

Em uma das duas escolas maternais de Besançon, em que Montagner filmou as crianças que têm entre dois e três anos, três e quatro anos, fiquei interessada por um gesto de um dos meninos que tinha na mão um caminhão. Uma das ajudantes estava tirando as calcinhas de um menino que se sujara; o menino havia se abaixado para a frente; ela limpava seu bumbum. O menino com o caminhão, de início não interessado na cena, aproximava-se dessa lua fendida do bebê (do qual só se via o bumbum pois ele estava inclinado para a frente) e estendia seu caminhão a esse traseiro nu. A ajudante não percebia nada. Acredito até que ninguém havia notado essa pequena sequência do filme antes de mim, pois quando, depois da apresentação do filme, falei dela, não tive nenhum eco a minha observação e infelizmente não tivemos a possibilidade de rever e discutir novamente esse filme com o professor Montagner e suas colaboradoras depois do congresso em que, como sempre, tudo corre demasiadamente rápido. Ora, no decorrer desse filme de observação de uma classe de maternal, descobria-se e provava-se a justeza daquilo que Montagner chama de, creio, "um *pattern* dominante que provoca o dom". Trata-se de uma postura, muda de palavras (ou falada, pois isso não muda nada), que suscita inevitavelmente o dom do objeto que uma criança segura e, seja o que façam ou digam, fora desse gesto particular, a criança recusa soltar ou dar. Basta que o pleiteador incline sua cabeça sobre um de seus ombros, fazendo assim mudar de vertical para horizontal o eixo de seu rosto, e imediatamente a criança lhe estende o objeto precioso que não queria soltar, como se não pudesse resistir ao impulso de dar. Esse gesto que provoca o dom, foi sabiamente denominado pelo professor Montagner de "*pattern* que provoca o dom". Na sequência que observei, vendo que seu gesto não recebia nenhum eco, como que desapontada, a criança apertou seu caminhão contra si, entre seus braços, e se afastou dali.

O que essa pequena sequência queria dizer? O que acontecera para que o espetáculo do traseiro de um menino de sua idade desencadeasse o gesto do dom, exatamente como se, diante dele, um outro menino (ou um adulto) qualquer tivesse inclinado sua cabeça, essa mímica em aparência inconscientemente codificada (?) de súplica eficaz, impossível de evitar?

Refleti e disse a mim mesma: quando uma mãe muda as fraldas de seu bebê que está deitado, para limpar seu traseiro, ela inclina a cabeça sobre o ombro, e com sua mão ativa, enquanto o bebê está estendido sobre uma mesa, ou até se está em seus joelhos, ela por vezes levanta seu traseiro, mantendo os pés com sua mão passiva, e inclina a cabeça para ver bem o que ela faz com a outra mão. Como é uma coisa repetitiva, o bebê associa sem dúvida o fato de ver a mãe com a cabeça inclinada no momento em que ele "deu" cocô para a mamãe que toma o cocô (e dá cuidados de limpeza).

Quando um visitante entra em um centro de deficientes, estes vêm até ele, inclinando a cabeça de lado. Torcicolo congênito ou atitude para receber o dom? Eles esperam alguma coisa. É um pedido mudo: "Dê-me alguma coisa".

Pedimos que a criança fale com seu rosto, mas todo o seu corpo e todos os seus funcionamentos podem ser falantes e por vezes eloquentes.

ALIMENTAR O DESEJO...

> Em certos laboratórios de psicobiologia da criança, os chefes de pesquisa começam a afirmar que no bebê humano a necessidade de afetividade precede a da nutrição, ao passo que até o presente tínhamos mais a tendência de dizer: é em torno do ato nutricional que se tece e se amarra a ligação da criança.

Este era o discurso costumeiro. Mas creio que é o contrário: a criança vive mais de palavras e do desejo que temos de comunicar com o sujeito que ela é do que de cuidados físicos – tendo, sem dúvida, assegurado o mínimo vital. Tudo aquilo que era colocado antes – a higiene, a dietética – tem seu valor em relação ao organismo, mas vale apenas em segundo lugar! O corpo a corpo adquire sentido no coração a coração.

É a disponibilidade do adulto para entrar em contato verbal e afetivo com a criança que é primordial. Ao contrário das campanhas que eram feitas sobre as boas amas, reconhecemos a boa ama não tanto por sua lactação, mas por seu poder de comunicação. A voz da ama ou do amor é um fator muito importante. Somos canhotos ou destros de voz conforme nosso ouvido diretriz. Podemos ter um olho destro, um ouvido canhoto, ao mesmo tempo sendo, por exemplo, destro de mão. É muito importante para a escrita: os canhotos que são destros de olhos são desencorajados da escolaridade. Desde o início. Porque uma criança pequena não pode agir se a coisa não estiver muito perto de seu rosto. É como se o rosto dela fosse uma metade e que tudo aquilo que ela faz fosse a outra metade... Uma criança canhota de mão, mas destra de olho e que não é míope, vê a três quilômetros, mas nada pode fazer com suas mãos à distância de seu rosto. A escrita é um suplício para uma criança cuja garganta é submetida a uma forte tensão muscular. Em troca, se ela for canhota de olho e canhota de mão, tudo caminha bem porque seu olho diretor e sua mão diretriz caminham juntos. Canhota de olho e destra de mão, é menos grave. Porque o canhoto de olho inclina a cabeça. Isso é, da mesma forma, desconfortável.

Com dez anos, isso não tem mais nenhuma importância, porque nessa idade a criança não tem mais necessidade de escrever muito perto de seu olho.

Um cantor que tem uma orelha canhota tem uma voz canhota (porque temos a voz de nossa orelha); atualmente, os aparelhos de gravação compensam, mas em audição pública, esses canhotos de voz são insuportáveis, seja qual for a qualidade do timbre de sua voz. Eles só podem cantar em corais; não são apreciados como solistas, ao passo que o estudo científico de sua voz revela que possuem um órgão magnífico.

Há crianças a quem se dá uma ama canhota de voz e que, por causa disso, se tornam surdas para tudo, porque ouvir lhes é desagradável. A escolha da babá não pode de fato ser fundada apenas sobre a lateralidade da ama. Outros fatores entram em jogo e podem compensar.

Desde que nos interroguemos sobre esses fatores, no entanto, percebemos que há uma multidão de elementos que escapam, e os pesquisadores podem chegar a circunscrevê-los, sem que por outro lado possamos eliminá-los, e sem que possamos ser normativos. A criatividade do ser humano provém de seus desejos reprimidos em um clima afetivo suficientemente gratificante para que ele possa sublimá-los como aqueles que o cercam. Um Estado que decidisse separar uma mãe natural de seu filho porque ela teria uma voz contrária, seria o "Melhor dos Mundos",[4] ou seja, um contrassenso da humanidade autêntica. É justamente sobre o que lhe vai faltar com essa mãe que a criança irá construir sua diferença, e não a do vizinho. Acredito que quanto mais diferença houver entre os seres, mais o desejo contrariado será criativo.

Com as aquisições e os dados da ciência, é preciso cuidado para não querer criar condições ideais, mas há certa atitude com as crianças, e principalmente uma atitude verbal, que permite mostrar essas diferenças, essas faltas, e que justifica e humaniza o sofrimento por aquilo que falta, o sofrimento de não ver seu desejo satisfeito. Justificamos o desejo, mas não o satisfazemos. Não satisfazendo um desejo, mas justificando-o (por exemplo, vemos isso nos pais que se creem obrigados a dar tudo o que seu filho pede,[5] reclama, e até exige – se ele conseguiu isso por capricho; eles percebem que chegam a uma situação sem saída: a criança sempre está descontente). Se o adulto considerar um pedido como algo que deva ser satisfeito, é como se, para ele, isso fosse uma necessidade: a criança vai considerar que ela não está justificada por seu desejo, o que é, ao contrário, o caso quando esse pedido é falado, urgido ou declarado como não satisfatório. Não há outras soluções, a não ser falar com a criança a respeito de seu desejo, sob o pretexto de seu pedido reconhecido, justificando-a por ter esse desejo, gostando que ela deseje isso, falando e detalhando o objeto ambicionado por ela, mas recusando a satisfação de seu corpo, a consumação ou a fruição física. Podemos falar de todo o desejo, representar o objeto etc. É a Introdução à cultura. Toda a cultura é o produto do deslocamento do objeto do desejo ou da própria pulsão sobre um outro objeto, este último servindo à comunicação entre sujeitos de linguagem.

... MAS DOMINAR O DESEJO... E PROVIDENCIAR A SUBSTITUIÇÃO

Se o desejo for sempre satisfeito, então teremos a morte do desejo. Dizer-lhe "não" oferece a ocasião de verbalizar em torno do objeto da recusa, com a condição de respeitar o direito da criança de fazer uma cena. "Eu não faço o que você quer, você tem razão... E acho que eu também tenho razão de não fazer isso." Cria-se então uma tensão, mas dessa tensão decorre uma relação verdadeira entre a criança que emite um desejo e o adulto que exprime o seu, contanto que nada falte à criança quanto a suas necessidades vitais. Dois sujeitos que sustentam cada um seu próprio desejo.

Exemplo: o agradável divertimento chamado de "lambe-vitrinas". Seu filho vê um auto em uma vitrine de uma loja de brinquedos. Ele deseja tocá-lo. Em

---
[4] Aldous Huxley, *Sátira da sociedade modernista*.
[5] O pedido é sempre mascarado pelo desejo, mesmo que seja sua metáfora.

vez de entrar na loja, ocupe-o em detalhar a beleza desse brinquedo. Passa-se meia-hora em uma relação muito rica com o adulto. E ele diz: "Bem que eu gostaria de comprá-lo". – "Sim, você tem razão, seria bom se o comprássemos, mas eu não posso comprá-lo. Voltaremos aqui amanhã, e o veremos todos os dias; e todos os dias conversaremos". O benefício é duplo: o fato de falar do desejo justifica o próprio desejo e, ao mesmo tempo, não obriga o pai a satisfazer todos os desejos. Uma criança lança sua escolha sobre um objeto e pede para possuí-lo imediatamente. A única resposta construtiva consiste em verbalizar e comunicar com ela em palavras sobre a sedução que esse objeto exerce sobre ela.

Dizer: "Mas, no meu tempo, não tínhamos isso", é identificar a criança com seu pai quando criança; é sair de seu tempo, de seu espaço e de seu desejo. Ou ainda: "Não pense mais nisso, não é para nós".

Não, não há outra solução, além de dizer: "Você tem razão, esse brinquedo é muito bonito; você o quer, mas eu não posso comprá-lo para você. Se eu lhe pagasse isso, não poderíamos, hoje à tarde, ter carne para o jantar... porque tenho esse tanto de dinheiro e se eu o comprar, não poderei ter o suficiente para outra coisa". Sem dúvida, a criança pode responder: "Mas isso é o mesmo para mim; prefiro ter apenas pão". "Sim, mas para mim não é a mesma coisa." A criança está diante de alguém que tem um desejo e o defende; ele não o faz expressamente para a criança sofrer; ele explica para seu jovem interlocutor que ele exerce sua responsabilidade de adulto, e que sua oposição é apenas o domínio de seu próprio desejo. Há uma hierarquia de desejos que o adulto assume. O conflito entre seu desejo e o da criança deve também ser assumido.

Não é bom que a criança, sob o pretexto de deixá-la expandir-se livremente, jamais encontre resistência; é preciso que ela encontre outros atos de desejo, o dos outros, e correspondendo a outras idades, diferentes da dela. Se cedêssemos tudo para a criança, anularíamos completamente seus poderes criativos que são a busca ardente de satisfazer um desejo nunca satisfeito e que, quando satisfeito, se pelo menos nisso se desvia do objeto e se satisfaz de outro modo.

Paliativos sociais, as ludotecas são lugares em que há muitos brinquedos: os pais fazem um depósito (como para um livro) e a criança tem o direito de emprestar um brinquedo por vez, diferente a cada semana, que ela depois devolve. Ela experimenta o brinquedo, depois o traz de volta e leva outro. Desse modo, ela se constrói sensorialmente e cria imagens de domínio desse brinquedo. Não é o brinquedo novo que interessa as crianças, é fazer funcionar e dominar um brinquedo usado momentaneamente e incorporá-lo a suas fantasias. Acontece com os brinquedos o mesmo que com os livros: o que a criança quer é apropriar-se do conceito, é também fantasiar seu prazer, e encontrar em um outro a aprovação em relação ao valor reconhecido de seu pedido, embora talvez não seja satisfeito atualmente. Negar o próprio desejo como a raposa da fábula salienta a astúcia, uma inteligência não humana, satisfazendo-se animalescamente com sua impotência razoável. "Mas vejamos, seja razoável! Renuncie a seu projeto... Talvez a tal ou tal coisa, mas não a seu próprio desejo". E depois, a união com muitos já é um prazer se pudermos falar junto sobre o inacessível desejado, e se fizermos projetos, e trabalharmos para realizá-los, para resolver os obstáculos que se opõem neste momento e neste lugar para a satisfação do desejo ambicionado.

Desde o tempo em que as crianças humanas desejavam ir até a Lua e ouviam desde o avô até o neto dizerem "é impossível...".

E quantos outros desejos, cuja satisfação impossível aumentou entre os homens a energia para sustentá-lo. Cada geração se sustentou com o trabalho e o saber da geração precedente, que trabalhou para legar o fruto de suas tentativas aparentemente estéreis, de seu trabalho ainda inutilizável para a geração seguinte; o ser humano desempenha de idade em idade sua força e sua inteligência sem fruir a satisfação de atingir o objeto desejado, mas, graças à substituição, como em uma corrida, um dos dois atinge o fim sustentado pela esperança de todos aqueles que o precederam e dos quais tomou a sequência com determinação e coragem. O desejo é criador de homens. Para os homens, desejosos de ultrapassar os limites do possível, o impossível acontece... frequentemente, renovando sua fé em seu desejo e suas esperanças em seu domínio.

CONTRA O PERIGO DE IMITAR O ADULTO

Uma questão que está no centro do debate de nossa época, entre psicólogos, sociólogos, psicossociólogos, etnólogos, médicos, enfim, aqueles que se perguntam sobre a realidade da criança em relação a seu futuro, ao futuro do Homem.
Há uma especificidade da infância? A criança tem uma realidade própria, mesmo que seja transitória, ou a infância é simplesmente uma etapa? Encontramos em todas as disciplinas essa ambiguidade e essa perplexidade para definir a criança.

É uma falsa questão, porque a fronteira psíquica entre infância e idade adulta não é muito determinada. Quem pode se sentir adulto? Sem dúvida, há sinais somáticos: a maturação das gônadas; o término da ossificação; a trajetória de desenvolvimento que podemos colocar em uma curva e que se desenrola no máximo da "força da idade". Desse ponto de vista – crescimento, idade celular etc. –, a criança é um pré-adulto... e o adulto um pré-ancião.

Para manipular a criança, não a respeitamos como um futuro adulto, mas a tratamos como uma não pessoa, como se ela não estivesse nesse futuro.
Os romancistas e poetas que lhe reconhecem um poder mágico contribuem para acreditar nessa legenda de irrealidade, de um mundo à parte, esse angelismo que justifica não considerar as crianças como pessoas inteiras. Pierre Emmanuel escreve: "Preservemos o continente absolutamente maravilhoso e

único e insubstituível da criança". A esse ponto, ele a reduz ao estado de não-pessoa, ao mesmo tempo irreal.

É verdade que as crianças são poetas. O adulto também pode ser poeta, mas esqueceu que criança ele havia sido. Ele perdeu esse sentido. Saint-John Perse é um adulto, mas ele conservou em si o continente da infância, de onde brota a fonte da poesia. A poesia existe sempre de modo subjacente; apenas a educação ou, mais ainda, a instrução, pode esmagar em uma criança as possibilidades poéticas.

A criança pequena imagina – é preciso libertá-la dessa ideia que domina cada um de nós até os quatro/cinco anos – que o adulto é a imagem de si mesma quando ela tiver a força dele. É verdade que a criança quer conquistar o poder desse adulto. Por outro lado, é para isso que ela aprende, conforme o código inteligível para os outros, a língua que falam aqueles que a criam; ela quer se exprimir como esses adultos se exprimem; e se algumas não aprendem bem a língua, é porque elas já possuem seu próprio código de linguagem, que é diferente da linguagem dos adultos. Entre elas, os poetas são aqueles que aceitam a língua veicular, ou seja, a língua de todo o mundo, que permite a uns e outros comunicar com palavras que deveriam dizer outra coisa e, ao mesmo tempo, continuam a falar "a sua árvore", como o herói do "Meu pé de laranja-lima", a seres visíveis ou invisíveis, a seres imaginários que conservam dentro de si. Eles lhes falam por meio de uma língua codificada de modo diferente, que tem, por sua vez, seu eixo sobre a música, sobre imagens, e ao mesmo tempo sobre escansões que, na língua de comunicação, não poderiam servir ao funcional: é uma língua de prazer, e não importa qual, o prazer de criar; o poeta, se não escreve poesia, sofre mortalmente. Ele explode. As pessoas escrevem porque, se não escrevessem, ficariam doentes. Mas, com maior frequência, em vez de desenvolverem sua singularidade, as crianças se veem grandes como os adultos que as rodeiam. A criança carrega os genes desses adultos, mas ela tem de se tornar totalmente diferente deles. E creio que é o que me agrada no modo como entendo a palavra de Jesus de Nazaré: "Deixem vir a *mim* as criancinhas", sendo que o *eu* representa, no momento em que ele fala, o Eu, o Filho de Deus,[6] ou seja, um outro totalmente diferente de cada um dos humanos de hoje, aparentemente seus únicos modelos. Deixem que eles se tornem completamente diferentes de você. É dessa forma que entendo.

É difícil, mas necessário, eliminar da criança essa "ilusão mágica" de que seu pai é o modelo, aquele que sabe e à imitação de quem ela vai se tornar. Mais tarde, o "fazer como papai faz hoje (ou como mamãe)" é substituído por "fazer como os

---

[6] "Antes que Moisés e Abraão tivessem nascido, eu sou... Eu estarei convosco até o fim dos tempos." Estamos em uma civilização que é chamada de era cristã, pelo menos no Ocidente, onde a cultura se esclarece com esses ditos fundadores. Mas caminham contracorrente do desejo possessivo do senhor sobre o escravo, do forte sobre o fraco, do adulto sobre a criança.

outros rapazes (ou moças)"; é a busca de uma identidade admitida pelos outros. Há sempre um movimento de uma alienação inevitável para um parecer de valor. Ela tem de se tornar *ela* em relação a sua origem vital, seu desejo, não para o prazer de qualquer outra pessoa, ainda que seja seu muito venerado pai.

Aí está, penso, a novidade que a psicanálise trouxe como ideia de educação preventiva de perdas de energia do coração e da inteligência. Se levássemos em conta essa aquisição para formar mestres e educadores, eles aprenderiam a preparar uma criança para se tornar aquilo que ela tem de se tornar conforme o que ela vive, o que ela é, o que ela sente, e não somente o que ela ambiciona e que um outro diante dela possui, dizendo-lhe essencialmente: "Você me pede um conselho; vou dá-lo, mas principalmente não o siga se você não o desejar, porque esse conselho tem apenas o valor de um diálogo falado; é a reação de alguém de uma outra geração diante daquilo que questiona você. Você tem necessidade de falar de seu questionamento, e que eu lhe responda, mas não tome o que lhe digo como uma verdade, pois é apenas minha opinião. Como os seres humanos têm necessidade de comunicação, eu lhe digo que suas questões suscitaram reflexão em mim, mas, absolutamente, não siga esse conselho; pergunte a muitas outras pessoas e, graças a isso, você elaborará por si mesmo a resposta para seu questionamento". O importante é que isso seja dito desde que a criança é pequena: não imitar e jamais se submeter ao outro, ainda que adulto, mas encontrar sua própria resposta para aquilo que a questiona. "O que você procura? Vejamos junto como você poderia talvez encontrar... E quando você tiver encontrado, você me dirá o que você encontrou, e como; conversaremos sobre isso." Eis o que deveria ser a educação, o tempo todo. O adulto estaria atento para que a criança escapasse do risco de imitá-lo e de se submeter a seu saber, a seus métodos e a seus limites, ou da oposição de outrem, ainda que prestigioso a seus olhos, e que não acha de valor obedecer a um outro sem crítica, nem que aquele que quer submetê--la encontre valor no fato de ter submetido a criança a sua direção, sem crítica. É extremamente falacioso considerar os seres humanos em período de infância como um mundo à parte. Fechá-las junto dentro de um suposto círculo mágico é esterilizante. O papel do adulto é o de suscitar e de ajudar a criança a se inserir na sociedade da qual ela é um elemento vivo necessário, durante o tempo em que ela ainda está na família. Para apoiar seu desenvolvimento, é preciso considerá-la em seu futuro e mostrar confiança no adulto que ela visa a se tornar. O drama é que, a partir do momento em que cessamos de olhá-la como um pequeno poeta, como uma criança que sonha, que tem seu mundo à parte, fazemos intervir o modelo imposto. "Você é um pré-adulto, mas em relação àquilo que eu próprio sou como adulto". Ao passo que ela é um pré-adulto, de fato, mas de um estilo que ainda não existe, que está para ser inventado, que ela própria deve encontrar.

No mais das vezes, as crianças são, na trágica condição que lhes é feita, mimadas ou submetidas. Balançadas entre esses dois tratamentos que são ambos abusivos: o olhar enternecido sobre seu verde paraíso: "Aproveitem isso assim como nós nos alegramos com a idade de vocês"; ou então o dedo apontado, com as correções de apoio, dirigido para um modelo a imitar. Nas duas atitudes, o conformismo é redutor. Ele oculta a verdade: a criança que vem ao mundo deveria lembrar-nos de que o ser humano é um ser que vem de outros lugares e que cada um nasce para trazer alguma coisa nova ao tempo em que ela vive.

São verdadeiramente dois comportamentos do adulto em relação à criança que são, na aparência, absolutamente antitéticos, mas que constituem, ambos, desvios de menores. A criança ou é fechada ou é explorada; ela é passo a passo sonho de infância, fantasia nostálgica, jardim para ser admirado e objeto de poder, discípulo submisso, servo zeloso, digno herdeiro...

Creio que é o drama permanente da condição da criança: o ser humano é um ser de desejo no início de sua vida e que é enganado pelo desejo de imitar o pai que, então, fica todo feliz de ser imitado. Em vez de deixá-la que tome aos poucos suas iniciativas e se desenvolva conforme sua própria orientação, segundo seu próprio desejo, o adulto pensa que se ele a submeter a si, sua criança terá mais facilidade e correrá menos riscos. Por que não se inspirar no exemplo da medicina do corpo? Vacinamos, de fato, contra os perigos das doenças; não se poderia, desde cedo, vacinar a criança contra o perigo da imitação e da identificação abusivas?... Ela é obrigada a passar por isso, pelo fato de que é pequena e tem a intuição de "si como grande" e quer, não sendo ninguém, já mimetizar o adulto. A criança não procura cartomantes para saber seu futuro, como os adultos. À pergunta: "Como serei quando for grande?", ela responde: "Serei 'ele' (ou 'ela') e, portanto, sei meu futuro". A criança sabe seu futuro: é o de se tornar como o adulto que ela frequenta, de início com o sexo que ela não sabe ser diferenciado, depois o adulto do mesmo sexo, até o dia em que ele de tal modo a decepciona que então ela não quer mais futuro. E ela se torna mais verdadeira, por outro lado, mas também um perigo em relação à sociedade, pois os pais não a reconhecem se ela não se reconhece neles. Esse é o problema. E também o fato de que as crianças não procurem saber o futuro, e que a morte não é um problema para elas como para o adulto que a teme. A criança, não: ela vive o dia a dia.

Achamos que isso a leva à morte, isso a leva àquilo que se chama de castração, ou seja, a perda de suas possibilidades de viver, uma vez que ela as esgotou ao modo da criança, e dela sairá púbere, e depois se tornará adulta. Mas ela não prevê tudo isso, e é por esse motivo que todas as pessoas que fazem literatura apoiada sobre a psicanálise estão do lado do problema: com efeito, não se trata de descrever os processos inconscientes a partir do exterior, mas de entender o falar e o agir de alguém que os vive a seu modo, diferentemente dos outros.

É dessa forma que vivemos o tempo da infância: alguma coisa não vai, não fazemos nenhum projeto, é no imediato que temos recursos: um irmão mais velho, um pai adotivo, uma árvore, um avião que passa no céu... Balizamos seu caminho, seu domínio, evoluímos inconscientemente no futuro do adulto. E se temos vontade de terminar isso, será sempre a margem que não está distante, ou a árvore à qual vamos rapidamente, ou então iremos a um outro... Faremos dez quilômetros e pararemos. É muito limitado. A criança não procura saber o futuro;

ela o faz, ela cria o futuro. Ela não é prudente. Ela não faz reservas. Ela opera conforme seu desejo, assumindo suas consequências.

Em suas relações com a natureza, seu antropomorfismo não é científico nem poético: é tudo de uma vez. É, sem dúvida, o momento da consciência humana em que as coisas efetivamente não se encontram separadas em disciplinas. Tudo acontece como se fôssemos ao rio para aí recolher areia aurífera e fazer nossa casa com ela, sem dela ter separado as pepitas de ouro. É essa totalidade que encontramos, não na criança-tipo, mas na criança que há em cada ser humano. Isso talvez já fosse um progresso (em todo caso metodológico) de falar apenas de infância... A infância de cada homem, cada mulher. Absolutamente: as Crianças ou a Infância... Fico furiosa quando me surpreendo ao dizer "a Criança", porque por hábito dizemos "a criança", mas essa abstração não existe, esse conceito é falso, isso não quer dizer nada. Para mim, é *uma* criança, tal criança; mas, ao mesmo tempo, *um* adulto e *uma* mulher; *a mulher*, isso não existe. E ainda "as crianças", é perigoso; isso engloba tudo; seria antes preciso dizer "algumas crianças" ou "tal criança". Podemos dizer: os seres humanos no estado de infância. Caso contrário, recaímos na armadilha do não adulto e do pré-adulto, abstrato e, portanto, inexistente.

Podemos comparar a criança a uma árvore que, na primavera, ainda não tem frutos. Ela não reage ao mundo, às intempéries, ao cosmo, como fará quando tiver dado frutos. No estado de infância, cada homem é esse ser portador de potencialidades criativas, mas o ignora ou então, se o imaginar em fantasias, não fará caso delas. Feliz imprevidência, correlativa do amor pela vida, da esperança nela e da confiança em si mesma.

A PASSAGEM DO SER PARA O TER

Com efeito, a maior diferença entre um ser humano no estado adulto e o ser humano no estado de criança, é que no organismo da criança o adulto é potencial, e ela intui seus poderes pelo jogo do desejo. Enquanto o adulto tem a cicatrização de seu estado de infância para sempre perdido para ele. Mais doloroso que uma nostalgia, ele carrega a lembrança penosa de sua impotência para ser hoje o adulto que ele aspirava ser e, ao mesmo tempo, sente sua impotência para fruir mais uma vez ainda o modo de vida da criança: a visão de uma criança que tem confiança em si, ainda não se sabendo impotente ou totalmente confiante na pessoa de seu pai, acentua esse sentimento do "nunca mais". As sortes foram lançadas. Para ele, é o representante de um sonho, bom ou mau, que lhe recorda sua época passada em que ele tinha esperanças e nas quais ele agora não tem mais. Ele se tornou uma realidade e as esperanças de quando era criança, se delas se lembrar, serão demasiado penosas para evocar, dado aquilo que ele se tornou. Creio que é por isso que a criança lhe presentifica uma lembrança penosa, pois ele, tornando-se adulto, não pode mais mudar sua vida.

É provável que até cinco/seis anos, a criança não concebe o adulto que ela será, não o "vê" de forma diferente de seus modelos parentais. Mas depois, até sete/oito anos, ela tem indivíduos que possuem um projeto, mais ou menos consciente, mas que está aí, e que vai se opor ao modelo que lhe propuseram ou lhe impuseram. Isso dá por vezes indivíduos que são um pouco selvagens, não forçosamente em tudo, porque eles podem ser "quebrados", "dobrados", mas penso que o adulto que está neles pode se exprimir muito precocemente. Provavelmente não antes dos cinco anos, mas seguramente antes dos dez anos, desde oito/nove anos.

Em sua primeira idade, a criança carrega o adulto que ela será. Mas não o concebe de modo nenhum como um futuro. Para ela, o adulto que ela vai se tornar, ela o carrega de um modo que não procura saber; ela tem um desejo, mas não procura saber se o realizará ou não.

As crianças revelam nas circunstâncias dramáticas – na familiaridade com a morte, com as coisas maiores – que têm em si uma humanidade total. Há uma determinação, uma força, uma personalidade afirmada nas criancinhas leucêmicas. A aproximação da morte que ameaça seu organismo e a presença do perigo esclarecem não somente uma lucidez sublime diante da doença, mas também uma percepção da vida absolutamente espantosa. E não é a doença que lhes dá essa faculdade. Ela apenas a acentua, a revela, testemunhando o potencial de todo ser desde o início de sua vida. As crianças estão no essencial daquilo que é o ser humano, desde sua concepção e até sua morte: o essencial está aí, caso aconteça de emergir ou não, sejam os outros suas testemunhas ou não, está sempre aí.

Ouvi um órfão com três anos de idade, revoltado, gritar: "Tenho direito de ter minha mãe; se ela morreu, é porque meu pai quis". Era difícil explicar-lhe que seu pai não podia impedir essa morte, mas ele não queria entender. Era preciso um responsável por seu sofrimento. Por que sua mãe não pudera sobreviver? Seja o que for, ouvir essa reflexão de uma criança de três anos leva a pensar que isso não é um acaso, uma inspiração excepcional, mas uma amostra do potencial de todas as crianças do mundo. Há sem dúvida emergências que são talvez mais indicações para os outros do que uma verdadeira estrutura de personalidade. As crianças não estão conscientes do que dizem. É a diferença: o adulto reflete para si; a criança não reflete para si; ela é. O adulto reflete para si porque está de luto por sua infância, e pode descobrir imediatamente como ele era, agora que perdeu esse passado. Ele conservou uma lembrança, consciente ou inconsciente por traços em seu corpo: "Eu estava em uma casa e essa casa foi demolida; estou em uma outra; penso nessa casa demolida". Mas a criança que investe essa casa não se ocupa em saber como ela é e de contar isso; ela investe essa casa e nela vive, nela produz o que ela tem para aí produzir, e não reflete naquilo que representa essa casa para ela nem para os outros. Ela coexiste com essa casa, assim como com seus pais, sem se interrogar sobre eles. Daí nos incumbe essa responsabilidade enorme que é a de educar crianças.

Talvez a passagem para a idade adulta seja a passagem do ser para o ter, quero dizer, entre o ser e o ter. Talvez a criança seja essencialmente feita de ser, e o adulto de ter, por meio do refletir, do levar em conta, do se objetivar. Começamos a possuir um passado, assim como possuímos uma casa. A criança não tem casa: ela está na casa, ou está fora dela. Por ocasião de um primeiro contato, mais de uma criança me abordou nos seguintes termos: "O que é que você possui?" Em nosso papel de psicanalista é o caso de dizer: "Pois bem, vou dizer a você, mas conte-me o que você possui". Discutimos, então, para saber quem vai falar primeiro. E depois elas dizem o que elas possuem: "Tenho um papai, uma mamãe, um irmão, um bebê...", por fim, tudo aquilo que elas têm, como seres relacionados com elas. "Agora, disse eu. E você?" – "O que você quer que eu lhe diga?" – "Você tem um marido?" – "Sim... E se eu não tivesse?" – "Ah, bem... é melhor que você tenha um... Você tem filhos?" – "E se eu não lhe disser?" – "Ah, bem, não é justo, pois eu disse a você..."

É frequentemente dessa forma que se estabelece o diálogo com as crianças, e fico muito espantada pelo fato de que elas jamais "declaram" ter algo além das pessoas com as quais estão em relação. Quando elas escrevem, achando que isso não é muito, elas acrescentam: "Ah, e depois eu tenho um tio, e depois eu tenho aquela senhora que me levava a passear quando eu era pequeno".

As crianças nunca falam de posses materiais; para elas, ter, é ter seres de relação. Quantas estão reduzidas a não ter... mais que uma ou duas pessoas. Penso nessa vigilante de imóveis que levava sua filha e os filhos de vizinhas para nossa Maison Verte[7] e que, um dia, me disse sobre uma menina: "Ela não tem pai". E a criança estava ali, junto de nós. Eu me dirigi à menina: "Você está ouvindo o que a senhora diz? Ela disse que você não tem pai, mas isso não é verdade. Talvez ela não saiba". Logo a seguir, a vigilante retomou: "Mas é verdade, é verdade: ela não tem pai; ele morreu quando sua mãe estava grávida dela; eu o conheci bem". – "Mas se você de fato o conheceu, então ela tem um pai". Então ela contou: "Ele a amava tanto, ele queria que o bebê fosse menina, e já havia comprado uma roupinha para ela, e foi ele que escolheu seu primeiro nome...". Para essa criança, tinham sempre dito que ela não tinha pai, fazendo dela uma hemiplégica simbólica. Essa mulher, sua ama, vigilante, desde seu nascimento, conhecia o pai da criança, mas a criança podia acreditar que não tinha tido um pai! Essa revelação foi uma transformação na vida dessa criança e, por meio dela, uma transformação na vida de sua mãe, uma vida de trabalho consagrada a sua filha: ela passava todo o seu tempo livre na casa do casal que cuidava de sua filha, também ela parecendo uma filhinha, gêmea de sua filha e paralisada na lembrança das circunstâncias da morte acidental de seu muito jovem marido, do qual ela jamais havia falado como de seu pai para sua filha.

---

[7] No XV arrabalde de Paris, uma experiência-piloto de lugar de encontro aberto para crianças acompanhadas de sua mãe e/ou pai, para prepará-las para a creche, para o jardim de infância e para a escola maternal, nos lugares onde são acolhidas crianças pequenas, com a condição de separá-las de seus pais. Ver 4ª parte, o capítulo sobre Prevenção.

Capítulo 5
O drama dos primeiros oito dias

MEDICINA E PSICOLOGIA PRÉ-NATAIS

As novas técnicas de pesquisa pré-natal são uma arma de dois gumes. Devemos temer que os médicos se sirvam delas para aumentar seu saber e ter todo o poder sobre o feto, e que o privem de uma relação única e insubstituível com a mãe que o carrega e que o escuta. Tomemos o exemplo da ecografia; ela permite saber aos quatro meses se o feto é masculino ou feminino. Isso não autoriza o médico a se fazer de pitonisa diante da mulher grávida. Tomo do dossiê dois casos precisos de mães que disseram aos ginecólogos: "Silêncio! Não quero saber antes do nascimento se meu bebê é menina ou menino". De fato, elas disseram isso. Haviam, no entanto, insistido, dando suas razões de preferir o silêncio. O que elas queriam? "Quero sonhar que esse bebê pertence a si mesmo. Nem seu pai nem eu queremos saber antecipadamente o sexo dele. Por que saber disso antes de seu nascimento? Para programar menino ou menina, ele está dentro de mim: que ele viva como tem necessidade de viver, eu o amo tanto como menino quanto como menina..." Quantos pais já escolheram um nome, de menina ou de menino, antes do nascimento! A criança nasce e dão-lhe um nome diferente. Seu primeiro grito e o primeiro olhar sobre ele fazem com que os nomes previstos não correspondam a essa relação íntima e profunda, pois os nomes vêm do inconsciente, de muito distante. É desejável que o nome nasça desse encontro comovente. Os pais que dão o nome previsto, quase sempre, despojam as crianças do essencial de sua primeira relação. Deveriam dizer aos pais: "Pensem em nomes, mas esperem o momento do primeiro grito de seu bebê. Quando vocês o virem, nesse momento, ele se terá tornado realidade para vocês, e vocês verão que ele fará com que lhe deem o nome que todos vocês três desejam, e que de fato querem para esse bebê, não aquele com o qual sonharam, mas este filho ou filha em sua realidade única e insubstituível para vocês".

No início, o que havia de dinâmico nessa pesquisa pré-natal era a descoberta de malformações. A preocupação médica era perfeitamente sadia. Mas houve um escorregão e usa-se isso para assumir um poder e para fazer exibição de saber. No fundo desse intervencionismo, desse dirigismo médico, há o espectro do eugenismo. É uma tentação para a humanidade.

Outro dia, vi chegar à Maison Verte uma mãe perturbada, apertando contra si um bebê com 15 dias. Era seu primogênito. Ele não dormia mais há oito dias. Olhei-o. Ele parecia muito nervoso. A mãe disse: "Disseram-me para vir à Maison Verte, pois isso me elevaria o moral". E ela me contou então que o pediatra que se ocupava da criança desde o parto lhe impôs que parasse de aleitar o bebê no quarto dia, porque ela tinha no seio uma irritação e ele temia que a criança se infectasse. Ele prescrevera antibióticos sob forma de pomada. Ela o aplicou e ficou curada em dois dias. Havia parado de aleitar o bebê que, depois, se alimentava com a mamadeira. Ela ia bem, mas no terceiro dia o bebê começou a dormir mal. Ela perguntou a seu médico se poderia aleitá-lo ao seio. Resposta: "Eu a proíbo!" Eu, então, pergunto à mãe: "Como vão seus seios?" "Muito bem, isso acabou em 24 horas, e eu teria gostado de alimentar o bebê. Mas ele não dorme mais! Há oito dias passamos as noites em claro." Ela chorava, e seu marido, que a acompanhava, tentava consolá-la. Então eu me dirigi ao bebê: "Você está vendo como sua mãe está triste por não ter podido alimentar você". Depois eu disse a ela: "Mas o médico disse que você poderia colocar o bebê junto de sua pele, mesmo que não haja leite; ele pode ficar até em seu seio". Ela: "A senhora acha? Mas quando eu posso fazer isso?" "Por que não imediatamente?" Ela pôs o bebê contra sua pele, e eis que ele agarrou o seio e mamou, feliz. E ela, radiante, olhava com amor o bebê e seu marido alternadamente. Ela o amamentou completamente. Acreditava não ter mais leite e pensava continuar usando a mamadeira. Algum tempo depois ela foi ver seu médico. E contou-lhe que voltara a alimentá-lo com o seio. Ele lhe respondeu: "Senhora, é espantoso o que a senhora fez... A senhora havia tomado antibióticos!" "Mas havia dez dias já que eu havia parado de tomá-los!" "Sim, mas então, veja, a senhora não poderia nunca mais aleitar esse bebê. A senhora tem a chance de eu aceitar continuar ocupando-me com seu bebê!" Falou de tal forma que a fez ficar com medo. Ela voltou à Maison Verte. Eu a tranquilizei: "Mas veja como esse bebê está feliz. E você também!" "Oh, sim, vai tudo bem, e nós todos dormimos todas as nossas noites." "Por que, quando o leite secar no tempo certo, o bebê não deixará de mamar como qualquer outra criança?" A criança tem agora oito meses. Ela voltou, há oito dias. "E então?" "Pois bem, é espantoso: aos seis meses ele próprio recusou o seio! Mamou uma vez, depois duas, depois, em 15 dias, deixou o aleitamento. Ele está com a mamadeira, e vai muito bem." Revi meu médico e lhe contei. Como sempre, ele não estava contente: "Sim, ele deixou de mamar sozinho, e a senhora ainda tem chance, mas com seis meses. Ora, é preciso deixar o aleitamento aos quatro meses". Eis aí! E se uma mãe quer alimentar durante um ano e puder fazer isso – essa mulher não trabalhava –, por que não? Não. O poder médico havia decidido isso de outra forma. Ela me disse: "Não sei se esse médico terá aprendido alguma coisa. Com quatro meses, ele me dissera que parasse o aleitamento... mas eu ia viajar em férias de verão... Esperei meu retorno... Ele estava furioso... Quanto a mim, estou muito contente e vim à senhora expressar minha gratidão. Olhe, o bebê é soberbo e come um pouco de tudo. E dizer que eu estava caindo em uma verdadeira depressão quando ele me proibira alimentá-lo". E esse mau augúrio que predizia: "A senhora não poderá mais aleitá-lo; isso vai causar complicações". De modo nenhum. Se devemos impor uma parada por dois ou três dias, ou talvez mais, no início do aleitamento, é preciso fazer com que o bebê admita a ausência do seio. Para isso, nós o alimentamos para saciar sua fome com o alimento previsto, e depois a mãe o coloca contra si mesma, explicando-lhe que ela não pode mais aleitá-lo e por quê. Por outro lado, ele não quer mais, nesse caso, por causa de um mau cheiro de pomada que modifica o cheio de sua mãe. É verdade que não é prudente dar a uma criança um leite cheio de antibióticos,[1] mas podemos muito bem parar alguns dias, e depois voltar a dar o seio; porém, se tudo vai bem, se a criança sem mamar no seio e a mãe estiverem de acordo, e a criança dormir bem, por que voltar a dar-lhe o seio? Mas, então, por que suspender a proximidade do bebê com sua mãe, o boca-a-pele necessário entre a criança e sua mãe? Sem estar no seio, ele teria ao menos o cheiro de sua mãe e o contato com ela. Cada díada[2] mãe-filho é diferente, e não é o médico que pode saber alguma coisa a esse respeito. É a mãe que sabe e que sente o que deve fazer. Essa mulher desejava essa intimidade. Nenhuma contraindicação para privá-la definitivamente disso. Uma simples interrupção bastaria, mas assegurando em sua relação a continuidade de tudo aquilo que não seria prejudicial ao filho nem à mãe.

Nas maternidades, o corpo médico ou da enfermagem abusa de seu poder. A história de uma jovem psicóloga do sul da Europa é reveladora. Ela mora no golfo Juan, onde seu marido é horticultor. Eu a conhecera em Paris quando ela fazia seus estudos. Ela me havia contatado e, em Antibes, onde passo minhas férias de verão, ela me telefonou um dia, em tragédia: acabara de dar à luz pela segunda vez, em Antibes, onde há uma boa clínica: "Estou preocupada com meu bebê, porque fui obrigada a parar bruscamente seu aleitamento, ao passo que alimentei o mais velho até seis meses. Isso me priva muito; será que você poderia vir até aqui?" Na clínica, ela me contou que o bebê, uma menina, no quarto dia depois do parto, não quis mais o seio, ao passo que ela tinha boa quantidade de leite e o amamentara desde o segundo dia. Ela me disse: "O que me deixa carente também é que, quando ela mamava no seio, eu a via seis vezes por dia, e agora que ela toma a mamadeira, só tenho direito de vê-la se for visitá-la, e por uma hora e meia; não posso vê-la o resto do tempo; isso é proibido para os bebês que tomam mamadeira". Procuro com ela o que pode ter acontecido: "Você sabe que os bebês são muito sensíveis ao cheiro; não deram a você de presente algum perfume de que ela não teria reconhecido o cheiro?" "Não um perfume, mas tenho esta pomada que o médico me disse para usar no terceiro dia de aleitamento, por precaução, porque eu estava com uma pequena irritação no seio." Digo-lhe então: "Mas sinta... isso tem mau cheiro! E você pôs o bebê no seio usando essa pomada. Talvez seja isso, muito simplesmente! Vá lavar o seio com água e sabonete (o que ela fez). Agora, vamos pedir para ver o bebê". Ela tocou a campainha. Veio uma enfermeira: "Ah!

---

[1] O uso demasiadamente precoce de antibióticos pode acarretar alterações de células muito sensíveis. Por exemplo, criar uma anomalia do caracol do ouvido e provocar surdez. Há muito mais crianças surdas do que outrora. Isso deve-se à absorção de antibióticos.
[2] Termo de André Berge, psicanalista, para definir a relação particular do bebê com sua mãe, principalmente se ele é exclusivamente alimentado no seio da mãe.

Mas senhora, não é a hora". "Mas a senhora (eu) é doutora." "Ah, está bem! Então vou trazer o bebê para vocês, sem dúvida. Desculpem-me." E ela trouxe o bebê. Quando a enfermeira se afastou, a mãe pôs sua filha no seio, e ela bebeu com felicidade. Esse bebê, muito esperto, não queria um cheiro ruim de pomada. E foi isso! Teria sido simples dizer à jovem parturiente: "Você irá usar esta pomada por prudência, mas lave os seios antes de dar de mamar"... A enfermeira voltou para retomar o bebê; e a jovem mãe lhe disse: "Você sabe, ela mamou, e mamou muito bem". "Como? Mas ela acabara de tomar sua mamadeira!" "Ela acabara talvez de tomar sua mamadeira, mas estava muito contente no seio." "Ah, muito bem! Você verá o que o doutor vai lhe dizer... Ele havia proibido que você lhe desse o seio." E, na manhã seguinte, ela me telefonou: "Voltei para casa. Quando o médico passou, pela tarde, e eu lhe expliquei, ele me fez uma cena terrível: 'Então não sou mais eu quem manda aqui; é qualquer um!'" E a mandou embora da clínica. Cinco dias depois do parto, ela teve de retomar os afazeres do lar, e tinha já uma pequena de dois anos e meio. É desumano! Eis o poder médico... abusivo!

Reações de responsáveis tão irresponsáveis como estas mostram, no fundo, como funcionam certas pessoas e instituições de ajuda. Por que isso? Por que a condição da criança é ameaçada sem cessar? Porque o adulto que cuida, em vez de estar a serviço daqueles que são cuidados, deixando que tomem iniciativas toda vez que isso não seja perigoso, projeta seu amor próprio e complexos absolutamente pessoais sobre aquilo que ele crê ser parte de seu poder. Esse pediatra não está aí para ter poder sobre suas clientes e seus bebês, mas para estar a serviço desse novo ser e de sua relação com a mãe, sem dúvida, sem causar dano à saúde deles. Esse médico não sabia que um bebê reconhece sua mãe pelo cheiro? Não reconhecendo o seio, o bebê de Antibes não mamou; então o colocaram na mamadeira, sem levantar a menor questão. Se uma mãe quiser deixar de aleitar seu bebê, é ela que deve saber e querer isso; então o bebê o sabe ao mesmo tempo que ela e põe-se de acordo com o desejo de sua mãe. Se a mãe desejar deixar de aleitá-lo, por si mesmo o seio fica menos cheio ou o leite menos nutritivo; a criança então fica de acordo em deixar de ser aleitada; mas se a mãe sofre por deixar o aleitamento de seu bebê, o bebê sofre também, e agarra-se mais ainda ao seio. E principalmente, se for privado de sua visão, de seu ritmo, de sua voz, do contato com a pele dela. Por que, sob o pretexto de que ele está com a mamadeira, não deve mais ver sua mãe... a não ser que receba visitas e, pior ainda, por cinco minutos e às 13h30? Ou seja, o bebê nunca vê sua mãe na intimidade; ao contrário, sempre com alguém presente. O médico de maternidade não pensa nisso, porque, para ele, o bebê não é realmente a finalidade de seu ato médico. Para ele, a criança não é um ser de desejo e, em primeiro lugar, de relação eletiva com sua mãe e seu pai. A mãe e o recém-nascido estão a serviço da clínica e são objetos do poder de decisão do médico. Sabemos que há maternidades em que as mães não têm o direito de lavar seu recém-nascido. Se elas são primíparas, a monitora lhes ensina a dar o banho com uma boneca de celuloide!

Vemos aparecer três causas do "mal-entendido" fundamental nas relações entre adultos e crianças; nós as encontramos em todas as sociedades humanas. De início, os responsáveis não se preocupam absolutamente pelo desenvolvimento e pela expressão pessoal da criança; eles pensam aplicar uma espécie de norma que lhe foi inculcada por tal ou tal caso importante. A seguir, temos a ignorância, a pseudociência que dirigem. Por fim, o poder médico e o poder institucional, que decidem sobre tudo e substituem o desejo da criança e de sua mãe, desde o parto e até antes... durante a gravidez.

Finalmente, por meio dos exemplos da vida cotidiana, podemos chegar a compreender por que os mesmos erros se repetem. Isso se deve à falta de linguagem, à falta de respeito pelo ser humano que acaba de nascer. Se formos médicos – nunca se dirá o bastante –, estaremos a serviço, no momento do nascimento, da boa relação do bebê com sua mãe, seja qual for essa boa relação: a mãe não quer alimentar no seio... Pois bem, o dever do médico é o de ajudá-la a não alimentá-lo no seio, ainda que o bebê sofra com isso, pois é o desejo dela, e não há razão para que a criança não esteja no desejo de sua mãe; ele esteve dentro dela e dela fez seu sangue durante os nove meses de vida intra uterina, e portanto continua a estar de acordo com o desejo profundo dela; e é o desejo profundo dela que é preciso apoiar, contra ventos e marés. Mas a proximidade do corpo a corpo da criança com sua mãe deverá ser o mais possível favorecido, da mesma forma que o apoio para que a mãe fale com seu bebê e lhe dê, assistida pela puericultora, se ela for primípara, a mamadeira e os cuidados com o corpo do bebê.

Ora, acham que a relação de linguagem é contra o poder tecnológico e a autoridade, porque, a partir do momento em que se estabelece essa comunicação, não pode mais haver essa submissão, essa obediência imediata, essa aparente eficácia daquele que prescreve, do pedagogo. Creio que é por isso que o próprio responsável tem uma atitude de retração em relação a essa abordagem. Para ele, isso significa, de fato, se desarmar, aceitar que a relação de linguagem seja mais importante do que a tecnologia que ele quer impor. A intimidade entre a mãe e o filho escapa ao poder dele.

Aqueles que estão a serviço do parto e das primeiras semanas da vida devem todos aprender desse ser que nunca é igual a um outro; ele é ele mesmo (ou ela) e também sua mãe e seu pai, presente ou ausente. É uma coisa completamente diferente de um outro bebê e de uma outra mãe, um outro pai. É nisso que o indivíduo e que a relação específica de um ser humano com sua mãe e com seu pai, e vice-versa, não devem ser submetidos a teorias, aplicadas a todos da mesma forma. Sem dúvida, cada um tem as mesmas etapas de desenvolvimento a percorrer, mas em ritmos diferentes. O que devemos sustentar é justamente a estruturação lenta da individuação no prazer da linguagem, dos diálogos entre a criança e aqueles que são, por sua vez, seus pais e seus educadores. É a linguagem em primeiro lugar, mas mediatizada pelo corpo a corpo. Há casos em que as primíparas são ansiosas. É preciso que a mãe seja ajudada pouco a pouco na tecnologia dos cuidados e, apoiando sua intuição, a compreender os desejos de sua criança, por meio das reações dela. Quando as mamães se precipitam, depois de oito horas de creche, para devorar seu filho com beijos, ele fica com os olhos brancos, grita, tem medo, não sabe quem está se lançando sobre ele. É preciso explicar às mães: oito horas, para um bebê, é como quatro dias para nós, e ainda muito mais, porque ele tem como percepção residual de sua mãe apenas a percepção de sua olfação e de sua voz. É preciso certo tempo para que ele a reconheça, depois de tê-la encontrado. Uma diretora de creche que quer preparar bem as mães sempre lhes diz: "Atenção, vocês irão ver seu bebê; não se precipitem para abraçá-lo; falem com ele; a ama vai contar para vocês como foi a jornada dele; vistam o bebê, falem gentilmente com ele e depois, em casa, vocês farão a festa... Mas não antes". Esses bebês estão em segurança e não gritam ao reencontrar sua mãe, como é o caso das mamães frustradas e que, sem refletir, ao encontrá-lo, se lançam sobre seu bebê para devorá-lo com beijos. Tão inseguras com sua criança, essas mães cansadas, apressadas, tomam precipitadamente a entrega do pacote sem saudá-la e sem falar com as amas da creche: a criança é uma bagagem entregue.

O que é a relação de linguagem? A voz? O gesto? Ou a linguagem mental?

Para o feto é, de fato, uma linguagem mental; mas para o adulto é difícil saber se se trata de linguagem mental; há um acordo de ser, de prazer de intuição recíproca, que toca o narcisismo do adulto parental e induz a linguagem da criança. Nesse diálogo, é preciso deixar que as mães sigam seu impulso. Não há um modo único. Podemos ou não falar com o *flatus vocis* para a criança que carregamos. É espantoso o resultado. Tive a experiência com meu filho mais velho. Ele nasceu em plena guerra, em 1943. Eu fazia todos os meus movimentos de bicicleta... Não se percebe hoje, no volante de um carro, que a rua Saint-Jacques sobe muito desde o bulevar Saint-Germain. Eu voltava de uma corrida e penava em minha bicicleta. Então, essa criança, esse feto, provavelmente perturbado porque eu também estava fatigada, movia-se, movia-se, embora eu dissesse a mim mesma: "Não vou conseguir pedalar até minha casa. Não aguento mais. E, se andar empurrando essa bicicleta, o caminho vai ficar mais longo ainda!" Nesse dia eu tive a ideia de lhe dizer: "Escute, meu querido, se você se move desse jeito em meu ventre, isso vai ficar ainda mais longo, porque você me perturba para pedalar. Fique tranquilo, logo teremos chegado". Ele imediatamente se imobilizou. Eu lhe havia falado interiormente... Não em voz alta, com meus lábios. Ele parou, eu pude pedalar, pedalar, cheguei a casa e lhe disse: "Pronto, chegamos". E ele começou a fazer uma sarabanda em meu ventre. Ele estava com oito meses. E seu pai, quando eu estava fatigada, à tarde, ficava ao lado e falava com ele. Sabemos agora (mas naquele momento não "se" sabia) que os fetos ouvem mais os sons graves que os agudos. E se eu falava, talvez também quando falava com seu pai, ele continuava a se mexer... E se seu pai lhe dizia: "Agora vamos dormir, é preciso ficar tranquilo; você também vai dormir", ele imediatamente se acalmava.

OS BEBÊS TÊM OUVIDOS

Uma tarde, há vinte anos, quando nossa imensa família era vítima de uma forte ofensiva de cachumba, minha irmã mais jovem, Franny, foi transportada, com seu berço, para o quarto manifestamente sadio que eu dividia com Seymour, meu irmão mais velho. Eu tinha 15 anos e Seymour 17. Pelas duas horas da madrugada, os gritos da recém-chegada me despertaram. Fiquei durante alguns minutos em uma posição perfeitamente neutra, ouvindo essa confusão, até que ouvisse ou sentisse Seymour se mexer na cama vizinha. Nessa época, deixávamos permanentemente uma lâmpada elétrica sobre a mesa, à noite, entre nossas camas, prevendo um caso urgente que, se minhas lembranças forem exatas, nunca aconteceu. Seymour acendeu essa lâmpada e se levantou.

– A mamadeira está em cima do aquecedor. A mamãe me disse – digo a ele.

– Eu dei a mamadeira há pouco – respondeu Seymour –, ela não está com fome. Ele se dirigiu para a biblioteca e passeou lentamente o feixe de sua lâmpada ao longo das prateleiras. Eu me sentei na cama.

– O que você vai fazer? – perguntei.

– Eu disse a mim mesmo que talvez poderia tentar ler alguma coisa para ela – respondeu Seymour, pegando um livro.

– Mas, veja bem, ela tem apenas dez meses! – objetei.

– Sei disso – respondeu Seymour. – Os bebês têm ouvidos, como você sabe; eles têm ouvidos para ouvir.

A história que Seymour, naquela noite, leu para Franny sob a luz incerta de uma lanterna de bolso era uma de suas histórias favoritas, uma história taoísta. Franny jura ainda hoje que se lembra muito claramente da voz de Seymour.

J. D. Salinger
Seymour, Ed. Robert Laffont

Muitas educadoras ficam incrédulas quando lhes falamos a esse respeito; elas podem ainda admitir que o feto seja sensível à voz... Elas leram coisas... disseram-lhes... etc. Mas elas não concebem a linguagem mental.

A linguagem mental é aquilo que a mãe faz espontaneamente e que o bebê percebe, ainda que esta não se dirija a ele, pois é com essa impressão que um feto pode ficar marcado... As preocupações que sua mãe tem, a propósito de qualquer outra pessoa, farão dele um ser que nasce preocupado; ele está em mimetismo com a emoção da mãe.

> Os neurobiólogos sorriem ou dão de ombros. Eles dizem: "Não acredito em telepatia".

Mas a telepatia entre o bebê e a mãe é bem conhecida de todas as mães. Tomemos uma mulher que dorme muito bem. Basta que seu bebê se mexa no berço no quarto vizinho e ela ouve, embora nenhum outro ruído a deixe alerta. É uma coisa que deixa os pais espantados. Muitas mães grávidas falam a seu feto como se ele estivesse no aposento (ora, ele está no aposento, pois está dentro dela). Elas não ousam dizer, mas fazem isso frequentemente. Elas têm razão. Depois de seu nascimento, desde a abertura dos envoltórios, e mais ainda quando saiu inteiramente do corpo de sua mãe, o recém-nascido percebe, e alguns até registram as palavras que ouviram, como um gravador. Tivemos prova disso por psicanálises que permitiram a alguns regredir em sua história até esse ponto. As testemunhas auditivas puderam confirmar a exatidão dessas reminiscências que se manifestam no tratamento psicanalítico.

O SEQUESTRO DAS MATERNIDADES

> A etologia, que estuda o comportamento das diversas espécies animais, colocou em primeiro plano da aprendizagem das crias o fenômeno do apego à ama de leite. Os psicólogos se apoderaram dessa observação e declararam: "Isso deve existir entre os seres humanos, pois isso existe entre os animais".[3]

O apego existe no ser humano enquanto mamífero. Mas o ser humano é diferente, porque sua função simbólica é totalmente diferente do instinto do animal. Basta ver que nenhum animal investe em uma cria que nasceu mal ou está doente. Nunca. Ao passo que os seres humanos investem uma afetividade enorme sobre os filhos deficientes. Não há seleção natural: uma mãe humana não abandona seu filho porque ele nasceu mal; ao contrário, ela continua, muito depois do nascimento, a dar ao filho que passa mal os tesouros do amor que socorre com uma participação infatigável.

---

[3] Cf. debate sobre o apego, René Zazzo, Delachaux et Nestlé.

A adoção existe no animal. Como a ave lavadeira com os ovos de cuco, a incubação ou a maternidade pode se realizar com as crias de outras espécies... até com pássaros artificiais.

A ave fêmea cuidará de uma outra espécie diferente da sua do mesmo modo que seu instinto de maternidade é programado. Mas, se é uma cria defeituosa, ela não a cuidará. Ela se ocupa daqueles que os outros pintinhos rejeitam, mas não alimenta aquele que não é viável. O não viável não é investido pela mãe. É o contrário entre os seres humanos... até entre esses médicos que são de fato no mundo dos seres humanos aqueles que têm por nós funções maternais: um bebê deficiente é ajudado por eles a sobreviver, e têm razão, porque esse bebê deficiente tem uma vida simbólica e é a comunicação interpsíquica, entre os seres humanos, que é mais importante que a harmonia corporal. Infelizmente, pouco a pouco falsificamos a linguagem maternal natural, separando a mãe de seu bebê no momento do parto. É alguma coisa absolutamente patogênica. É o corpo médico que impões às mulheres essa ruptura radical. Enquanto seu feto esteve com elas misturado à sociedade, de repente, se ela dá à luz em um hospital, colocam esse feto arrancado de sua segurança conhecida em uma sociedade de recém-nascidos que gritam ruidosamente, e a mãe, se não o amamentar, nem sequer terá o direito de vê-lo por mais de cinco minutos por dia, e ainda, se o pai ou sua família vier vê-lo. Como se temessem perturbar as enfermeiras, pedindo-lhes que vão buscá--lo. Por que não deixar a criança junto de sua mãe, para que, aconselhada, ela própria cuide da criança? Invocam a questão da segurança: se acontecer alguma coisa, a responsabilidade seria do hospital. Portanto, colocam o recém-nascido nas mãos de pessoas especializadas. A mãe não é informada sobre o que ocorre, e sequer lhe ensinam a enfaixar seu bebê. Fazem-na brincar de lavar e enfaixar um bebê de celuloide e não seu verdadeiro bebê, que é enfaixado por não importa quem. É algo de absolutamente desumano...

Cada bebê recém-nascido não é mais que uma criança da ciência e não mais uma criança de sua mãe durante os dias em que ela permanece na clínica. Há bebês que ficam marcados por isso a vida inteira... marcados por não terem sido acolhidos pelo pai e pela mãe. Os novos obstetras que compreenderam isso permitem que o pai esteja presente na hora do parto. Sem dúvida, não impõem isso, porque um pai que assiste ao parto a contragosto fica angustiado e passa a angústia para sua mulher e seu filho. Quando penso que agora os hospitais substituem esse ato paterno, que é o de ele próprio dar seu nome à criança; ora, em Paris, nunca é o pai que o declara ao cartório; é a enfermeira que pergunta à futura mãe ou à mãe que acaba de dar à luz: "Que nome vocês lhe dão?" e que o declara. Se a mãe não sabe o que dizer, é o agente do hospital que sugere ou decide. O pai não tem nada a fazer. Ele é o terceiro excluído pelo hospital, como se a criança pertencesse à sociedade anônima e ao corpo médico anônimo. É monstruoso! É algo que se deve absolutamente fazer cessar. O ser humano deve ser logo acolhido por seu grupo familiar. A liturgia do batismo, onde a mãe e o pai apresentam verdadeiramente o filho, tinha justamente a finalidade de fazê-lo ser considerado como um ser humano com valor igual a eles próprios. Estou certa disso. Mas isso é absolutamente negado agora, quando as mulheres dão à luz em certos hospitais. Quando uma criança nasce, é capital que seja a mãe que diga quem é seu pai, e o pai que declara a si próprio como responsável pelo filho. Afinal, ele está aí, nasce para a palavra, e para a palavra que é a formulação em um código de linguagem daquilo que a criança sente mas do qual lhe é suprimida a intelecção se não o colocam na linguagem, no código verbal de seus pais, ao passo que ele entende tudo e é deixado nesse corpo que não é imediatamente revestido de afetividade... Ele é como que simbolicamente órfão, ou deixado em estado animal, objeto da administração anônima com plenos poderes.

Atualmente, acumulamos suficientemente conhecimentos e observações para não repetir essas faltas de habilidades, esses erros. Sem dúvida, isso não significa a prevenção de todos os incidentes de percurso, mas pode reduzir as feridas ou tornar reversíveis todas as sequelas dos acidentes que poderão ocorrer.

Tomemos o caso dessas crianças que, no nascimento, são confiadas à Assistência pública. A única maneira de ajudá-las quando estão descompensadas e, justamente de modo somático, não entram na linguagem (o corpo vive, mas elas não estão mais em comunicação, pelo motivo de mudar de pessoas que não conhecem seus pais nem sua história), é fazê-las encontrar regularmente um terapeuta psicanalista. Ele lhes dirá aquilo que, pela Administração responsável, sabe de sua história, falando-lhes de sua mãe, das dificuldades que essa mãe teve por ocasião de seu nascimento e que ela tinha motivos para confiá-las à sociedade que as cria enquanto filhas de seu pai e de sua mãe de nascimento... Se vocês vissem como o olhar dessas crianças se ilumina! Elas compreendem sempre esse termo "pai e mãe de nascimento", para o espanto das pessoas que observam isso pela primeira vez. Agora, elas sabem muito bem, mas é espantoso ver a que ponto essas crianças se enraízam novamente em sua identidade. Pelo fato de que há uma individuação, e depois uma identidade simbólica dessa individuação. Esse é encaminhamento do ser humano. E se essa identidade simbólica, nomeada em relação aos genitores, não for dada, é como se a criança não tivesse saído de sua placenta; é sua placenta que possuía essa noção, pois houve um coito fecundante, e nesse momento um começo de vida entre um homem e uma mulher. Houve um sentido, esse coito em que a linguagem falada entre amantes pára e em que um ser humano dela nasce. Ele é esse recém-vindo, a palavra rica de encontro de dois interpsiquismos no momento de sua concepção: é isso que deve ser entregue a um ser humano de modo simbólico, falado para sua pessoa, caso contrário ela permanece no luto de sua placenta, e não se desenvolve totalmente,[4] retida em

---

[4] Como Adão e Eva, a criança é, por definição (e mais ainda na falta de definição do modo de sua entrada humana por concepção genética), sem umbigo, sem marca de origem.

seu passado por potencialidades mortíferas. Temos de compreender que o corpo do recém-nascido já é simbólico de uma relação de desejo: o desejo de nascer e o desejo de dar nascimento por meio desses corpos que parecem para alguns não ter mais que corpos: os seres humanos não são apenas corpos... Eles são também corpos, ou seja, manifestações materializadas, individualizáveis pela fruição em seus encontros de prazer, por vezes sublimes, por vezes não, mas que sempre são comunicação interpsíquica do verbo, e se há concepção, convite à vida que se significa pela criança que, do encontro das células germinais de seus genitores, inaugura seu devir humano.

A URNA DA NOITE UTERINA

Em Bali, o nascimento de uma criança é marcado por um ritual sagrado que engrandece a memória da vida uterina. Logo depois de sua expulsão, a placenta, um pouco de sangue e o líquido amniótico são colocados em uma casca de coco fechada com fibras de palmeira – essa urna natal de um menino é colocada à direita do portal de entrada da casa, e a de uma menina à esquerda. Em seguida o cordão umbilical é ressequido, envolvido numa pequena gaze, e conservado durante toda a vida desse novo membro da comunidade. Note-se que os Incas também conservavam o cordão.

Haveria no feto o desejo de ele próprio nascer, de criar.

De todo modo, a criança dá nascimento a si mesma... Dizemos, erradamente: "Ele é do sangue de seu pai". Não! De modo nenhum, nem de sua mãe! O feto elabora seu próprio sangue, que é com muita frequência diferente do de seus genitores; é a placenta que elabora o sangue da criança. Ela recebeu a vida, mas essa vida está em sua placenta: é ela que a dá a si mesma à medida de seu desenvolvimento na vida; todos os dias, ela sobrevive a si mesma e é a criança de suas próprias obras ao mesmo tempo em que tem necessidade de proteção, de cuidados tutelares. É uma tutela indispensável para nossa vida fisiológica, mas não há nada de apenas fisiológico no ser humano: tudo é simbólico ao mesmo tempo. Todos os nossos funcionamentos são linguagem. E há esse destino de sobreviver que cada um assume inconscientemente. Nós participamos da vida sem de fato saber muito a esse respeito, e não sabemos absolutamente o que é a morte.

DESMAMA PRECOCE, CRIANÇAS RETARDADAS

A criança que é separada demasiadamente cedo de sua mãe volta à vida fetal e não entra na vida motora, de linguagem, verbal, como aquelas que permanecem com sua mãe, como se não soubesse ainda quem ela é. Para compreender isso, é necessário conhecer por meio de qual processo o sujeito se individualiza.

O que é um indivíduo? Ele existe enquanto objeto reconhecido pelos outros como individuado pelos limites da pele de seu corpo. Mas o ser humano, que tem uma história original irredutível à de um outro, é também um sujeito de desejo, ou seja, ele está na linguagem e só existe em relação com esses outros eleitos, aqueles que ele conhece, que amam e que fazem de seu ser um sujeito de desejo. O sujeito é inconsciente no momento em que toma corpo nas duas células germinais; e é ainda inconsciente *in utero*; ele é inconsciente quando nasce; constantemente presente, mas ainda inconsciente durante certo tempo de sua vida; e, entretanto, ele está totalmente em reação sensível e em impressão memorizáveis das relações de linguagem de desejo, ou de contradesejo, que experimenta ao mesmo tempo que sua mãe, *in utero*, e ao mesmo tempo que pai e mãe em suas relações com ele. A manutenção de sua individuação quanto ao funcionamento corporal necessita da satisfação das *necessidades* essenciais de seu corpo (em ritmo, qualidade, quantidade): respiração, sede, fome, sono, luz, movimento. A individuação psíquica, articulada à individuação orgânica, é o fruto de relações interpsíquicas; ela é devida à função simbólica, cujo lugar de amarração é o organismo inteiro, focalizado pelo cérebro e pelo encéfalo em seu todo. Só existe um sujeito que se conhece como indivíduo quando ele diz (se tiver sido criado na língua vernácula), ainda que de modo imperfeito: "Eu... quero...". E, quando ele diz "Eu", ele já é um sujeito que se identifica com seu indivíduo-corpo. Mas, antes desse estágio, ele está quase que totalmente em fusão com tudo aquilo que a mãe e o pai vivem a seu respeito. E essa individuação, ao mesmo tempo que o sujeito se cria, se estrutura em relação a seus desejos e a suas privações de satisfação. São suas alternâncias que o fazem se sentir existir. São as temporizações, as privações de satisfação de seus desejos que fazem a pequena criança se sentir ser; é dessa forma que o sujeito, corporalmente e depois psiquicamente, se individua. Ele descobre a si mesmo em função daquilo que lhe falta, ou daquilo que lhe é recusado. Daquilo que lhe é recusado porque é impossível, ou porque, embora possível, outrem lhe opõe um desejo contraditório ao seu. Quanto a ele, no início fusional com o adulto, pode-se dizer que, como sujeito, ele emerge, assumindo sua individuação pelo primeiro "Não" que ele opõe ao querer de outrem. Ele existe *com* sua mãe; se ela chorar, ele ficará triste; se ela rir, ele ficará alegre; todas essas coisas que vemos estar em indução... como o jogo da corrente induzida em um pequeno solenóide dentro de um grande, quando passa uma corrente elétrica pelo grande solenóide. É quando há separação entre os dois que a criança, pela emoção que sente em relação a isso, se sente potencialmente "existível" sem sua mãe, mas ainda não o é por muito tempo. Também é patogênico separá-la de sua mãe quando ainda é demasiado nova para saber que é filho ou filha de Fulano de Tal e de Fulana de Tal e para se saber animada de desejos; ela está em fusão com a pessoa de quem sua segurança depende. Começando a dizer-lhe "Não", ela inaugura seu desejo de não ficar em uma dependência total. Se a separarmos de seu eleito tutelar inconsciente, ou ela ficará doente e fará uma regressão por meio dessa doença, ou então suportará a separação, mas porque tomou a pessoa à qual nós a confiamos como um prolongamento orgânico provisório, como substituta alterada de sua mãe, mas que ela jamais substituirá. Há então uma ruptura psíquica com suas raízes, esse eu mesmo que ela jamais reencontrará, e cedo ou tarde essa criança manifesta uma insegurança fundamental em seu ser no mundo. É precisamente isso que eu temo atualmente; queremos ajudar as mães e as crianças, e temos razão de fazer alguma coisa para ajudar as mães que devem trabalhar, mas queremos fazê-lo sem respeitar a ligação que assegura a comunicação psíquica, a ligação simbólica. É sempre o mesmo risco de arrancar de repente e precocemente a criança de sua mãe, sem mediação, para colocá-la num assim chamado mundo melhor. Daí resulta uma patologia que faz o sujeito não individuado regredir para a vida fetal, permanecendo um objeto parcial de uma entidade: na creche, ele faz parte do grupo dos bebês, mas não sabe quem ele é: ele é anônimo, um ser-objeto de necessidades satisfeitas pela creche. Seu ser de desejo é o tempo todo vilipendiado nos diálogos com pessoas por meio das quais ele não pode reencontrar, ligados à satisfação de suas necessidades, o cheiro e a voz e os ritmos de sua mãe. Ele se cansa desse gueto inútil e, pela tarde, quando sua mãe volta, ele não sabe mais quem ela é, nem quem ele é para ela, nem mesmo, talvez, quem ele "é". Se não estiver resfriado e tiver as narinas livres todas as tardes, é por seu cheiro que o bebê reconhece em primeiro lugar sua mãe. Se, no entanto, a partir do momento que o vê, ela se precipita sobre ele para abraçá-lo, ele não tem o tempo de reconhecê-la e a sente como uma enorme boca que devora, faminta dele, como a sua, na hora de suas mamadeiras do dia. Então, de novo, ele faz parte dela mesma, em fusão com o corpo dela. E, depois, dia a dia, perdida de manhã, reencontrada e devorada pela tarde, a criança tem cada vez menos oportunidade de se conhecer como individuada. É uma patologia que se alastra atualmente e que dá essa extrema frequência de crianças que não falam, que têm retardamentos psicomotores. Fisicamente bem desenvolvidas, mas sem curiosidade nem desejo de se comunicar, dependentes, mas sem amor, sem inventividade lúdica e convivialidade.

A mãe, quando encontra seu bebê à tarde na creche, em vez de devorá--lo com beijos, deveria primeiro falar com ele. É o que consegui que algumas compreendessem. Isso requer muita vontade da parte das mães e uma verdadeira preparação. Sete ou oito horas no trabalho sem seu bebê é coisa difícil. No início, é difícil para elas que são privadas de seu filho de dia, pela manhã; elas o reconhecem imediatamente no meio dos bebês da creche, é o seu, e elas querem lhe mostrar sua ternura no corpo a corpo. Mas a criança fica de olhos esbugalhados, completamente perturbada, e grita, porque não sabe quem a abraça. É preciso tempo para que ela reconheça seu cheiro, sua voz, seus ritmos. A mãe, portanto, deve conter seus beijos: ela deve vesti-la, falar com ela, falar com a vigilante de plantão, e depois levar a criança para casa. É somente aí, no cenário da casa, que a criança reconhecerá sua mãe e todos os outros; e, nesse momento, ela poderá, se quiser, fazer a festa dos beijos e do corpo a corpo. Mas se ela o fizer antes, porá a criança em estresse – todas as manhãs, pela separação; todas as tardes, por sua violenta e impaciente ternura. Embora crianças sensíveis, para sofrer menos, tornam-se aparentemente indiferentes. Elas se deixam tratar como objeto, mas então, ao cabo de alguns meses, manifestam retardamento na linguagem e retardamento psicomotor. A linguagem verbal, a linguagem psicomotora, é formada de códigos estabelecidos com seus eleitos, não com qualquer pessoa, e não de chofre, mas progressivamente, e não sem que a mãe, com palavras, tenha preparado seu filho para essa nova pessoa amiga dela, a quem ela confia o encargo. De nada serve que a mãe, para facilitar a passagem, fique algumas horas com seu bebê na creche; é preciso que ela faça, com atos e com palavras, a substituição entre ela e as outras crianças, entre ela e as encarregadas, e não simplesmente entre a criança em casa e a criança em outro ambiente. Se a mamãe entrar na creche, para acompanhá-la – isso é requerido nas primeiras vezes em algumas creches –, é preciso também que ela se ocupe com os outros bebês, como se ela fosse uma das encarregadas e que vá embora apenas quando, ainda presente, uma outra encarregada tiver diante dela trocado sua roupa e lhe tiver dado sua refeição. Ela explica então a seu filho que deve ir trabalhar e que tem confiança total nas pessoas da equipe que ela nomeia para a criança e que vão cuidar dela. Então, ainda que a criança possa chorar, não haverá nenhuma perturbação para o futuro da criança. Ao contrário, ela se desperta mais rapidamente que outra que permaneça até dois anos com sua mãe, sem frequentar outras crianças e outros adultos. Não é preciso confundir as contrariedades devidas às separações temporárias previstas e explicadas com a separação brutal institucionalizada. Esta tem o valor de uma linguagem que exprime que os humanos são violentadores, raptores e, por isso, ela não tem desejo algum de se comunicar com eles: quanto mais somos "coisa", menos sofremos; quanto mais não falamos como um animal doméstico familiar, menos estaremos em perigo. Mas então, a criança não desenvolve a linguagem para contar seu desejo e não desenvolve sua psicomotricidade sob forma de mímicas de linguagem cúmplices e como resposta, as expressões do rosto e as expressões dos gestos.

> As obras de pediatria que apareceram nesses últimos trinta ou quarenta anos no Ocidente fizeram crer que seria necessário a todo custo, para evitar carências e neuroses, que a mãe e a criança estivessem em simbiose total durante a primeira infância.

A criança tem necessidade de que a mãe se preocupe com sua alimentação, pois ela não pode procurá-la sozinha; de sua higiene corporal, para que não seja devorada por microrganismos responsáveis por infecções e, portanto, ela precisa ser lavada e tem necessidade de ser alimentada – corpo interior e corpo exterior – para que a integridade de seu corpo seja preservada e que ele continue a se desenvolver, em relação com o cosmo, mas sempre pela mediação da mãe (ou da pessoa que a alimenta). Se não for a mesma pessoa que a alimenta nos primeiros dias da vida, a criança fica desorientada, porque a criança está ligada com ela pela olfação. Depois de alguns dias, ela tem também a olfação – associada a seus funcionamentos de necessidades corporais, o cheiro do alimento, seu leite habitual, e de seus excrementos –, mas, se a mãe não lhe dá palavras, ao mesmo tempo, então qualquer pessoa poderá substituí-la; ela se educa sem palavras de fato, porque as palavras que lhe são ditas por alguém que não tem o cheiro e o alimento que ela reconhece não são palavras dirigidas a ela; ela não sabe de onde nem a quem foram dirigidas.

Assim se amarra a primeira triangulação, que começou *in utero*. É uma certeza científica: o feto ouve apenas os sons graves; ela não percebe a voz de sua mãe, principalmente se ela tiver uma voz aguda, mas ouve as vozes masculinas do ambiente materno. As frequências audíveis *in utero* não são as frequências que os adultos fazem quando com voz alta se dirigem aos bebês. O feto ouve graves como resposta a alguma coisa que é como sua própria voz – a voz da mãe que lhe parece a sua.

> O doutor Tomatis realiza o que ele chama de "parto fônico", fazendo crianças psicóticas ouvirem a gravação da voz da mãe. Mas não pode haver memória auditiva da vida intrauterina, pois nessa época de sua vida o indivíduo não percebe os agudos da voz materna.

Se uma pessoa com quem a criança psicótica tem confiança, a propósito de encontros terapêuticos regulares, mediatiza a voz da mãe por meio de um aparelho – a voz da mãe tal como seu ouvido de bebê a podia perceber –, acontece que no decorrer da sessão ela se encontra como nos primeiros dias de sua vida. Essa montagem técnica pode ser associada ao terapeuta mediador, sobre quem ela se fixa por meio de uma transferência. Assim é evocado para ela o clima vocal pré e pós-natal, mas em um clima afetivo de hoje. Ela pode, em alguns casos, reencontrar essa identidade conhecida com sua mãe que havia perdido. O sistema de Tomatis não serve absolutamente para nada se não houver já uma relação privilegiada com a pessoa que manipula o aparelho. Quando é qualquer manipuladora ou estudante estagiária que faz o aparelho funcionar para uma criança autista, isso não funciona de modo algum.

O modo de acolher o nascimento para o mundo, no momento do corte umbilical, é, a meu ver, muito importante. Fico muito inquieta do que acontece atualmente nas maternidades dos hospitais.

Um psicanalista que está em uma maternidade hospitalar de Paris me disse: "É absolutamente perturbador ver isto: as mães são completamente confinadas e não veem seu bebê, exceto aquelas que amamentam, mas elas são desencorajadas de dar o seio, dizendo-lhes: 'É muito melhor dar a mamadeira, não há perigo, você não precisa preocupar-se com isso, qualquer pessoa pode dá-la, e vocês conservam sua liberdade de movimento...' Se o pai vem vê-las, ou alguém da família, leva-se o bebê por três ou cinco minutos, enquanto a visita estiver presente; e depois a criança vai embora, e a mãe não a tem a seu lado. E, durante os dias em que estão no hospital, ela não vê seu bebê; não cuida dele; ele não se encontra no cheiro de sua mãe; ele está no meio da barulheira dos recém-nascidos do berçário, cuidado por uma mercenária intercambiável de cheiro, de voz, de ritmo".

Vivemos em uma época em que muitas crianças não são acolhidas, sequer simbolicamente, pela sociedade, e sequer entre seu pai e sua mãe.

O pai pode pedir para assistir ao parto. Há hospitais onde ele é obrigado a isso; outros em que isso lhe é recusado.

Em uma mesa-redonda entre obstetras, parteiras, enfermeiras de maternidade, e em que aqueles que se ocupam das mulheres depois dos partos falavam em igualdade com os médicos,[5] encontrei um prático que, com condescendência, falava da "pequena parteira", a propósito de uma participante que era mais idosa que ele, muito inteligente e fina. "A pequena parteira..." "A pequena parturiente..." O poder médico é para quem "dá à luz". Os médicos se traem pelos hábitos de linguagem: "Eu dei à luz três crianças esta manhã". Todo o mundo riria ao ouvir dizer que é o médico que havia parido as crianças, em vez de ter ajudado mulheres a dar à luz! Escorregadela de sentido? Será? Muito mais uma submissão da parturiente, de seu cônjuge, de seu bebê ao prático.

Na linguagem corrente, pegamos os médicos em flagrante delito de redução, porque não são nem eles nem sequer a mãe que dão à luz... É a criança que vem ao mundo. Esse é o acontecimento mais importante. O saber obstetrício colocado a serviço das parturientes tem sua finalidade no fato de ajudar as crianças a nascerem do modo menos traumático possível tanto para elas como para suas mães. Mas, além do processo obstetrício, é também o acolhimento psicossocial desse recém-nascido e o respeito por sua relação psíquica com seus genitores em atos e palavras que são as atribuições da equipe de cuidados, como também o acolhimento socioadministrativo de seu grupo étnico tal que a clínica ou o hospital permitem ou não facilitar sua expressão.

---

[5] Cf. *Les Cahiers du Nouveau-né*, Stock.

Capítulo 6

Pais difíceis, filhos sádicos

CANÇÃO SEM PALAVRAS

Não é pelo fato de não emitir palavras que o bebê não as recebe: se as finezas incluídas na linguagem ainda lhe escapam, ele apreende o sentido delas graças a sua intuição direta da pessoa que lhe fala, seja qual for a língua que ela empregue para se dirigir a ele. Ele compreende as línguas porque ele compreende a língua da relação afetiva com sua pessoa, e as relações de vida ou de morte que o envolvem. Creio que é principalmente isto: a criança apreende as relações que sustentam a vida ou que a contrariam, as que são desarmônicas ou as que são harmônicas. Mas como acontece que os fonemas como sorrir sejam registrados pelo recém-nascido? O termo foi pronunciado em seu ouvido pela primeira vez quando, ao sair do útero, ele fez uma careta forçada. Todos nós fazemos essa careta que serve de linguagem para o pai, pois este, com uma voz de prazer, diz então: "Oh, mas que belo sorriso!" Depois disso, basta pedir: "Mais um sorriso", para que imediatamente o bebê o repita. Isso prova que um fonema cruzou-se com uma sensação interna. Um chama o outro. Com efeito, o outro (o pai) suscitou em sua ternura por alguém, esse alguém, esse recém-nascido, cuja careta particular comoveu o pai, que vestiu sua emoção com o termo "sorrir".

É aí, portanto, que todo o processo de alienação poderia encontrar sua origem. Na repetição forçada da mímica, o ser é tentado pelo adulto a fingir em vez de experimentar profundamente. Sorrir para o outro e não sorrir por dependência do outro.

Vemos crianças vítimas do sadismo (as pessoas não sabem o que são as crianças vítimas do sadismo, e as chamam de tímidas e de bem comportadas); elas são de tal modo angustiadas que sorriem o tempo todo; um sorriso estampado como que para dar prazer ao outro, pois elas temem que o outro, se elas não estiverem contentes, as agrida.

Se isso fosse conscientemente calculado, diríamos que é uma fachada para enganar. Por outro lado, podemos aproximar daquilo que chamamos de "sorriso comercial". Pode-se dizer que isso não é próprio dessa idade. Mas a criança é capaz, muito cedo, de assumir o uso comercial ao ritmo de suas necessidades. Como ela procura se pôr em boa harmonia com a mãe, ela suporta a mãe que a faz sair do ritmo para estar de acordo com a vontade de sua mãe. E, a partir daí, tudo se desvia.

A limitação ao pedido não é como a repetição de um fenômeno científico. As condições da afetividade não podem se repetir de uma pessoa para outra. E, se elas se repetem, temos a alienação neurotizante. É substituir uma relação criativa por um funcionamento de hábitos no nível de uma necessidade. E somos dependentes de nossas necessidades; a partir do momento em que criamos uma reação repetitiva, ela entra, por esse motivo, na categoria das necessidades, isto é, na morte do espírito. Nesse momento, o desejo de falar é cortado, reprimido, entrou na rubrica das necessidades. Toda a nossa vida torna-se, desse modo, presa na engrenagem. Um desejo é uma surpresa na espera impaciente de sua satisfação e que revela a cada um uma parte desconhecida de si mesmo. E de um outro, quando descobrimos com esse alguém um novo modo de relação fundada sobre a satisfação do desejo. É o desejo que leva ao amor. Mas, se não conseguimos mais ficar sem a satisfação desse desejo sem entrar em um estado depressivo, é porque esse desejo se tornou uma necessidade. Nós o vemos constantemente, porque é assim que se constrói todo o ser humano. O ser humano é movido por um desejo de falar antes de saber falar; a partir do momento que já fala, ele induz uma necessidade de falar. Uma criança tem a revelação de estar de pé na primeira vez que anda. Depois de algum costume, o desejo de estar de pé se terá tornado uma necessidade de posição vertical.

Temos razão de criar lugares de socialização da criança, mas é preciso estar atento para não misturar crianças de dois anos com ritmos de escolas maternais, que absolutamente não servem para elas, nem para as de três anos que de fato não tenham três anos de idade emocional, afetiva. Há crianças que com dois anos não sabem ainda quem são, o que é ser menina ou menino, quem é seu pai, quem é sua mãe, quem são os outros parentes próximos, os avós maternos e os avós paternos. A idade de três anos é, para alguns, demasiado cedo para ir à escola maternal. Aquela que não sabe sozinha se levantar, se deitar, se vestir, se lavar – exceto um caso excepcional, evidentemente, penso em alguns deficientes físicos –, comer sozinho; no quadro geográfico corrente de sua vida, quando está fora, reencontrar sua casa; em todo caso, dizer seu endereço, não é uma criança de três anos quanto à idade emocional.

Em vez de pedir que um grande número de adultos formados e motivados mediatize as relações entre as crianças, temo que cheguemos a fazer disso um self-service educacional; ou seja, confundir cada vez mais o equipamento com o método, colocando o acento apenas sobre o aumento dos créditos para as creches. A capacidade de acolhimento, sim, mas também a qualidade do acolhimento. Adiantar a idade de entrar na escola maternal é prejudicial para o desenvolvimento das crianças. Tenho receio de que o regime atual confunda o recipiente com o conteúdo, sempre no espírito um pouco demagógico de liberar a mãe, de lhe permitir ser menos escrava doméstica. E temo que esqueçamos o verdadeiro problema da individuação lenta da criança, cheia do enraizamento de sua identidade na valorização afetiva e social de sua pertença a sua célula familiar. Sair disso demasiadamente cedo ou demasiadamente depressa lhe é prejudicial. Trata-se de estender a célula familiar, estabelecendo ligações progressivas, o que permite à criança continuar sempre ela própria, cada vez mais autônoma graças ao vocabulário mímico, gestual, verbal, e de despertar um senso crítico a respeito de tudo o que ela percebe.

Não é menos inquietante a nova utopia cientificista, que consiste em substituir o preceptor rousseauniano por um terminal de computador diante do qual colocamos a criança, entregando-lhe a tarefa de se formar inteiramente sozinha, com os mesmos programas para todas, naturalmente.

> Chegaríamos, assim, a uma outra forma dessa robotização que queríamos evitar, crendo fazer melhor que os liberais avançados que haviam colocado o acento sobre as neurociências como chamadas a provocar uma reviravolta nas normas da pedagogia. É verdade que se havia abusado, do lado dos psicossociólogos, do estudo estatístico dos fatores ambientais.

Seria muito importante, e é preciso levar isso sempre em conta. Mas creio que não podemos mais encontrar toda a explicação por meio de estatísticas. Por exemplo, se estudarmos um grupo de crianças sem pai e um grupo de crianças com pai, perceberemos que há no primeiro grupo mais delinquência, porque o critério do psicólogo é a delinquência ou a patologia. A patologia não é forçosamente hospitalizada nem forçosamente contabilizável. Há tão somente ela, como patologia. Nos testes, não podemos levar em conta o que é impressão na criança que não exprime uma resposta. Numerosas crianças que, nos testes, parecem fracas por não expressarem uma resposta são extremamente inteligentes, mas ainda se encontram em seu estágio de recepção e não no de emissão reacional. Algumas crianças foram tratadas apenas como objetos, e se tornam, por meio de seu primeiro ato delinquente, nesse dia, sujeito, sem jamais ter tido leis, nem dignidade pessoal. É a dignidade da criança e a dignidade da relação pai-mãe-filho que jamais são levadas em conta em nenhuma escola maternal, e em nenhuma creche e em nenhuma escola primária. O instrumento das estatísticas e dos testes, de fato, não medem essa carência, essa alienação. É, sem dúvida, importante estudar as patologias graves, os desvios, a delinquência recidivista e se perguntar sobre os meios de prevenção. Mas o que é observável, testável, é apenas a parte visível do iceberg.

"O inconsciente – dizia Freud –, é tudo aquilo que é invisível no iceberg; não é o visível." As estatísticas levam em conta apenas o visível, sem se ocupar da parte oculta.

Em relação à psicossociologia, escapam as crianças que vão inventar. Elas vão se servir de sua marginalidade em sublimações, ou seja, mobilizando suas energias em atividades procuradas para seu prazer e talvez para o de outros. O agradável é, por vezes, útil à sociedade. A criação gratuita, a ultrapassagem do conhecido.

A originalidade é marginalizada. Todas essas crianças, à menor ofensa ou incompreensão do adulto, serão empurradas e classificadas, ou entre os delinquentes ou entre os patológicos. Quando pequenas, não conseguem absolutamente se adaptar a um grupo numeroso quando saem de sua família. Até em uma família numerosa, continuam sendo o objeto, pequeno, de um grupo relativamente grande. Elas têm necessidade de serem identificadas como um filho único de uma relação única com seu pai e única com sua mãe, e é dessa relação que devemos partir – em palavras – para ajudá-las tais como são por sua origem a se adaptar aos outros. Privando-as dessa relação, arrancando-as de sua vida afetiva própria para impor a todas uma mesma norma educacional, nós lhe inculcamos a linguagem do rapto, a linguagem da violentação e a linguagem em que o mais forte leva a razão sobre o mais fraco – linguagens que são transgressões da ética humana; contudo, pelo fato de ser banal, é admitida como moral. É admitir essa moral mentirosa que faz vocês julgarem como "normais" na escola princípios educativos perversos e pervertedores.

A individuação das crianças repousa sobre uma utilização melhor da presença dos pais, seja qual for seu estilo, e não sua supressão. Mais que uma substituição pura e simples, há uma mediatização possível, em um clima de confiança, de adultos tutelares funcionários conscientes que estejam a serviço dos adultos genitores, instruindo suas crianças sobre as dificuldades desses pais, sem julgá-los.

A relação de linguagem entre o adulto educador ou instrutor e a criança escolarizada raramente é conectada. A desigualdade entre os cidadãos quando pequenos vem do fato de que não se valoriza o modo de linguagem que eles têm com seus pais, que é uma linguagem muito rica, gestual, emocional, mas que não é verbal. Abstemo-nos de fazer isso na escola. Dizemos até aos alunos que não se comuniquem na sala de aula, ao passo que uma criança que se ocupa fala o tempo todo, até sete/oito anos.

Vocês sabem que não podemos fazer nenhuma diferença entre uma recreação de crianças que ouvem e uma recreação de crianças surdas, pois os ruídos glóticos, que elas não ouvem, fazem parte de suas alegrias ou de seus esforços: quando uma criança surda de fato se diverte, ou quando ela tem verdadeiramente uma contrariedade, não há nenhuma diferença em relação a uma criança que ouve no pátio da escola dos surdos e mudos. Elas não gritam, como as pessoas creem que o fazem as crianças que ouvem, para que os pais venham; elas não ouvem sequer a si mesmas. Os professores tagarelam entre si, deixando as crianças fazerem farra entre si, como em um pátio de escola comum. É muito interessante observar o que acontece entre as crianças durante os recreios. Ora, ninguém faz isso, ou ao menos não fala a respeito.

Nos pátios de recreação, há uma perversão das relações naturais entre as crianças, que pode chegar até os ritos da crueldade. O filme "Sua majestade das moscas" é uma parábola perturbadora. Um grupo de crianças que naufragaram se encontra sozinho em uma ilha, e reinventam uma sociedade com ritos muito cruéis: iniciação, escravidão...

É o que lhes foi ensinado desde pequenas; elas apenas reproduzem o que lhes foi inculcado desde a primeira idade pelo poder adulto. A pressão nas salas de aula são tão fortes que, no pátio de recreação, há verdadeiramente uma explosão de suas pulsões "animais", isto é, não faladas. O vigilante só intervém quando as coisas vão mal, em vez de pôr em linguagem suas atividades motoras. Na sala de aula, e até em outros lugares, não é preciso que façam "muito barulho", ao passo que esse barulho talvez seja perfeitamente necessário e natural. Quando elas não podem mais se controlar, dizem: "Controlem-se". As dissimuladas, que podem chegar a martirizar uma vítima nos lavatórios, não fazem barulho, e ninguém vai lhes dizer o que quer que seja. Só se pune aquele que se pode ouvir e que reage, jamais aquele que provocou a reação. O "palhaço" é mais severamente reprimido do que o sádico que age hipocritamente pelos cantos. E depois, aquele que vem a se comportar como seu objeto, como não é mais agente, este é bem-visto pelo professor. Pensem, portanto: ele não se queixa, ele não perturba e tem bons resultados no papel. Ele é apenas uma projeção da boa consciência do instrutor. Pior ainda quando isso é ao preço de uma submissão de escravo ou para a rentável tarefa de ser bem-visto pelo professor. Desejo vendido a quem paga.

Isso é o que chamo de escola digestiva. O bom aluno, com efeito, é aquele que aceita que o adulto o corte de suas raízes e o force a imitá-lo.

É isso que agrada a sociedade que tem medo da iniciativa. Preferimos a repetição. Aquele que aceita ser repetitivo é considerado como bom aluno. Naquele momento ele procura tão somente aparecer e agradar, amoldando-se ao modelo que lhe é imposto, em vez de estabelecer uma relação de sujeito, exprimindo-se. É o frouxo que é engrandecido. Pode acontecer que uma criança excepcional, marginal, chegue, permanecendo um bom aluno, a conservar a motricidade, a inventividade, o espírito crítico livre e também a relação com os outros e dizer a si mesmo: "Bem, na sala de aula eu faço isso, mas, no resto do tempo, eu me subtraio completamente do poder do adulto...". Essa criança se tornará genial; mas delas há apenas 1 sobre 20.000. Cito a história de Camille Flammarion. Flammarion que se tornou o célebre astrônomo: ele era o 15º ou 13º filho de uma família e, desde os três anos de idade, Camille era aquele que todo mundo chamava de "Flammarion"; os outros tinham prenomes... ele, porém, era chamado Flammarion até em sua família, porque era o filho brilhante na sala de aula, mas era também curioso observador de tudo fora da sala de aula, inteligente, industrioso, cheio de iniciativas, que tinha uma vida pessoal. Mas era uma criança excepcional. Quantas crianças de valor se apequenam entre as fracas! Há aquelas que dormem, tornam-se coisas para ficar em paz, e passam por verdadeiramente fracas. Exemplo ilustre: Einstein. Einstein era amado por sua família, e ninguém se preocupava com suas más notas na escola. Diziam: "Haverá sempre o tio Fulano de Tal, comerciante de tecidos, que o assumirá como balconista". Hoje não é mais possível ser como o aluno Einstein, ainda que sua família o admitisse; ele seria rapidamente "esvaziado" e reorientado. Isso não duraria dois anos. Começamos a fazer a seleção desde a 5ª série. Sabemos quase, já no fim do primeiro trimestre, vejam só..., quem vai repetir de ano e a quem vai ser vetado o direito aos estudos secundários, ainda que esse fosse o desejo verdadeiramente pessoal do aluno.

Isso não seria mal se afrouxar os estudos fosse o desejo dele, se isso não fosse sentido como uma rejeição, mas como uma orientação que torna a criança feliz e na ocasião da qual a felicitaríamos por se engajar no caminho para o qual ela é dotada.

Existem até palavras que não enganam. As classes de transição são apresentadas de tal modo à criança que esta diz: "Não quero ir parar entre os loucos".[1] No início da vida não se faz uma seleção que se faria por si mesma se fosse ensinada a música, a pintura, a tactilidade, a ginástica, da mesma forma que a leitura, a palavra, a escrita.

O trabalho manual foi estupidamente desvalorizado na atualidade. O campo corporal, o campo manual, a sensibilidade táctil, auditiva, visual, gustativa e olfativa estão ausentes no ensino. Os pais costumam dizer, em caso de fracasso escolar: "Atenção, se você não tirar boas notas, você vai se tornar um trabalhador braçal". Para as crianças, um fracasso; para os pais, uma humilhação! Os adultos que ensinam fazem disso uma punição. Quando eu os ouço usarem a palavra "manual" de modo pejorativo, eu lhes digo, diante da criança, expressamente: "Se vocês pretendem opor manual a intelectual, há trabalhadores manuais mais inteligentes que muitos intelectuais; há trabalho manual inteligente e criativo". Um trabalhador manual inteligente pode ser muito mais feliz que um intelectual desastroso, que nada sabe fazer com suas mãos. São politécnicos que não sabem pôr algo em prumo, que não têm mãos; manipulam em sua cabeça abstrações, leem, mas são incapazes de fritar um ovo. Conheço um engenheiro que escreveu livros de vulgarização de ciências físicas de uma clareza extraordinária, e seus colegas engenheiros o "esnobavam", porque ele passava seu tempo de lazer fazendo trabalhos manuais em seu escritório. Ele fora contratado para uma grande tarefa de selecionar os engenheiros. Seus serviços davam satisfação, mas os candidatos eram rejeitados, sendo que alguns provinham de cursos especializados, e faziam-lhe frente, pois ele deveria estar do lado deles. Seu método? Ele recebia os engenheiros para a seleção, primeiro conforme seus diplomas e títulos. Eles falavam de coisas especializadas, das propriedades de suas técnicas e, à queima-roupa, ele perguntava: "Qual é o preço de um quilo de pão? Quanto custa uma bisnaga? Qual o preço da carne bovina de segunda? Qual o preço da bisteca? Você sabe usar a máquina de lavar de sua casa?" O candidato protestava: "Mas é minha mulher que faz isso!" "Então, qual o diâmetro do fio que se deve usar para uma corrente de dez ampères?" O politécnico se atirava em cálculos complexos, e passava ao largo da boa resposta: a mais simples. Ele estava colado à realidade. Meu primo justificava o método dele: esses engenheiros, no trabalho, vão estar em contato com operários; jamais conseguirão fazer compreender o trabalho que deve ser realizado por pessoas que têm mãos. O engenheiro deve ser capaz de fazer passar o saber intelectual por meio do trabalho manual. Aqueles que não conseguem se fazer compreender pelos operários não têm seu lugar na direção das

---

[1] Pois louco aqui significa marginal.

fábricas. Os intelectuais que não conseguem dizer uma palavra sobre coisas da vida corrente não são pessoas inteligentes no senso da vida. Tinham saído talvez de uma escola prestigiosa e com excelente desempenho, mas eram nulos para os lugares de engenheiro que pleiteavam. Podiam ir para outros lugares, não, porém, para as fábricas. Tinha razão, de fato. Mas houve muitas pessoas que teriam desejado entrar nessa empresa, uma vez que havia lugares disponíveis e elas possuíam os títulos. Ele, porém, escolhia de preferência um engenheiro que fizera uma pequena escola de base, mas que possuía senso prático. E depois também lhes falava de sua esposa, de seus filhos: "Quanto a seu filho de três anos, que vocabulário você pensa que ele tem? Quais as coisas que lhe interessam?" Para entrar nessa grande empresa, ele considerava que em todos os níveis se devia saber de coisas muito simples, de coisas que são adquiridas no contato com a vida. Pois bem, esse modo de seleção para a admissão de engenheiros não era absolutamente apreciado por aqueles que nele afundavam. Esses rejeitados não eram os representantes da elite da escolaridade bem-sucedida!

OS CONTRASSENSOS PEDAGÓGICOS

Ainda mais frequentes que as mães pouco instruídas, são as mulheres que têm atividades intelectuais, mães de "colarinho branco", que não compreendem que diante de seu filho elas mantêm uma atitude superprotetora. Elas retardam as experiências pelas quais ele conquistaria a autodefesa de sua segurança. São superinfantilizadoras. Com seu modo diretivo, elas ficam de consciência tranquila: "Mas eu jamais lhe falei como bebê, jamais o bestifiquei etc.". Elas acreditam que é simplesmente uma questão de vocabulário, mas, quando seu filho ou filha tem 14 anos – e elas mantiveram aquela linguagem desde os primeiros dias de sua vida –, elas continuam a dizer: "Faça isso para a mamãe" ou "para o papai", não percebendo que esse modo de designar a si mesma e ao pai de seu filho é idiota e infantilizador, e não o fato de deformar as palavras. Além disso, seu código moral se reduz a: "Se você quiser me agradar", quando é perverso agir para agradar sua mãe e seu pai com 14 anos, e já infantilizador depois dos 8-9 anos. Outra palavra "papagaio" lançada por essas mães a adolescentes de 15 anos: "Você me mata". Um jovem dessa idade, rapaz ou mocinha, deveria poder lhe responder: "Felizmente, enquanto mãe eu mato você, porque acabou: seja uma mulher, uma mulher para meu pai ou para seu homem, e então eu também poderei me tornar um homem" (ou "uma mulher").

Um livro absolutamente notável – *Manual para uso de filhos que têm pais difíceis*[2] – inverte a situação, propondo que os filhos sejam suficientemente

---

[2] De Jeanne Van den Brouck, Jean-Pierre Delarge éd.

adultos para aceitar os pais como são: crianças grandes, de má-fé e de caráter sujo. O que leva não a ser os pais de seus pais, mas a "honrá-los" de fato, assumindo a responsabilidade por si mesmo e a não afundar em uma relação de filho que ama e se submete a adultos infantis que, embora com a melhor boa-fé, perpetuam as neuroses familiares. Com humor abrasivo, o autor sugere não contrariar esses animais bizarros. Para ter paz, dar aos pais aquilo de que necessitam para poder continuar a viver: que seu filho seja seu brinquedo. O objeto de seus desejos contraditórios.

Se quisermos que a criança tenha melhores oportunidades de conservar suas potencialidades, é preciso que a educação seja a mais leve possível quanto à diretividade. Em vez de querer abarcar tudo, respeitemos todas as reações da criança que não compreendemos. Os pais vêm me consultar quando seu filho tem sintomas que os perturbam. Quantas vezes me perguntaram: "Eu gostaria de compreender por que ele faz isso". "Mas isso não lhe compete." Ele faz isso; isso os perturba ou não os perturba... Se isso os incomoda, digam-lhe: "Isso me incomoda", mas não procurem compreender. Se há uma perturbação grave e o filho sofre, então vocês podem levá-lo a alguém cuja profissão é ajudá-lo a se compreender e a superar o que o faz sofrer. Se o que ele faz perturba vocês e não a ele, não lhes direi por que, pois isso não lhes compete nem me interessa.

Lembro-me de um menino que fazia xixi na cama. A mãe queixava-se: "Isso deixa a casa cheirando". "Quanto a ele, isso o incomoda?" "Não." Dirijo-me então a seu filho: "Isso incomoda sua mãe?" "Sim." "Há alguma coisa na vida que incomoda você?" Então ele me diz: "Sim, é minha irmãzinha; eu queria que ela não tivesse nascido". "Mas talvez, em seu caso, você poderia talvez se desinteressar um pouco de sua irmã e chegar a ser menos infeliz com sua própria vida. Se você quiser, vamos tentar trabalhar junto." Trabalhamos junto e sua enurese durou pouco tempo. O que aconteceu? Por efeito secundário, ele adquiriu orgulho de seu corpo de menino, e portanto dominou seus esfíncteres. Todos os mamíferos são continentes; apenas os humanos, por função simbólica, não são continentes além de certo desenvolvimento fisiológico; sua incontinência é uma linguagem: uma linguagem de desejo. "Não quero crescer. Por quê? Porque eu gostaria de ser minha irmã, ou eu gostaria que ela não tivesse nascido. Eu não queria que meus pais tivessem tido necessidade de um outro ser humano. Quero viver como se ela não existisse." São desejos que fazem esse menino negar e rejeitar sua idade e seu sexo. Só podemos partir daquilo que faz o filho sofrer. De modo nenhum daquilo que faz sua mãe sofrer. E é muito interessante compreender as coisas desse modo. É preciso analisar esse mal-estar com o filho, e não com os pais. O que resta para eles? Sempre objeto de curiosidade, de domínio, de triunfo de seu poder; é um objeto parcial deles mesmos ou de seu casal do qual devem extrair um benefício.

Desde que os meios de comunicação têm seu "psicólogo de plantão", desde a floração de guias de pediatria de todos os tipos, reprova-se à pedagogia moderna a culpabilização das mães que não sabem mais em quem confiar e têm medo de se enganar. Uma corrente feminista, que denuncia os erros da educação demasiadamente diretiva, assim como do liberalismo demasiadamente laxista, tenta reverter o sentido do vento apoiando sua análise sobre uma pesquisa histórica. Desse modo, a "História das Mães" "demonstra" brilhantemente que não existe instinto materno além daquele que é ditado pela sociedade e pelas modas filosóficas ou sociais, e que, por conseguinte, não há reprovações a fazer às mães, seja o que for que fizerem. Em vez de culpabilizá-las, tende-se a irresponsabilizá-las.

A questão fundamental ainda está oculta: o conforto intelectual das mães é uma coisa. A causa das crianças é outra. Estudar o problema de sua formação e de seu desenvolvimento do único ponto de vista delas não apresenta medida comum com o discurso das "ciências da educação". Nesse domínio é impossível avançar sem mudar de escala e de instrumentos de observação. São eles os reveladores, apesar dos observadores do fenômeno adulto.

Eles "veem" o que sofrem, inconscientemente; seu encaminhamento é revelador disso.

Educação pervertida por excesso de proteção, culto da norma única, submissão às modas em voga, imposição do modelo parental. Por que pais e mães se agarram obstinadamente a essas balizas? Por que os pais ficam perdidos, caso não andem nas pegadas de um guia? Eles segregam ansiedade por demais. Quanto mais ansiosos, mais querem saber antecipadamente as respostas sobre o futuro de sua progenitura. A experiência nos ensina que essa atitude aumenta perigosamente as probabilidades de bloqueio das crianças.

Instrução pervertida é aquela que consiste em fazer com que o aluno regurgite o saber do professor transmitido por seus iguais. "É exatamente ter uma boa nota dizendo-me o que eu sei". O contrassenso dos contrassensos pedagógicos. O interessante para uma criança entregue a um adulto que quer iniciá-la a se servir de sua própria inteligência é estar com ele a procurar alguma coisa. O adulto que não tem demasiada tendência de querer impor "o" método. Convém esse método a essa criança? Se ela tiver um outro método e chegar a um resultado que lhe traga satisfação, ela terá razão de adotá-lo. Vemos, entretanto, professores de matemática dar uma nota muito ruim para um aluno porque ele chegou ao resultado, mas por um método diferente daquele que lhe fora indicado. Ele deveria felicitá-lo ou, em todo caso, dizer-lhe: "Com esse método, neste caso particular, você pôde resolvê-lo; veremos em outra vez se esse método é aplicável...". E a criança, talvez, descobrirá um método mais adequado. Há crianças que são inventoras de métodos adequados. E o professor fica chateado: "O fulano conseguiu, sim, mas quero que ele aplique este método porque em outro caso ele não conseguirá". Em último caso, se ele tiver ao menos essa razão, ele ainda é educador.

Mas seria melhor ainda esperar que a criança se chocasse com o fato de não encontrar a solução de um problema servindo-se de seu método e, nesse momento, ela estará pronta para ouvir: "Veja, com outro método, que posso lhe indicar, você chegaria ao resultado". Todo ser humano procura seu método...

Diante dos fracassos escolares, os professores da Secretaria de Ensino colocam a má questão quantitativa: "Como fazer para limitar seu número?" A verdadeira questão seria: "Por que tantos fracassos?" Dizem que os alunos não estão "motivados". Que os alunos não demonstram gosto algum por aquilo que lhes é proposto. Isso não quer dizer que não tenham curiosidade alguma. Trata-se de encontrar onde ela dorme, à espera de ser chamada.

Um ser humano tem sempre alguma coisa que o interessa; sempre. Algumas vezes ele é aparentemente passivo. Nas classes chamadas de ativas, quantas crianças não foram vistas sem se interessar por nada, além de olhar as outras. Depois, ao cabo de seis meses, um belo dia, elas executam tão bem como se tivessem feito todos os exercícios... simplesmente porque olharam as outras atentamente, identificando-se com elas. Com efeito, estavam atentas, mas reservavam-se para mais tarde, e tinham o ar de átonas e ausentes. Isso não é mais espantoso do que o fato de que haja crianças que aprendem a falar com esboços de linguagem pouco a pouco corrigidos, e outras que de repente falam com uma sintaxe excelente, não tendo falado até dezoito meses, vinte meses e até trinta meses. Tudo depende do fato de estarem ou não na comunicação e se estão interessadas pelo que os adultos dizem, lhes dizem e lhes propõem. Elas estão em comunicação mímica, gestual, afetiva. Portanto, senhores pedagogos, não se atormentem nem façam reeducação de palavra. Quanto a vocês, falem diante da criança de coisas que interessam a vocês, em vez de tentar fazê-la falar daquilo que, por assim dizer, deveria interessá-la.

Finalmente, a educação menos perversa é sempre aquela que está em primeiro lugar fundada sobre o exemplo e muito pouco sobre as indicações do professor, salvo quando elas correspondem a um pedido do próprio aluno e que, quanto a essas indicações dadas, "você pode aceitá-las ou deixá-las; eu as dei porque você as pediu; e é tudo!"

> Certo número de crianças, conscientes do mimetismo de outras, desejam fazer algo além de imitar, e ficam talvez chocadas ou espantadas ao verem todos esses papagaios, todos esses macacos sábios etc. Os "bons alunos" seriam alunos que integraram muito rapidamente que era um papel em uma comédia social que lhes pediam para representar; que seria preciso ir além disso; eles não se enganaram a respeito, mas fazem isso. A consciência, no entanto, em outras crianças está mais dissociada, ou seja, a partir do momento em que observam a regra do jogo, elas não conseguem ao mesmo tempo aplicá-la. E é muito mais tarde que chegarão a representar um papel que as faça aplaudir e não se identificar com esse papel, mas permanecer autenticamente elas mesmas.
>
> Uma pesquisa sobre os antigos alunos de Georges Pompidou no Liceu Henri-IV: os alunos muito bons se tornaram funcionários tranquilos, e os "preguiçosos" deram chefes de empresa dinâmicos. Os do fundo de classe, que antes de maio de 1968 eram chamados com o belo nome de "cânceres", sabem muito bem, e talvez melhor que as antigas "cabeças da classe", na vida ativa, brilhar quando é preciso, exibir um saber, cegar o interlocutor ou falar a mesma linguagem

que ele. Eles aprenderam isso muito mais tarde, mas o dominam com maestria porque não abafaram o que neles havia. Quando alunos, recusaram considerar como instrumentos as fórmulas de um saber teórico. Eles adquiriram na prática os meios do poder.[3]

É perturbador examinar sobre uma geração os resultados sociais da discriminação escolar. Ficamos admirados ao ver o que cada um se tornou: os que eram bons alunos fizeram grandes escolas e são pessoas para quem o trabalho é uma rotina; e aqueles que eram cânceres hoje são todos ou marginais (mas que não se idiotizam na vida), ou, ao contrário, criadores de empregos, animadores da vida econômica, embora tenham passado sua juventude vistos como embusteiros por seus colegas. Assim como os brilhantes envelheceram mal, os cânceres tiveram sucesso em sua vida fazendo coisas absolutamente inesperadas, que não estão nas orientações profissionais previstas. São seres humanos que conservaram sua originalidade, suportando serem um pouco desprezados por seus companheiros.

Daríamos às crianças os meios de se interessar em coisas deixando-lhes o tempo e a liberdade, tanto de agir como de observar aqueles que agem, e de conquistar, quando quiserem, uma insígnia: "Ah! Como gostaria de fazer esse exame". "Pois bem, você o poderá fazer, quando quiser, em seu curso escolar." Mas perseveramos no erro de querer fazer todo o mundo sofrer condições duras, ao mesmo tempo e na mesma idade.

O ADULTO DE REFERÊNCIA

O educador tem, muito frequentemente, a tendência de ver apenas o negativo. Exatamente como quando se lê a biografia de um acusado: tudo se volta contra ele. Ele procura o que pode se objetivar em um ser humano, ao passo que o importante é o que cada um sente em si mesmo. Quando o educador está em situação de fracasso momentâneo, quem sabe se o sujeito, que se subtrai a todo voyeurismo que o educador em nome do controle quer exercer sobre ele, não está a ponto de se enriquecer para sair do ovo quando estiver separado desse educador? Vemos com frequência nas famílias jovens apáticos, inativos – chamamos isso de águas paradas. Depois, quando saem de seu meio, eles despertam. A estadia em uma família no estrangeiro é indicada para isso. De repente, neles afloram modos de pensar e de ser que não conheciam, pelo fato de ter observado outras pessoas e de ter tomado modelos de valor em outros lugares. Eles vão ser transformados, permanecendo os mesmos, enquanto sujeitos. Inconscientemente neles se modifica seu modo de articular as relações entre as pessoas... e de compreender. Irão relativizar tudo aquilo que até o momento tinham tomado como absoluto. O

---

[3] "A última sala de aula de Georges Pompidou", *Lectures pour Tous*, n. 198, julho de 1970.

importante, creio, é desenvolver na criança, desde cedo, sua autonomia, propondo-lhe, sem nada impor, todos os tipos de atividades e de pessoas ou de grupos com quem os descobrir ou, eventualmente, os exercer. O adulto de referência, cujo modo de viver tem o valor de exemplo, não pretende dispensar um método, O método – trata-se da antipedagogia –, mas ele mostra o interesse pela obra que ele próprio realiza cotidianamente. Se uma mãe se interessa por aquilo que ela faz e deixa seu filho se interessar por outra coisa, sem o observar para fazê-lo avançar em uma direção ou outra, essa criança recebe o exemplo de pessoas que deram um sentido para sua vida, constata que elas são felizes, e então procura sua própria felicidade, e sua vida toma, por sua vez, um sentido. Do mesmo modo, um professor que se interessa por uma disciplina não idiotizará crianças que não se interessam por isso. Jamais. Ele está apaixonado por sua disciplina, ele a expõe, ele tem o anseio de comunicar o vírus da paixão por sua disciplina; alguns entram no jogo, mas os refratários não são totalmente desprezados por ele; ele os deixa tranquilos... lendo tiras de quadrinhos. "Não o obrigo a se interessar pelo que faço, mas isso interessa diversos colegas seus. Então, não os perturbe!" Finalmente, aqueles que são contamináveis tornam-se contaminados, pelo menos durante um ano, e aqueles que permanecem indiferentes se ocupam de outra coisa, mas não são rejeitados. Infelizmente, a maioria dos professores, em vez de se perguntar: "Sou interessante? Sou cativante?", excluem da sala de aula ou censuram os desatentos e os distraídos: "Você me atrapalha, você me contesta... você não me acha interessante... Você merece apenas desprezo". É patético ver, na casa de Cézanne, as tarefas da aula de desenho desse grande artista quando estava ainda no colégio, e suas notas e apreciações depreciativas por parte de seu professor! E a triste preocupação que isso produzia nesse aluno que já orientava sua vida na busca de uma disciplina para a qual diziam que ele não tinha qualquer dom. Esse "diziam", que designa seus sucessivos professores de desenho.

OS "NOVOS" PAIS

Os pais têm um curioso modo de agravar as dificuldades de comportamento de seu filho, embora pretendam fazer de tudo para dele sair. Quantas mães que têm uma filha ou filho de dez anos lhe falam de si mesmas na terceira pessoa: "Por que você faz isso à mamãe?" Não deixo de observar-lhes a esse respeito. Segue-se um diálogo deste tipo:

– É desse modo que você fala com sua filha?
– Por quê? Não está certo?
– Você lhe diz: "É preciso que mamãe faça seus cursos". Como você quer que sua filha se sinta uma filha de dez anos se você lhe fala de você na terceira pessoa, como se ele tivesse um ano... E, veja bem, com um ano já se diz "eu" ao filho quando se fala de si mesma. É você quem deve ir ver alguém com quem falar, porque você obriga sua filha que tem dez anos a permanecer em um berço de bebê.

— Sim, é verdade, estou tão nervosa; vou aos médicos o tempo todo, e eles me receitam medicamentos.

— Não use medicamentos. Vá falar com alguém para compreender por que você conservou sua criança em um berço de bebê do qual certamente você tinha necessidade, e agora essa criança sai do berço e faz você sofrer porque você está no berço e explode... Vá falar com alguém.

Depois de minha série de programas na France-Inter, "Quando o filho aparece", os pais se dirigem a mim, quando teriam podido conhecer mais cedo os psicanalistas. Certos pais começaram a se descobrir... pais. Recentemente, um homem telefonou-me para dizer que "sua menina" não estava bem: "De fato, só a senhora pode ajudar-nos". Perguntei-lhe: "O senhor é o avô?" "Ah, não!" "Que idade tem sua filha?" "22 anos... Minha menina!" Então eu lhe disse: "Mas, senhor, como considera sua filha, nascida do senhor, falando dela como se fosse uma menina? Ora, há quatro anos ela já é maior de idade, não é?" "Sim. A senhora sabe, é uma longa história... Essa menina foi tudo para mim." Eu lhe perguntei: "Desde quando o senhor acha que sua filha não está bem?" "Desde que ela teve idade para ir ao liceu: aí ela não pôde fazer mais nada." Ele não havia absolutamente percebido que ela era psicótica. Então, ele tem uma louca em casa; ela não se mexe, permanece reclusa, faz cenas. Mas por quê? Porque o pai teve em relação a ela, e continua a ter, uma relação de possessividade imaginária, de ama-avô sobre uma menina que não consegue sair disso. O primeiro homem dela não a tornou mulher, por razões patológicas. E cada vez mais tomo conhecimento de casos semelhantes.

Se as etapas simbólicas jamais foram transpostas, é preciso, seja qual for a idade, refazer o caminho. Acaso não nos encontramos, quanto à afetividade, na situação que Piaget descrevia para a formação da inteligência, ainda que a criança tenha 15 anos? Ou, em caso limite, até se ela tem vinte anos?

Se, por exemplo, um pai não soube estar presente na primeira idade, nada está perdido: ele pode, com seu filho de sete ou de oito anos, tentar criar a relação de linguagem, mas com a condição de dizer a esse filho que ele não o havia compreendido absolutamente até essa idade. E, para chegar a isso, a ajuda de seu filho é indispensável, pois é o filho que vai se tornar o pai do homem; ele vai fazer com que seu pai se torne pai, por meio do sofrimento que o pai tem de seu filho que não é pai. Cada um de seu lado pode ser apoiado, com a condição de que isso não seja feito pela mesma pessoa. Isso é primordial porque, se a transferência se opera sobre a mesma pessoa, o pai se encontra como gêmeo de seu filho, e o filho também fica bloqueado na relação que ele tem com o psicanalista. O pai deve fazer o caminho com uma outra pessoa, em relação a sua história, enquanto o filho é ajudado por um outro psicanalista que lhe permite viver como órfão e de falar a esse pai que ele próprio era órfão enquanto não tinha, graças a esse filho-problema, encontrado um psicanalista. É um trabalho muito difícil e não sei absolutamente se isso pode ser generalizado. Seja o que for, é apenas em uma relação de palavra que o pai e o filho poderão se compreender mutuamente como estando ambos perdidos. Se o pai e o filho querem se reencontrar, isso deve vir dos dois lados. Essa aproximação se fará se cada um for ajudado a compreender que o pai para o filho, o filho para o pai, é um ser espiritual com igualdade de valor.

O que não é possível, com dez anos, é retomar a mamadeira. Nem sequer no caso de uma criança raquítica por não ter tido o alimento necessário, e ter os sinais ósseos do raquitismo, poderíamos dar-lhe todo o leite que ele não teve quando era pequeno. Isso já foi fixado. Mas não é o corpo o mais importante em um ser humano; o que o torna vivo é a comunicação psíquica com igualdade de valor entre aquele que fala e aquele a quem ele fala. É isso que a psicanálise descobriu, quando são verdadeiros psicanalistas que recebem a criança ou o jovem doente e angustiado. Trata-se de uma ressonância em todos os níveis de recepção e de escuta, na linguagem verbal e na linguagem pré-verbal, como as da mímica, do gesto, dos ritmos e da música, da pintura, da escultura. Quanto à linguagem verbal, não sabemos absolutamente como ela é ouvida pelo outro nem de qual representação ela é portadora na economia psíquica. Se eu falar a vocês em uma linguagem conceitual, se eu disser "um cão", isso não é mais que um som, um cão, tanto que não perguntamos: "Mas de qual raça você o vê, enquanto eu lhe falo?" Qual é o imaginário evocado por esse conceito para aquele a quem se fala e para aquele que fala? Talvez eles não coincidam nesse conceito. Isso acontece o tempo todo. Se vocês disserem a um ser humano: "Sua família", para ele isso significa propriamente "o inferno". Para a pessoa que fala, é o mesmo que: "Ainda bem que você tem uma família". Para essa pessoa que fala, "família" é um lugar de abrigo possível, de refontização e de alegrias, festas. Se, para aquele a quem se falar, for o inferno, ele é agredido de todos os lados pelo termo "família". Aquele que se sufoca no círculo familiar dirá: "Família, eu odeio você". Para o filho pródigo, é a volta à família que pode recolocá-lo de pé. Tudo depende daquilo que o grupo familiar representa na história do indivíduo. Ele foge dela ou a procura.

> Os meios de comunicação, a televisão e as lojas propuseram os "papais protetores", os pais celibatários, os pais que acocolam.[4] Essa corrente não deixou de influenciar certos pais que brilharam por sua ausência em casa durante longos anos. Alguns deles lamentam não ter tido com seu filho adolescente todos os diálogos que eram desejáveis no momento em que ele era totalmente cuidado pela mãe. Eles têm uma falha e má consciência. Então, tentam se recuperar e se comportam exatamente como deveriam ter feito quando o filho tinha três anos. Eles o abraçam, o acariciam etc., ao passo que antes não o faziam.[5]

---

[4] *Papa poule*, Daniel Goldenberg, J.-Cl. Lattès.
[5] *En Attendant la Bombe*, Guy Bedos, Calmann-Lévy.

Não é exatamente quando o filho tem sete anos, ou dez anos, que é preciso fazer isso. Ele sem dúvida tem necessidade do pai, mas não nesse nível de linguagem. Esse comportamento é uma erotização homossexual do filho pelo pai, o que é sua forma mais grave. Seria muito melhor que ele fosse erotizado por não importa quem, menos por esse homem. Com efeito, esse homem, pelo fato de ser seu genitor, inverte o tempo e faz regredir a relação dos dois em sua história, ao passo que o pai crê estar ajudando e poder fazer progredir seu filho. São muito perigosos esses pais neuróticos que descobrem de repente que sua criança, seu filho ou filha que ignoraram, irá "morrer", no ponto de desabrochar como um jovem ou uma jovem; eles gostariam de reviver a criança neles, quando a trataram como um cão. Eles acreditam que bancando o camarada irão ajudar nessa passagem, preenchendo uma lacuna. Mas, de fato, são eles que querem conhecer aquilo de que se privaram e que desejam perenizar sua relação tutelar que faltou e que agora terminou.

Suspeito que esses novos pais, que desejam não só ajudar sua mulher, mas também substituir a mãe junto de seu filho, de estar "grávidos" por essa espécie de desejo vago de agir como mãe, de ser um pouco "canibais". O modo como falam de seu pequeno filho evoca o amor-sucção. Não é uma relação intersubjetiva entre dois seres humanos com igualdade de valor. Não é um futuro homem, ou uma futura mulher, com quem ele entra em contato quando tem a responsabilidade por esse corpo fraco, mas por um espírito que já é seu igual. As crianças têm como valor um espírito igual aos dos adultos. O essencial é não perturbar o despertar dessa criança e, ao mesmo tempo, entrar em comunicação autêntica com ela. Se nos agarrarmos a essa criança como a um galho, a uma boia de salvamento, ela arrisca a se sentir como um objeto parcial do adulto. É verdade que certos filhos dão força a seus pais. Mas só se pode entrar em relação sadia para o pai com um filho se o próprio pai estiver em relação de diálogo com outros e se ele estiver em relação com os outros (adultos e de sua idade) e não apenas consigo (o adulto ou o pai tutelar que ama).

Observemos a relação de um adulto com um filho do qual ele é o pai. Ela depende daquilo que seu próprio pai foi ou não foi para ele. Se ele perdeu precocemente, ou se não conheceu seu pai, o adulto se comporta com seu filho de modo absolutamente aberrante, porque ele não tem nenhum ponto de referência. Quando se identifica com ele, o pai divaga ainda mais, porque ele cria seu filho como se o filho fosse ele quando era pequeno; e se estiver em contradição com seu pai, é ainda absolutamente aberrante, pois seu único ponto de referência é o de fazer o contrário daquilo que lhe foi feito; mas é sempre ele próprio que o pai educa, como se ele fosse a realidade em seus filhos; ele cria a si próprio. Eis ao que tende a relação do adulto para com a criança: ela é viciada pelo fato de que o pai não compreende que não devemos nos criar a nós mesmos em nosso filho como nos criaram ou como gostaríamos de ter sido criados, pois esse filho não deve ser nosso, nem como nós, mas totalmente diferente de nós.

As modas sempre vão de um extremo a outro. Em matéria de educação, elas são perigosas. Por demasiado tempo excluído pelos pediatras do casal mãe-filho, o pai volta à carga no momento em que as mulheres começam a descobrir seu bebê como ser de linguagem, e eis que o papai protetor erotiza a seu bel-prazer a relação com seu filho e comete o excesso de toques e de carícias das mães possessivas.

Aproximemos esses dois casos opostos que separam com dificuldade três décadas. Nos anos 1950, uma professora apresenta a um pediatra seu bebê de seis meses que definhava. "Você fala frequentemente quando o alimenta?" – pergunta o médico. "Nunca. Nessa idade ele nada pode compreender".

Ela não comunicava mais, essa mulher professora que me escreveu em 1984 que, ao voltar para casa em fase depressiva depois do parto, forçava-se a falar com seu bebê quando não sentia qualquer desejo de fazer isso. Ela falava para não dizer nada, porque ela me ouvira recomendar a relação falada da mãe com seu bebê. Seu filho, enquanto ela dizia qualquer coisa, virava a cabeça. Ele sorriu para ela apenas com três meses, quando ela finalmente lhe expressou o que pensava sinceramente, "uma linguagem interior verídica". Não enganamos uma criança sobre a qualidade da palavra.

Nos Estados Unidos, o Dr. Thomas Berry Brazelton, com 65 anos, teve o mérito, como na França Franz Veldman, defensor da haptonomia (do grego, que significa "tocar"), de fazer com que o futuro pai tome consciência da plenitude do papel ativo que deve assumir para sustentar o desenvolvimento sadio do filho em formação. Mas eu faria uma reserva sobre a apresentação que se faz disso na televisão: ela poderia gerar um mal-entendido em seus simpatizantes que arriscam ver esse tipo de médicos como substitutos do pai ou do avô (a arte de ser avô sorridente não é papel do pediatra). Atenção para não erotizar nem angelizar a relação do pai com seu filho. A haptonomia não é uma técnica manipuladora particular aplicada às crianças, mas um meio de despertar os pais e os pediatras para uma relação global sadia com efeitos tanto físicos como simbólicos sobre a aquisição da segurança existencial dos pequeninos.

A CLASSE DE IDADE: OS PAIS COM OS PAIS, OS FILHOS COM OS FILHOS

Os casais em crise esperam que a vinda de um filho vá cimentar sua união ou, mais ainda, compensar sua desunião. Com efeito, o filho é um revelador. Se o casal atravessa um deserto, a vida familiar permanecerá um deserto. E um ou o outro cônjuge deverá se encarregar desse "importuno". Não é ele, Pedro ou Jane, sua pessoa enquanto indivíduo, que é a causa do desentendimento, mas aconteceu a mesma coisa com Paulo ou Laura, ou qualquer terceira pessoa em seu lugar. Mas acaba-se fazendo com que ele acredite nisso. E ele é convidado a fazer o papel de provocador de serviço, o que ele não pode deixar de ser. É, dizem frequentemente os pais, o filho que os divide, que os separa, que se apoia sobre um contra o outro, que parece fazer a lei. Reação: um se agarra ainda mais ao outro, dizendo que o casal ficará bem quando o filho for embora, ou quando o adolescente modificar sua atitude em relação a seus pais. Mas isso é apenas uma ilusão porque, precisamente, quando o filho for embora, ou deixar de manipular os pais, levando sua vida própria fora da família, o pai e a mãe se reencontram um diante do outro e o vazio reaparece, insondável. Com muita frequência, essa relação com o filho que é esperado como o messias e que a seguir se crucifica vem do fato de que os adultos não continuaram a ter amigos de sua idade, para a solidariedade, os lazeres e cultivar com eles os interesses de sua idade. Eles se reduziram demasiadamente a sua vida de casal, afastando-se de seus amigos e atividades de celibatários, e depois sobre a chamada vida de família, isto é, a seus filhos e a sua casa, e perderam seus amigos e relações de juventude e perdem também os meios de integração social além daquela que sua profissão lhes propicia nas horas de trabalho.

À república dos professores sucedeu a era dos pedagogos, orquestrada pelos meios de comunicação que propalam conselhos como receitas de beleza. Essa intoxicação mantém nas famílias de classe média uma espécie de obsessão sobre o papel dos pais: "Pais, façam reciclagem!" É uma espécie de segunda profissão, além de ser pais. E cria-se então a falsa obrigação de sacrificar a vida do casal (sacrifício inútil, como a maioria dos sacrifícios). Observamos esse excesso de pedagogia depois da baixa da natalidade, pelo fim da Segunda Guerra Mundial. Ele corresponde a toda uma floração de discursos sobre a criança.

Culpabilizaram os pais, dizendo-lhes que deveriam estar muito mais presentes, que deveriam se ocupar mais de seus filhos etc. Creio que isso lhes deu má consciência e, a partir desse momento, eles passaram a produzir muito mais angústia sobre seus filhos. Longe de ajudá-los a se libertar do casulo, tornaram a canga familiar ainda mais pesada.

Para se desenvolver bem, o filho deveria estar na periferia do grupo de seus pais, e não constituir o centro dele. Os pais deveriam procurar as pessoas de sua idade, que têm ou que não têm filhos. Nunca é tarde demais para fazer isso.

Na família nuclear atual, seria salutar colocar o filho no centro. Nos anos 1960, ele foi por vezes o filho-rei e o filho-prisioneiro. Agora que está no centro das conversas, ele é enganado: fala-se dele, mas não se fala com ele. Colocá-lo no centro de sua vida própria não é colocá-lo no centro da família. A família conserva sua função: viveiro de adultos, mas com a condição de criar os filhos para agirem por si próprios; é o que chamo de conquistar sua autonomia diariamente, e os pais também permanecendo autônomos. A condição prévia consiste em pôr o filho em relação com seu estágio de idade, e os pais permanecerem no seu. Sua animação e vivacidade podem dar aos filhos desejo de crescer. Se os pais se divertem tanto, por que não se tornar como os adultos e, portanto, como os pais entre si e com seus amigos? Para isso, é preciso que os pais os deixem caminhar por si, sem colocá-los na rua, exercendo o mais leve dos controles, mas onde eles são mais acessíveis à criança. A Casa das Crianças é o lugar a ser criado. Do contrário, na situação atual, o que lhes resta? Resta-lhes se tornarem os educadores de seus pais, se estiverem em relação com pais que não são autônomos.

OS PAIS ASSISTIDOS

Qual é o olhar analítico sobre essa inversão que faz com que, em um momento dado de sua existência, as pessoas se tornem pais de seus pais?

Essa inversão pode vir dos dois lados. Mas também pode vir apenas do jovem, sem que este esteja de acordo com "seus velhos". Pode vir por pedido implícito do velho que não se sente mais em forma para assumir a responsabilidade total por seus atos, por suas condições de vida; ele quer ser ajudado nas dificuldades que sofre. Para o jovem, isso constitui uma parte da afirmação de sua autonomia como adulto. Ele não depende mais de seus pais ao assumir responsabilidade por eles. Isso o apoia para dar esse passo. Conceder a velhice aos pais ou ver os próprios pais como velhos desculpabiliza o fato de amá-los ainda com ternura quando a pessoa sente que se torna adulta. Isso pode ser um recurso no caso de um fracasso nos inícios de sua vida social; também pode ser uma armadilha, um truque para resolver um Édipo não resolvido. Podemos ver filhas que, com cinquenta anos, jamais cortaram o cordão umbilical – sua mãe foi extremamente autoritária e possessiva – e que, de repente, se põem a mimar sua mãe, que se enerva, pois quer permanecer sempre como dominadora e não aceita essa proposta de tutela. Ela acumula provas de que não diminuiu, de que tem sua acuidade intelectual, sua independência econômica etc. Para que a inversão se realize, é preciso que os pais não permaneçam em seu pleno poder de adultos; é preciso que voltem a ser filhos ou, ao menos, que aceitem deixar-se proteger; em poucas palavras, entrar no jogo. Há velhos que são abandonados. Mas há jovens cujos pais não devem absolutamente ser protegidos e cujos filhos ficam furiosos se os pais acham que ainda não chegou o momento de classificá-los entre os anciãos a serem assistidos. É a pessoa idosa que se torna a frustrada em relação à pessoa jovem que tende a privá-la de sua liberdade. Os jogos de poder entre os seres humanos são geradores de muitos sofrimentos, e ainda mais desumanizadores do que se possam exprimir.

O DIVÓRCIO NO LICEU

Ficamos muitíssimo inquietos quando descobrimos quantos suicídios de crianças são perpetrados depois de alguns meses da aplicação das decisões de custódia, principalmente depois de divórcios que são feitos "amigavelmente".

Hoje o divórcio é um arranjo entre pais que se decidem separar, e são os filhos que levam todo o choque; foi inventada a partilha do tempo e do lugar de vida dos filhos. O juiz ratifica a decisão tomada pelos pais. Ninguém jamais considera o divórcio em nome dos filhos nas consequências, no entanto, previsíveis das decisões tomadas por pais imaturos, em relação às custódias e aos direitos de visita, sem considerar a idade e o sexo do filho, sem considerar sua inserção em seu meio escolar, amigável, social, pessoal, independente agora com cinco ou seis anos do meio social de seus pais.

Há alguns advogados que têm a preocupação de consultar o filho e tentar convencer seu cliente a renunciar a sua custódia ou, diante das perturbações da criança, de procurar um médico ou um psicólogo. Também raramente vi pais que, juntos ou separadamente, antes de se divorciar vinham fazer uma consulta para fazer o melhor para seus filhos, para cada um deles.

Pensei com outros analistas que, se nos fosse permitido fazer uma pesquisa nos liceus, em salas de segunda e de primeira série, poderíamos saber dos filhos de casais divorciados o que eles pensam da custódia pelo pai ou pela mãe, e como viveram, à medida que iam crescendo, sua história de filhos de pais divorciados. Isso foi muito difícil: a autorização pedida no mês de outubro foi dada em maio, e apenas para uma sala nos dois liceus. Fomos lá em três pessoas: um homem, sociólogo; e depois duas mulheres: eu, psicanalista de origem médica, e uma outra, de origem psicológica, que trabalha a serviço do professor Jean Bernard. Eu já pressentia o que os jovens iriam nos dizer. Com efeito, é o apartamento, o lugar em que vivem, sua classe, seus colegas que são mais importantes do que os pais. Eu tinha a impressão, depois de tudo o que havia observado até o momento, de que as crianças estavam traumatizadas quando o divórcio as havia separado daqueles de sua faixa de idade e de seu apartamento, de seu espaço de vida com o pai e a mãe... mas não de terem sido separadas de seu parente. As histórias de rivalidade entre os pais e entre as grandes famílias complicavam a situação, mas para cada uma o essencial era não perder seu ambiente. O que elas procuram é o *status quo*, permanecer com a ilusão de que nada mudou. Ao encontrar adolescentes que haviam passado pela situação, iríamos talvez ficar sabendo de alguma coisa diferente.

O ambiente e o estilo dos dois estabelecimentos onde fomos autorizados a entrar eram muito diferentes. O primeiro, em Montreuil, é um L.E.P., ou seja, um liceu de ensino prático; com efeito, é uma escola profissional. As salas, decoradas pelos professores com pinturas e desenhos, eram agradáveis. As construções eram bem sólidas, a administração bem-feita. O liceu de Montgeron está instalado em um parque de 30 hectares, um pequeno castelo, e tem pessoas comuns que administram. Um lugar bonito, mas meio malconservado, sujo. Enquanto o liceu técnico era elegante e acolhedor, o outro, dito de ensino secundário, não respirava o prazer de viver e de trabalhar, embora situado em uma área verde, mas como que não humanizada. Os alunos de Montgeron eram crianças de ambiente superior; os de Montreuil não.

Em Montreuil, os jovens do fim do curso, com 16 a 18 anos, estavam muito bem preparados para nossa visita. A diretora obtivera a autorização dos pais – pois era necessária sua permissão – e lhes havia dito: "Vocês irão discutir sobre o divórcio"; mas como não lhes fora dito: "Essa equipe vem para perguntar a opinião de vocês", eles pensavam que nós iríamos dar-lhes um curso de direito e que depois eles teriam um pequeno espaço para a palavra. A diretora nos avisara: "Vocês sabem, elas não são crianças que têm vocabulário suficiente para se expressar". O que não impediu que, com menos vocabulário, elas estavam à vontade, e quando lhes foi dito: "Nós é que estamos perguntando", então, em dez minutos, eles compreenderam e cada um falou abertamente de si. Para os alunos desse liceu, as condições materiais do divórcio tinham sido terríveis. De 15 jovens que vimos, apenas um tinha um pai que, tendo o direito de custódia, comportava-se como responsável; para os outros, o pai fora embora, ou quando eram pequenos ou quando eram maiores ou já eram em quatro ou cinco filhos, e tinha deixado a mãe sem um centavo e sem lhe dar a pensão requerida. A mãe tentava protestar seu pagamento, mas aí esse pai irresponsável desaparecia. Não era a mesma situação para os alunos do liceu de Montgeron, pertencentes principalmente ao meio burguês médio superior ou pequeno-burguês: a mãe divorciada que não havia trabalhado há 15 anos tivera de encontrar trabalho, mas não tinha havido dificuldade material, nem impossibilidade de sair para férias. Eram dificuldades afetivas que eles tinham sofrido mais, e eram todos muito mais angustiados do que os de Montreuil. Em Montgeron, como em Montreuil, apenas um pai sobre 15 tinha o direito de custódia e o exercia.

Jamais, tanto para uns como para outros, os pais lhes haviam falado sobre seu divórcio, nem antes nem depois, exceto nos dois casos de pais responsáveis.

No liceu de Montgeron viera uma jovem que não tinha nada a ver com o divórcio, mas, como sua mãe morrera quando ela era nova, sem mãe, seu pai casara-se novamente, e ela pensava que iam mostrar-lhe seus direitos contra sua madrasta. Ela se considerava como filha do divórcio porque seu pai se casara novamente e ela não se entendia com sua madrasta. Com efeito, não é o entender-se com um dos pais, ou entender-se apenas com um deles que é o divórcio para eles. Mas isso nada tem a ver com suas próprias responsabilidades, e dificilmente a ver com a lei.

A psicóloga de nosso grupo perguntou aos alunos de Montreuil: "E depois, o que vocês poderão fazer, ao sair do liceu? Vocês poderão ir a um I.U.T. (instituto de formação intermediária)?" Então eles se entreolharam, rindo: "Sim, poderia ser, mas isso não nos interessa; quanto a nós, o que queremos, ao sair daqui, é trabalhar". Eles estavam em um pré-profissional e esperavam trabalhar ao sair do liceu, em um ou dois anos.

Para os alunos de Montgeron o futuro ainda estava longe: viver junto, não se casar; no liceu de Montgeron, nenhum deles, mais tarde, conforme pensavam, se casaria. Tinham o ar de achar que falar para eles de um projeto futuro era exagerado. Eram como crianças de 12 anos, ao passo que tinham a mesma idade que os alunos de Montreuil: 16 a 18 anos. Segundo eles, o que é preciso é amar durante um tempo, e depois se separar quando a pessoa perdesse o gosto. "E então, vocês acham que terão filhos?" "Bem, pode ser." "E então?" "Bem, diziam as jovens, eu criarei meus filhos." "Sim, mas e seu cônjuge?" "Bem, tanto pior para ele!" E os rapazes: "Sem dúvida, eu criarei meus filhos". "E então, como farão se os tiverem com uma jovem que vocês não amam mais? Vocês pensam nos filhos?" "Ah, sim... Bem, nesse caso, será preciso talvez se casar para depois se divorciar... Oh, mas isso está longe..."

É um comportamento infantil que vai reproduzir, nos filhos deles, o que esses jovens tiverem vivido como sofrimento. Ainda preparamos divórcios.

Os alunos de Montgeron não aprovavam nem desaprovavam seus pais divorciados. Quando não se gosta mais, então vem a separação – é a vida. No primeiro liceu, em Montreuil, ao contrário, concordavam ou discordavam. O pai que fora embora estava errado; a mãe que continuava com os filhos e que deles cuidava estava com a razão. Em Montgeron, todas as jovens falavam do pai com tensão, sofrimento; e os rapazes, falavam da mãe.

Para eles, o casamento é contra o amor. Nos dois liceus, disseram que, casando-se, não se podia mais amar: "Enquanto não se é casado, quando não há acordo, como se tem medo de não continuar mais juntos, um dos dois cede para que permaneçam juntos; ao passo que, quando se está casado, isso não funciona mais, pois não se faz mais esforço para tentar encontrar uma solução". O casamento impede a afetividade: como há um laço material e legal, ele se torna meio de chantagem. Ao passo que, quando não há laço material nem legal, a afetividade trabalha para que se permaneça junto. "Sim... continuar juntos um momento...". Uma jovem respondeu: "Sim, talvez até 40 ou 45 anos, no momento em que é preciso absolutamente ter um filho, porque sem isso a vida não tem graça, quando não se tem filhos".

No primeiro liceu, os alunos estavam relativamente preparados para essa conversa conosco; compreendiam que éramos pesquisadores. No segundo liceu, a administração confundira um pouco. O diretor visivelmente não tinha contato com seus jovens. Ele providenciara para que a conversa fosse durante a "Jornada das profissões": dia em que os pais eram convidados a vir falar aos alunos sobre a profissão que exercem. Tomaram-nos então como pais que chegam e pedem uma sala. Sobre as portas das classes, estava escrito: engenheiro, agente de seguros..., ou seja, todas as profissões e, na maioria das salas, não havia ninguém, com exceção do adulto que esperava. Nenhuma criança se apresentava nem se informava da profissão em questão. Tinham-lhes dito que era facultativo. Na realidade, segundo compreendemos, a entrada para a vida profissional não era desejo deles. E os alunos acreditavam que éramos "psicólogos" que lhes iríamos contar nosso trabalho, ao passo que se tratava de uma pesquisa pela qual a experiência deles poderia servir para outros jovens no futuro. Não estavam, portanto, preparados.

Foi perguntado aos alunos: "Na instrução cívica, falam a vocês das leis do matrimônio, das leis do divórcio?" Jamais. E entre si, essas crianças todas disseram que jamais haviam falado com algum colega ou com algum professor sobre sua situação de filhos de pais divorciados. É totalmente diferente de nossa época, quando estávamos no liceu, minha colega em Victor-Duruy e eu, nos créditos terminais no liceu Molière, falávamos com os professores. E lá, todas as crianças disseram que não podiam falar com os professores, precisando que isso seria malvisto por outros alunos, e também por professores, embora eles jamais falassem de sua vida pessoal.

"Mas, em francês, vocês não estudam romances em que há forças, amores apaixonados que não duram, e cujos filhos ficam dilacerados depois?" Jamais. Em francês, eles jamais tiveram de discutir isso; nem em instrução cívica. Então, o que resta?

Parece-me até que, quando se ensina história e direito, deveríamos acentuar sempre a história das crianças e os direitos e as leis na família. Elas estão na idade em que podemos interessá-las nisso... em si mesmas. Mas é sempre um modo de adultos, muito abstrato e teórico. Jamais atraímos a atenção delas sobre aquilo que pessoalmente a elas se refere. Porque é muito bom falar-lhes do futuro... Mas dar esses modelos ao mesmo tempo em que não lhes falamos delas mesmas; não lhes falamos desse futuro; não lhes dizemos o que irão encontrar nesse caminho tão longo da adolescência em estudos, que as levará à idade adulta... Ora, o melhor modo de chegar ao fim do caminho é observar e falar ao mesmo tempo daquilo que há no caminho. Pois bem, isso é excluído dos liceus. De modo nenhum falamos das crianças, nem na literatura nem na história nem na instrução cívica.

Em outros países, principalmente nos anglo-saxões, as relações afetivas com os professores são mais desenvolvidas e na escola há mais brinquedos de criança. Além disso, o juridicismo não é espalhado como na França, onde ele se traduz por uma burocracia aborrecida e inibidora. Toda atividade fora das horas de aula se choca com a questão da segurança. Quem pagaria se houvesse incidente ou acidente?

Uma das alunas de liceu havia relatado esta frase de uma de suas colegas: "Você tem sorte de seus pais serem divorciados", e nos disse: "Espanto-me de ela dizer isso, porque eu seria obrigada a permanecer com minha mãe; eu não poderia, como ela, com 18 anos, sair de minha casa, porque minha mãe vive sozinha; ela me criou; ela não merece que eu a deixe". É a jovem que vai ficar bloqueada junto com sua mãe. As duas que têm um pai que delas cuida são as únicas que nos dizem: "Pois bem, eu, com 18 anos, vou viver sozinha". São as únicas que poderão, antes de se casar, viver alguma coisa de sua plena responsabilidade por si próprias. E, diante da questão: "A mãe de vocês trabalhava antes do casamento?", as jovens de Montreuil responderam: "Sim, ela trabalhava, mas, depois que teve filhos, não trabalhou mais para cuidar deles; quando meu pai foi embora, foi preciso que ela voltasse a trabalhar". Para as outras, não. Os divórcios se realizaram; os avós não tinham estado de acordo com o casamento da mãe, que voltou para a casa dos pais. Criadas pelos avós, enquanto a mãe trabalhava, como uma jovem de 18 anos que vive com seus pais antes de se casar, suas crianças não a sentiam capaz de viver sozinha, e não desejavam absolutamente que sua mãe se casasse de novo.

Pudemos interrogar apenas 15 filhos de divorciados em um dos liceus onde há muito mais; porque os pais dos outros proibiram que seus filhos participassem do debate ou falassem de seu caso. Também é muito perturbador que os pais possam impedir aos filhos, que não estão longe de sua maioridade cívica, participar de uma palestra e falar de coisas que são desagradáveis para eles, pais. Nesse caso, que dificuldades pode ter um filho de menos de dez anos para dizer o que pensa! Vamos consultá-lo, pois ele já passou dos dez anos, e até os 18 anos, e por vezes até mais, uma criança não só não é solicitada, mas pode-se proibi-la de falar de um assunto que perturba sua vida.

Nenhum dos quarenta alunos interrogados nos dois liceus fora informado por seus pais sobre sua decisão de se divorciar; eles viam que os pais brigavam, e depois, certo dia, encontraram-se sozinhos com a mãe ou transferidos para a casa dos avós, e viram que havia complicações, porque era preciso "consultar os advogados". Para algumas mães isso era difícil, porque seria nas horas de trabalho, e o patrão não queria e ela tinha problemas financeiros. Por fim, ela não sabia se defender nas complicações do processo.

Todos esses filhos disseram que teriam gostado de que alguém lhes falasse do fato de que seus pais estavam divorciando-se... em vez de descobrir isso aos poucos. No entanto, quem? Seria preciso que isso fosse desse jeito mesmo, e não por alguém expressamente delegado para isso; não era preciso que fosse um juiz. "Vocês gostariam que o juiz os tivesse convocado e pedido seu parecer?" "Não, de modo nenhum!" Os de Montreuil não queriam implicar um juiz, mas desejariam que uma pessoa neutra lhes tivesse exposto a situação. E os que se exprimiam com mais facilidade – os de Montgeron – disseram: "Sim, seria bom que o juiz convocasse os filhos e lhes dissesse: 'Os pais de vocês estão a ponto de se divorciar; deem o parecer de vocês'. Talvez não o próprio juiz. É demasiadamente duro um juiz fazer isso; mas uma pessoa que não fosse conhecida, que nos falasse dessas coisas, das mudanças decididas, e que depois poderíamos ficar tranquilos, pois não seria dito aos pais o que teríamos dito. Seria preciso que nos dissessem: 'Temos aqui uma pessoa que tem algo a dizer para você'".

Interrogados a respeito da idade a partir da qual teriam desejado poder apresentar seu parecer, todos responderam: 11 anos. Mas, quanto à idade em que teriam desejado ser avisados não havia limite de idade inferior. "Logo que tivessem decidido".

> Em uma mesa-redonda dos "Dossiês do Écran" sobre o divórcio, um rapaz de 14 anos, que vivera essa dilaceração, fora convidado para o palco. Um advogado e um juiz estavam sentados diante dele. Uma discussão fora feita sobre a custódia. O magistrado declarou: "Mas um filho pode ir ao juiz das

crianças para lhe dizer que gostaria, para a custódia, estar com um dos pais, e não com o outro". O rapaz replicou: "É preciso coragem para fazer isso!"

Em uma sociedade que se socializa, na qual somos assistidos, no Estado com este papel preponderante, talvez seja preciso começar por fazer uma regulamentação. E eu penso que para os divórcios, seria a mesma coisa. Então, devemos temer que se institua um mediador que não será o juiz das crianças, que será talvez menos desencorajador que um magistrado, mas esse árbitro funcionário não será o interlocutor mais indicado junto do filho de pais que se divorciam, mas, enfim, isso é melhor que nada. E isso de fato já será um passo se o filho, no momento de um divórcio, pode ser prevenido daquilo que acontece entre seus pais e ouvido, por um terceiro, fora do aparelho de justiça. A meu ver, seria melhor que ele fosse alguém do campo médico-social, talvez um psicólogo articulado com o médico da família, caso possível, ou ainda o psicólogo da escola ou, primeiro, o diretor do estabelecimento. Tanto mais que, por seu papel, se deveria combinar o envio dos boletins escolares, separadamente, aos dois pais.

O ESTADO-PAI

Quer se trate do socialismo à moda sueca, quer da social-democracia ou de um socialismo à francesa, o Estado intervém cada vez mais nos "assuntos familiares".[6] É talvez na Suécia, e particularmente na questão de custódia do filho, que a assistência pública se torna mais "invasora" e "toma o poder". Os trabalhadores sociais vêm tirar dos pais o filho cujo "bem físico ou o equilíbrio psíquico" se encontraria em perigo. Basta uma queixa de um vizinho, uma denúncia. A criança é então mantida em observação durante quatro semanas. Se a pesquisa estabelece que a questão não tem fundamento, devolve-se o filho a sua família. Caso contrário, ele é entregue a pais adotivos escolhidos pelo Estado. Alguns advogados escandinavos não hesitam em falar de "rapto legalizado", rapto institucional.

Há abusos, sem dúvida. Mas esse "rapto" pode se verificar no interesse verdadeiro do filho e ter sucesso. Foi o caso de um jovem sueco, cuja história me contaram. Aconteceu em 1930. Vemos que essa intrusão do Estado na vida familiar e sua substituição à vontade paterna não datam de ontem. Pelo menos nos países nórdicos. O rapaz, com 12 anos, não gostava do trabalho escolar em um ensino clássico. Os pais, que tinham títulos universitários, não podiam conceber que ele não se tornasse um colarinho branco. Certo dia, com autoridade, a direção da orientação escolar o tirou de sua família e decidiu colocá-lo como grumete em um navio. Os pais não

---

[6] *L'Enfant et la Raison d'Etat*, Philippe Meyer, Points Seuil.

podiam mais vê-lo, a não ser uma vez por ano. Reclamaram o rapto, denunciaram os traficantes de crianças. Nada foi feito. "Pobre rapaz, como deve estar infeliz", repetiam os genitores. Surpresa. Ao contrário, ele estava entusiasmado, tomou gosto pela vida de marinheiro e, no navio, decidiu retomar os cursos por correspondência. Com 19 anos ele se tornou tenente da marinha. E estava muito mais maduro que seu irmão mais velho, que permanecera sob a proteção familiar. Nessa idade, as crianças são menos frágeis que seus pais e têm maiores oportunidades de se tornarem elas mesmas navegando pelo mundo, assumindo responsabilidades, mais do que se permanecessem ancoradas em seus genitores.

Por outro lado, separar, por decisão regulamentar, o filho muito novo de sua mãe deveria ser apenas uma medida de urgência, provisória e reversível, e acompanhada de conversas com ela e o filho, se ela (ou seu companheiro) infligir maus-tratos a sua vítima. Mesmo quando há abusos físicos, a conduta a manter não se impõe sempre de modo unívoco. Sem dúvida, aconteceu-me de proteger a criança de riscos físicos. Quando eu dava consultas no hospital Trousseau, certa mulher viera suplicar ao médico de plantão que assinasse um certificado para que sua filha com 2 anos e meio lhe fosse entregue, ao sair. A criança, surrada em casa, fora admitida por causa de muitas fraturas. Mas ela reclamava sua mãe. As enfermeiras diziam: "Se a menina pede a presença da mãe, é porque tem necessidade dela". Recebi então a mãe, que começou a prometer e a jurar que não baterá mais em sua filha.

Ela havia maltratado também seu filho mais velho. O rapaz recebera golpes até que chegou à idade de fugir pela janela – felizmente, a mãe morava numa residência térrea. Ela frequentemente mudava de companheiro. Alguns dos amantes eram gentis com o rapaz, outros também acrescentavam seus golpes aos maus-tratos da mãe.

– Minha irmãzinha provoca sua mãe, dissera-me então...

Comecei então a conversa com a mulher-carrasco que acabara de protestar suas boas resoluções; ela iria se emendar etc.

– Com sua filha está acontecendo o mesmo que com seu filho quando ele era pequeno. Ela, porém, ainda não tem idade para pular pela janela e escapar de sua ira.

Eu fazia com que ela revivesse o processo.

– Ah, isso acontece nas primeiras horas; depois ela me enerva, e quando começo a tocá-la, você vê essas mãos (as suas), pois bem, não consigo mais parar...

Fiz com que ela reconhecesse que, caso recuperasse a custódia da criança, ela voltaria a bater nela. Não assinei a aprovação de saída e de entrega da criança.

As mulheres-carrasco, frequentemente, também foram criadas sem amor, ou foram separadas por algum tempo de seu filho em sua primeira idade, por causa de uma doença, de um acidente do recém-nascido ou de uma dificuldade pessoal.

A criança não é inocente nesses maus-tratos: ela tem a tendência de provocar sua mãe.

Com isso não quero dizer que sou partidária de tirar completamente a criança da mãe que lhe inflige maus-tratos: seria preciso haver estruturas de acolhimento mais leves do que as que existem na França, a fim de que a criança pudesse voltar a ver sua mãe nos fins de semana, ou que a mãe pudesse vê-la depois de seu trabalho e nos dias permitidos, no entanto, sem ficar a sua mercê em casa, continuamente.

Eu faria muitas reservas em relação à colocação da agência nas famílias que acolhem ou adotam crianças. As agências de proteção da infância agem conforme a arbitrariedade que lhes presta o advogado contratado. Se o direito de visita do pai "sancionado" é suprimida, a proteção se torna intervencionismo. Quanto à custódia das crianças de divorciados, ela é objeto de decisões que frequentemente são pura e simplesmente violação dos direitos do ser humano. No melhor dos casos, a mão do Estado continua demasiadamente pesada.

O poder judiciário está a ponto de reduzir a família nuclear ao casal mãe-filho, excepcionalmente pai-filho, avó-criança. O movimento feminista apenas traduz a corrente que leva os cidadãos a se tornarem assistidos e a se entregarem ao Estado. As crianças, reivindicam as militantes do M.L.F [movimento de liberação feminista], não devem mudar o destino individual da mulher. Sua "criação" é assunto das outras. Grupos de cooperação, adotantes voluntárias ou apontadas, cidades de crianças ou emancipação precoce da criança, tantas soluções substitutivas para que a mãe conserve toda a sua liberdade de ação.
O pai está na liça. Procura defender e retomar seus direitos.[7] Aproveita a recusa feminista da tarefa de maternidade, mas ao mesmo tempo torna-se o aliado objetivo das feministas. Caso se trate de partilhar com a mãe os cuidados necessários para com o recém-nascido, esse reequilíbrio da família nuclear poderia ser proveitoso para a criança. Mas devemos temer que essa reação esteja impregnada de espírito de concorrência, de revanche contra a mulher, de mimetismo. Os complementares não são impunemente intercambiáveis e não deveriam excluir-se um do outro. É preciso de fato defender, no entanto, a estrutura da família nuclear que acreditamos – impostura de nosso século – ser "tradicional" e que é de invenção relativamente recente, talvez apenas secular? Perguntemo-nos sobre os resultados dessa experiência secular. Seus limites, sua inadequação atual as condenam? Terá sido falsificada, parasitada por fatos políticos: crise econômica, guerras, urbanização, comunicação de massa etc.? Ou seria ela uma aberração em si mesma?

O casal mãe-pai representa sempre a mediação de base, a célula de referência simbólica para todas as crianças do mundo, pois sua função original é a de assumir

---
[7] Cf. o congresso internacional: *Fathers Today*, os pais de hoje, evolução das atitudes e dos papéis masculinos nos países da Comunidade Europeia (Paris, 1982).

a triangulação. Sem triangulação, a linguagem simbólica não pode se exprimir e realizar a estruturação do indivíduo. Mas a relação triangular pode muito bem se dar na ausência dos pais biológicos. Os adotantes ou os adotivos estão em grau de assegurar a substituição, com a condição de contar às crianças quem são seus genitores e fazê-las conhecer a história de seus ascendentes reais.

Contrariamente às orientações que acreditamos dever seguir, a adoção legal não deveria ser instituída por ocasião do nascimento, mas bem mais tarde, pelos dez ou onze anos. Os pais adotivos, futuros adotantes dessa criança, poderiam ser remunerados. A mãe, no leito do parto, poderia dizer ao recém-nascido que ela o entrega a pessoas que dela cuidarão muito bem.

Em nenhum caso se esconderia da criança a existência de seus genitores. O não dito comanda o sexo em tudo. A criança é tão somente pulsões primárias, não pode sublimar sua libido, caso ignore de quem ela é filho ou filha. Compreender o que acontece na relação triangular – essa é a tarefa à qual a psicanálise de amanhã deve se consagrar essencialmente.

O filho não tem todos os direitos, mas tem apenas direitos. Os pais não têm nenhum direito sobre sua pessoa: eles têm apenas deveres.

Desde a vida fetal, o ser humano não é uma parte do corpo materno, mas já é único. É ele que, pela mediação de pai e mãe, toma vida e se dá nascimento. Ele é a própria Vida. Ele persevera em seu desenvolvimento e chega ao fim por seu desejo de nascer. Em sentido psicanalítico, a mãe é apenas um mediador, primeiro biológico e depois simbólico. Ela não é nada. Isso é capital.

> A legislação do aborto não leva em conta esses dados. Ela é também a marca da ingerência do Estado-pai.

Uma das mais graves, que salienta o abuso do poder. Quando uma jovem menor está grávida, a sociedade (pais, educadores, médicos) pressiona para que seu filho não veja a luz do dia. Se ela persiste em querer ter a criança, ela é obrigada a aceitar viver fechada em um "hotel maternal". Intervir sobre o feto, sob o pretexto de que se trata de crianças de alto risco, é manipular o jogo real da vida e da morte. Se o organismo materno pode nutri-lo, é preciso remediar essa deficiência e cuidar da mãe. Mas a dedicação terapêutica não deve substituir a vontade do feto de viver ou não.

Em todo caso, é falacioso pretender programar a I.V.G. (interrupção voluntária da gravidez) a pedido da mãe. A maternidade muda militantes que, durante anos, apregoaram a rejeição da gravidez. Quando damos a vida, não nos alimentamos de fantasmas.

A meu ver, o aborto não deve ser penalizado. Mas penso que é um erro legalizá-lo.

De modo geral, o fato de o Estado assumir a criança tem como efeito (e como finalidade!) produzir crianças impessoais, porque os indivíduos são cortados de sua história.

O TRIÂNGULO... A QUATRO (A mãe e seu companheiro, pai ou não, e o acolhimento social por tempo parcial regular ou irregular.)

> Finalmente, o melhor serviço que se poderia prestar aos pais e às mães é tentar minimizar direitos e papéis respectivos dos pais genitores, demitizando-os, falando de seu papel de genitores, do auxílio de que necessitam para assumir seus deveres na criação e na educação de seu filho, ou de seu direito de delegar esse papel e o menos possível lhes falar de "direitos dos pais".

Adultos parentais são fatalmente necessários, sejam eles pais genitores ou pais tutelares, ou ambos. Finalmente, tudo aquilo que pode, no grupo social, partilhar a angústia dessa interdependência é benéfico para a criança; quanto mais ela ficar fechada no triângulo, na relação pai-mãe, mais ela se asfixia, e menos oportunidades tem de ser a si mesma. É preciso que essa célula se abra, mas sem que ela passe brutalmente desse núcleo para um outro núcleo de posse. É que o filho é filho de sua mãe e do homem com quem ela o concebeu, seja ela celibatária ou não. Antes de pô-lo na creche, ele deve saber que é o filho dessa mulher, que ele desejou nascer dela e do homem que com ela o concebeu. Que essa mulher o tenha desejado, mas que também necessite da sociedade, assim como ele tem necessidade dela e que não vai ser modificado em seu ser profundo se estiver sob tutela de outras pessoas a quem sua mãe o confia em substituição. É preciso estabelecer essa substituição progressivamente, pela palavra e pela mediação sensorial, para que a criança saiba que ela é a mesma na creche que aquela que está com sua mãe, à noite, no lar, ainda que muitas de suas percepções sejam modificadas. Para que não haja uma ruptura, tudo isso deve ser explicado à criança, na presença de seus pais. Essa primeira triangulação se complica quando a criança é colocada nos braços de uma outra pessoa e então se torna indispensável dizer quem ela é: não cortar o cordão de segurança depende da palavra da mãe e do pai. Apenas as vozes materna ou paterna poderão "maternalizar" ou "paternalizar" as pessoas a quem se confia a custódia da criança. Então o corpo dessas pessoas se tornará símbolo de segurança, de representantes temporários do pai e da mãe. Dessa forma, a criança permanece a mesma que é em casa e pode conservar todas as suas potencialidades sensoriais, sem deixar que nenhuma delas permaneça dormente. Então ela terá a força de suportar a contemporização do reencontro. Ela conserva seu tônus, sem se encolher em seu caramujo como uma lesma, porque ela está certa de que esse caramujo (seus pais, dos quais lhe falamos) em pensamento jamais a abandona. Com essa condição, ela se torna um ser da sociedade. É esse poder da criança que espanta os animadores de creches quando recebem, com dois meses, um bebê que vem dessa Maison Verte, lugar de socialização dos pequeninos na segurança da presença parental contínua, lugar onde tudo lhe foi dito em palavras. Contada sua gestação. Contado seu destino. Por exemplo, um menino, ou menina, que não tem pai legal e cuja mãe dissera: "Ele não tem pai". Nós a contradizemos diretamente, com humor: "Como assim? Você seria uma exceção na natureza!" e, para a criança: "Sua mãe a concebeu como todas as crianças, com um homem". "Sim... Mas isso não faz diferença!" "Como assim, não faz diferença... Essa criança o escolheu como pai, para nascer em você. Você está contente de tê-la!" "Sem dúvida, pois eu a queria!" Então, falamos a essa criança: "Você vê que você foi desejada, e você não conheceu seu pai, mas, como todos os seres humanos, você tem um pai. Sua mãe teve um pai; você, portanto, tem um avô. E seu pai-genitor que deu você a sua mãe tinha um pai que você não conhece, pois sua mãe não o conheceu e não pode dizer quem é. Mas você tem seu pai dentro de você, e você o conhece, de um modo que não sabemos".

Essas crianças da Maison Verte, quando chegam à creche, de início não apresentam síndrome de adaptação, ou seja, uma perda de seu tônus, uma perturbação de seus funcionamentos digestivos ou rinofaríngeos; ficam tão felizes como em casa e na Maison Verte, em que sua mãe, porém, não as deixa; e principalmente ouvem o que lhes dizemos. Temos, por vezes, notícias das "antigas"; hoje elas têm quatro a cinco anos e estão perfeitamente adaptadas na escola; suportam o hospital, a doença; suportam as dificuldades com uma rede de linguagem suficiente para se agarrar àquilo que chamo de narcisismo de base. Acredito que eram coisas que aconteciam sem que percebêssemos na vida tribal, e na vida aldeã, e na vida familiar do tempo de um aposento único aquecido, quando havia tradições, encontros, domingos em família; tudo isso era, para as crianças, um enraizamento, uma segurança de estar em uma sociedade articulada com sua família, quando sobreviviam a doenças devidas à falta de higiene ou à absorção precoce de álcool. Percebemos que muito frequentemente os pais apresentam muito mais obstáculos do que apoio ao desenvolvimento de seus filhos. Seu amor é sempre possessivo, facilmente angustiado, em vez de ser libertador. É isto: temos um amor que é o tempo todo parasitado pela necessidade de devorar. O pai, com muita frequência em nossos dias, é o parasita por excelência, em relação ao filho do homem.

É preciso não tanto "repor em seu lugar", mas apoiar os adultos para permanecerem no lugar em que se encontravam antes da concepção da criança, e que seu desejo seja vivido na convivência com os adultos; que permaneçam apenas em seu lugar de seres que desejam. Verificamos que, dobrados pela maternidade ou pela paternidade, as valências livres de desejo que eram vividas entre adultos se mobilizaram por sua progenitura e se fixam sobre essa criança que assume para cada um uma parte do lugar do cônjuge. E o cônjuge perde seu valor em relação a essa revelação também do poder libidinoso, atrativo e sedutor, de uma criança. Ou ela é sedutora, ou é rejeitada; ou queremos devorá-la, ou queremos comandá-la, levantá-la, sempre com um amor derivado de nosso narcisismo, porque ela é corpo de nosso corpo. Foi gênio de Freud ter compreendido isso com a expressão "complexo de Édipo".

Capítulo 7

Uma descoberta capital

A "SOLIDARIEDADE GENÉTICA"

"Vocês, senhoritas, têm infinitamente mais necessidade de aprender a se conduzir cristãmente no mundo e a governar bem sua família com sabedoria, do que de se fazer de sábias e de heroínas; as mulheres sabem apenas pela metade, e o pouco que sabem as torna em geral orgulhosas, desdenhosas, conversadeiras e distantes das coisas sólidas" (Conferências sobre a educação das jovens, 1696).
Desde Mme. de Maintenon, que escreveu sobre a educação das jovens um conjunto de preceitos coercitivos e alguns julgamentos desprezíveis sobre as crianças, os bons filósofos ignoraram o assunto. Deixaram o campo livre para as religiosas, confessores, pessoas de boas maneiras, governantas, comerciantes de cosméticos. O adágio "As jovens são todas atrizes" tinha valor de postulado, e elas não esperavam se tornar mais que objetos para os homens. Havia muito maior preocupação de formar os rapazes para a vida ativa. A infância dos chefes. Houve educações-tipo, como a educação jesuítica. Era a meritocracia.

Que o melhor ganhe. O melhor é julgado pelos adultos. Como se trata de agradá-los, para ganhá-los, o melhor é o mais astucioso ou o mais submisso, para manipular aqueles que têm o poder. Com ou sem jesuítas, a sociedade é de fato a grande escola de hipocrisia. E é principalmente a mentira pela palavra, todas as palavras são falsas. Essa linguagem fundada sobre "Você chegará por seu mérito, por seu esforço..." foi completamente recuperada... São termos estereotipados que intoxicam. Nós hoje os encontramos no discurso político, que se torna cada vez mais lenificante. É isso talvez que caracteriza esse subemprego ou essa última perversão da linguagem educativa. Agora é a educação da massa. Antes havia uma educação coletiva, fundada sobre a transmissão de um saber e, a partir da pré-adolescência, a educação do senso crítico. Agora não se busca mais que as massas sejam instruídas; ao contrário: quanto menos souberem, mais facilmente serão conduzidas. Saber fazer ocupa o lugar do saber. Saber manipular o computador. Trata-se, para tudo, de conhecer o modo de usar. Nossa sociedade não é mais que uma sociedade de direitos a fazer valer. Estamos longe de uma sociedade de cidadãos que, pelo trabalho que dão a fazer e aquilo que fazem, estão a serviço uns dos outros. Creio que se, de fato, nessa sociedade, cada um estivesse consciente que onde ele é pago, seu tempo e seu trabalho estariam a serviço de usuários em troca do pagamento que recebe, muitas coisas mudariam. Isso já seria uma revolução: que nos hospitais, as enfermeiras e os médicos estejam a serviço dos doentes que os pagam, que as puericultoras estejam a serviço dos filhos de pais que os pagam, que os professores estejam a serviço dos alunos que os pagam. Isso seria uma sociedade de solidariedade e de responsabilidade. Seria melhor chamar o ministério da Solidariedade de "ministério da Responsabilidade", porque a solidariedade é muito equívoca: guarda uma pequena conotação de caridade, de boas obras (dar um mínimo àqueles que não têm muito para ficar de consciência tranquila). Ou seja, é melhor que cada cidadão seja responsável por si e por seu agir para com os outros. As pessoas não são santas. A ética pessoal de cada um está enraizada na neurose familiar, seja ela qual for, pois sempre há em nós certa parte de neurose. Não digo que prestar serviço aos outros, sendo pago, seja algo desinteressado. É viável porque isso tem pagamento. É uma comunicação com benefício partilhado e recíproco. É sempre um benefício para si mesmo, mas isso deve sê-lo também para os outros. É muito importante aceitar ser pago em troca de seu trabalho, pois: "Tenho a responsabilidade pelo serviço para o qual fui pago... Se isso não for pago, tenho muito mérito, mas não tenho a responsabilidade; mas, como sou pago, delegam-me a responsabilidade por meu trabalho. Isso é justo".

O senso da responsabilidade decorre naturalmente da consciência da maturação genital no corpo de cada um de nós. Há inconscientemente nascimento do senso de responsabilidade quando um ato deliberadamente realizado pode dar fruto imediatamente e a longo prazo, nas gerações futuras. Desde a idade da razão, com oito a nove anos, toda criança pode compreender que ela é responsável em parte ou na totalidade pelos efeitos que seu comportamento produz sobre outrem. A educação deveria ajudar as pessoas, e principalmente as crianças, a fazer a diferença entre a culpabilidade e a responsabilidade. A confusão é inevitável se não for desenvolvido desde muito cedo o senso crítico e um senso ético da responsabilidade. Este passa pela solidariedade, sem a qual não é possível iniciar nessa ética os menores de idade ou os menores desfavorecidos.

A psicanálise revelou o que se poderia chamar de "solidariedade genética". Ela permitiu descobrir que acontecimentos que aconteceram na família de um ser humano, antes até que ele nascesse, enquanto é um feto, no ventre de sua mãe que sofre pelo acontecimento que passou e que não tem ninguém para contá-lo, são capazes de induzir uma psicose nesse ser em gestação. Essa criança vai, por meio de seu corpo, contar o sofrimento que a mãe matou. Portanto, ela carregou o efeito de um sofrimento não dito de sua mãe. A psicanálise – e principalmente a psicanálise de crianças – fez compreender a solidariedade das gerações diante dos efeitos desvitalizantes de certos traumatismos, estresses, choques afetivos ou vitalizantes, sucessos, alegrias.

Essa descoberta da transmissão da herança assim como da dívida sobre o plano emocional inconsciente dos seres humanos é comparável, por sua importância capital, à descoberta sobre o plano patogênico da transmissão genética de certas doenças. Tudo acontece como quando se atira alguma coisa pela janela: se nada a deter, ela só poderá cair no chão. Não se trata de determinismo filosófico. A psicanálise revela as leis das relações inter-humanas e o dinamismo operacional do viver entre humanos articulados juntos no tempo, no espaço, e pelas trocas substanciais e sutis de seu relacionamento no mais amplo sentido do termo.

A ORIGEM ÉTICA DAS DOENÇAS

Ninguém percebe o motivo pelo qual uma criança sofre moralmente. Com efeito, cuidamos do corpo, do ser que cresce, e não do ser humano, que tem toda uma história e que teria necessidade de contá-la, mas não tem palavras para isso. Ela se impede de crescer até que isso seja expresso.

O órfão permanece invisivelmente agarrado ao corpo morto de seu pai por ocasião de seu nascimento enquanto não lhe tivermos falado dele. Seu luto silencioso, sua dor devem ser reconhecidos por alguém. O laço doloroso pode ser desfeito se lhe falarmos, se lhe for tornado comunicável a outros de modo simbólico.

Como um adulto, um bebê pode entrar em uma depressão mortífera. Ele a traduz em seu corpo, pois o efeito dela é orgânico. Mas não a produz. Ele já está na linguagem. O que é maravilhoso é que, desde o nascimento, o ser humano é um ser de linguagem. Isso é fundamental. A saúde da criança é tão psicossomática quanto a doença.

Sua saúde fala a linguagem da vida: o que foi ontem foi ontem, e o hoje prepara o amanhã. Se nada o retiver para trás, ele estará com boa saúde. O bebê é receptivo a todo acontecimento com o qual se encontra misturado: não importa qual seja a experiência, ela pode deixar marcas, tanto estimulantes como debilitantes de seu tônus.

Há uma ética inconsciente em cada ser humano desde o nascimento: os cães não produzem gatos. Tudo acontece como se houvesse uma liberdade de escolha: certos seres humanos, crianças, preferem se tornar mudos, viver mal em vez de doentes para não se tornarem, caso sadios, perversos ou delinquentes. Uma prudência como que intuitiva os impede de aceder ao nível de domínio social que lhes permitiria se estruturarem à imagem daquilo que lhes foi imposto, ou seja, de se tornarem delinquentes. Tudo acontece como se neles houvesse um eixo ético muito mais profundo do que a moral de seu grupo social formador. Há uma trajetória potencial em cada um. Se procurarmos dela nos desviar, isso poderá impedi-la de crescer. Há uma possibilidade de utilizá-la diversamente, de um modo que para a sociedade é moral ou imoral. Por exemplo, certos seres não podem no fundo deles mesmos se tornar seres de dinheiro. Há certa marca original da ambição que pode ser incompatível com esse valor dos adultos "modelos" ou indutores da direção para a ambição da criança.

Mais do que pela maleabilidade de certas crianças, fico espantada com a resistência de outras diante das tentativas de sedução de pessoas que gostariam de fazê-las seguir certos caminhos.

O espírito de um ser humano está em alguma coisa totalmente madura desde seu aparecimento sobre a terra. Ele vai se deformar ou continuar em sua linha, por meio da relação com o mundo, vai ou não deformar sua ética. Alguns não querem começar e, mais que entrar nesse jogo, se tornam retardados ou psicóticos. Por quê? Como?

Não esqueço um rapaz a quem escondiam o nome de seu pai. Até encontrar um psicanalista essa criança era retardada. Todas as barragens tinham sido feitas pela mãe e pela avó, a fim de que ele não descobrisse o segredo.

O fato de ser mantido por um não dito em relação a seu nascimento o impedia de nascer completamente.

Tocamos aqui o princípio inicial, fundamental, do desejo de se encarnar. De ser o representante do encontro de dois seres genitores. O não dito intencional culpabiliza.

O homem libera o direito de viver ou o impedimento de viver. Se não souber como foi criado, o filho, que prefere ser marginal, não pode ser criativo. Se o contarmos como respostas a suas perguntas, se o reconhecermos em seu valor próprio, ele se auto respeita. Ele assume seu ser conscientemente.

Ele conserva seu segredo: "Não conte isso para a vovó. Estou contente de ser filho do senhor... é um segredo que descobri". Eis o que, depois de alguns meses de psicanálise, uma criança criada por mulheres, suas tias (não sua mãe, já falecida), é capaz de dizer a seu avô, depois de ter descoberto tardiamente seu genitor incestuoso. E, ao mesmo tempo, sai completamente de sua passividade e de seu retardamento psíquico-afetivo.

OS DIAS MAIS LONGOS DO SER HUMANO

Conforme Jean-Pierre Changeux, neurobiólogo no Instituto Pasteur, o cérebro de um recém-nascido conteria talvez cem vezes mais neurônios do que o do adulto. Essa hipótese vem ao encontro da teoria de Jacques Mehler, do Instituto das Ciências do Homem: "O desenvolvimento intelectual não seria uma aquisição de faculdades novas, mas, ao contrário, uma perda de capacidades presentes por ocasião do nascimento".

Para o Dr. Julien Cohen-Solal, "os desenvolvimentos afetivo e intelectual estão indissoluvelmente ligados. Além dos oito meses, os efeitos parecem dificilmente reversíveis sobre o comportamento emocional e, além de 24 meses, sobre o desenvolvimento intelectual. Se os dados da neurofisiologia são exatos, então o dia mais importante da vida é o primeiro, depois o segundo e assim por diante..."

O Dr. Léon Kreisler, pediatra, por ocasião do segundo Congresso mundial de psiquiatria do bebê (Cannes, 1983), salientou que as perturbações psicossomáticas da primeira idade (insônia, vômitos, cólicas, diarreias...), que aparecem frequentemente pouco tempo depois do nascimento, provêm do fato de que a expressão mental do recém-nascido utiliza "a via subterrânea dos órgãos". Perturbações que têm três origens: a insuficiência crônica do apego (vazio afetivo), o excesso de estimulação (hiperproteção), as rupturas no modo de custódia. "Nada é definitivo – estima ele – antes da adolescência. Essas perturbações são reversíveis".

Olhamos a patologia do bebê como se fosse o corpo vacilante a origem de suas dificuldades relacionais. É o contrário. São as perturbações da relação com o adulto tutelar responsável por ele que perturbam o crescimento físico. O afetivo é tão dominante na maioria dos seres humanos que modifica o comportamento biológico de uma criança: o apetite, a digestão, a motricidade, o tônus, tudo isso depende das trocas de linguagem com a pessoa que dela se ocupa. Sem dúvida, o capital genético tem sua parte e o metabolismo também. Se subalimentarmos uma criança e ela não tiver suficiência de calorias, irá se enfraquecer: algumas primeiro fisiologicamente, outras mentalmente, conforme sua natureza própria, seu patrimônio genético. Foi o que se presenciou nos campos de concentração. Quando damos às pessoas 500 calorias por dia, não podemos esperar que continuem a estar tão ativas, física e mentalmente. Acontece que elas se defendem muito bem contra a decadência moral e a degradação psíquica; a alma resiste, dizem, mas não o corpo. Outras resistem com o corpo, mas tornam-se animais umas em relação com as outras. Nos campos de deportação, as pessoas perdiam todo sentimento de confraternização humana com as outras para se jogar sobre o alimento e assim defender seus corpos. Outras, ao contrário, apoiavam moralmente as outras, morriam de fome para conservar uma ética humana e o gosto de se comunicar. Poderão dizer-me que isso se devia unicamente a hormônios que se reduziam e que não tinham o mesmo efeito em umas e em outras. Isso, de fato, era certamente comandado, no entanto, pela marca profunda de uma primeira educação.

> As neurociências poderão fundar cientificamente que a criança não pertence a seus pais, que ela não é, como se diz, "carne de sua carne, nem sangue de seu sangue"... ao menos pela concepção e pela genética. Ela se encontra, inteira, nessa vida relacional simbólica precoce, no amor dado e recebido entre a criança e seus adultos tutelares que a filiação estrutura.

Se pudéssemos fundar com algumas constatações precisas que, afinal de contas, cada criança é extremamente diferente de seus genitores, creio que isso seria uma boa contribuição das neurociências. Não chegamos a isso; talvez algum dia cheguemos. Mas isso não mudaria a afetividade, a possessividade, o desejo dos adultos que se sentem com direitos sobre o destino de seu filho.

Quem teria pensado, há cinquenta anos, antes dos trabalhos de Jacques Ruffié no Collége de France, que poderíamos demonstrar cientificamente a inanidade do racismo? A hematologia geográfica enfraquece completamente a doutrina da ideologia do racismo.

Então, talvez descobriremos certo número de dados sobre as transmissões hereditárias que mostrarão que as pulsões dos pais naturais que se apropriam de sua progenitura e se identificam com ela não têm fundamento biológico. Estou convencida a esse respeito. Basta ver as relações de adoção. O fundamento biológico alegado é uma racionalização destinada a nos dar boa consciência em nosso desejo jamais erradicado de exercer poder sobre outra pessoa.

A etologia animal interessa os pesquisados de psicologia experimental.[1] Mas haverá nela termos de comparação com a etologia humana?

É provável que a observação pelos seres humanos do desenvolvimento dos animais e de suas relações entre si não muda o comportamento individual. Em compensação, a relação dos seres humanos, observada por eles mesmos, muda alguma coisa, pois ela introduz na vida simbólica do observado uma perturbação. Mais que especular sobre a orientação das pesquisas futuras, no entanto, voltemos ao campo da psicologia experimental. Ela poderia, de forma imediata, fornecer um meio mediador para melhor conhecer o potencial de cada criança. Com o método de uma investigação, ela deveria inscrever em seu programa o estudo da resistência de percepção dos diferentes sentidos de cada criança. Isso não seria prejudicial e permitiria já que os genitores compreendessem que tal de seus filhos é percepcionalmente mais dotado, por exemplo, da visão do que da audição, mais da olfação do que da tactilidade, mais do equilíbrio do que de rapidez motora etc. Há também o respeito pelos ritmos de cada criança: as necessidades são naturalmente ritmadas e esses ritmos devem ser respeitados.

Na Maison Verte, no decorrer da simples observação de uma criança, pude assim descobrir um músico. Um jovem músico em um menino de três anos passados que já possuía um atraso de desenvolvimento. Os pais, com os quais eu conversava e tornava atentos ao comportamento de seu filho, se lembraram que esse menino que andava com dificuldade havia se agarrado a um velho senhor que ele não conhecia e que havia encontrado em uma reunião. Era o músico da família. Ninguém havia compreendido por que esse menino se agarrava a esse senhor que não se ocupava de crianças. Seus pais o consideravam retardado, até o dia em que pude, observando-o, descobrir que ele possuía uma percepção auditiva espantosa. Disse a eles: "Ele talvez seja retardado, disso nada sei, mas tem uma espantosa acuidade auditiva e uma capacidade de atenção em sua percepção auditiva. E é por meio disso que ele é motivado". Na sala de jogos da Maison Verte ele havia monopolizado o toca-discos e desmontara sem parar a pilha dos discos de 45 rotações: punha um, e logo o retirava. Para sua mãe, isso era sinal de instabilidade. O que não era verdade: se observássemos suficientemente, veríamos que ao chegar à face do pequeno disco com a música que estava procurando, então aí ele parava; melhor, ficava concentrado, pois ouvia o disco inteiro, repetindo o movimento depois que o disco terminava – era esse disco que ele punha de novo para novamente o ouvir.

Eis uma observação de uma criança deixada em plena liberdade, com um respeito muito grande por sua espontaneidade. Em vez de testar grupos de crianças

---

[1] Cf. *L'Attachement*, obra já citada.

com quantidades de parâmetros, poderíamos estudar um por um os parâmetros sensoriais de cada uma delas; isso não as incomodaria demasiadamente.

De início, os pais procuram em seu filho sinais particulares. As mães ficam muito preocupadas de saber com quem ele parece. Se ele tiver o pé espalmado do avô, será, como ele, um grande marinheiro. Servimo-nos de certos aspectos físicos da superfície corporal para deles deduzir a vida interior e as opções de desejo dessa pessoa, ao passo que elas são muito pouco visíveis. A linguagem dos pais não é inocente quando a criança é comparada a tal ou tal antepassado. Mas podemos apenas constatar o fato. As sonoridades acompanhadas de sentido de comunicação que a criança recebe exercem uma influência muito grande sobre ela. Não podemos, por outro lado, tornar os pais "assépticos", mas podemos ajudá-los a não julgar mal uma criança com a qual eles não partilham os gostos sensoriais, os interesses.

Certo filósofo quis fazer a experiência de segregar totalmente as crianças, criadas por pessoas que jamais falariam com elas, para saber se elas, por si, descobririam uma linguagem. A experiência falhou totalmente, porque, quando as crianças chegaram à idade de falar, falaram como a vizinhança. Das duas uma: ou as pessoas que, por assim dizer, não falavam com elas não chegavam a se calar, ou a linguagem interior – os silêncios e as atitudes – era suficientemente expressiva e contaminadora.

Se mostrássemos aos pais aquilo que seu filho tem de próprio, eles seriam menos possessivos; teriam menos tentação de julgar o filho em relação àquilo que eles próprios são e àquilo que esperam. Estariam mais inclinados a admitir que essa criança se conduza conforme suas próprias afinidades, dando-lhe a oportunidade de encontrar as pessoas semelhantes a ela.

FRACASSO DEPRIMENTE, DOENÇA INICIADORA

Quando pequeno, um de meus filhos, que agora é arquiteto naval, sonhava apenas com motores. No dia do lançamento do primeiro foguete enviado pelos seres humanos para a estratosfera, ele ficou completamente deprimido. "Quão difícil é viver! Já inventaram tudo nos motores. Então, de que serve ir à escola?" O que ele poderia aprender sobre os motores estava ultrapassado. "Não há mais nada a encontrar... E se não há mais nada a encontrar de científico, de que adianta viver?" Ele de fato acreditou que a ciência havia parado, que a pesquisa havia terminado. Apenas isso o interessava. E isso me atingiu muito, porque foi necessário levantar seu moral durante dois dias: "Mas você sabe que ainda há outras coisas a serem inventadas... Além do mais, esse foguete não sobe tão alto assim...".

Não prestamos suficiente atenção à atitude da criança que se identifica com alguém que lhe dá o sentimento de ter realizado tudo. É preciso, ao mesmo tempo, que ela possa continuar, retomar a chama, fazer outro tanto, fazer melhor ou qualquer outra coisa. Caso contrário, ela se imobilizará no "Nasci tarde demais" ou "Para que nasci?"

Os pais que se apresentam como pioneiros, heróis pesquisadores, deveriam, ainda que estivessem muito ocupados, dizer diante da criança, bem cedo: "Ah, ainda há essa coisa, esse domínio a explorar... Lá ainda existe uma incógnita..." ou "Sobre essa questão eu não sei mais que você".

Ao contrário dos heróis que têm sucesso, há os "perdedores" que arriscam desencorajar o "revezamento". Os pais, deprimidos porque descontentes com sua sorte, desenvolvem também nos filhos a ideia de que todo esforço é em vão, todo trabalho é inútil, toda iniciativa é mal recebida em um mundo hostil e fechado. Quantos homens que têm responsabilidades se dirigem a eles para se queixar: "Esse trabalho está condenado... essa profissão não é mais eficaz... Estou me matando por nada...".

Isso não é desastroso para o adolescente. Ao contrário: seu pai é humano. E depois isso lhe mostra que também há coisas barradas, fechadas, e que é preciso ir a outros lugares, fazer outra coisa, encontrar um caminho, não seguir a mesma profissão. É uma informação.

Para o filho pequeno, porém, é deprimente só ouvir de seu pai a queixa por sua vida fracassada. Essa atitude paterna é sádica. Em vez de ser iniciadora, ela é mutiladora de suas forças vitais. Ela exprime também a decepção do conjunto social ao qual pertence a família em que a criança vive. Isso porque toda ação só tem sentido quando retomada com outros, para os outros; no fundo, esses pais decepcionados são pessoas que não trabalharam para os outros, nem com os outros nem com sua faixa de idade. Mas essa ausência de vida de equipe e de finalidade social vem do fato de que hoje reina um narcisismo individual exacerbado, deixando de lado as grandes teorias sociais que não são absolutamente vividas pelos indivíduos.

Os pais devem dizer facilmente ao filho: "Prepare seu futuro; é preciso que você chegue a trabalhar...". Ele replica: "Para que serve isso, pois trabalhar como o senhor não é viver". Ou o pai é um ambicioso bulímico... um ativista, e seu sucesso o esmaga e o extenua, porque ele é escravo de seu sucesso; ou então o pai vive um fracasso; nos dois casos, se não estimularmos que a criança critique isso e aquilo que ela observa, ela pensará que não há outro caminho do que seguir o mesmo de seu pai.

Se esse pai que trabalhou enormemente para chegar, rico, mas esgotado, aos cinquenta anos, ou sem amigos, sem alegria ou amargurado, ou arruinado, lhe diz: "Mas eu, na sua idade, eu trabalhava! Eu fazia isso, fazia aquilo", o filho pensará: "Sim, mas eis aí o resultado! Então, é melhor fruir o prazer agora, pois ele não o fez quando era jovem e agora eis a que ponto chegou".

É verdade que é preciso assegurar a juventude e também a estimular; mas assegurá-la pela confiança e por sua própria força para fazer seu caminho. Isso supõe não lhe falar de sucesso ou fracasso, de ser um exemplo atual, não em seu passado.

Se o pai disser: "Quando comecei, eu achava que haveria um sentido na profissão que tenho. Agora, provavelmente existe uma competição muito maior, e não estou à altura de lutar; há os que ainda têm sucesso nesta profissão, mas eu talvez não. Você, porém, terá suas oportunidades. Mas se isso estiver demasiadamente saturado e você quiser exercer uma outra profissão, sem dúvida estará coberto de razão se mudar de caminho".

Falando-lhe desse modo, ele não o fecha em seu fracasso, mas abre o jogo e estimula sua combatividade ou lhe abre outros horizontes.

Parece inofensivo aos pais que voltam do trabalho exibir seu desânimo e depressão diante dos filhos de menos de dez anos, sob o pretexto de que eles "ainda não compreendem". Sobre esse plano, não há discrição nem preocupação daquilo que sua jovem testemunha sente. Deixa-se a coisa correr. Modo singular de construir um modelo para crianças que ainda não são totalmente autônomas em relação a eles. Ao mesmo tempo, porém, com que precaução, com que astúcia se empenham em ocultar a morte real, a doença real, quando elas atingem o lar. Não se imagina que, quando elas são assumidas pelos pais, elas se tornam, ao contrário, uma iniciação à vida. Apresentavam-me para consulta crianças a quem a família não queria dizer que sua mãe fora atingida por uma doença grave. No entanto, todo o mundo se esforçava: a família contribuía para pagar os tratamentos e fazia tudo o que podia, humana e espiritualmente, para lutar contra a doença, mas isso não fora dito à criança; embora ela assistisse à decadência da mãe e lhe ocultassem os motivos; resultado: essa criança não fora humanizada diante dessa dificuldade. Encontrava-se em tal estado de depreciação de si mesma que se saía mal em tudo na escola. Pediram-nos para intervir. O tratamento psicológico consiste em dizer a verdade à criança. "Mas isso vai lhe causar muito sofrimento!" Ajudá-la de fato é dizer-lhe que a vida física de sua mãe está em perigo, mas absolutamente não o amor que a mãe tem por ela, nem a força que a mãe lhe quer dar para lutar, pois ela está dando o exemplo de lutar. Ela tem o ar de vencida, e os que a cercam de modo nenhum lhe dizem que ela está lutando. E ela é uma imagem do abandono do posto, se assim posso dizer. Ao passo que, ao contrário, se ela lhe for mostrada no estado de fraqueza em que se encontra, por lutar enormemente (já estaria morta se não tivesse lutado), ela lhe dá o exemplo da combatividade. Por outro lado, a prova disso é que se alguém estranho à família lhe fala do que acontece, sem nada ocultar da verdade, ela retoma todas as suas forças, e aceita a eventualidade da morte de sua mãe, autonomizando-se dela para perpetuá-la, como ela desejaria que a criança continuasse a vida que ela lhe deu na esperança no momento em que estava bem de saúde.

Vemos a que ponto a falência moral do "modelo" é mais desafiadora do que o fracasso conjugal dos pais para os filhos quando os pais divorciados se desincumbem de suas responsabilidades quando não querem assumir a custódia nem pagar a pensão para a mãe. Essas crianças ficam marcadas pelo desamparo e não conseguem sair-se bem em sua vida: são falidas porque o pai se mostra falido. Não pelo fato de se ter divorciado, mas por seu comportamento de irresponsável e de homem sem palavra em relação ao filho e à mãe. E, nesse momento, as crianças dizem a vocês: "Eu preferiria que ele tivesse morrido, porque morto, ele não seria um falido; morto, ele teria sido vencido pelas leis da vida. Mas, como está vivo e faliu, só posso identificar-me com um falido; ao passo que, morto, posso retomar forças e andar mais longe".

> ### *ESSES PAIS QUE "SUICIDAM" O FILHO*
>
> Os pais suicidam seus filhos para se vingarem de seus próprios pais. Isso é testemunhado por um filho dos mineiros do norte, cujo testemunho autobiográfico está escrito com bisturi: "Meu nascimento foi um interminável coma. Esse coma durou 19 anos. 19 anos de exílio de mim mesmo. E se o estado civil se digna a conceder-me 29 anos, eu só reconheço dez deles. Minha infância é desconhecida para mim. Por vezes, ela me aparece como uma terra estrangeira, entregue a todas as pilhagens. Durante todos esses anos, 'eles' me suicidaram e minha única resistência foi a autodestruição…".
>
> Ingrid Nahour
> *Les lèvres mortes*, Ed. Papyrus

As pessoas não imaginam a repercussão que seus propósitos e atitudes podem ter sobre a criança pequena, porque comumente lhe concedem uma existência larvar. Acreditam poder provocar todas as feridas em uma larva, porque uma crisálida não tem valor a seus olhos. Agem como se a borboleta que os maravilha não tivesse dela saído. Contrassenso biológico. Na verdade, todo traço desvitalizante que a larva sofre irá potencialmente desvitalizar o ser mutante e a futura borboleta será uma borboleta defeituosa.

O FRACO, FATOR DE EQUILÍBRIO

O sacrifício antigo tinha como finalidade servir ao grupo social em dificuldade. A própria noção de vítima propiciatória, de oblação, parece excluída de nossa mentalidade. Encontramos, no entanto, o tema do sacrifício no grupo familiar de hoje. Quando um dos membros da família se encontra em certa regressão, os outros aproveitam para estabelecer certa ordem, estreitar laços de solidariedade, "ganhar seu céu", santificar-se, equilibrar-se nos conflitos.

Um débil, um louco, um delinquente também serve ao grupo. A experiência o demonstra *a contrario*: quando se pode ajudar um fraco, um deficiente, um marginalizado a reconquistar sua autonomia, tudo ao redor dele se desmantela. Os membros de uma família frequentemente têm apenas um equilíbrio de feixe de fuzis: ficam de pé porque se apoiam uns nos outros; quando um sai, todos os outros se desequilibram. Essa interdependência faz com que seja difícil adquirir uma autonomia em relação àqueles com os quais fomos educados, principalmente em um grupo familiar, mas até em um pequeno grupo ocasional. As pessoas que fazem psicologia de grupo sabem que ao cabo de dois, três ou quatro dias, certa coesão é estabelecida. Fiz dois cruzeiros e fiquei espantada de ver que ao cabo de algumas horas, os peões são distribuídos, os lugares no tabuleiro são ocupados. Os passageiros adotam um modo de ser uns em relação aos outros. É preciso que haja a aventureira, o brincalhão, o ingênuo que cai em tudo, o eterno impertinente. E não há dois deles, não há três, e se não fosse aquele, um outro teria assumido esse lugar. Em uma sociedade, cada um deve assumir seu lugar. É muito espantoso. Essa distribuição dos papéis não é organizada a partir de cima. É um equilíbrio que nasce da relação entre os seres. Os papéis correspondem provavelmente a arquétipos muito antigos. No céu dos deuses pagãos, cada tipo humano tem seu representante mítico. Essas mesmas pessoas, quando as revemos depois, não têm esse emprego na vida corrente.

Por que isso é necessário para o equilíbrio do grupo? Com frequência, isso é feito às expensas de alguém que assume o papel de vítima. No caso do cruzeiro, pode acontecer que o grupo designe uma "cabeça de turco". Mas as pessoas em geral desejam que isso dê certo. Cada um é voluntário. Ninguém lhe impõe um personagem. É ele que assume o papel, mas inconscientemente. Quando esse papel é reconhecido pelos outros como conveniente, ele o conserva, até o fim da viagem.

Não há bons ou maus papéis. Todos os papéis são dinâmicos: temos os papéis dos rejeitados, daquele que se ocupa da movimentação, daquele que se ocupa das brincadeiras, daquele que se ocupa de pôr as pessoas em fila quando se vai sair, que organiza os táxis... Há o sedutor, há o impertinente, e depois há o eterno preguiçoso, que espera que os outros o sirvam; aquele que é um hipertônico e que faz tudo. E nunca há dois deles. Isso é curioso à primeira vista. Por que não haveria três aventureiras? Não, de modo nenhum; há apenas uma só e única pessoa enigmática e que tem o jeito de aventureira. Também se encontra igualmente o doente: aquele que está sempre sofrendo, o alérgico, que vai repousar em sua cabine.

Na véspera da chegada, todo o mundo fica abatido porque irão se separar. Esses cruzeiros dão nascimento a todo tipo de coisa. São tempos que dão a impressão de viver mais intensamente. O mesmo fenômeno que acontece com os que aderem a associações que organizam *week-ends*.

Espontaneamente, as pessoas têm necessidade de psicodrama quando não resolveram por si mesmas aquilo que um tratamento individual teria podido denunciar.

O que podemos esperar de um tratamento individual? Que, afinal de contas, possamos enfim jogar o jogo, ainda que ao mesmo tempo não acreditemos nisso. Sabemos bem que somos o fruto de uma história, mas, por mais dolorosa que seja ela, não sofremos mais como as pessoas que não fizeram análise e que, embora adultas, querem isso para seus pais e ainda estão apaixonadas entre irmãos e irmãs. Não, gostamos de jogar o jogo, e não ficamos inibidos por causa de um papel. Mas nem por isso ficamos indiferentes. Não há mais paixão. Para o analisado, a libido não é empenhada em coisas enraizadas, em processos que se repetem.

Dizem: "Ele está muito menos sensível às frustrações". E o que é a frustração senão a consciência de ter sido menos favorecido que outro, quando se era criança... frustrado pela natureza das coisas, pela impotência da infância, frustrado por não ter sido diferente do que se é, de não ter tido o pai do vizinho, que tem um ar melhor do que o seu etc. Analisado, não vemos nisso mais que contingências que, sem dúvida, estruturaram o indivíduo, mas cuja lembrança não lhe traz nenhum sofrimento, é como um esfumaçar do passado, sem a doçura nostálgica. A vida em grupo desperta essa nostalgia, é divertida como o jogo. Não podemos mais ser bom jogador nem mau jogador. Simplesmente jogar. Fazemos parte do grupo e a libido é empenhada apenas no dia a dia naquilo que o hoje prepara o amanhã.

TERCEIRA PARTE

Utopias para amanhã

A imaginação das crianças no poder

"As crianças estão nas fontes do saber. São metafísicas. Seres que apresentam as verdadeiras questões. Como os pesquisadores. Elas procuram respostas."

"O lugar da vida está para ser criado. O lugar da vida relacional que favorece o desenvolvimento da comunicação interpsíquica."

Françoise Dolto

Capítulo 1

Brincar de adultos

NA CASA DAS CRIANÇAS

Na França, os incondicionais da família nuclear têm uma forte prevenção diante de sistemas de vida comunitária que separam pais e filhos por tempo parcial. Para eles, socializar a criança é frustrá-la afetivamente. A experiência parece provar o contrário. A alienação pode vir do fechamento familiar. Clara Malraux observou que as crianças criadas em um kibutz de Israel e que, vendo seus pais apenas à noite, estavam livres da sucção da mãe, de sua superproteção, tinham um excelente desenvolvimento de linguagem, uma socialização muito boa. Ela havia entrevistado certo número de psicólogos e educadores israelitas. Para eles, é a riqueza das relações entre crianças que explicava esse desabrochar.[1]

As crianças dos kibutzim escapam do excesso de poder dos adultos. Desde a idade de 18 meses, elas estão sozinhas, entre si, sem adulto, até à noite. E têm liberdade de dormir em suas horas, de ir e de vir. Bem cedo elas tomam iniciativas em relação a seu próprio corpo, a seu alimento, a seu levantar, a seu deitar, de se ocupar de sua pequena horta, de seus brinquedos. Os pais fabricam para as crianças jogos que são miniaturas de seus próprios instrumentos: velhos automóveis que são preparados para elas, velhas motos, velhos instrumentos de arar que são colocados no espaço das crianças. Os pequenos brincam de se identificar com o pai sobre seu trator, com a mãe nos campos, com aparelhos que não são mais funcionais e dos quais se retirou tudo o que poderia ser perigoso. No espaço das crianças, eles recordam a atividade de trabalho dos pais. Na casa dos pequeninos (menos de 18 meses), há uma pessoa que os supervisiona relativamente, mas eles ficam inteiramente livres entre si; ela impede o sadismo demasiado forte entre eles, e lhes fala de modo muito inteligente, como todo adulto deveria fazer, sem dizer quem está certo ou errado, verbalizando as motivações, os pontos de vista possíveis de uns e de outros que deram origem à briga. E elas encontram seus pais duas horas por dia pelo menos: de cinco a sete horas. É aí que vemos a diferença entre necessidade e desejo: Os pais que têm poucos diálogos falados vão até a cozinha dos laticínios e doces; outros mostram fotos, leem histórias, brincam com eles; seus filhos têm um vocabulário que se desenvolve muito nessas duas

---
[1] *Civilisation du Kibboutz*, Clara Malraux, Gonthier.

horas em que a mãe não se ocupa de nada, não faz nada além da relação com seus filhos; e o pai também. Isso é muito importante. Mas os pais que não podem fazer mais que empanturrá-los nesse tempo ficam muito espantados ao saber que à tarde, ou seja, quinze minutos depois de comerem doces em casa, eles tomam sua refeição. "Como podem comer duas vezes?" E as crianças respondem: "Mas não é a mesma coisa que comemos em casa e aquilo que comemos entre nós". As crianças dos kibutzim não têm anorexia. Ao passo que a anorexia, a lambiscaria de alimentos é frequente em muitas crianças.

Os judeus praticantes têm proibições alimentares que eles não aplicam às crianças; esperam que estejam suficientemente grandes para segui-las. A criança se sente com todos os direitos no plano oral. Crescendo, elas têm sede da palavra, grande desejo de aprender. As crianças dos kibutzim estão à espreita da relação com os pais, que nada mais tem a ver com sua necessidade corrente. Nas famílias judaicas tradicionais, respeita-se muito o sono das crianças. No kibutz, em sua casa de crianças, elas se levantam à noite, passeiam de um leito a outro e isso não perturba as outras: cada uma segue seu ritmo, justamente porque os pequeninos não são obrigados a permanecer no leito. Não há poder adulto sobre as crianças. E é pelos 13-14 anos, o mais tardar, que têm o mesmo ritmo de sono que os adultos. Para algumas, isso começa pelos 8 anos; para outras, pelos 13 anos. Quando visitei um kibutz numa tarde de um dia de feriado, tive uma surpresa: na casa de crianças, algumas estavam no leito, e até dormiam, enquanto outras liam. E me explicaram: "Você sabe, todas as crianças não suportam a comunidade, e por isso ficam muito contentes, no dia em que os outros estão fora, de voltarem sozinhas para a casa comum. E nós as deixamos muito livres; é casa delas, e fazem o que quiserem. Não dizemos: 'Não, não, não é hora de se deitar'. Se quiserem se deitar, elas se deitam... quando é um dia de feriado; nos outros dias, elas são ritmadas pela escola".

> Os fundadores dos kibutzim, os pioneiros, adultos celibatários, fizeram esta confissão extraordinária – que vale para todos os tipos de sociedade –: tinham aberto o primeiro kibutz sem pensar nas crianças que nasceriam! Essa experiência, que se verifica mais positiva que negativa, no início, havia começado mal porque não havia lugar para as crianças. Tinham criado um lugar para adultos e haviam esquecido a criança. Uma sociedade sem crianças: é a grande utopia. O postulado era quase absurdo: esquecer que quando se faz amor pode-se conceber filhos e, portanto, que nesse lugar nasceriam crianças. No mesmo instante, os pioneiros se questionaram: "O que vamos fazer?". Deveria haver um modelo, começaríamos por estabelecer uma aldeia de crianças, ao lado da aldeia dos pais etc., talvez tivéssemos feito muito mais erros querendo demasiadamente fazer bem, demasiadamente organizar, demasiadamente racionalizar.

Por exemplo, colocar juntas as crianças de dois ou três kibutzim, o que teria sido horrível. As crianças têm absoluta necessidade de estarem enraizadas em sua genitura. Percebemos isso quando visitamos um kibutz. Entre sete e nove anos, os guias são crianças. Durante a visita, eles designam as crianças que vamos encontrando: "Você vê aquela ali, que tem o tricô, ela é minha irmã. Depois o outro, lá, o grande, é meu irmão, o terceiro; eu sou o quarto. E depois tenho um irmão menor, mas ele não está ali; se o encontrarmos, eu o mostrarei para vocês...". Eles conhecem sua fratria e a contam para os turistas; mostram o pequeno bangalô de seus pais. Não são absolutamente anônimas; são tudo aquilo que há de nomeados e de familiarmente estreitamente ligados a esses irmãos e irmãs nas casas dos quais eles nunca estão, mas que encontram nas mesmas horas, na casa dos pais.

>Em todas as obras sobre a educação, deu-se muita importância à relação da criança com o adulto. A história da relação entre as crianças deve ser ainda estudada a fundo.

Isso é capital. É o que desejei fazer na Maison Verte. Mas é preciso saber que a relação com as outras crianças deve ser mediatizada pela mãe e pelo pai. O que é sempre feito nos kibutzim. Quando são bebês, a mãe vem assistir ao menos a uma das refeições, a da manhã ou a da tarde; isso enquanto a criança é pequena, até o momento em que ela sabe comer sozinha; a pessoa que está com elas supervisiona um pouco, mas não tem nenhum poder sobre elas: a mãe e o pai é que são os iniciadores na vida social.

A mesma coisa poderia ser transposta para o campo escolar: se os professores fossem formados para ser mediadores, a escola teria como objeto essencial a aprendizagem das relações entre as crianças. Entre as crianças e os adultos investidos e designados pelos pais e profissionalmente formados para assegurar a substituição dos pais. A criança tem uma parte de si mesma que ainda é objeto até o momento em que se torna definitivamente sujeito, e no período em que ainda é objeto do sujeito – a mãe –, ensinando-se a se tornar sujeito entre esse pai e essa mãe, ela tem absolutamente necessidade de que seu pai ou sua mãe a confie pessoalmente como objeto para o sujeito – a professora, sua auxiliar e não sua substituta. E então, esse sujeito de seu papai e de sua mamãe a ponto de se identificar com esse corpo, temporariamente separado deles, torna-se sujeito da relação com a professora, e não um pequeno objeto temeroso no meio de outros, imaginando que a professora tem poder ilimitado sobre eles. Certos diretores e diretoras realizam muito bem, principalmente no campo, a substituição dos pais: estes vêm procurar o filho, tem-se um pouco de tempo, conversa-se, tem-se a mesma opinião. Os diretores rurais não são misteriosos. Ao passo que, nas cidades, os diretores são entidades abstratas. Eles são para seus alunos como juízes de paz – estabelecendo uma espécie de relação jurídica: "o que é permitido, o que é proibido...", "tenho o direito, não tenho o direito", com bons ou maus aspectos, fazer seus deveres, aprender suas lições, tudo recebe uma sanção. Afinal de contas, dizem bem: sancionar um sucesso! Isso é tão revelador quanto sancionar um fracasso.

Na escola pública urbana, os alunos não são vistos como originados em seus pais; são, de fato, tornados anônimos. Tenta-se recuperar isso com pequenas coisas como a festa no dia das mães, ou a dos pais, que são mais patogênicas que qualquer outra coisa. E os órfãos de mãe? Ou aqueles que foram abandonados por sua mãe ou cuja mãe não pode vê-los? Ninguém se preocupa com o pequeno objeto que constroem para a festa das mães, ninguém, ao passo que, nesse momento, deveria acontecer algo de muito importante: "Você faz isso por sua mãe, a mãe que você não tem mais, mas a quem, se você a tivesse, você ficaria feliz de oferecê-lo. Ela também ficaria feliz com esse presente, mas ela está sempre em seu coração. E vamos ver o que iremos fazer com esses pequenos presentes da festa das mães quando não tivermos mais nossa mamãe". Pode-se muito bem ter uma foto da mamãe e dizer à criança: "Você vê, você o dá para sua mamãe, eu sou testemunha... isso não é para mim, a professora... é para sua mamãe, sua mãe que colocou você no mundo. Quanto à esposa atual de seu pai, você pode, se quiser, também lhe dar um presente, mas é para uma mamãe, e não para sua mãe. Da mesma forma que para os avós, temporários ou permanentes".

A festa das mães e a dos pais poderiam ser a ocasião de educar no sentido do vocabulário do parentesco, da sexualidade, de sua finalidade, procriação no prazer da união física responsável de dois adultos. A educação que, no verdadeiro sentido do termo, tem como finalidade guiar as crianças da natureza para a cultura, deveria, deve, justamente por meio da escola, esclarecer, por meio do sentido dos termos do vocabulário, o parentesco e as noções do direito, o código das leis referentes ao matrimônio, o parentesco natural, legal.

> O que se tornam as crianças criadas nos kibutzim? São mais bem-adaptadas do que as outras que crescem junto com o pai e a mãe?

De todos os kibutzim que visitei, conheci apenas um que foi harmonioso; tratava-se de um kibutz cujos membros tinham um interesse comum: a música. Nos outros kibutzim, no momento de sua puberdade, as crianças atravessavam dificilmente sua crise sexual. Elas nunca haviam aprendido a lutar contra as tentações do mundo exterior, no que se refere a modelos. Ora, em um kibutz, não há nenhum modelo da vida sexual dos pais; eles parecem viver todos como monges ou monjas leigos. Os jovens deixavam o kibutz sem dinheiro; iam inscrever-se na faculdade e, no sábado e domingo, voltavam para refugiar-se em seu kibutz – na segurança. Os responsáveis reagiram bem depressa e organizaram diálogos de crianças por classe de idade interkibutz. No sábado e domingo, misturavam crianças de outros kibutzim para que se conhecessem e se correspondessem por escrito, e assim tivessem relações no exterior para se reencontrarem mais tarde. De outra forma, eles ficavam totalmente isolados, e, quando iam à faculdade, tinham apenas uma ideia: encontrar novamente os dos kibutz que prosseguiam estudos também e com os quais eles se fechavam. Eles tentavam reproduzir esse grupo pseudofamiliar e não tinham outras relações; entre jovens eles viviam e se amavam como irmãos e irmãs. Houve não poucos casos de inadaptados à sociedade em si mesma depois do kibutz. Essa experiência é muito particular de Israel, mas ela confirma o que a psicanálise nos ensina sobre as condições que comprometem a inserção dos jovens adultos na sociedade.

O kibutz libera as crianças dos riscos de superproteção familiar, mas apenas para diferenciar o problema do fechamento: ele o poupa às crianças para depois trazê-lo de novo para os jovens adultos que têm dificuldades para deixar esse modo de vida. O que resta é que a Casa das crianças é um lugar vivificante. O relatório de Bruno Bettelheim sobre as crianças dos kibutzim é bastante positivo no que se refere a seu despertar para o sentimento de responsabilidade, tanto de meninas como de meninos...

Na Casa das crianças, elas têm seu galinheiro, suas pequenas cabras, sua horta-jardim de modelo reduzido, e, preocupadas com sua rentabilidade, fazem as contas: as despesas, a alimentação dos animais; as receitas, o que isso traz com as vendas... Têm já sua pequena empresa agronômica, em seu nível. E se levantam seja qual for a hora da noite. São reguladas por suas próprias responsabilidades. Não têm sobre elas o poder de um adulto. As inter-relações entre as crianças primam sobre a pressão dos adultos. Estes não ocupam a casa delas. Isso não as impede de brincar de adulto, porque elas fazem em sua casa aquilo que os adultos fazem no conjunto do kibutz. Elas seguem o modelo dos adultos, que é sempre o mesmo modelo: é preciso dinheiro para fazer alguma coisa caminhar e é preciso que isso produza ganhos. Não se deve despender mais do que isso produz. Elas aprendem, portanto, a gerir, e de modo capitalista comunitário.

Até os três anos, elas desenvolvem sua autorresponsabilidade, de forma maternal, e depois sua conduta. Há liberdade para gerir seu tempo. E gerir seu tempo é também gerir seu estômago, seu corpo. Ninguém as obriga a nada. As refeições são em certa hora, elas as tomam ou não; ninguém as obriga a comer... E não há anorexia. Mas, infelizmente, em um dos kibutzim que vi, onde as crianças tinham autorização, quando estavam sofrendo, de ir a seus pais que tinham camas de vento, para que a mãe pudesse cuidar de seu filho se estivesse febril, em vez de ir vê-lo, se estivesse doente, na enfermaria das crianças (o que se costumava fazer: quando as crianças estão muito doentes, há uma enfermaria para as crianças, onde os pais podem ir)... Mas nesse kibutz não: a criança podia passar a noite na casa de seus pais se estivesse passando mal. Pois bem, nesse kibutz há numerosas perturbações (psicossomáticas) até sete-oito anos. Isso é muito interessante: muitos mal-estares, vômitos, dores de barriga, de cabeça, incômodos, fadigas... que fazem a criança ir até a mamãe... E isso agrada à mãe também. Está no Édipo. E depois, com oito anos, isso acaba. Mesma proporção de doentes que nos outros kibutzim, ou seja, muito pequena.

Capítulo 2

A escola de tempo integral e a escola "a la carte"

NOS CURRAIS DA EDUCAÇÃO NACIONAL

O que acho terrível – porque tive de vivê-lo no final dos estudos – é a fragmentação do tempo, do emprego do tempo, nos liceus. E é possível que, se eu tivesse sido criada depois da pequena infância dessa forma, nada me teria interessado. Essa fragmentação do tempo é prejudicial para a inteligência das crianças e para seu ritmo pessoal.

Eu não era inscrita em um liceu; até o bacharelado eu trabalhava em um pequeno curso em que se ia uma vez por semana para as disciplinas de francês, literatura, ditado, narração etc.; e depois uma vez para as ciências, o cálculo, as matemáticas. O resto do tempo, trabalhava-se em casa. Tínhamos tempo para consultar o dicionário; eu me demorava frequentemente duas horas diante do dicionário, a tarefa não era feita, mas, como devia ser entregue em três dias, tinha-se a impressão de que a hora havia passado e que não se havia feito a tarefa. É terrível para uma criança ser obrigada a deixar o dicionário logo em seguida. Nós o abrimos para procurar uma palavra, e imediatamente sentimo-nos atraídas para ver outras. Muitas crianças jamais o consultam porque o dicionário é o órgão de frustração total quando se tem uma tarefa a fazer imediatamente. Ao passo que, quando devemos entregar o trabalho duas vezes por semana – uma vez para as ciências, uma vez para as letras – temos tempo para pensar. Temos uma poesia a decorar, em um livro de poesias. Pois bem, olhamos todas as outras poesias! Nós as lemos, e o tempo passa: não aprendemos a poesia. Tanto pior! Nós a aprenderemos de tarde, ou amanhã... É para três dias...

Na volta para o curso, quando eu estreava meus novos manuais escolares, eu lia os livros até o fim e achava imbecil que os repartissem em trechos de dez ou vinte páginas. Para mim, tudo interessava! Por vezes chegávamos a junho e eu sabia tudo o que havia em junho, pois eu já havia feito o que era preciso nos primeiros meses, mas não era isso que me interessava; era o fim do livro... Por que um aluno não começaria pelo fim do livro? Não podemos, em certos livros como a geometria – admirável; de fato, isso foi uma revelação para mim: não podíamos compreender o segundo livro se não tivéssemos compreendido o primeiro –. Descobri isso à força de ler os livros em todos os sentidos... começando pelo prefácio, é claro. E, quando o autor escrevia no preâmbulo: "Pensei em colocar o verbo X antes do verbo Y", então eu ia até o verbo X. Por que ele havia pensado nisso? Esse prefácio me fazia refletir muito. E o livro era para mim a obra de uma pessoa que havia pensado e chegara a fazer alguma coisa para os alunos, depois de muitas perguntas.

Aprendíamos o que era o "tempo imposto" uma vez por trimestre, na hora das composições: tínhamos então um tempo limitado para fazer aquilo que em casa fazíamos em nosso ritmo. Na maioria dos estabelecimentos escolares, é uma obrigação chegar na hora exata, caso contrário, não se é admitido. Com atraso de três ou quatro minutos, fica-se de licença. Na Grã-Bretanha, o diretor da escola de Summer-Hill conta que adotou o seguinte regulamento: todo aluno pode não vir assistir ao curso, mas, se ele vier, é preciso ser pontual. Bela ideia, na verdade! E se, no dia que ele quer, chegar com cinco minutos de atraso? Não poderá entrar. Acho isso um pouco de nazismo disfarçado... Em vez de ensinar aos outros que o comportamento de um não deve influenciar os outros, educamos a criança sob a palmatória do gregarismo. O gregarismo não é humano; reduzir o ser humano a um animal social. Da manada para o rebanho. As escolas são currais de carneiros de Panurgo. E ensinamos aos seres humanos que esse instinto que têm como animais sociais é o nervo da educação, ao passo que isso deveria ser proibido. "Comuniquem-se com todos, mas não façam todos a mesma coisa, nem o mesmo exercício nem a mesma tarefa". Por que as crianças fazem todas a mesma tarefa e têm todas os mesmos livros de escola? Admitamos que se dê o mesmo tema para as composições, uma, duas ou três vezes por ano, porque é mais fácil para o professor corrigir. O resto do tempo, no entanto, para cada um o exercício que comporte a aplicação daquilo que se aprendeu. E cada um de modo diferente. Por que fazer com que todos façam igual? É mais cômodo para o professor, mas não se vai à escola para ele; a criança vai lá para si mesma. O princípio sacrossanto do mesmo horário para todos e da pontualidade é também eivado de motivos suspeitos. O argumento dos pedagogos, segundo o qual uma criança a quem fosse permitido chegar na hora que quisesse na escola não poderia jamais tomar um trem ou um avião pontualmente, não é sustentável. Ela própria fará a diferença. Quando tiver perdido um trem ou um avião, ela formará suas disposições para chegar a tempo. Na verdade, isso esconde o verdadeiro motivo: é que o professor quer ser, em sua classe, uma espécie de mestre junto de Deus, um capitão incontestável. Brincamos, então, de gregarismo: "Siga o exemplo do outro!". Não! Esse discurso deve ser reformulado: "Você pode seguir o exemplo do professor se quiser... Que o mestre seja sempre pontual: sim". Dessa forma, ele dá o exemplo de começar a aula na hora prevista, e os outros perderam o início a suas expensas... "Por que, no entanto, ele fica chateado quando chegamos atrasados? Se isso não interessa aos outros? É a ira do mau pedagogo. Ele receia não ser suficientemente interessante, ou não saber cativar seus ouvintes. Essa é a verdadeira razão de sua cólera. "A aprendizagem" da pontualidade é apenas um pretexto. Ninguém quer perder aquilo que lhe interessa.

Quando uma criança gosta do que faz, ela não quer deixar aquilo que está a ponto de fazer. Conhecemos criança que, para não perder um minuto com um professor que a interessa, faz xixi nas calças. Mas, se pedir para ir ao banheiro, é estupidez impedi-la de sair durante a aula. Em uma época em que as crianças gostam tanto da motricidade... Na recreação, elas querem de tal modo divertir-se que, de fato, não vão fazer suas necessidades durante o recreio. Chegam à classe e, imediatamente, têm vontade de ir ao banheiro. Um professor de uma classe de 8ª veio me ver para me dizer que o diretor de sua escola não queria que as crianças circulassem nos corredores. Era o regulamento. Ele o achava desumano. Apoiei-o nesse sentido: "Você vai deixar de lado o regulamento. O diretor visa a um fim; você, a um outro. Previna as crianças. O senhor diretor não quer isso; se vocês o encontrarem, ficarão embaraçados, mas eu não posso impedir vocês de fazerem xixi; preferiria que vocês fizessem suas necessidades durante o tempo do recreio, mas sei que a recreação é tão divertida que vocês preferem brincar em vez de ir ao banheiro. Portanto, não façam barulho; podem ir se quiserem, não me peçam permissão para isso, vão e voltem discretamente, e não perturbem os outros". Ele me objetou: "Mas então eu arrisco a ver a classe desfilar sem parar para ir ao banheiro!" "Talvez, se você não for interessante; mas não creio. Acredito que se você lhes falar dessa forma, elas receberão bem e prestarão atenção em si mesmas". Ele estava chocado de ver essas crianças que de tal forma não escutam, que são tomadas pela necessidade de ir fazer xixi, e a quem se proíbe de se aliviar porque a aula já começou, uma aula que talvez as chateie, mas não é maltratando-as que as tornamos atentas; ao contrário, nós as provocamos.

Esse professor, com risco de ser malvisto, não agiu conforme o diretor queria; ele reagiu como homem que está aí para se interessar pelas crianças. O desfile não durou. Em oito dias, os próprios alunos se ritmaram de modo a não ter de deixar a sala de aula. Muitos professores apoiam-se sobre as proibições do regulamento porque têm medo desse minuto de verdade sobre o interesse de seu curso se aqueles cuja atenção não é mantida ficassem livres para sair. Um professor antipático não tem nenhuma chance de interessar seu auditório. É preciso, portanto, primeiro deixar cada um viver para poder ser aquilo que se chama banalmente de "simpático"... Depois, se soubermos interessar as crianças, seremos ouvidos.

Em muitas instituições escolares, caminha-se de cabeça baixa. Como se pode pretender fazer com que uma criança engula à força um saber por essa mesma pessoa que a perturba nos ritmos naturais de seu corpo, impondo-lhe tanto uma continência visceral dolorosa, como a tensão muscular-nervosa de uma continência motora? Essa criança só pode pensar nisso. Naturalmente, ela pode escutar menos ainda esse professor que, por esse fato, se torna mais desagradável. A menos que, para agradá-lo, ela se torne masoquista, sentindo-o como sádico. Para voltarmos à proibição de sair da sala de aula, compreendo muito bem que um diretor tenha estabelecido esse regulamento. Além do mais, é papel de um administrador estabelecer regulamentos. Cada professor, porém, deve adaptá-lo àqueles pelos quais tem responsabilidade, para não ser prejudicial a ninguém. O regulamento é feito para o homem e não o homem para o regulamento. Se formássemos professores para estar a serviço das crianças, o regulamento deixaria de ser uma barreira de segurança por trás da qual os adultos se protegem como funcionários anônimos diante de alunos robotizados, intercambiáveis, julgados bons, medíocres ou maus, conforme sua docilidade.

Para isso as máquinas de ensinar bastariam. Pelo menos, não esperaríamos nada de diferente dessas máquinas... Ao passo que, de um ser com aparência humana, esperaríamos outra coisa!

A REVOLUÇÃO EDUCATIVA FRANCESA

"Chegou o tempo de apresentar os termos da escolha. Qual é a vontade popular? A que tende o corpo social? Qual é sua finalidade? Queremos prolongar indefinidamente uma sociedade hierarquizada, partilhada entre aqueles que dirigem e aqueles que são servos dos que dirigem, ou queremos, pela base, descobrir todas as possibilidades de um ser humano para que, a partir de certa idade, 13-14 anos, cada um se oriente por sua própria vontade conforme suas possibilidades? Nesse caso, a educação deixaria de estar fundamentada sobre a autoridade. Esse é o problema: sabemos apenas o que queremos de fato? Duvido disso quando ouço os cínicos e os desabusados me dizerem a mesma coisa: "Mas a educação que você preconiza para a criança pequena vai gerar seres humanos que pensarão; e, de fato, nosso mundo quer seres humanos que não pensam e que obedecem".

> A massificação faz temer ainda mais que as políticas de ser espalhadas pela juventude. Qual não terá sido a intenção daqueles que sustentaram, para a escolarização obrigatória até 16 anos, o sistema que era válido quando havia uma população escolar que não ultrapassava certos números? A partir do momento em que há essa massa escolarizável, esse sistema se torna completamente asfixiado. Então o resultado consiste nisto: as pessoas preferem "cortar a massa", sem o embaraço de escrúpulos: é a seleção.

Eliminamos os talentos, as inspirações, os desejos, porque quisemos fazer toda essa massa entrar em um sistema que não estava previsto para isso e que não corresponde mais a nossos meios de comunicação. A juventude pode ser iniciada intelectualmente por muitos outros meios além da escola: pelo rádio, pela televisão, pelas exposições, e também pela vida mecânica, que facilita o trabalho, mas há também a formação do caráter, do domínio físico, da coordenação e da destreza manual, a iniciação, a memória e o domínio sensorial.

Podemos reformar a escola pública?

É preciso ter coragem de dizer que a escola, em sua concepção atual, não é feita para a criança antes de certa idade. Outros lugares de acolhida devem ser criados. Pretender "humanizar a escola" é talvez tão utópico como querer tornar "humana" a guerra. A guerra jamais será humanizada! Podemos torná-la mais técnica, podemos organizar o horror em escala maior, mas é tudo o que podemos fazer. Uma guerra humanitária jamais existirá.

Pergunto-me se uma escola do Estado poderá algum dia ser a casa de jovens, permanecendo o que ela é, o que ela sempre foi, com finalidades econômicas sempre concentradas na competição, e que queiramos, a partir de dentro, reformá-la. Creio que é necessário reconstruir a escola extramuros.

Se o ensino secundário não muda, isso já seria um "melhor" do que recuar o momento da entrada obrigatória nele. Mas podemos imaginar uma escola de portas abertas.

A partir do momento em que uma criança deseja adquirir um conhecimento, por que não escalonar por graus a aprendizagem desse saber? Por que é preciso que todos aprendam as mesmas coisas no mesmo tempo? Tomemos a aprendizagem da leitura. Quantos alunos chegam à 6ª ou à 5ª série sem saber ler bem! Ficam bloqueados em tudo. Aprenderam outras coisas, ao passo que ainda não sabiam ler e que deveriam ter permanecido uma hora por dia na classe onde se realiza unicamente a aprendizagem da leitura. Por que não passar dos graus de leitura até o da leitura corrente expressiva? A partir desse momento, entramos em tudo aquilo que queremos. Inscrevemo-nos em história, inscrevemo-nos em geografia, inscrevemo-nos em economia. Por que não em economia desde a idade de 8 anos? Por que não em dança, em pintura, em música?

Um programa com cardápio. Uma formação sob medida, de algum modo personalizada, com graus a serem conquistados, sancionados pelos exames aos quais os alunos se inscreveriam quando se sentissem prontos. Isso o ano inteiro.

ESCOLA SOB MEDIDA

Em 1935, o Laboratório de Psicobiologia da criança (Écoles pratiques des Hautes Études), dirigido por Henri Wallon, do Collège de France, realizava um estudo sobre os inadaptados escolares conforme observações coletadas em um curso secundário: o estabelecimento escolhido pelos pesquisadores se propunha então a recuperar "crianças dotadas de inteligência normal, capazes em princípio de aceder aos graus universitários, que não trabalham ou trabalham mal nas classes numerosas". André Ombredane, encarregado da pesquisa, concluía seu relatório: "... Em vez de multiplicar em um mesmo estabelecimento o mesmo tipo de cursos onde todas as pessoas ficam misturadas, é desejável que se criem tipos diferentes de curso, adaptados às possibilidades dos principais tipos psicológicos dos escolares, o que Claparède chamou de *escola sob medida*".

O pessoal da Educação nacional, os sindicatos de professores seguiriam isso? Veriam nisso medidas contrárias à autodefesa de seus privilégios? Os funcionários da Educação nacional são avaliados e recompensados em função de sua antiguidade e das classes que acompanham (o professor da 6ª não é pago como o professor da 1ª). Mantém-se um verdadeiro feudalismo que conserva a política do menor esforço e do maior conforto. Um professor que de fato quer ser um pedagogo, um verdadeiro amigo dos alunos, exerce um sacerdócio. Isso se torna cada vez mais raro. Os professores não são formados como animadores. É por isso que, se você disser que eles podem levantar da cadeira, movimentar-se na classe, ir e vir, eles não terão corpo, eles têm medo, não sabem. Não sabem organizar o espaço, a vida nesse espaço. E depois os chefes do estabelecimento invocariam as regras de segurança. Nos colégios, as portas ficam fechadas 16 horas sobre 24. Não há questão de permanecer na escola para atividades livres, pois não há pessoal para a vigilância e nenhuma segurança para cobrir os riscos de acidente.

Com a educação funcionarizando-se cada vez mais, todas essas modulações da aprendizagem, da aquisição, se forem individuadas, dificilmente serão aplicáveis. As consciências estão maduras para imaginar essa transformação. A Educação nacional é o ministério que é considerado como o mais ingovernável. Sob os regimes mais estáveis (sob de Gaulle), houve mais mudanças de ministros na Educação nacional. E todos eles, sem risco de opinião partidária, se esgotaram.

É absolutamente desumano um programa em que todas as crianças devem ser homogêneas, todas com um mesmo nível de conhecimentos. Há crianças dotadas em matemática e que fariam, com 9 anos, as matemáticas que outros fazem com 16 anos. Em economia, há crianças capazes, com 10 anos, de compreender a gestão. Proponho que se criem diplomas das principais disciplinas de 1º, 2º e 3º graus, abertas a qualquer idade.

Vejo crianças que se perdem na escola por tédio; aquelas que já sabem ler ao chegar à escola devem permanecer na classe preparatória, onde se recita com dificuldade. Elas gostariam de ler o tempo todo na aula, mas de jeito nenhum: são obrigadas a sublinhar o verbo, o complemento. Há crianças que adoram a gramática: por que não ter níveis diferentes de gramática? Teríamos 1º, 2º e 3º nível, e então, depois do 4º nível, não se frequenta mais a aula de gramática, mas pode-se continuar a gramática por si mesmo, tornando-se um especialista em gramática. Por que não? Mas a escola não ensina além do 3º ou 4º nível de gramática.

Vemos crianças que são nulas em matemática e que não podem passar para a classe acima, embora sejam muito boas em vernáculo ou em história ou em geografia. Um dia a matemática virá por si e, se não vier, tanto pior!

Impõe-se a homogeneidade em tudo: é monstruoso. É essa homogeneidade que se exige no cardápio que se deve devorar sem qualquer motivação. E isso sem o gosto da curiosidade intelectual, da curiosidade manual e corporal, de formar-se a si mesmo em seus conhecimentos.

A tecnologia pode oferecer uma oportunidade, com as máquinas para ensinar. Não objetemos que haveria menos contatos, pois os professores se tornariam mais animadores do que distribuidores de saber. Falariam assim com a criança que pesquisa: "Eis onde você pode encontrar, depois você me falará disso"; portanto, os professores seriam diretores de pesquisas, disponíveis, prontos para guiar as curiosidades e os esforços das crianças interessadas por ocasião da conquista de seus "graus" escolhidos.

Imaginemos que em certos estabelecimentos públicos pudéssemos todo o ano abrir exames de graus para todas as disciplinas. Os alunos se inscreveriam voluntariamente nos graus dessa disciplina, e seja qual fosse sua idade, passariam esse grau e depois teriam o diploma de grau. Estariam, por exemplo, no 4º grau de matemática, no 5º de história ou no 3º de dança, no 5º grau de economia política.

Os seres humanos não estão motivados a vida inteira para fazer as disciplinas que os obrigamos a estudar. É por isso que digo: as crianças que estariam motivadas por uma disciplina, durante um ano, poderiam fazer apenas essa disciplina – a geografia ou o desenho –, na qual chegariam ao grau mais elevado.

Para poder pôr à prova essa modulação, não seria necessário, para a Educação nacional, dividir sobre bases diferentes os diplomados pela universidade motivados e formados como animadores de pesquisa. Esses voluntários estariam reunidos em torno do mesmo projeto: pela primeira vez, a escola iria responder às demandas de conhecimentos e de formação das crianças. O Estado criaria um centro permanente de verificação dos níveis em tal conhecimento (como também um conhecimento de técnicas manuais: a madeira, o ferro). Haveria um exame permanente em todas as regiões. Ao sair, os alunos teriam seu 2º grau em madeira, 3º de geografia, 1º grau de história, 5º grau de economia política, seu 4º grau de etnologia ou em tal esporte, ou de cozinha, de administração ou de dança, e isso a partir de qualquer idade. Eles teriam adquirido esses "bilhetes", prova de seus conhecimentos técnicos ou de seu saber, concedidos em outros lugares, diferentes de sua escola. As escolas seriam obrigadas a mudar, pois as crianças trabalhariam em parte sozinhas, com os livros da matéria escolhida por eles, dirigidas por professores e acompanhadas por alguém experiente, professor, monitor ou artesão dessa disciplina, ou em ateliês, bibliotecas. As escolas seriam realmente as casas dos jovens, seus lugares de vida.

Os jovens poderiam também trabalhar em outros lugares, para preparar seus graus, em tal ou tal disciplina.

Não mudaremos nada partindo da base, pois todo o mundo jamais estaria de acordo. Mas criando um centro que poderia ser um organismo europeu. Muitas disciplinas poderiam ser ensinadas em todas as línguas.

A assistência aos cursos tradicionais seria facultativa. Haveria sempre escolas no velho sistema, classes de cardápio obrigatório, pois os pais conservadores gostariam que seus filhos fossem educados como eles o foram. Mas haveria muitas outras em que a assistência aos cursos tradicionais seria facultativa, exceto para os de disciplinas optativas, conforme decisões da criança e contratos por tempo parcial.

E, se quisermos manter as classes, os alunos poderiam saltá-las por causa das disciplinas em que atingiram o grau superior, como nos conservatórios de música.

Não é preciso fechar a criança em uma entidade, mas criar um ministério da juventude, distinguindo a educação da instrução, o ensino da formação. Mas acabamos confundindo as duas coisas, subordinando a educação à instrução.

E é uma loucura, no ser humano que, por si mesmo, está sempre curioso por alguma coisa e para isso pronto para esforços, mas frequentemente por uma coisa diferente da que lhe é proposta. A curiosidade, como o apetite, não se comanda.

A Educação poderia ser confiada ao ministério da juventude e dos esportes, encarregado de formar o corpo e o espírito. Todos os níveis culturais, seja o da música, da dança, das artes e técnicas gráficas, pictóricas, do treinamento físico, manual, do treinamento mental, seriam acessíveis nas disciplinas conhecidas. E também nas disciplinas ainda desconhecidas em que, sem diploma de nível, crianças e adolescentes teriam tempo para se iniciar nisso a sua demanda junto de um inventor desejoso de ensinar.

O que ultrapassa o ministério da educação nacional competiria ao ministério da instrução, encarregado de organizar o controle dos conhecimentos, encarregado também da instrução dos adultos e da formação contínua, particularmente dos professores que, por sua vez, sabem sua disciplina mas também são pedagogos, pois não haveria idade para adquirir esses graus. A botânica, por exemplo: há seres humanos que são apaixonados pelos vegetais... Podemos, por meio do interesse e do estudo da botânica, tornar uma pessoa extremamente culta; o mesmo quanto à paixão pela zoologia, biologia, química, física e suas ramificações, ainda que não façamos os outros estudos gerais em si mesmos. É preciso ver a paixão das crianças pelos filmes sobre os animais! Um aluno que se interessa em primeiro lugar por uma disciplina que não é ensinada no programa de sua classe primária ou secundária é obrigado a passar seus dias em uma classe onde pouca coisa o interessa, e à noite, fazer deveres insípidos que não o interessam.

NÃO PROIBIR A INTELIGÊNCIA
AOS QUE TÊM MENOS DE 13 ANOS

No sistema escolar atual, fundado sobre o ensino uniforme obrigatório, os alunos que saltam as classes passam por prodígios e são exibidos pelos meios de comunicação como outrora os fenômenos de feira em praça pública.

Esses casos são menos raros do que se pensa e se multiplicariam à visão de todos, caso encorajássemos as crianças a queimar as etapas para a disciplina que precocemente as atrai; com a liberdade de mudá-la depois de esgotar o "desejo" da primeira.

Alguns exemplos entre muitos. Um jovem cidadão de uma república popular da URSS entrou, com a idade de 10 anos, na universidade. Com dois anos, ele já mostrava disposições notáveis para as ciências. Hiperdotado em matemática, abordava, com oito anos, a genética. Na Califórnia, os "kid computers", colocados cada vez mais cedo diante de um teclado de computador, iniciam crianças e adultos na informática doméstica. Um francês de 15 anos, brincando com uma pequena calculadora, regulou uma interface que espantou os construtores.

Na Universidade de New York, Stephen é, com 13 anos, um brilhante informático. O que não o impede também de ser ator. Ruth, uma inglesa de 10 anos, entrou na seção de matemática de um colégio muito reputado de Oxford. Na França, Jean R., com seis anos, é músico, grafólogo e fotógrafo. Pierre T., bacharel com 11 anos (no norte da França), aspirava com seis anos a se tornar mais tarde um *expert* na Bolsa.

A precocidade intelectual dos bebês humanos nada tem de espantoso quando sabemos que o cérebro é o menos imaturo de tudo o que há no corpo humano por ocasião do nascimento. Na idade do desejo, de 0 a 10 anos, não é preciso impor limite, mas facilitar a vocação de especialização ou de multidisciplinariedade, que são mais naturais para a criança do que para o adulto.

Quanto mais penso, mais digo a mim mesma que essa ideia poderia talvez ajudar na transformação da sociedade em suas relações com o saber, deixando ao saber seu valor vitalizante para cada um, promocional, com seu valor de sublimação, para os indivíduos, de meios de laços sociais, até supranacionais, mas de sublimação deixada a seu livre desejo.

Olhem um esportista, por exemplo: chegaria ele a ganhar um centímetro de salto, um décimo de segundo de rapidez, se não estivesse motivado? Os seres humanos têm necessidade de concentrar suas energias na direção de um fim. A esperança de algum dia aí chegar os faz viver! Vimos isso em Paris, durante a guerra: não havia mais tantas pessoas deprimidas nas consultas, para hospitalizar, porque as pessoas se sentiam necessárias, ainda que esperando na fila desde quatro horas da manhã, para conseguir pão para si ou para seus vizinhos, quando às sete horas abriam as padarias. Elas lutavam a favor ou contra alguma coisa. Jamais se retirará de um ser humano essa focalização na direção de um desejo que, quando se torna predominante, o motiva a trabalhar. A meu ver, a possibilidade de se promover para um grau superior em uma disciplina, de modo individualizado, daria de novo essa saúde intelectual e afetiva, esse apetite por conhecimentos a muitos jovens que poderiam, por sua escolha, ganhar todos os níveis em tal ou tal disciplina, permanecendo cada um com os de sua classe de idade, na frequentação da escola, os fundamentos escolares abertos para todos e o tempo todo, sem a segregação de hoje.

> Houve toda uma efervescência depois de maio de 1968. Parece que a pedagogia não diretiva se vê um pouco transviada porque nada construiu sobre as motivações dos jovens, mas foi antes uma oposição de princípio, uma rejeição daquilo que havia sido até então.[1] Desejava-se fazer desaparecer o magistério, queria-se mudar a relação adulto-criança, imediatamente. Ela chegou até à demissão, à incoerência e ao desencorajamento. Não havia um verdadeiro projeto, não havia uma grande ideia, nem a vontade firme de mudar, como se diz na fábrica, "as condições de trabalho". Não se mudaram de fato as condições de trabalho na escola. Ou se deixava o campo abandonado e as crianças fazerem o que desejassem, ou então cada vez mais se voltava para uma pedagogia bem tradicional. Até os anos oitenta isso sempre oscilou desse modo.

É certo que depois de Montessori e de Freinet, não houve uma verdadeira inovação. E percebemos agora que seria necessária uma verdadeira revolução. Não, como se diz, "chutar o pau da barraca", mas de fato partir novamente de uma base totalmente diferente; retirar as divisões; mudar de nível as ideias de classe, "onívoras" e obrigatórias.

Só podemos fazer isso atraindo os jovens para a formação individualizada para aquilo que os interessa. Seria necessário que pudéssemos começar os estudos puramente intelectuais mais tarde, sem deixar por isso os estudantes retardados, ou como eternos estudantes. Por que não haveria uma formação permanente,

---

[1] Cf. o filme *Avisem os bebês* (*Alertez les bébés*), realizado por Jean-Michel Carré, do coletivo "Grain de sable", com a participação dos professores da escola experimental da rua Vitruve, 2ᵉ arr. de Paris.

por que não se poderia ter duas ou mais profissões em sua vida? Podemos muito bem descobrir, um ano depois do bacharelado, ou do diploma profissional, que devemos mudar de caminho, mas não se pode tomar consciência disso dez anos, ou até vinte anos depois. Há motivações tardias, tomadas de consciência muito tardias. Vemos isso por meio de alguns escritores, alguns artistas. É espantoso ver que, depois de cinquenta anos, sessenta anos, há ainda uma fecundidade muito grande possível em certos seres... Mais do que cremos, de resto, porque são raros aqueles que ousam revelar-se tardiamente e é sempre acolhido com incredulidade e comiseração: "esse demônio da meia-noite, literário ou artístico" etc. Um engenheiro de quarenta anos que diz a seu patrão: "Veja, eu deveria ter sido um professor..." ou um professor: "Agora, quero me tornar um comerciante, ou um industrial", é coisa comum nos Estados Unidos, mas, na França, isso é considerado uma instabilidade de caráter. Ou, se a pessoa sempre foi muito instável, uma perturbação: "Ele está sob o ataque de uma depressão!"

Em uma vida humana, não se pode estar enganado e partir novamente do zero... a não ser que isso fosse para não perder as vantagens da retirada!

Neil, o diretor da escola de Summer-Hill, foi o único mestre que se manteve durante trinta anos, mas foi depressa classificado no continente como personagem perigoso. Na Inglaterra, tem-se muito mais o senso da individuação, muito mais respeito pelos caminhos autodidáticos. Mas quantos desses antigos alunos jamais conseguiram depois adaptar-se na sociedade, porque não foram vacinados contra as provas da competição, por exemplo. Se formarmos os jovens marginalizando-os, depois eles absolutamente não se adaptarão. É importante ter recebido o meio de se defender. Aqueles que saem desse processo são indivíduos que se construíram dessa forma em um desejo que continuam em sua linha, dizendo: "Pior para eles! Os outros não compreendem, mas um dia talvez compreenderão. Depois, sinto que é isso que devo fazer".

Uma diretora de escola Montessori participou-me a seguinte observação: uma criança que teve a escarlatina ou uma fratura que a imobilizou durante três meses, recupera a escolaridade perdida com uma rapidez extraordinária e faz mais do que aqueles que continuaram na classe, porque o trabalho é individualizado para todas as disciplinas de base. No método Montessori, em francês, em gramática e em cálculo, tudo se encontra dividido em questões maiores e questões intermediárias, que são analíticas das questões maiores, que se encaixam umas nas outras. A criança refaz todas as bases todos os anos, isto é, ela revê as grandes questões; e quando mergulha em uma delas, ela retoma, sozinha, desde a questão que ela falhou, todas as questões intermediárias: ela tem seu caderno pessoal. Ela trabalha de manhã, sozinha, com o professor, presente a todos, responde às questões que embaraçam as crianças; de tarde, os alunos estudam junto as disciplinas: história, geografia, brincando, imitando... Eles todos têm cadernos diferentes e trabalham, por exemplo, o mesmo período da história, a mesma região geográfica, o mesmo tema literário etc., mas cada um de modo diferente. Depois, de tarde, juntos, assistidos pelo professor que coordena, dá a palavra, resume as participações, colocam em comum aquilo que encontraram separadamente. Eles aprendem, assim, a se exprimir, a se fazer compreender pelos outros e a originalidade do olhar, da escuta, do questionamento de cada um é respeitado.

Uma criança que teve uma interrupção por motivo de doença, por três meses, ou porque seus pais a levaram em viagem, revê por si mesma, na volta, as questões, com seu caderno. Quando ela quer fazer apenas cálculo, faz apenas cálculo, fará o francês no trimestre ou no ano seguinte. E quando ela sente que chegou a recuperar o nível das outras de um ano em três meses, e ainda que já esteja no nível do primeiro trimestre da classe seguinte, pois bem, nesse momento, ela está tão orgulhosa de si que retoma uma disciplina na qual tem notas mais baixas, ajudada pela pessoa que centraliza o trabalho de todas.

O que se chama, em Montessori, o trabalho com fichas, é o trabalho do estudante no nível das crianças. Não é a mãe que "fica em cima"; elas se auxiliam mutuamente, com o jogo das fichas. "Ah! Fiz dez fichas hoje... Fiz cinco grandes fichas, e já estou nas fichas intermediárias..." Elas próprias regulam seu empenho. O programa foi estabelecido de modo maravilhoso, porque uma vez que se tenha alcançado o conhecimento das fichas grandes, sabe-se todos os detalhes que nelas havia sobre as fichas que intercalam. É um método excelente e que pode ser generalizado para todas as disciplinas. Nessa escola, as crianças tinham entre 6 e 12 anos. Elas trabalhavam apenas sobre aquilo que as interessava; por exemplo: havia um grupo de quatro ou cinco que estudava apenas a França, enquanto outras estudavam a Europa: uma ou duas se inclinavam juntas sobre a economia, outras se reservavam a geografia física; depois, com o professor, retomava-se tudo o que cada grupo havia recolhido de conhecimentos. Cada uma tinha sua palavra a dizer. Umas aprendiam com as outras a descobrir as fontes das respostas que eram dadas.

Isso, sem dúvida, exige muita participação por parte do indivíduo criança e uma grande disponibilidade da parte do professor. Mas é uma atividade cerebral e geral, suscitada tanto pelo interesse do corpo como pela curiosidade intelectual. A imaginação e a inteligência de cada um servem ao grupo, que está centrado sobre um assunto adotado por todos.

Por que, no mesmo espírito, não atrair as crianças a adquirir níveis, passando os exames de grau organizados pelo Estado fora das escolas? As classes continuariam a ser como são, e há muitas bibliotecas de lado. A criança desenvolveria por si mesma conhecimentos em uma disciplina que a atrai, a partir de oito-nove anos. Isso seria altamente promovedor para as crianças. É certo que haveria menos perdas, porque menos dissuasão. Esse sistema deixaria escapar menos talentos, menos perda de dons.

Fala-se muito (é quase a moda) de crianças cujas dificuldades escolares provêm de um meio desfavorecido. Filhas de imigrantes, abandonadas, ou de pais divorciados. Para muitas, o vocabulário e a sintaxe que utilizam em família nada têm a ver com o vocabulário em uso na escola para outras, e elas sentem seus pais diminuídos sob o ponto de vista socioeconômico em relação ao de seus colegas. Em casa, não falam com elas, não há livros, não ouvem música, não há nenhum estímulo cultural. Nos meios providos, vemos certo número de crianças que têm tudo isso, mas se fecham, pois os pais são instáveis ou separados. As crianças ficam sem segurança. Embora inteligentes, despertas, muito espertas, sensíveis, por angústia acabam rejeitando tudo. O espírito de competição, ou até de rivalidade, não convém a certo número de indivíduos, e a escola não lhes propõe nada além disso. Até nas disciplinas artísticas ainda há centros de ensino de arte demasiadamente diretivos para crianças que têm uma sensibilidade extremamente viva, talvez um pouco esfoladas e que teriam necessidade de serem iniciadas unicamente pela frequência, a simples presença antes de fazer as coisas por si mesmas, em seu ritmo. Esses estudos, "à la carte", propiciariam todas as oportunidades aos autodidatas de todas as idades. Pode haver autodidatas na arte e no esporte, assim como em qualquer disciplina, amadores, não praticantes que gostam de ouvir e ver os outros fazerem. Entre eles, alguns desejam iniciar-se na prática. Mas, por que é preciso, na escola, que a criança seja ativa, executante?

Talvez seja absolutamente utópico, mas parece-me que é preciso entrar por esse caminho para sair do impasse atual: a acolhida e a iniciação dos cidadãos passivos, da mesma forma que os ativos, visto que eles desejam interessar-se por aquilo que um professor ensina.

A Educação nacional transmite a seus funcionários a mentalidade dos guardas de museu. "Fechado!" Só se sabe dizer isso depois da hora dos cursos. Todos esses locais escolares que permanecem vazios de 4,30h até 9h da noite e nos dias livres do meio e do fim de semana, que desperdício! – em vez de sua escola ser o segundo lar para o trabalho e os lazeres de todas as crianças do setor geográfico de sua moradia...

É nos lazeres que as crianças inventam, com a escola aberta, o lugar e o tempo em que gostam de se encontrar livremente e onde se aprende a vida. Os clubes, os ateliês artísticos são recursos e paliativos da carência que decorre da utilização do tempo e do espaço dos estabelecimentos escolares. Se os conservatórios adquirem muita importância, e os estádios – se houvesse o suficiente –, as piscinas, é porque os jovens encontram na música e no esporte um alimento para seu desejo. Mas há a tela do televisor que se olha passiva e solitariamente. Há a rua. Tudo o mais é pago.

O que não é dado na escola é procurado em outros lugares, menos no obrigatório. O principal defeito da instrução pública é o fato de ser obrigatória. O que é obrigatório toma o caráter de trabalho forçado. A penitenciária existe sempre... nos espíritos.

Atualmente há uma estação de rádio livre, que pretende ser uma rádio feita pelas crianças e para elas. Mas tudo é viciado pela base, porque elas são coordenadas pelos jovens de 21 a 25 anos; portanto, não são mais crianças. Os estudantes tiranizam os mais novos! "Pois bem, você pode vir a partir dos 13 anos dar suas ideias", mas o convite vem de um animador de 21-25 anos, ao passo que deveria ser proibido aos quadros dessa rádio livre que as crianças ultrapassassem os 18 anos. "Com 18 anos, você vai embora!" É o último prazo; isso deveria até ser pelos 16 anos. Enfim! Coloquemos a maioridade, e limitada aos técnicos, não aos *speakers* nem aos animadores para quem 16 anos deveriam significar a saída. São crianças de 8 a 13 anos que deveriam ser em maioria responsáveis por esse posto. Com 18 anos, os técnicos se retirariam, tendo já formado mais novos. De fato, é preciso morrer um dia. Atualmente, aqueles que agora têm 21 ou 25 anos e que parecem ouvir as crianças (dois chefes *scouts*) começaram com 16-17 anos.

São como educadores que querem manipular seus pupilos, como a Branca de Neve com os sete anões. No momento, eles fixam em 25 anos o limite de idade mas, em dois anos, dirão 27. Isso é não querer deixar o lugar para os jovens. E querem chamar isso de rádio livre de crianças.

Uma rádio chamada para *crianças*, e feita por elas: a partir do momento em que há um adulto de mais de 18 anos que as coordena, ela é falsificada.

A meu ver, isso se assemelha a uma armadilha policiesca, para atrair jovens e saber o que fazem, o que são, onde estão... Tomam-se, então, ares muito contestatários, muito novos: "Você poderá dizer tudo o que quiser, nós escutaremos...". Isso é suspeito: ou se faz um laboratório, uma experiência em vaso fechado – e isso é pseudociência – ou então é um circo.

Há crianças que se entediam na família, ficam muito isoladas e não são satisfeitas pela escola. Vão arrastar seus chinelos até essa rádio, espelho para as calhandras: "Vão dar a você o microfone, você mesmo fará entrevistas, você nos dirá o que pensa etc.". Quanto a mim, creio que esse é um modo de recuperar e como que colocar em xeque crianças que estão um pouco perdidas em sua família ou em seu colégio. Há uma distância entre uma experiência que parte dos próprios jovens, sustentados financeira e tecnicamente para ter sucesso em sua inovação e uma armadilha demagógica, na qual as "crianças" são um pretexto político para um enquadramento pseudopoliciesco "bem-pensante".

Um professor de francês de Toulouse deu como redação: "Se você fosse recebido no Elysée, o que diria ao Sr. Miterrand?". É interessante colocar o presidente da República na berlinda. Mas, a segunda questão: "Se você fosse presidente da República...?" Isso é uma espécie de fantasma ou de jogo inventado pelos adultos. Então, naturalmente, há um jornal que se apoderou disso e que reproduziu certo número de cópias de crianças. Os jornais gostam muito das palavras de crianças que agradam os adultos. Um dos candidatos havia feito um pequeno jogo de palavras do tipo: "Guy Mollet, jogo mole...". Mas isso levava à frente as intenções que corriam no sentido do jornal, como que para mostrar que as crianças não estavam muito contentes com a gestão socialista. De novo a manipulação...

PARA TERMINAR DE UMA VEZ POR TODAS COM A GUERRA LEIGA

As crianças que foram muito cedo privadas de relações de linguagem com seus genitores e seus criadores tornam-se particularmente agressivas na puberdade. 10, 12 anos, é demasiadamente tarde para um tratamento de prevenção. É dramático o que acontece em muitas famílias que pertencem tanto aos meios abastados quanto aos meios operários. Aí se ouve a mãe sendo injuriada, e o pai, se estiver presente, nada diz. Os filhos que batem em sua mãe. O pai que olha a televisão e se desinteressa da família. Há filhos que exploram a mãe; filhas que exploram o pai.

> Sem contar os "adolescentes" que, simplesmente, impedem os pais de falar: "Cale-se! Não vou dar-lhe ouvidos. Você não tem nada a dizer... Você só diz tolices!"... E atualmente, é quase moda: entre eles, nos colégios eles se gabam de falar com seus pais desse modo. Bem entendido, há os que dizem que fazem isso... de modo perverso; e depois há os que, para fazer como os colegas, fazem o mesmo quando estão em casa. Apenas quando não há verdadeiramente conflito isso pode terminar com humor. Esse modo vem no momento em que o vocabulário se reduz demasiadamente. Quando não se tem muitos meios de responder a um adulto, o melhor modo é o de fechar-lhe o bico; ou, fisicamente, de impedi-lo de falar. Então, ou se aumenta o som ou, asperamente, se lhe diz: "Cale-se ou eu o mato... ou eu o impeço de falar". E isso talvez não passe de moda, mas é significativo como resposta de uma determinada época.

Isso não é tão espantoso a partir do momento em que a criança foi demasiadamente cedo colocada no centro do mundo, antes dos sete anos... Creio que é absolutamente necessário inventar alguma coisa que permita a essa geração tornar-se autônoma de modo criativo e deixar as outras gerações viverem, cada uma em seu lugar. Atualmente são as relações humanizadas que parecem ter sido ultrapassadas por relações de indiferença ou de agressividade recíproca.

> O casal não deve reaparecer, existir mais, porque é o melhor modo de reequilibrar as forças. Se o casal existir, as coisas se repartem... as atrações são mais bem repartidas.

Se o casal existir... Mas não podemos obrigar o casal a existir. Não é sempre nessa célula que os adultos existem em relação aos adultos. E depois, talvez seja um casal desunido momentaneamente... E que tem sua liberdade, assim como a criança tem a sua. O pai e a mãe não querem parar de viver, simplesmente porque tiveram filhos. Não querem ser seres mortos. É por isso que penso que seria formidável se, no período de 8 a 12 anos, depois das aulas, as crianças pudessem continuar em sua escola, ou para ela voltar caso se entediem na família. Haveria então educadores para acompanhar as atividades escolhidas e os lazeres das crianças. Eles fariam suas oito horas de 16 a 22 horas e de manhã de 6 a 8 horas, antes que os professores chegassem, a fim de acompanhar as crianças para o café da manhã daqueles que teriam pernoitado na escola... mais do que voltar para casa. Por que seria necessário que as crianças fossem pensionistas ou estivessem na família e isso de modo deliberado, institucionalizado e a longo termo?

Sem dúvida, isso implicaria uma mudança completa da vida cotidiana da cidade. Mas não é impossível. Existem os locais. As questões de segurança podem ser resolvidas. Poderia haver aí segurança durante o dia todo, não somente para as horas de aula. E se poderia até apresentar o argumento de que, por falta dessa estrutura de acolhida, as crianças fossem entregues à rua, até as bem situadas, até aquelas que, mesmo tendo cinquenta metros quadrados para elas em casa, não se incomodam de bater à porta. Então, na rua, elas correm muito mais riscos imprevisíveis. Ao passo que, se circularem mais de sua casa a sua casa de escola, os riscos são previsíveis. Isso é possível demonstrar.

Na quarta-feira, os alunos estão livres (na Europa); seus pais estão no trabalho. O que fazem eles? Muitos não fazem nada. Não sabem aonde ir. Tudo isso porque a escola está fechada na quarta-feira. Essa seria talvez a solução do ensino privado e do ensino público: a escola pública faria o ensino e todas as casas de ensino livre assegurariam a acolhida das crianças durante 24 horas... Enfim, fora dos horários escolares. Seriam verdadeiramente lugares de educação. Então o ensino livre de fato realizaria a educação; e o ensino do Estado faria o essencial da instrução.

O ensino livre não poderia ocupar-se de todas as crianças que os pais gostariam de lhe confiar a partir de 16,30h? Sem dúvida. Assim, o ensino livre não apresentaria mais instrução programada; daria apenas educação-animação, isto é, faria as crianças fazerem os deveres, as repetições de exercícios que as crianças teriam de fazer para o ensino público. A instrução de todo nível seria personalizada para certas crianças escolarmente atrasadas. Cursos particulares, grupos. Todas as crianças estariam inscritas no ensino público e algumas crianças, bolsistas ou pagadoras, frequentariam fora dos horários de ensino público os lugares dedicados atualmente ao ensino livre para todo o resto do tempo.

Penso que tudo isso se tornará possível, e apenas anuncio e prevejo coisas às quais, hoje, os sindicatos se opõem, mas que amanhã serão talvez realizáveis. Quando uma situação é bloqueada, é o começo do fim, e é aí que se aproxima uma nova experiência. Chegamos a esse ponto de obstrução que isso mudará. Já há sinais precursores de uma explosão futura.

A Educação nacional, tal como é, em um sistema herdado de Jules Ferry, deverá fechar para reconstruir outra coisa. Não é dentro dessas estruturas que será verdadeiramente possível mudar. Sem dúvida, sim, pontos ganhos aqui ou acolá... Haverá muitas crises, prós e contras... ilhas experimentais que talvez prefigurem tanto o que não se deve fazer quanto aquilo que seremos levados a fazer. Mas creio que é de fato no exterior que as coisas renascerão...

Poderíamos abolir o fato de que pessoas vocacionadas não podem ensinar no ensino público. Mas o que é da ordem da educação e da animação pode ser feito por pessoas dotadas para isso, e não necessariamente por aqueles que ensinam. Entre os professores, há pessoas que gostam apenas de transmitir um saber, e fazem isso bem, e basta.

Há de fato passos que são dados porque vemos pessoas da indústria que ensinam na técnica: nas Artes e Ofícios, nas escolas de gestão. Fora da Educação nacional, nas escolas privadas principalmente, vemos pessoas da indústria que vão ensinar, ao passo que estão na vida ativa, nos setores da economia (financistas, gerentes, administradores, engenheiros técnicos, vão ensinar coisas que conhecem, e não perdem de vista a aplicação do saber). E frequentemente têm certo crédito em relação aos jovens. No momento, isso acontece ainda apenas para estudantes que são quase adultos. Por que não fazê-lo nas escolas secundárias e até nas primárias?

Querendo forçosamente uniformizar e, ao mesmo tempo, tudo organizar e normalizar, o Estado tornará o sistema atual não viável, e é nesse momento que será necessário encontrar outras coisas. Para os socialistas, a Educação nacional, assim como a cultura, é caça proibida, domínio reservado. Nos países socialistas não encontramos algo melhor: os chineses fazem estudos que os apaixonam e depois o que se tornam? Guarda de barreira ou guarda de canal em um cantão, pois são todos empregados pelo Estado para fazer coisas que não têm nenhuma relação com os estudos que fizeram. Todo mundo é instruído. É preciso dizer que há um professor para dez alunos. Os estudantes têm um animador que está com eles de manhã à tarde, e que não os ensina. Eles fazem cursos. Mas o animador está sempre com eles, como galinha mãe. Os estudantes trabalham muito para fazer exames... Depois disso, não fazem absolutamente nada. Aprendem um francês maravilhoso... para ser um arranha-papel no confim de uma província, que talvez sequer fale o mesmo chinês... pois todos eles falam diferentes formas de chinês. Não creio que os países chamados socialistas possam fazer melhor que isso!

Para os jovens franceses, o liceu parece ter se tornado o lugar mais tedioso que exista. Eles sequer reivindicam mais. É um estado depressivo generalizado. Não é sequer um hospital diário... É talvez a prisão diária... Para que os pais tenham assistência social, eles dão presença na escola. Até aqueles que trabalham, principalmente as jovens que fazem tudo o que lhes é pedido, têm o sentimento de que isso não serve para nada. Sem dúvida, os que estudam duramente fazem isso por causa do exame, de olhos fixos no programa e nas notas. Por que esse exame?

Para ficar em paz. E também para não ter mais esse tédio mortal. Quanto aos outros, eles se agitam muito, fazem barulho, fumam, vão ao cinema, entretêm-se com as jovens... para passar o tempo. E depois há aqueles "que não esquentam a cabeça", que não se entediam absolutamente e que, na vida, se deixarão carregar pelos outros, como parasitas. Vendo que aqueles que se esforçam e aqueles que flanam terão apenas um ou outro perspectivas ou um centro de interesse na vida, eles têm em vista viver dependendo da assistência social. E essas três atitudes diferentes e, portanto, essas três respostas que podem ter os frequentadores do liceu nesse sistema, têm um denominador comum: a falta de esperança, a falta de finalidade, a falta de amanhã; e o dia a dia. E acho que isso é terrível para a juventude. "Isso não serve para nada. Não vemos por quê..." Uma espécie de sobrevivência para eles de uma obrigação imbecil. Se lhes perguntássemos: "O que vocês fariam no lugar deles? Que tipo de pais vocês gostariam de ter? Que tipo de professores vocês gostariam de ter?" O que diriam? Talvez um raio de interesse iluminaria essas trevas. Se fossem remunerados, os alunos do liceu teriam outra visão de seus estudos. Se estivessem em primeiro lugar convencidos que era seu negócio, sua empresa. E que nele teriam o direito a suas iniciações criativas, a suas curiosidades literárias, artísticas ou científicas pessoais.

Até os dez anos, as crianças não ficariam restritas ao raciocínio abstrato e especulativo. A escola desenvolveria as experiências diretas manuais, orais, corporais, na comunicação e no diálogo. As atividades intelectuais viriam muito mais tarde.

Podemos apenas repetir aquilo que consideramos necessário para nossa vida hoje. Ora, preparamos, para uma vida da qual não sabemos o que será, crianças que, justamente, terão de ser diferentes de nós, pelo fato de que terão adquirido experiências que eram desconhecidas para nós quando tínhamos a mesma idade. Há algo de absolutamente falso na escolarização atual. A pedagogia moderna deveria principalmente visar a desenvolver a comunicação. Sobre esse único ponto, ela não pode ficar desatualizada. As disciplinas obrigatórias seriam a leitura, o cálculo e a escrita, e ponto final. O resto: "à la carte". E toda escola: um lugar de vida. À medida do desejo da criança: uma tecnologia. Ela quer lutar: tecnologia da luta. Ela quer dançar: tecnologia da dança, mas de modo espontâneo, conforme a demanda, no dia a dia, como uma descoberta que ela faz ao seguir aquilo que a humanidade fez desde o início; mais rapidamente, sem dúvida, mas cada criança tem de descobrir seu desejo, sua curiosidade, e passar, graças a um técnico, pela história do desenvolvimento dessa disciplina que não tem nada de novo. O que há de novo é que, pela tecnologia, os "sentidos" cada vez mais reduzidos são representados nos instrumentos que os substituem. Isso é o que há de novo, e nada mais. Nossas células nervosas se projetam, por exemplo, em uma pequena caixa de transistores, mas tudo isso provém de nosso corpo projetado.

> No Seine-Saint-Denis, uma diretora, Rachel Cohen, realiza uma experiência de aprendizagem da leitura nos meios desfavorecidos.

Por que não? Mas não creio que seria bom instituir isso em todas as escolas maternais.

É essencial ensinar as crianças a considerar as letras do alfabeto como símbolos que representam os sons. Deixar que as apreendam de maneira puramente afetiva como o fazem de início se nada lhes dissermos, é perigoso. M é morte. F é o fogo que queima... e induz situações esquizofrênicas. As associações de sons podem desligar da realidade.

"Alô?" Certa mãe respondia frequentemente ao telefone durante o banho de seu bebê... Para ele, o telefone era uma máquina de derramar água em sua mãe.

> Jean-Jacques Servan-Schreiber milita pelos *kid-computers*: "Desde a idade de quatro anos, no computador!"

Creio que a sociedade esbanja suas forças vivas deixando as potencialidades inexploradas na idade em que elas são muito facilmente mobilizáveis. Não é preciso obrigar os mais dotados a esperar que todas as crianças da mesma classe de idade estejam em seu nível. Atenção, no entanto, para não os submeter a uma finalidade tecnocrática e a não empurrar todas as matérias ou a mesma disciplina para todos, mas uma só, variando, segundo os desejos de cada criança, aquela que as atrai.

Penso que a escola deveria ter educadores, não somente instrutores, e que os educadores teriam uma parte muito importante no desenvolvimento das crianças, fazendo equipe com o instrutor que reuniria as crianças em pequenos grupos homogêneos de linguagem e de desempenho e lhes pediria para fixar sua atenção durante um pouco de tempo. Entre dois "tempos fortes", as crianças sairiam para atividades livres com dois ou três educadores (um educador para dez crianças), que fariam alguma coisa que as interessasse; depois o espírito seria novamente solicitado para fazer um esforço que duraria um quarto de hora ou vinte minutos.

A COMÉDIA DO BOM ALUNO

> Como é possível que tantas crianças recusem a escolaridade? E entre elas, alunas inteligentes e que não vivem um drama familiar; seu ambiente escolar nada tem de particularmente negativo e, no entanto, elas o rejeitam. Por quê?

Elas não estão motivadas. Isso não as interessa. Seria pelo fato de serem mais inteligentes que as outras e, talvez, terem menos passividade, que fungam para fazer "como se", para fingir?... Aquelas que assim reagem e que são citadas como modelos estão, de fato, submetidas ao adulto e não desabrocham como adulto. Ou não têm particularmente interesse por nada, e fazer isso ou aquilo é um modo de matar o tempo. Ou querem o poder e compreenderam que primeiro era preciso submeter-se para ter o poder. Elas se esforçam para ter boas notas, ao mesmo tempo que não têm nenhum interesse pelas disciplinas. Algumas talvez tenham também a intenção de assegurar aquilo que lhes é pedido para ter paz e estar mais livres em si mesmas em seus lazeres.

OS KID-COMPUTERS NOS GUETOS

Uma escola para crianças de cor, em um bairro pobre de Emeryville, junto de Berkeley.

Os alunos têm resultados escolares muito inferiores aos da média das crianças brancas da região. Seus pais não têm meios para comprar um microcomputador para seu uso privado. Isso é reservado para as famílias ricas de Santa Bárbara.

Nessa escola de gueto, no entanto, alguns computadores foram colocados à disposição dos alunos, todos eles de meios muito desfavorecidos. Uma universidade da Califórnia assegurou o financiamento da operação.

Sentados diante dos monitores, os pequenos negros e *chicanos* familiarizam-se com a disciplina da informática. Vemos eles aprenderem a ortografia brincando com uma das máquinas de ensinar, ao passo que ficávamos desesperados de lhes inculcá-la pelos métodos clássicos. Em uma entrevista resolutamente otimista sobre a Califórnia (*Le Nouvel Age*, Le Seuil), Sylvie Crossmann, antiga correspondente do *Monde* em Los Angeles, relata a seguinte declaração de um dos diretores que participaram dessa experiência pedagógica: "O computador tem uma vantagem, principalmente para as crianças desfavorecidas: ele não emite julgamentos pejorativos, aos quais esses alunos são particularmente sensíveis. Ele é imparcial. Ele fala sua linguagem, se o quiserem. Ele obedece a suas ordens".

Até os lazeres são dirigidos. O tempo livre é imposto. Quando os estudos tinham sido organizados, nada era imposto, pois iam à escola apenas os que desejavam ir lá. É o fato de ter tornado a escola obrigatória que cancerizou o sistema. Penso que o parcelamento do ensino torna as crianças alérgicas ao sistema escolar: uma hora aqui, três quartos de hora lá... é um ritmo impossível para as crianças; nada rima com nada. É falso. A vida não é assim.

Se cada matéria fosse julgada em relação a si mesma, isso não seria esmagador para a criança. O que esmaga é a programação: programa 1, programa 2... Todos esses programas das classes e dos "bacharelados", exclusivos uns em relação a outros. São multiplicados, e para quê? Em vez de o jovem homem ou a jovem mulher conquistar graus nas disciplinas que os interessam: tal grau em leitura, tal grau em escrita, idem em cálculo, matemática, dança clássica ou ginástica acrobática, tal grau em desenho, pintura etc.: cinco ou seis graus para cada disciplina. A criança procuraria conquistá-los por si mesma, os alunos ficariam juntos, com adultos professores, formadores de caráter, de inteligência, todos ensinando, mas todos que podem ajudá-los a encontrar resposta. Uma vez que o jovem julgue estar no nível do exame requerido, ele se apresenta e passa ou não no exame. Todo ano ele teria examinadores que fariam passar os níveis. Com o sistema de aquisição pessoal de graus em tal ou tal disciplina, ele poderia ter cursos, seguidos por jovens de idades diferentes.

Nessa nova estrutura escolar, isso não seria mais desejado pelos pais em lugar de seu filho. É apenas a criança que, por si mesma, desejaria seguir tal ou tal curso que, para ela, teria interesse. A meu ver, seria esse o futuro da educação associada à instrução. Isso seria de fato educação e instrução sensatas (no sentido do desejo) e, ao mesmo tempo, informação e formação de cidadãos responsáveis.

A ESCOLARIDADE COM TEMPO ESCOLHIDO

Certo número de alunos, desde o curso preparatório, aceitariam bem a escolarização tal como é imposta, mas não estão de acordo com os horários. Por exemplo, para terminar um trabalho, gostariam de não ser obrigados a ir para a recreação... E terminar, ao contrário, uma partida de futebol, com licença para voltar cinco minutos mais tarde à classe. Educadores que fazem parte de comissões encarregadas de estudar uma reforma da repartição do tempo escolar dizem: "Seria um anarquia se cada um pudesse entrar quando quisesse, ou chegar um pouco atrasado...". Não poderia, sem anarquia, haver margens, certa flexibilidade?

É o que se experimenta fazer agora no nível dos adultos, com o trabalho por tempo escolhido: há uma tarefa a ser feita e as pessoas combinam para realizá-la no tempo que melhor lhes convenha.

Para isso, seria necessário que a organização do ensino não fosse mais o que ela é. Eu conceberia muito bem que o professor preparasse em cada matéria 6 graus. Um mesmo aluno poderia, por exemplo, juntar o 1º grau de francês, o 3º grau de cálculo, o 4º de geografia etc. Em geografia, ele poderia escolher geografia física mais que geografia econômica, ou o inverso. Ele trabalha quando quer, porque isso lhe interessa. Se, tendo passado o 3º grau de cálculo, ele quiser ser ouvinte livre no 4º grau, para ver se isso lhe interessaria, por que não? É assunto dele, e ele escolhe o dia em que passa o controle. Deixar essa escolha ao aluno quer dizer que reconhecemos sua própria motivação, seu próprio desejo, e que admitimos que um ser humano criança sinta de fato o que tem a fazer. A sociedade está aí para verificar que ele adquiriu os conhecimentos de tal ou tal grau. Desse modo, veríamos sem dúvida crianças de 9 e 10 anos já estarem no nível de matemática superior e ainda ter de aperfeiçoar a leitura e a escrita; essas deveriam ser ensinadas sem descontinuidade e aperfeiçoadas até o momento em que estivessem desse modo integradas ao indivíduo que não seriam mais um trabalho difícil para ele.

Enquanto as crianças ainda balbuciam, elas não podem fazer para si mesmas uma representação daquilo que está nos livros. Não vejo por que não permaneceríamos na leitura e na escritura todo o tempo necessário e, durante esse tempo, faríamos trabalhos manuais, natação, prestidigitação, dança, música etc., enfim, tudo aquilo que pode interessar uma criança manual, até que ela saiba perfeitamente ler e escrever. E, a partir daí: "Eis todas as coisas novas que você poderá fazer, se quiser".

A ESCOLA-ALBERGUE NOTURNO

> As crianças pedem que a vida se desenvolva, no tempo escolar, como em aulas de neve ou de mar. Poderíamos imaginar diálogos entre escolas: nem todas têm a sorte de estar no campo. Escolas acolhedoras no meio rural serviriam de casas de férias.

Por que manter a ruptura das grandes férias no mundo moderno? Podemos desdobrar o ano em quatro trimestres em vez de três, e as férias seriam todas as tardes.

Outra proposta: por que aqueles que estão no campo, na montanha ou à beira-mar durante três trimestres, não viriam à cidade por três meses? Poderíamos organizar os intercâmbios dos estabelecimentos. Para isso, porém, é preciso preparar as acomodações para que as crianças possam neles dormir.

A capacidade de alojar dos estabelecimentos escolares, eis o verdadeiro problema. E não se trata somente das "grandes férias", mas da utilização dos locais ao longo do ano. Vamos ao fundo das coisas.

Se a escola fosse a casa das crianças, os alunos nela se sentiriam como em casa. A separação entre internato e externato não seria mais tão clara. Uma criança externa que quisesse nela passar a noite seria acolhida, entre as internas. Haveria o grande escritório da escola, a grande sala de ginástica em que poderiam divertir-se. Seria necessário um corpo de educadores que não fosse o corpo de professores. Poderia haver nela educadores nas horas em que os professores voltam para casa – aí os educadores e um pessoal de hospedagem acompanhariam as crianças presentes.

A encosta é difícil de subir, porque os preconceitos estão inscritos nas mentes, de tal modo que tudo aquilo que acontece fora dos horários da escola é eminentemente suspeito: é o sábado que começa. À simples ideia de que pudesse haver atividades à noite, quando o sol se pôs, as pessoas de bem soariam a sineta de alarme: "O que é que poderia acontecer? O que esses jovens fariam juntos?". A opinião pública tem medo dessas atividades, até fora dos estabelecimentos escolares (e, *a fortiori*, se for um estabelecimento escolar). Quando um professor convida os adolescentes em casa, o rumor público diz que se trata de drogas;

sempre há suspeita, principalmente quando se trata de uma professora. No interior isso é terrível. Nada pode ser feito. Esse espírito malicioso está em nós, porque não fomos habituados a isso. É estranho que alguém tome a iniciativa: é tratado como marginal – isso não é coisa inocente.

Poderíamos imaginar uma telepartida (há três cadeias de televisão) à noite, em três salas, com os educadores. A escola deveria ser um lugar em que as crianças se sentiriam em casa, fora dos cursos.

Nas colônias de férias de hoje, os monitores fecham os olhos sobre o que acontece à noite. As crianças ficam livres para ir à cidade, deitar-se tarde. Não há mais histórias nem acidentes do que no tempo do serviço militar; talvez menos tolices nos dormitórios. Então, já que isso funciona à noite nas colônias de férias, por que não funcionaria nas escolas da cidade?

Essas propostas chocarão todo o mundo: aqueles que estão prontos a mostrar imediatamente a vocês que isso é absolutamente escandaloso; e os outros, que sorrirão, dizendo: "Que utopia!". Mas é preciso ao menos que as palavras sejam ditas.

Contrariamente e esses maus augúrios, estou certa de que essa utilização mais ampla dos locais escolares daria aos jovens uma experiência de vida que os formaria para se tornar em seguida senhores de si mesmos. A família nuclear seria menos sufocante, porque a criança não seria obrigada a ficar em casa o tempo todo, mas sua família saberia que, se ela não estiver em casa, ela poderá estar na escola; uma chamada telefônica para a escola: "Sim, ela está bem conosco" – e ficaríamos tranquilos.

No sistema atual da escola de portas fechadas, as crianças estão em casa ou na rua. Se estiverem em casa, muitas não saberão o que nela fazer. Não podemos institucionalizar o diálogo entre vizinhos: eles se realizam entre particulares e não é uma solução de conjunto; são recursos individuais. Há famílias que não toleram que uma criança de outra família venha o tempo todo. Outras estão prontas a superprotegê-la, e não é bom quando um "vilão desajustado" salva-se de sua casa e vai frequentar uma família em que se sente muito melhor; o que acontece com muita frequência. A mãe tem uma espécie de entusiasmo por ele e o dá como exemplo para seu próprio filho: "Veja como esse rapaz se comporta bem", e vai dizer à mãe que tem problemas com seu filho que escapa de casa que ele é absolutamente delicioso, e que ela gostaria de ter um filho assim. O que, por outro lado, é verdade, porque fora da própria família ele não se comporta do mesmo modo. Há mães bastante "inteligentes" para pensar: "Tanto melhor que meu filho se entenda bem com os outros; quanto a mim, um dia chego lá; é uma crise, é a idade etc.". Mas há outras, que tiveram tantos problemas enquanto filhas com seu pai ou sua mãe, que ficam completamente perdidas a partir do momento em que se lhes diz que em outros lugares seu filho é diferente. Elas deveriam alegrar-se, mas pensam que são mães más, ou que é muito injusto que seu filho ou sua filha os desconheçam. São mães que não desenvolveram bem sua vida pessoal e que foram surpreendidas pela maternidade. Elas não podem deixar seu filho tornar-se autônomo.

Há um termo que deve voltar à honra, pois foi muito ocultado estes tempos todos: o casal. Os meios de comunicação inflaram o fenômeno da recuperação do pai, ou da restauração do pai depois da morte (ou do processo) do pai em 1968. Creio que deveríamos antes falar da morte do casal. A coisa mais reconfortante que se possa mostrar aos próprios filhos é uma vida de casal que resiste ao tempo.

Se as crianças tivessem um lugar lateral, sua escola como segundo lar, para onde ir, os casais de pais também se reencontrariam melhor, pelo fato de que os filhos não estariam constantemente em casa. Principalmente agora que há um ou dois filhos somente por casal, frequentemente espaçados na idade e que têm necessidade de sua companhia. A família nuclear fechada sobre si mesma é uma armadilha que provoca neuroses. Em toda idade, todo ser humano precisa de relações sociais com aqueles que têm os mesmos interesses que ele.

Capítulo 3
Um novo espaço para as crianças

OS BEBÊS NA ERA DA INDÚSTRIA

> Temos memória curta. Também temos tendência de crer que a estrutura da família burguesa, fechada sobre si mesma, malthusiana, "sempre" foi tal como ela é em nossos dias, exceto alguns acidentes da história. Ora, sabemos que a criança foi socializada entre a Idade Média e o séc. XVIII.
> As jovens mães de hoje, se não lhes relatarmos a perspectiva histórica, acreditarão que a família sempre foi assim: a criança no centro, o pai e a mãe hiperprotetores e angustiados, tratando, ainda quando têm diversos filhos, cada filho como filho único, e com distância cada vez maior das outras gerações. Mas é um fenômeno relativamente recente. A família nuclear (o casal com um ou dois filhos) não é uma invenção do século?

Esse tecido familiar que se desfaz vale sobretudo para as camadas médias da sociedade atual; não, porém, para as camadas ricas nem para as pobres. Os pobres ainda têm muitos filhos (aquilo que se chama de quarto mundo), e os ricos frequentemente têm mais filhos que os das classes médias. Por quê? Sem dúvida porque têm mais espaço habitável, mesa farta e podem ainda ser ajudados, pagar governantas e domésticas.

São as pessoas da classe média que estão reduzidas a esse masoquismo familiar que consideram como força. É de fato masoquista, no sentido de que reprimem sua vitalidade, acreditando ingenuamente que isso contribui para sua felicidade.

> Hoje vemos meninos ou meninas que são filhos únicos de pai e mãe, que também são filhos únicos de pai e mãe. Há cinquenta anos isso era exceção. Hoje, não.

Essas crianças que são filhos únicos têm neuroses particulares: casam-se não importa com quem para ter dez filhos, essa a forma com que sofreram de solidão: não há primos, nem avós. Quando os pais morrem, não há mais nada, nem de um nem de outro lado: não existe mais linhagem; são verdadeiramente órfãos, sozinhos no mundo... abandonados. E os pais que não morrem são parasitas de seus filhos, porque só tiveram eles no mundo. Outrora, essas extinções se produziam em casos-limite: fim de raças, epidemias, doenças, mortalidade infantil ou angústia de ter de partilhar uma grande fortuna. Agora é de não partilhar o infortúnio. Para que o infortúnio no qual se vive permita viver da forma menos triste possível. Mas é preciso reconhecer que criar um filho em uma sociedade "civilizada" cria dessa forma obrigações, que as pessoas dizem: "Não é possível!" Não podemos levar a criança conosco para o trabalho, como antes: íamos ao campo para colher cenouras com nosso filho. Não podemos mais trabalhar em um canteiro de construção, ganhando nossa vida humildemente, levando conosco nosso filho. Essa exclusão tornou as pessoas extremamente sádicas em relação a sua genitura.

Certa mulher que dirige uma empresa conta que tinha um bebê para amamentar; ela colocava a parte fixa do carrinho de bebê em seu carro e, entre duas visitas aos canteiros de obras, dava-lhe o seio. No dia do pagamento, os operários entravam no escritório dela e, ao receber seu envelope, davam risinhos para a criança. Ela podia, mas uma operária não poderia pôr sua criança num cantinho da fábrica sem que lhe dissessem que ela o abrigasse fora da fábrica...

O pai de Marguerite Yourcenar, professor de filosofia, levava sua filha consigo, na sala de aula, enquanto ensinava os jovens. Ela nunca foi à escola. Perdera sua mãe ainda relativamente jovem, e seu pai não a deixou. Em todo lugar aonde ia, ela o acompanhava. Foi ele que a instruiu: em casa, enquanto corrigia seus deveres, ele dava à filha textos latinos e gregos para traduzir. Na universidade, ela ouvia os cursos que seu pai dava aos estudantes. Os diretores não impediam que esse professor instalasse sua filhinha na classe. Isso acontecia na Bélgica, não na França. Mas, para um operário ou operária, isso é proibido. Nem uma empregada doméstica tem direito: sua patroa não a contrata se ela tiver de trazer o bebê junto.

Admitir os bebês nos lugares de trabalho seria a verdadeira revolução social. Mas seria preciso que os adultos suportassem a vida. E eles não suportam mais a vida como ela é. O trabalho é pago por hora, e isso não permite usar o tempo conforme a pessoa quiser.

Se quiséssemos retomar a socialização da criança, que constatávamos na sociedade dos séculos XVII e XVIII, seria necessário levar as crianças à fábrica. Chegando pela manhã, o pai ou a mãe confiariam seus filhos à creche da fábrica, onde se reuniriam todas as crianças, e os pais iriam vê-las conforme desejassem. Mas a administração atual faria dificuldade a essa experiência a partir do momento que a criança tivesse um pequeno mal-estar, ou 38 graus de temperatura (Ah, a mania do termômetro...). Não podemos mais viver porque somos apanhados em casos tais como o pai que ficaria obrigado, três dias sobre oito, a levar seu filho ao hospital, em vez de levá-lo para a fábrica. A fábrica é, no entanto, um lugar de vida. Se o pai está com gripe e quer trabalhar, ninguém o impede que vá ao trabalho, e é aceito, embora não passando bem. Seu filho, porém, não. Estamos decididamente em um mundo em que tudo é regulado por imperativos desumanos para humanos, em um assim chamado espírito de proteção coletiva. Proteção coletiva do corpo, às custas da doença do ser de linguagem e de relação cívica. Vivemos, então, em um mundo completamente louco. É aberrante que alguém que trabalha não leve consigo seu filho – tanto o pai como a mãe –, até a idade em que a sociedade empregaria o próprio filho. Ele estaria, nesse caso, pronto para entrar no mundo do trabalho, pois já estaria integrado, com o pai ou a mãe, no meio de sua vida ativa. Estaria preparado a entrar nela por si mesmo.

Na Itália, aos domingos, é ritual: simples, modesto ou rico, vai-se ao restaurante em família, com os filhos que pululam por entre as mesas, e ninguém se incomoda com isso. Na França, porém, isso não é admitido. Tentem entrar em um café ou restaurante com uma criança pequena que grita ou toca em tudo... A criança que chora nos hotéis é uma vergonha para os pais, que a sufocariam para que se calasse. Há demasiadas proibições, e a criança se sente uma intrusa. Se fosse admitida, não choraria; caso houvesse lugar para ela viver, e fosse acolhida.

Na Maison Verte há cinquenta crianças, em um pequeno espaço, mas não há gritos nem choros ou lágrimas... Há vida: todo o mundo pulula e está ocupado com alguma coisa. Isso é muito bom.

> A família nuclear, fechada sobre si mesma, é uma degenerescência de sociedade. A sociedade pode ser um recurso, permitindo às crianças saírem desse círculo sufocante; ela pode também caminhar no mesmo sentido e ela própria se tornar um outro círculo fechado.

Um círculo fechado sobre vinte crianças juntas é, no entanto, absolutamente menos fechado que sobre uma só: duas ou três pessoas com vinte crianças formam um círculo menos fechado que duas pessoas concentradas sobre uma só criança.

A sociedade contemporânea é muito ambivalente: ela pode ajudar a criança a sair do núcleo familiar que a impediria de se desenvolver, a partir do momento em que, com 13-14 anos, a criança pode ter uma autonomia muito maior, se responsabilizar mais etc. Ao mesmo tempo, porém, mais que nunca, ela impõe modelos. Ela determina as finalidades, a competição, a seleção. O que, de um lado, ela pode trazer de libertador para a criança em relação a seu meio familiar, do qual ela o separa rapidamente, ela o retoma, exercendo sobre ela o magistério supremo. A sociedade faz com que todas as crianças joguem o jogo da gansa: se não se atingiu essa casa, deve-se voltar até o ponto de partida, ou então se é eliminado – isso é necessário ou desejável –. Por que eliminar quem quer que seja? Não há ninguém a ser eliminado. Há certo número de indivíduos jovens a orientar para essa atividade que lhes agrada e para a qual sua formação e seu espírito convêm, sem que isso signifique por outro lado uma destruição do resto.

Por que é preciso, porém, que a seleção se realize em grupo em vez de ser individualizada? Tudo isso porque a pessoa se erige como juiz e, para julgar os alunos, é preciso que eles sejam passados todos pelo mesmo molde.

A criança é pega na armadilha. Fica presa em certo número de itinerários traçados de antemão, totalmente balizados, com todas as armadilhas ou todos os impasses de onde não tem meio de sair. Define-se qual é o bom caminho e o que é um beco sem saída e, finalmente, não se contam mais os fracassados.

O desgaste de toda essa energia vital que esses jovens produzem é fantástico e ele de fato significa a morte para essa sociedade. Pois os vivos não são apenas os escolhidos. Todos os outros são igualmente vivos!

Eis aí o paradoxo: a criança encontra refúgio na família nuclear que deveria deixar para assumir sua autonomia e em que ela fica confinada à medida que se revelou um fracasso, tornando-se uma rejeitada. Nesse caso, a família consolida o fracasso, ou porque se obstina em empurrá-la para um caminho no qual ela não pode expressar a si mesma, ou porque ela a superprotege como alguém definitivamente incapaz, um marginal. Como ela não satisfez o desejo de seus mestres, e como não está no bom caminho para responder a seu próprio desejo, ela o sufoca. Ela é culpabilizada por suas vontades, suas curiosidades, seus desejos insaciáveis. O julgamento da sociedade é, portanto, recebido pela família como um veredicto. Embora esse julgamento se refira a certa inserção, e não absolutamente ao valor desse ser humano. Creio que essa política do pior em matéria de educação, do fracasso institucional, é reveladora de um fim de sistema, mais do que de civilização. Seria tempo de repensar completamente o problema da formação de uma criança em função de seu crescimento, tanto do ponto de vista físico como do ponto de vista psíquico, na comunicação com o mundo exterior. E cada uma assumindo aquilo que tem desejo de assumir. A escola deveria ser um lugar em que cada adulto propõe alguma coisa a conquistar em vez de impor à criança assumir algo sem que ela de fato deseje isso. Ela é quem se inscreveria: "Estou vindo até vocês há tanto tempo".

Esperando que essa revolução seja feita nos espíritos e se traduza nos costumes, não é de espantar que a ficção científica seja o novo refúgio das crianças.

A ÓPERA DE 7 ANOS

Em 1982, cento e dezessete crianças de 7 a 11 anos, da escola primária Edouard-Herriot de Fresnes, interpretaram, na sala Favart, na Ópera cômica de Paris, "Os segredos da noite", uma ópera inspirada em um conto de Andersen. Elas criaram inteiramente o espetáculo: o libreto, a trilha sonora, a cenografia, a decoração, o guarda-roupa. A preparação exigiu um ano escolar inteiro. No primeiro trimestre, elas se iniciaram na expressão corporal e na instrumentação orquestral. E, conforme os gostos e talentos de cada uma, se repartiram nos ateliês, na arte lírica, na orquestra e na decoração.

O que foi resolutamente inovador por parte dos adultos responsáveis é o fato de não terem excluído nenhuma criança da escola por meio de seleção, e de ter mobilizado todas as energias dos alunos, fossem quais fossem seus níveis.

OS SERVIÇOS DOMÉSTICOS NO PROGRAMA

Nos internatos e pensionatos, as crianças que aí vivem jamais têm de fazer o serviço doméstico ou trabalhar na cozinha. Por que não há, por sua vez, crianças na manutenção, na cozinha, na horta, no mercado? Não somente o trabalho de descascar batatas, como em um regimento, mas, ao mesmo tempo, o serviço à mesa. Por quê? Objetarão: "Elas poderiam cortar-se ou se queimar". Se, enquanto pequenas, tivessem sido iniciadas pela mãe nos riscos da vida doméstica, não haveria acidentes graves. E todas essas crianças não sairiam da escola sem nada saber da vida. Elas também são mantidas no preconceito de que esse serviço seria recusado pelos adultos. Não lhes dizem que isso tem valor. O serviço de cozinha assume então um caráter de punição. Elas teriam menos contragosto diante dessas atividades manuais se lhes fosse dito mais frequentemente que a manutenção do corpo e a conservação de seu ambiente dependem da partilha das tarefas e são uma questão de solidariedade coletiva.

COMO FAZER GOSTAR DA ESCOLA

Eu gostaria de resumir aqui o essencial das ideias que proponho a respeito da transformação da organização escolar a fim de que as crianças nelas encontrem a alegria e a possibilidade de se instruir e de se desenvolver, adquirindo o gosto pelo esforço e pelo domínio de seus impulsos para uma autêntica estabilização, não por temor, mas por sentimento exultante da liberdade de ser cada uma diferente das outras pessoas, amada por elas e tolerando a todas em suas particularidades pessoais e familiares.

O espaço. A organização dos locais. O tempo

Toda escola primária, assim como a secundária, deveria compreender três espaços de vida "escolar": aulas, ateliês, biblioteca, e três tempos de vida pessoal e social: refeição, estudo e atividades, repouso e recreação. A cozinha e a manutenção que exigem ser assumidas por adultos competentes e responsáveis seriam em parte confiadas, por sua vez, a todos os alunos organizados em equipes, preferentemente de idade misturada. Seria necessário, portanto, que o pessoal da cozinha e da manutenção também fosse formado em pedagogia, a fim de saber interessar e integrar as crianças nos diversos aspectos de seu trabalho. Ou seja: na cozinha, na dietética, preparação, serviço de mesa, no lavar a louça; manutenção da escola, sua decoração; os trabalhos de reparação também poderiam fazer parte dos "ateliês".

As maiores seriam iniciadas na parte contábil e gestionária de sua classe pelo pessoal administrativo, com o auxílio dos alunos assistentes dos encarregados nos diversos postos administrativos. O pessoal administrativo seria, portanto, contratado por suas qualidades pedagógicas associadas a suas capacidades técnicas.

Os adultos em contato com crianças e jovens

Quanto às pessoas encarregadas dos alunos, elas deveriam ser de dois tipos, diferentes das categorias atuais dos adultos colocados em contato com as crianças e os jovens. A *grosso modo*, de um lado, educadores, do outro lado, professores.

Entre aqueles que chamo de *educadores*, reprovo aqueles que adquiriram esse diploma, mas que não têm por outro lado uma arte, ou um esporte, ou um artesanato como atividade viva e efetiva, que eventualmente poderiam ser seu ganha-pão. Ter "o objeto humano" como material do coração e da inteligência para um adulto assalariado para ser apenas educador é uma aberração que fatalmente o leva a confundir educação e manipulação. Esses educadores competentes em uma arte, um artesanato, um esporte, continuariam a trabalhá-los ao lado de sua profissão de educador, e poderiam também iniciar, ao menos pelo exemplo de seu prazer, no trabalho pessoal, os jovens que estão sob sua responsabilidade pedagógica.

Nesse papel de educador e em pé de igualdade com eles, haveria para cada escola certo número deles que seriam psicólogos formados. Animadores de ateliês, de grupos, seu papel não seria confundido com o dos psicólogos clínicos, competentes em pesquisa, diagnóstico e terapia de crianças em dificuldades de caráter ou escolares, mas que não devem – tais psicólogos clínicos – ter nenhuma responsabilidade nas decisões práticas que uma escola ou pais podem ter chegado a assumir e para as quais – erradamente – pedem o parecer do psicólogo escolar que, sendo controlado pelo segredo profissional, é levado a perder a confiança das crianças quando der seu parecer. São, ao contrário, os psicólogos de formação, mas educadores de vocação junto das crianças que – vivendo cotidianamente com eles – teriam de desempenhar esse papel ao mesmo tempo de educador conselheiro e animador, papel complementar ao dos educadores monitores que treinam na arte, no artesanato e no esporte.

O outro tipo de adultos seria os dos *professores*. Primeiro, aqueles que seriam encarregados do ensino geral em relação à disciplina para a qual adquiriram um saber particular e que sua paixão pessoal para essa disciplina o torna desejoso de nela interessar os jovens e de lhes dar uma metodologia adequada. Estes são de fato os professores eficazes de sempre e que são a honra do corpo docente. Ao lado desses mestres nas disciplinas, literária ou científica, de nível ótimo para cada grupo de professores complementares, encarregados mais dos ateliês de aplicação. Ao lado dos professores puros, haveria os instrutores, pedagogos e técnicos. Seriam encarregados de controlar aquilo que o aluno assimila e de ajudá--lo na utilização nos exercícios práticos do conteúdo dos cursos de ensino geral. Mais próximos das crianças, eles fariam de algum modo equipe com o professor "catedrático", e serviriam de mediadores nas disciplinas árduas para certos alunos, que perdem o pé quando não se retoma a lição ouvida mais concretamente e no ritmo de cada um.

Capítulo 4

Abrir os asilos

REPOVOAR O DISTRITO DA INFÂNCIA DESADAPTADA

Em 1982, para ir a Aurillac, onde eu teria um encontro com a Direção da Ação Sanitária e Social, subi a bordo de um pequeno teco-teco com oito lugares. Passávamos por entre os cumes dos montes, como um pássaro que voa. O tempo estava esplêndido e, assim, pude ver todo o Cantal. Um deserto francês. Quantas casas isoladas! 160.000 habitantes em todo o distrito. Encontrei o Presidente e o Vice-Presidente da D.A.S.S. Eles me disseram que, há trinta anos, o Cantal tinha a vocação de ter casas de crianças desadaptadas. Separadas de seus pais, elas vêm de toda a França. Como isso era desagradável, colocaram essas crianças nesse distrito pobre. Elas não saem dos muros. Não fazem nada.

Isso não é rentável para a economia da região, pois essas crianças desadaptadas se tornam adultos fracos. Quando são considerados perigosos, colocam-nos em tratamento químico-psiquiátrico – uma injeção, e pronto. Os antigos pensionistas constituem cerca de um terço da população: chegaram quando crianças e lá viveram; são assistidos do Estado e, portanto, contribuintes.

Para agitar essa letargia, interpelei os encarregados: "É incrível que vocês, a D.A.S.S., encarregados do acompanhamento dos jovens, não tomem iniciativa. Vocês dizem que essa região está totalmente vazia (não há indústrias, nem rebanhos; os camponeses têm vacas, que quase não se veem nos campos, e o leite recolhido vai para as fábricas de laticínios, que não estão no Cantal)". Parece que no distrito da Lozère acontece o mesmo. Eu lhes digo: "Mas, por que não atrair para aqui jovens que gostam da natureza, que são ecólogos, que vivem em casais, que não têm casa própria, que são obrigados a tornar-se delinquentes nos lugares superpovoados, porque não sabem para onde ir? No lugar de vocês, eu requisitaria esses terrenos inexplorados para neles colocar casas pré-fabricadas. Eu as daria aos jovens 'pioneiros' por trinta anos e, em troca, esses casais, que vão ter filhos, tomariam, de sábado até segunda-feira, um, dois, outro, três ou quatro crianças e adolescentes desadaptados para ajudá-los a construir sua casa, a cultivar seus campos, a trabalhar... Dessa forma, esses jovens teriam famílias que os acolheriam durante o fim de semana. Eles alternariam de vez em quando, mas, caso se entendessem bem com uma família, poderiam tornar-se um familiar e seriam inseridos na vida social, como seus hóspedes. Eis como poderiam repovoar o Cantal de vocês!"

O presidente da D.A.S.S. me respondeu: "Mas eu não quero me preocupar com isso; digo aos diretores dessas instituições que cabe a eles encontrar, de sábado até segunda-feira, uma solução para que suas crianças não fiquem fechadas". Elas estão, desde a idade de quatro-cinco anos, fechadas no mesmo estabelecimento, sem sair e sem ver seus pais que moram demasiadamente longe; então se tornam cada vez mais retardadas e dependentes de assistência. E a administração sempre usa o argumento econômico: "Para que seja rentável, é preciso que a instituição que acolhe desadaptados prospere todos os dias; não é preciso que as crianças saiam durante os fins de semana, durante as férias". Eu protesto: "Então não há solução?" "Sim, cabe a eles encontrar, durante as férias e durante os fins de semana, outra coisa para fazer... Mas não quero que meus diretores de instituição fiquem descansando de sábado até segunda-feira e durante as férias. É preciso que essas casas, que instalamos, sejam rentáveis." Eu replico: "Mas não são eles que irão procurar fazer com que as crianças saiam, pois, fechadas, elas deixam os diretores em paz... Isso é uma prisão... E eles só guardam sua prisão". Ele se obstina: "Sim, é isso... cabe a eles dar um jeito!". "Mas então, vocês não querem fazer nada; vocês querem que os outros façam... Mas a D.A.S.S. é vocês..." Eu o deixei abalado: "Não cabe ao administrador da casa ter imaginação. São vocês que devem decidir: de sábado até segunda-feira, as crianças sairão fora, e como eu quero que a casa seja ocupada, então, tenho pessoas que irão criar para vocês uma animação no fim de semana. Vocês podem ocupar os fins de semana com formação e reciclagem. Isso daria vida para o Cantal. As pessoas viriam para um congresso durante alguns dias nas férias curtas. O diretor da casa de desadaptados seria administrador desses alunos durante a semana e, nos fins de semana, seria o administrador dos pequenos congressos. Todos os sacerdotes e religiosas que têm grandes estabelecimentos que não têm mais muitos alunos, ou quando os alunos voltam para sua família, fazem isso. Então, por que a administração não poderia fazer o mesmo?"

Eram pessoas que se diziam "de esquerda". Tive a impressão de estar falando com pessoas que eram talvez comunistas de obediência, em todo caso não socialistas, porque os socialistas pensam. Estes não pensam, mas são gentis, são obedientes: "Quanto a mim, sou apenas um pobre administrador, e faço aquilo que me mandaram fazer". Volto à carga: "Mas, enfim, no distrito de vocês há jovens que fazem o liceu e jovens que trabalham, e é de 9 a 25 anos que se deseja praticar um novo esporte: vocês poderiam fazer clubes de voo em planador, no Cantal; vocês poderiam ter seis clubes". "Mas há um...!" "E o que é um? É preciso dizer aos jovens dos liceus: Agrupem-se; o que vocês fariam se fosse criado um clube de voo em planador? Eles vão fazer para vocês o plano daquilo que é preciso como orçamento... São eles que irão fazer. Se vocês esperam que isso caia do céu, isso jamais acontecerá! Orquestrem as iniciativas."

Esses altos funcionários estavam espantados de eu os pressionar assim: "Vocês são responsáveis pelo acompanhamento, e irão ver nos hospitais psiquiátricos ou nas prisões todos aqueles pelos quais nada tiverem feito quando eram ainda jovens. É isso que vocês querem? Ninguém lhes propõe nada. Peçam que eles criem; eles são capazes de fazer isso...". "Mas os proprietários de todos esses campos que não servem para nada não querem alugá-los, nem emprestá-los, nem vendê-los." "Mas, caso construíssem uma autoestrada, eles seriam expropriados, e não dariam um pio... Pois então, façam isso." "Ah! Mas não temos dinheiro." "Porque vocês não querem... Vocês podem muito bem expropriar boa porcentagem das propriedades que não servem para nada, que são campos perdidos, aonde ninguém vai... Não há casas a 20 quilômetros desses campos perdidos, e onde se poderia fazer lugares de exercício."

Nada... Esses responsáveis pelo acompanhamento não têm imaginação. Mas eles não querem dar o direito de pensar e de realizar para os jovens.

Na verdade, foi uma grande revelação para mim ver essa Auvergne, que é magnífica, não servir para nada. Essas imensas terras inúteis. A única indústria do distrito é o hospital de Aurillac. Para fazê-lo funcionar, é preciso encontrar doentes... quando há um que vai até aí por acaso, ninguém o deixa ir embora, dizendo: "Você não tem nada". E eis o balanço: o Cantal vive do hospital e das "prisões" de crianças desadaptadas que ficam lá segregadas, sem nenhum contato com nada.

É muito mais fácil para o homem fazer desertos do que florestas! Creio que é isso que acontece um pouco em todo lugar. Mas há uma coisa mais estéril do que o deserto geográfico: o deserto das relações afetivas. É perturbador ver o Cantal bater o recorde da aridez humana.

Capítulo 5

Os estados gerais das crianças

NOVAS RELAÇÕES COM O DINHEIRO

> A imprensa infantil já publicou pesquisas sobre questões anedóticas, como: "O que fazer com o dinheiro que você tem no bolso? O que vocês sugerem para as férias?" etc. Seria necessário solicitar a opinião sobre coisas mais importantes. Sem dúvida, o que é importante para as crianças não é importante para os adultos, mas poderíamos elevar o assunto, falando daquilo que de fato as interessa: em vez do dinheiro no bolso, o dinheiro, simplesmente, a relação com o dinheiro... Por meio da televisão, no momento em que veem todas as publicidades, e por meio da imprensa, as crianças poderiam ser convidadas a exprimir individualmente e em grupos sua reflexão sobre problemas determinados, como, por exemplo, o divórcio, a custódia dos filhos de divorciados, o emprego do tempo, o ritmo de vida, o tipo de sociedade, o racismo, a arte e a criação, a liberdade, a solidariedade, os deficientes, os doentes mentais, a saúde pública, a ecologia.

A meu ver, visto que ainda não há lugares em que as crianças estivessem à vontade, não creio que lhes pudéssemos perguntar sua opinião sem que elas estivessem completamente enfeudadas naquilo que seus pais lhes disseram para dizer. As crianças, convidadas a se exprimir em seminários, palestras... escondem-se por trás de frases feitas, gratificando os adultos dos quais elas dependem. Não dirão que são infelizes, nem que são exploradas, e menos ainda que as maltratam e delas caçoam.

Infelizes daquelas que falam uma linguagem de verdade que o adulto não está pronto para receber.

Um inspetor em visita se detém com o professor de uma classe em uma escola ativa. Ele interroga uma aluna: "Ah, a gente fica entediada". Entediar-se em uma escola ativa? É chocante. "A gente fica entediada porque o senhor está aí!" Que inconveniência! Um atentado a sua dignidade acadêmica. O inspetor faz disso toda uma história. E a menina apenas disse o que pensava. Ela está muito bem. Mas a sociedade não admite isso. Não é conveniente falar assim ao representante da Administração, ao censor de seu professor.

Houve, em Nice, um salão sobre "A criança e a telemática", e algumas crianças foram falar ao microfone. Nessa situação elas representam, pois é uma entrevista e elas respondem como os adultos, seguindo tipos de comportamento que eles adotam ou que fingem adotar. Não haveria o mesmo mimetismo espontâneo se de fato se tratasse de problemas que, de resto, põem em questão o sistema espalhado e retransmitido, imposto pelos adultos.

Por exemplo: a relação com o dinheiro é uma coisa que deveria ser debatida *já* na escola. Certo número de adolescentes, quando falam da "grana", falam disso como se fosse uma coisa absolutamente suja, negativa. Digamos que eles estão confusos com o próprio símbolo do dinheiro, ao passo que em todas as sociedades feitas pelo homem, um símbolo de valor admitido por todos preside às trocas (dinheiro ou moeda); é uma coisa extremamente importante e que não se pode evitar. Mas, a esse respeito, eles chegam a uma espécie de rejeição e de desgosto profundo de tudo aquilo que é troca fundada sobre o dinheiro ou sobre uma moeda fiduciária, a ponto de tentar voltar à troca pura e simples, ou a comunidades onde jamais se toca em dinheiro. Basta isso para marginalizá--los. Ao passo que, se muito mais cedo eles tivessem podido se expressar sobre essas questões do dinheiro na sociedade, eles talvez não teriam, em relação ao dinheiro, uma vivência tão hostil e conflitiva etc. Quando chegam à idade adulta, eles dizem "a grana" e, nesse momento, há uma espécie de ódio.

O dinheiro das crianças é entregue aos pais. As gratificações familiares são dadas aos pais e não às crianças. Quando a criança recebe certa soma, por ter prestado serviços – o dinheiro, com frequência –, ela é obrigada a pô-la em um cofrinho, ou na poupança, e só poderá mexer nela quanto tiver 16 anos. E é a mãe ou o pai que a troca, em dinheiro de bolso, com conta-gotas... e ficam espantados quando a criança gasta tudo de uma vez.... ao passo que nunca lhe ensinaram a gerir. Por exemplo: "Eis seu orçamento para três meses...". Na primeira vez, é claro, não haverá mais nada ao cabo de três dias, mas a criança terá feito uma experiência. É preciso dar-lhe uma explicação apenas, no entanto, sem a castigar já na primeira vez.... Tudo isso é muito difícil, e creio que, no fundo, os adultos estão completamente desarmados diante de uma criança pequena que lhes apresenta a questão fundamental: "Por que tudo isto é fundado sobre o dinheiro? Por que eu não posso ganhá-lo e geri-lo?" Há crianças de 12 anos que não compreendem por que, durante as férias, elas não podem ganhar dinheiro; ninguém aceita empregá-las, por razões de segurança, antes de 16 anos...

O sistema das gratificações familiares, cujo benefício é perdido se a criança não permanece na escola até 16 anos, perverte o valor da formação. A presença na escola é obrigatória. Nesse caso não há nada a fazer, e desmoralizar-se é rentável.

Nos meios desfavorecidos, os pais são colocados em uma situação de proxenetas em relação à Educação nacional. Eles ganham dinheiro com a presença de seus filhos na escola.

As gratificações poderiam ser dadas à criança em troca de certo esforço prestado no decorrer de seus estudos, e avaliadas por um controle do trabalho que ela realiza.

Não compreendo por que a escola não dá em dinheiro um equivalente do sucesso, um prêmio, à escolha: um disco, um livro ou dinheiro. É uma riqueza para o país uma criança que passa um nível em uma disciplina. Todos os alunos poderiam receber uma soma: 100 francos pelo diploma; uma criança de 8 anos recebe seu diploma de francês: ela tem 100 francos; e depois, no segundo diploma, 150 francos; no terceiro diploma, 300 francos; no quarto... Por que não?

Ou pode-se dar bolsas de estudo: quero dizer que elas poderiam ter o sentimento de que vão, afinal, autofinanciar seus estudos... Isso lhes dá um capital. E, ao cabo de alguns anos, elas poderiam optar entre utilizar esse capital na vida, se quiserem parar seus estudos, ou utilizá-lo para uma viagem, ou para começar a vida, ou então investi-lo em estudos superiores.

É de fato lamentável ver esses jovens que saem com 16 anos, com diplomas, sem um centavo no bolso, e nada para fazer depois... Eles me dão a sensação do prisioneiro que sai da cela e que não tem praticamente nada diante de si. Sequer um bilhete de metrô.

E o diploma chega completamente desprovido. E não tem uma organização de crédito. Fora da família, não há ninguém para agir a exemplo do pai que diz a seus filhos: "Até tal ano, vou adiantar, garantido... Vou investir até tal ano; depois disso, vocês terão de 'se virar'". Há, porém, um ou dois sistemas de seguro-escolaridade, como os P. e T., o Seguro Estudos... Mas isso não permite que um escolar tenha o sentimento de que ele pode se autofinanciar. No Canadá, cada paróquia pode dar bolsas; as paróquias são o equivalente de nossas comunas. E as pessoas que chegaram ao fim pagam uma bolsa para um estudante. Conheci médicos canadenses que, graças a uma bolsa, vieram à França, para serem psicanalisados na França. Tinham uma bolsa de quatro anos; e pagavam uma psicanálise ao mesmo tempo. Eles, mais tarde, criarão uma bolsa para um jovem de sua paróquia.

Na França é o Estado que atribui as bolsas; é uma coisa impessoal. O patrono da bolsa privada é conhecido; sabe-se quem ele é. E, uma vez por ano, escreve-se a esse Sr. para lhe dizer em que ponto a pessoa se encontra em seus estudos. Aqui, as bolsas guardam muito desse caráter de ajuda pública anônima para os necessitados... e isso não resolve a questão.

Finalmente, quase sempre são os filhos de professores ou protegidos deles, escolhidos por eles, que recebem as bolsas... e aqueles cujos pais estão ao par de todas as bolsas às quais se pode concorrer. Restam todos os outros, crianças e adolescentes cujos pais poderiam perfeitamente pagar os estudos que seu filho deseja, mas não são beneficiários, à medida que, não estando absolutamente interessados por esses estudos, acham que seria um esbanjamento financiá-las, e não se pergunta a opinião dos jovens. Mas o nível socioeconômico dos pais não autoriza seus filhos a concorrer para a bolsa de estudos que seria para essas crianças a única possibilidade de realizar seu desejo nos estudos.

Na falta de retribuição pelo trabalho escolar, poderia haver nas escolas ateliês e clubes em que se poderiam fazer coisas comerciáveis: cerâmica, miniaturas, pinturas... ou até prestar serviços à população.

Em vez de temer que, se fossem introduzidos nas propriedades privadas, eles poderiam quebrar tudo, poderíamos pedir que os jovens participassem em trabalhos de conservação. Em seu quarteirão eles poderiam talvez prestar serviços. Há apenas a questão de caução, de segurança, encargos sociais... mas, de fato, só podemos requisitá-los clandestinamente. A prefeitura não pode dar esse exemplo.

Por que não pagar, no entanto, sua escolaridade, recompensá-los, enfim, por seus resultados escolares?

> Para que a escolaridade obrigatória tenha um sentido para eles, bastaria que eles a pagassem, como os estudantes americanos, que pagam sua escolaridade fazendo pequenos trabalhos... assim como se deve pagar sua própria psicanálise... Isso não seria da mesma natureza? Na mesma ordem de valores, vocês não pensam que haveria melhores relações com a escola, se a criança, de certo modo, pagasse sua escolaridade antes de esperar ser estudante?

Estou certa disso. Mas não com os programas atuais. Se houvesse programas com opções, as crianças escolheriam seu programa, e estariam prontas para fazer esforço e sacrifícios para poder realizá-lo.

Nenhuma criança entra em análise sem pagar: ela tem direito a três sessões gratuitas, ou seja, pagas pelos pais ou pela Segurança social. Eu a aviso: "Ao cabo de três sessões você verá se o trabalho vai lhe interessar; então, você pagará um preço simbólico, e não a atenderei se não me trouxer alguma coisa..." as pequenas, uma pedrinha; as maiores, um selo; se tiverem dinheiro no bolso, uma moeda de dez centavos. A criança que chegar de mãos vazias na sessão seguinte, eu a cumprimento por sua recusa (ou por seu esquecimento) e lhe digo para voltar, se quiser, na vez seguinte, com seu pagamento chamado de simbólico e reservo sua entrevista. Tranquilizo os pais: "Não... Vocês estão inquietos com seu filho, mas ele (ou ela) não acha que isso vale a pena para pagar dez centavos: isso quebra um galho e ele não quer um quebra-galho, e tem razão: ele não sente necessidade de ser ajudado ou não tem confiança em mim. Vocês fariam o mesmo...". Isso é uma extraordinária alavanca: provoca que a criança deseje verdadeiramente se exprimir. Ela experimenta por vezes de forma nova que não está sendo forçada; não é nada terrível separar um pequeno selo em casa, ou recolher uma pedrinha e trazê-la... E aquelas que não o fazem, é porque de fato não precisam de tratamento. Então são os pais da criança que, inquietos com ele (ou com ela), vêm no lugar da criança. Eu os convido: "Venham para falar de sua situação com seu filho... Vamos procurar juntos por que o filho de vocês não pode ainda se sentir responsável por si mesmo". Com muita frequência, são os pais que impedem seu filho de tornar-se autônomo. Eles ficam angustiados, mas o filho deles ainda não é autônomo. Ele se exprime por oposição passiva ou ativa aos desejos de alguém que queira se impor a ele.

Quanto ao pagamento real, tive jovens a partir de 14 anos com dívida de honra; eles pagam uma parte – o que podem – em cada sessão pedida por eles mesmos, e depois há uma dívida de honra que devem a seus pais ou a mim...

O contrato de pagamento simbólico é perfeitamente inteligível para uma criança bem nova. Ele deve significar seu desejo, decidido por ela mesma – sem dúvida, ela só pode fazer isso depois de ter compreendido o que lhe é proposto e ter experimentado seu interesse, o benefício (o fim a longo ou a médio prazo faz parte do estilo de benefício reconhecível por uma criança tanto na aquisição de conhecimentos como no alívio de sua angústia na psicoterapia). O que é eficaz e libertador na relação psicoterapêutica deve ser transposto para o plano da escola: o apetite de saber, o desejo de aprender, de conhecer, não uma submissão obrigatória aos pais e aos professores adultos, mas a possibilidade de se exprimir, de agir, de criar. Desde Carlos Magno, o príncipe que manifestava o desejo de ter quadros para sua administração escolheu recompensar os bons alunos, aqueles que dão prazer ao mestre, e punir ou rejeitar os maus, aqueles que não dão resultados conformes à finalidade que o desejo do mestre se propõe, ou que não se dobram às regras estabelecidas para a comodidade do grupo.

Conquistar algo que se deseja é uma coisa bem diferente de ser obrigado a recebê-la. Tornar os conhecimentos acessíveis a todos aqueles que os ambicionam, seja qual for o desejo de seus pais e quais forem seu ritmo de aquisição, suas facilidades, com a condição que sintam o ardente desejo disso e o manifestem, não é absolutamente a mesma coisa que tornar a instrução obrigatória. É justo estigmatizar a exploração da saúde (física, mental, moral) de um ser humano. Mas não é proibindo o trabalho remunerado ou não para as crianças de oito a dezesseis anos que se resolve o problema. É informando as crianças sobre os limites dos direitos dos empregadores. De fato, as crianças são muito mais exploradas como beneficiárias forçadas dos adultos que são justificados institucionalmente de usar em seu interesse direitos arbitrários sobre suas ocupações e poderes incondicionais, econômica e fisicamente fortes, sobre as pessoas fracas que elas são.

As crianças não têm nenhum recurso entre sua família e a escola obrigatória. Se o trabalho e, portanto, o ganho de dinheiro, lhes for proibido, elas só terão o recurso de se revoltar, se tornar delinquentes ou se submeter (delinquentes passivos, bem-vistos pelos pais e mestres), ou desenvolver doenças de vidas mal vividas, de maus e destrutivos diálogos afetivos e mentais: as neuroses, as psicoses, em poucas palavras, estados mórbidos que significam a esterilidade do desejo sufocado, mutilado, proibido de se expressar e de se integrar às atividades do conjunto da sociedade.

> Nos Estados Unidos, as crianças americanas têm direito de ganhar dinheiro. Podem fazer pequenos trabalhos desde a idade de 8 anos, fora dos horários escolares. Podemos vê-las distribuir jornais, leite.

É muito importante sentir-se responsável por si próprio. Se a sociedade francesa facilitasse essas coisas para os mais jovens, desde a idade de sete--oito anos, ou seja, desde que uma criança saiba ser autônoma na família, saiba atravessar a rua, ir de um lugar a outro, por si, em família e em sociedade, as relações melhorariam. A criança se sentiria útil, e não apenas tolerada. Isso seria uma bela revolução na França. Teríamos todo o mundo contra nós; todos os pais – quando eu aconselho pagar às crianças pequenas quantias que lhes evitariam ter uma doméstica... em vez de forçá-los a isso

— me dizem (é o que ouço nas reuniões): "Mas, enfim, é vergonhoso que as crianças prestem serviço em troco de dinheiro". "E por quê? Vocês pagariam uma doméstica, pagariam um serviçal para fazer isso..." "Mas a criança não faz tão bem o trabalho como um adulto!" "Vocês poderiam pagá-la menos porque ficou menos bem-feito, ou dizer a ela: Está muito bem feito, e pagar o preço. Ela fica livre de recusar uma parte para mostrar sua solidariedade para com o orçamento familiar."

É de 9 a 12 anos que uma criança aprende a fazer tudo aquilo que se pode fazer em uma casa para ajudar; a fazer direito, a fim de poder fazê-lo depois com outras pessoas... Como adolescente, não será em sua família que o fará. Com 12-13 anos, ela tem necessidade de sair de sua família e de se entrosar em outras famílias. Dessa forma, ela não tem o sentimento de ser explorada por seus pais, ou manipulada sob o pretexto de que ela é um pouco sua escrava. Na casa dos outros ela não sente essa tensão que frequentemente reina em sua casa.

Os filhos, nos séculos XVI e XVII, iam como aprendizes ou como pagens para a casa dos outros. E nos campos também, os filhos dos camponeses, a partir de 12 anos, iam como lacaios, durante um ou dois anos, para a casa de pessoas semelhantes a seus pais e que tinham a mesma profissão que os pais. Quando dominavam a profissão, ficavam livres ou não de voltar para o lar paterno, ajudar como adulto seu pai que envelhecia.

No fundo, essas sociedades mais antigas tinham experimentado a socialização das crianças. Poderíamos transpor para nossa sociedade atual as mesmas trocas, se a escola fosse um lugar de educação completa da criança: nela as crianças estariam com o pintor, com o marceneiro, com a cozinheira, com os garis... ou seja, com todo o mundo que conserva a escola... E, ao mesmo tempo, com os professores. Elas poderiam aprender muitas coisas, se a escola fosse o lugar de vida da criança e se os mestres fossem pagos para transmitir seu saber para os jovens, sentindo-os, quanto ao valor e à liberdade, em igualdade com eles. Sem dúvida, as crianças não podem ter o saber que eles têm, mas tudo aquilo que é lateral e que pode prepará-las para a vida ativa, elas o teriam. E teriam, desse modo, trocas. Entretanto, é terrível ver que nas cantinas, as crianças ficam com os pés debaixo das mesas, em vez de fazer o serviço, por sua vez.

Nas coletividades de lazeres há uma divisão de tarefas.

Quantas crianças dizem que gostariam de deixar sua família para ir a uma pensão, "como durante as férias". Se não souberem dizer "uma pensão", elas dirão: "Eu gostaria que isso sempre fosse como durante as férias, e depois se ajudaria todo o mundo...", como fazem quando estão em classes no campo ou quando é inverno. Aí, durante um mês, todo o mundo contribui para o trabalho de casa em seu turno: um grupo de cinco ou seis vai aos cursos, com um professor; um outro faz a limpeza da casa, outras estão na cozinha. Aí elas se sentem felizes de estar longe de seus pais; felizes de voltar a vê-los também, mas não o tempo todo.

A verdadeira revolução começaria por fazer da escola pública um lugar onde aprender a viver de forma responsável por si próprio e solidariamente uns com os outros, com as idades misturadas, para tarefas necessárias a todos.

Há, porém, um muro quase intransponível. Porque os sindicados estariam contra.

> ### *EM UM CADERNO DE REIVINDICAÇÕES...*
>
> Por ocasião da reunião dos Estados Gerais, a causa das crianças foi a grande esquecida. Nos cadernos de reivindicações, não se percebe nada que possa de fato mudar a vida dos futuros cidadãos. Mas um anônimo que circulou depois de 1789 quis reparar essa omissão. Para quem o lê hoje, a forma de certas reivindicações poderia fazer sorrir, mas seu espírito ultrapassa o pequeno folclore de uma febre contestatária. Dessa forma, o ou os redatores exigem a supressão das palmadas e da "domação" sob a ameaça do inferno ou do grande lobo mau, e reclamam o direito de instrução para as jovens. E ordenam a todos os pais e mestres que "não contradigam sem parar por meio de suas ações ou palavras as lições que dão às crianças dos dois sexos porque é tremendamente estúpido proibir aos outros ações más, aquelas que são feitas todos os dias a seus olhos, sem escrúpulo".
>
> Se os Estados Gerais das crianças se reunissem atualmente, essas "reivindicações" estariam ainda na ordem do dia...

UM MINISTÉRIO DOS JOVENS EM UMA SOCIEDADE PARA AS CRIANÇAS?

Sem cair no exercício "reacionário" e pueril dos "dez mandamentos", o Children's Bureau, na Inglaterra, ao término de suas pesquisas e trabalhos, voltou-se para o futuro e se perguntou sobre as medidas preventivas que poderiam melhorar a condição das crianças e aumentar suas oportunidades de desenvolvimento. Como construir o futuro, o que fazer para ir mais longe? Esse questionário, intitulado "questões sem resposta", foi submetido à reflexão dos educadores. Ao tomar conhecimento dos temas, Françoise Dolto reagiu espontaneamente.[1]

---

[1] *The Needs of Children*. Algumas questões sem resposta, Mia Kellmer Pringle, Hutchinson and Co.

1. *Que espécie de adultos desejamos que as crianças de hoje se tornem?*

Eis o problema. A equipe do Children's Bureau colocou em destaque a finalidade. Eu meço a importância de preparar as crianças a se tornarem, desde a idade de 19 anos, autônomas quanto a seu desejo de vida, e de lugar de vida, e apoiadas a buscar o máximo de conhecimento e de experiência em relação a seus interesses pessoais. Ninguém pode dizer ainda quais adultos, no entanto, elas se tornarão. O adulto é totalmente responsável por seus atos diante das leis. Para favorecer a eclosão desses adultos é preciso tornar os rapazes e moças responsáveis por si mesmos e capazes, e ficarem livres da influência de seus próprios pais no mais tardar com a idade de 14-15 anos, conservando, se o desejarem, o diálogo afetivo com eles, caso possível. É por esse motivo que eu desejaria que a maioridade fosse aos 16 anos, e não aos 18, e a possibilidade de emancipação aos 14 anos quanto ao desejo do jovem. Quando um indivíduo chegou à idade da maioridade, ele tem o direito, conforme a lei, de se separar de seus pais caso esteja sofrendo no ambiente familiar. Se a maioridade fosse reconhecida aos 16 anos, eles seriam emancipáveis aos 14. Atualmente são os pais unicamente que podem demandar a emancipação legal, ao passo que seria necessário que fosse o jovem que a demandasse, ainda que os pais se opusessem, e que isso fosse possível desde a idade de 14 anos.

A partir do momento em que o ensino é obrigatório até os 16 anos, a maioridade deveria ser aos 16 anos. Ela é moralmente aos 16 anos. Creio que o legislador foi infeliz, porque não quis passar diretamente de 21 para 16: sem dúvida isso lhe parecia demasiadamente radical. Então marcamos uma etapa.

Muitos jovens iriam mais cedo para a vida ativa, livres para retomar um pouco mais tarde os estudos. Como é possível que um ser não tenha o direito de se ausentar de uma carreira, durante um ou dois anos? A possibilidade de ter um ano sabático por ocasião de sua maioridade permitiria aos jovens ver claro, antes de decidir-se a continuar ou parar seus estudos.

2. *Não deveríamos instituir duas formas diferentes de matrimônio? O matrimônio em que se faz uma experiência provisória, e depois o matrimônio em que as pessoas se comprometem a fundar uma família?*

Pode acontecer que haja filhos que nasçam desse casal provisório de companheirismo amoroso. O que seria necessário é que a responsabilidade continuasse sendo dos genitores, se a desejassem... E, caso não a desejassem, essa responsabilidade seria assumida por alguém da família de seus genitores (isto é, da criança), ou pelo Estado... sem negar e suprimir, no entanto, o laço afetivo, as visitas e as relações epistolares com um ou com o outro genitor, ou com sua família.

Também é insensato que, para se casar, baste publicar as proclamas 15 dias antes, ao passo que para se divorciar é preciso três anos. Isso é estúpido. Seria muito melhor três anos de proclamas, três anos de relação de companheirismo (renovável ano por ano) até o dia em que o casal decidisse a respeito de sua união definitiva. Mas essa tentativa não deveria estar dissociada da responsabilidade por colocar filhos no mundo. Não é preciso tê-los demasiadamente cedo, caso contrário não haverá vida de casal; no entanto, se acontecer um acidente, é preciso estar pronto para agir no único interesse do filho imprevisto.

3. *Seria necessário providenciar uma preparação, nas escolas, para o papel de pais? Até onde poderíamos ir ao tornar obrigatória a aprendizagem da profissão de pai? Em caso limite, até um C.A.P., certificado de aptidão para a profissão de pai?*

Creio que é uma questão absolutamente utópica. A pessoa está apta a ser pai ou mãe apenas quando atingiu o nível necessário para assumir a responsabilidade por um ser diferente de si e que jamais lhe pertencerá.

Há, sem dúvida, uma informação que pode ser dada. Mas essa informação cai sobre filhos que estão sob a dependência de seus pais e que, por causa disso, estão em processo de identificação. A instrução mental não é nada em relação ao fato de estar na situação de pai. É preciso uma maturidade muito grande para ser capaz de ser pai, pois isso implica estar consciente de que não se trata de uma situação de poder, mas uma situação de dever, e que a pessoa não tem nenhum direito de esperar algo em troca. É justamente isso que, atualmente, falta a tantos pais. Como vemos, a criança se torna "devoradora" do pai, e o pai não continua na lei de sua idade: ele fica identificado com essa criança, e isso porque não viveu suficientemente sua própria infância. Por meio de seu filho, ele brinca novamente. Se um dos genitores se deixar prender por sua maternidade ou por sua paternidade em detrimento de sua relação amorosa com o cônjuge, ou de seu interesse por seu trabalho, ele não sentirá mais prazer na vida do casal e não continuará mais ligado ao genitor dessa criança; isso é a causa de tantos divórcios. Se ensinássemos às crianças aquilo que significa ser pai [ou mãe], deveríamos ensinar que é jamais possuir qualquer direito sobre os filhos e ter apenas deveres em relação a eles, e principalmente o de equipá-los para a vida, educá-los para se libertarem de sua tutela. Quanto aos filhos, eles devem ser ensinados a não ter nenhum dever em relação a seus pais, exceto o de assisti-los em sua velhice impotente, da mesma forma que os pais assistem seus filhos em sua juventude impotente.

4. *Seria necessário utilizar as energias dos jovens e das pessoas idosas para completar os cuidados parentais.*

Isso é muito importante. É o que chamo de pessoas laterais. É todo o problema associativo: não desmobilizar as gerações idosas em relação às jovens, porque elas têm o espírito mais livre e são menos eróticas em relação às pessoas de sua classe de idade e até, por esse motivo, menos rivais sexuais dos jovens do que os adultos. O fato de que duas gerações separam os velhos dos jovens faz com que os jogos de poder sejam menores e o prazer na comunicação seja maior. São as pessoas idosas da família que atualmente ainda exercem um papel, mas isso deveria ser por pessoas idosas fora da família, principalmente hoje, em que as famílias se encontram geograficamente dispersas.

A energia das pessoas idosas, e também a dos jovens, deve ser reabilitada. Os jovens podem se ocupar com as crianças pequenas, principalmente se não forem seus próprios irmãos e irmãs. Alguns têm um talento enorme de animador. Não têm poder em relação às crianças dos outros, mas centralizam as energias, canalizam e promovem crianças violentas e até perigosas para as crianças menores. Mas, sob o pretexto da proibição do trabalho, não podemos mais permitir ao grupo social que desenvolva esses valores de comunicação formadora recíproca entre as classes de idade.

5. *As feministas dizem: "Um bebê não tem o direito de modificar em nada a vida de uma mulher". Não podemos nos inquietar ao ver que o direito das crianças é minado pelo feminismo?*

Acontece que uma mulher que já teve um bebê durante nove meses (ela o quis, pois aquelas que não o querem podem abortar) foi modificada por forças físicas e afetivas que se desenvolvem nela, principalmente por ocasião do parto. São palavras que as feministas dizem antes de serem mães, ou muito tempo depois de terem sido e terem se deixado explorar por uma maternidade masoquista. Depois que têm um filho, elas cuidam dele. E não malgrado elas. Hoje, uma mulher que deu à luz pode muito bem dizer: "Não posso criar meu bebê", e confiá-lo à D.A.S.S.

Certo número de mulheres jovens que tiveram um bebê (elas, em geral, são muito ansiosas) cansa-se depressa de seu filho e tem a tendência de deixá-lo de bom grado com qualquer um, os avós, o marido ou a vizinha. Elas não conseguem organizar sua assistência em uma creche ou por uma babá; querem cuidar de seu filho e não o suportam mais. E dizem: "Mas ele me deixa sem ar...". Não sabem continuar mulher, sendo mãe. Isso também não é bom para a criança. Nesse caso, é melhor que elas se livrem disso sem culpabilidade; muito pelo contrário. Não creio que seja bom que todas as mulheres criem elas próprias seu filho. E quando isso é mau para a mulher, é prejudicial ao cônjuge e é mau para a criança. Portanto, se ela puder encontrar a seu redor alguém que goste de cuidar de seu filho, por que não? Mas é à própria maternidade que as mulheres novas mães deveriam falar dos problemas pessoais que essa maternidade lhes apresenta, e encontrar pacificação para sua angústia.

6. *Questão prática: Para aqueles que se ocupam de crianças da primeira idade, em tempo integral, seria preciso pagar assistência.*

Eu me pergunto por que pessoas morais como as previdências, ou como os bancos, que emprestam dinheiro para comprar um apartamento, não o emprestariam a toda mãe que quisesse criar seu bebê. A soma, mínima em vista dos empréstimos para imóveis, seria reembolsável a partir de 18 meses da criança, em 10, 20 ou 30 anos. Dessa forma, as mulheres poderiam – as que o desejarem – criar seus filhos até a idade de 18 meses a 2 anos, até a idade que a criança ande de modo hábil e firme. Não é justo que não se dê uma contribuição a uma mãe para criar seu filho, quando se paga seu acompanhamento para outra mulher se a mãe renuncia a criar seu filho. Se a mãe confiar seu filho à D.A.S.S., a criança será assistida e a mulher que dela cuida, em sua casa, receberá 2.500 francos por filho e por mês.

Cito o exemplo de uma ama com seis filhos, todos eles deficientes de palavra e de motricidade: ela sabe apenas alimentá-los e os manter limpos; não sabe criá--los, mas vive à custa das crianças, pois a D.A.S.S. lhe paga.

É certo que uma mulher deveria ter uma assistência financeira até que seu filho tenha 18 meses, para criá-lo, se o desejar. E ficar livre de o entregar a uma pessoa de confiança se ela quiser continuar a trabalhar. Alguém de sua família, por exemplo. Mas a Administração sempre coloca obstáculos. Até uma avó não pode oficialmente acompanhar regularmente seus netinhos se a D.A.S.S. não a homologar como vigilante de criança. Ela fica, nesse caso, obrigada a aceitar também a guarda de outras crianças. É o sindicato das vigilantes de crianças que faz com que se imponha essa regulamentação, a fim de que esse trabalho seja respeitado mais do que o seria. Não temos o direito, atualmente, de tomar uma jovem, uma amiga, uma parente, em casa, para cuidar dos filhos. Isso constituiria uma infração. Mme. Simone Veil, quando era ministra da Saúde, havia declarado: "Eu gostaria que todas as mulheres da França fossem delinquentes a esse respeito"; ou seja, que elas conservassem seus filhos em casa, ajudadas pelas avós, amigas, ou pagando pessoalmente uma pessoa de sua confiança, quando elas trabalham.

Todos esses regulamentos que entravam a liberdade das pessoas partem de boas intenções. Como testar as pessoas capazes de criar filhos, e como lhes confiar as crianças? Uma babá que pode tomar duas crianças em casa, sejam quais forem os locais, não pode talvez criar três ou quatro delas sem ficar completamente sobrecarregada. E depois, qual tipo de criança? Cada criança tem seu comportamento, mais ou menos cansativo. E seria ela capaz de suportar o ciúme inevitável da mãe, ou sua dependência em relação a quem tem seu filho como refém?

A responsabilidade é pesada, pois o verdadeiro trabalho consiste em dar possibilidades à criança, deixando-a tomar iniciativas (limitando os perigos) e fazer a experiência de sua dimensão sensorial com o auxílio da palavra. O legislador talvez tenha partido de uma boa intenção ao exigir certas competências em relação às babás. No entanto, como as controlar? E depois, à medida que uma ama tem certo número de crianças, o espírito se torna corporativo; há um sindicato encarregado das pessoas guardiãs e, nesse momento, os interlocutores se interessam apenas pela defesa profissional. Estamos a mil léguas do espírito de solidariedade retribuída. Creio que desapareceu uma noção: a da nobreza do serviço. A solidariedade, se for gratuita, é uma exploração; o serviço, é servil. Ao passo que devemos viver em sociedade, com nossas competências, a serviço uns dos outros. Basta ver como os "que entram" são tratados nos hospitais, quando as enfermeiras e médicos são pagos para estar a seu serviço. Porém, isso não se verifica: os doentes são objetos do poder do médico e do poder da enfermagem. Acontece o mesmo com as crianças: sob o pretexto de prestar serviço a um ser humano em estado de infância, exercemos nosso poder sobre ele. É uma modificação total da sociedade que deve ser promovida. Poderíamos favorecer essa mudança, começando por iniciar bastante cedo as crianças para a solidariedade social; aquelas que têm gosto de se ocupar com as mais novas: "Você está a serviço dos outros e diz que se interessa pelas crianças; portanto, não se ocupe daquela sobre a qual você acha que tem poder, seja o seu, próprio, ou por aquilo que você faz. Explique-lhe que ela está seguindo um caminho errado". Para os adultos que cuidam, é preciso repetir cem vezes: "Vocês estão a serviço de cada uma dessas crianças e de seus pais; são eles que pagam vocês, ainda que não diretamente".

Com efeito, isso é uma perversão universalmente espalhada em relação à ajuda à infância. O tempo todo deveria ser repetido... todo o dia, como um *slogan*, às "babás" dos berçários: "Vocês estão a serviço dessas crianças"; e as crianças dos serviços hospitalares deveriam ouvir dizer: "Vocês, crianças, são como nós, adultos: devem estar a serviço umas das outras". Nas creches e clínicas, favoreçamos a solidariedade entre as crianças e as pessoas competentes a serviço delas – as pequenas, as menos desenvolvidas – que estão aí para receber cuidados e sair de suas impotências.

A palavra "serviço" tornou-se sinônimo de servilidade e de exploração. Vamos reabilitá-la. Ela é a palavra-chave da solidariedade viva e consciente de toda sociedade.

7. *Desenvolvamos a prevenção por meio da escuta da voz das crianças.*

Nessa escuta, deveríamos principalmente dar a elas a emoção de ouvir dos outros que aquilo que elas pensam deve ser escutado, ainda que nem sempre a coisa possa ser realizada. "Mas você teve razão de dizer isso".

Em certas situações essa verdadeira escuta não pode ser realizada no meio familiar. Por exemplo, no caso de um filho de pais divorciados, por causa da escolha do genitor com quem ele deseja viver. Não podemos escutá-lo enquanto ele estiver na esfera de seu pai e de sua mãe, pois aí ele não está em condição de expressão livre; é preciso recorrer a um lugar em que ele possa ser escutado por si mesmo, e não como palavra de seu pai ou palavra de sua mãe. Há um trabalho enorme a ser feito em relação aos filhos de pais divorciados. Os assistentes de justiça, que vão fazer pesquisas em geral, as fazem no lugar em que a criança vive e no qual ela não é livre para se expressar; isso é mais prejudicial do que nada saber sobre as opções afetivas e sobre as necessidades reais da criança.

A pessoa que a escuta não deveria sistematicamente ser mais velha que a criança. Poderia muito bem ser um jovem. Há jovens extraordinários por sua disponibilidade natural para escutar os outros. As crianças também são mais confiantes entre as crianças do que entre os adultos.

8. *Última questão importante do Children's Bureau: Impõe-se a criação de um ministério das Crianças?*

Não um "ministério das Crianças" (porque ele poderia consagrar seu confinamento em um mundo à parte). Eu preferiria um "ministério da Família" até 14 anos; e, a partir de 14 anos, um "representante para os Jovens".

O atual ministério da Juventude e dos Esportes ocupa-se unicamente de cultura física e de competições esportivas. O ministério dos Jovens seria algo diferente. Atenderia à juventude afetiva, criativa, sofredora; e os esportes teriam seu secretariado de Estado, pois praticamos esportes em todas as idades. "Juventude e Esportes" é algo verdadeiramente redutivo. A juventude merece amplamente um ministério inteiro só para ela. O ministério dos Esportes deveria ser tanto para os adultos como para a juventude: "Esportes e lazer". E o ministério dos Jovens entraria na sequência, como substituição do ministério da Família, para todos aqueles que, com 14 anos, estão na idade de se emancipar – total ou parcialmente – da tutela familiar ou de seus substitutos.

FAZER AS CRIANÇAS VOTAREM

Os melhores democratas e os republicanos acima de qualquer suspeita não têm consideração pelas crianças: não lhes dão voto representativo nas eleições. Em nenhum lugar o fato de ser pai ou mãe dá mais voto ao cidadão que é responsável por futuros adultos. É absolutamente desumano pensar que aqueles que colocaram no mundo crianças tenham apenas um voto, como o ancião, como o celibatário, ao passo que eles representam a humanidade que se eleva. Proponho, entre outras coisas: Em uma família com quatro filhos (dois rapazes, duas jovens), o pai deveria ter três votos e a mãe igualmente três votos, o voto das jovens com a mãe, o voto dos rapazes com o pai, até os 12 anos. E depois, com 12 anos, as crianças votariam. Deixaríamos que elas se tornassem responsáveis por seus próprios votos. Ele seria consultivo de 12 a 18 anos (pois a maioridade é, justamente, com 18 anos). Pelo menos teríamos, no entanto, diante do voto executivo dos adultos o voto consultivo de 12 a 18, o que daria uma imagem do país no futuro, e principalmente proveria o meio para os eleitos de fazer alguma coisa para o futuro do país. Ao passo que só falamos sempre da atualidade e do passado do país. Fazemos coisas para os anciãos, fazemos coisas para os adultos. Para as crianças, porém, quase nada, diante de tudo o que seria preciso fazer por elas. Até na escola, nós lhes damos o que elas não pedem, pois a metade não segue a escola... o que prova que lhes damos alguma coisa que não lhes convém. E isso é o resultado do fato de que não nos ocupamos da população que se desenvolve, no escrutínio chamado de universal. Ele absolutamente não é universal, pois as crianças não têm voz por meio de seus pais e, a seguir, por si mesmas. É fraca ou perversa essa democracia que não quer contar com as crianças. Tentei dizer isso a um deputado, familiarmente próximo, que eu achava que deveríamos fazer de tudo para estimular os jovens a se interessar por seu presente e por seu futuro. Não pela política politiqueira, mas pela política da vida que se desenvolve em um país. Ele me respondeu: "Mas isso é totalmente impensável, pois mudaria completamente o mapa eleitoral". – "Tanto melhor! Os pais que têm filhos que são o futuro do país teriam tanta representatividade quantos filhos tiverem, em vez de dar a mesma voz a pessoas que só defendem sua segurança existencial pessoal, e não o futuro".

PRIMEIRO CONSELHO MUNICIPAL DAS CRIANÇAS

Em Schiltigheim (Baixo-Reno), cidade de trinta mil habitantes, foi instituído pela primeira vez na história da República francesa um conselho municipal composto de eleitos com a idade inferior a 13 anos. O acontecimento, que remonta a novembro de 1979, só foi noticiado pela imprensa alsaciana. A prefeitura, ao inaugurar essa experiência, traçou deste modo sua finalidade:

"Nele a cidade poderia ouvir os desejos e as críticas das crianças e tentar, na medida do possível, encontrar uma resposta apropriada, assim como as associações, os professores e os pais poderiam escutar o que raramente as crianças lhes dizem".

Os dois primeiros conselhos, avalia o prefeito, responderam amplamente a essa expectativa e "cada um foi atingido por numerosas reivindicações das crianças, enunciadas com uma sinceridade frequentemente muito superior à dos conselhos municipais adultos".

"As crianças, conclui o prefeito, conhecem bem seus quarteirões e demandam melhorias nos espaços existentes, multiplicação das possibilidades de atividades, também no tempo escolar, o que é importante. Exigem um ambiente, também relacional, mais humano e mais próximo deles." Em cada sessão, 30 crianças (eleitas nas cinco escolas primárias da cidade e dois centros socioculturais, proporcionalmente a seu número por quarteirões) se reúnem em torno do prefeito. O mesmo número fechado que o dos conselheiros municipais adultos. A sessão é aberta ao público. Cada criança assiste a dois conselhos e a muitas reuniões de trabalho. A renovação é feita a cada ano.

Contentando-se com algumas pequenas regalias que dá às crianças, a sociedade não quer de fato assumir o problema. Tanto mais que é com esse direito de voto que veríamos uma verdadeira mudança de atitude em relação às crianças e das crianças em relação à coletividade. Os cidadãos menores seriam considerados como uma força válida desde a infância, os adultos seriam valorizados como responsáveis pelas famílias e levados a ver em seus filhos seu prolongamento como adultos, mas já formando parte ativa da democracia.

Quando é adulto, o ser humano deve prever sua continuidade; faz isso pondo filhos no mundo, mas a sociedade considera igualmente que ter uma progenitura ou um encargo nela própria não dá nenhum direito eleitoral. É certo que conceder esses votos seria muito mais natalista do que aumentar simbolicamente os alojamentos familiares com o dinheiro que perde rapidamente seu valor.

> Os sociólogos dizem: "Em nosso tempo há, finalmente, uma tomada de consciência para defender os direitos da criança". Esse otimismo é um pouco simplório. Que a criança seja um tema em voga, é incontestável. Mas omite-se o essencial: não a consideramos como um homem ou uma mulher em devir. Não educamos seu senso crítico, e não favorecemos o exercício de sua liberdade nas iniciativas que ele ou ela desejam assumir.

Quanto a mim, penso que hoje as pessoas com 12 anos são mais ou menos o que eram em 1900 as pessoas de 25-30 anos do ponto de vista da maturidade cívica e social. Demos o direito de voto aos jovens de 16 anos [no Brasil]. É apenas nessa idade que eles "aprendem" a votar; isso deveria ser experimentado bem antes de ter o direito e o dever disso.

Uma minoria milita nos extremos, mas a massa dos jovens, que agora têm esse poder de votar com 16 anos, constitui uma massa de indiferentes, arbitrariamente deixados até então fora do sistema eleitoral e que não creem nisso. Eles pensam e dizem que não vale a pena votar, que isso não muda nada. Evidentemente, a juventude nunca teve peso nos escrutínios. A política no sentido politiqueiro foi feita em primeiro lugar apenas pela metade da humanidade, a metade masculina que, já então, segregava as mulheres para provar seu poder, em vez de repartir com igualdade as responsabilidades de decisão em relação ao presente e a seus prolongamentos no futuro da vida das pessoas.

Se os pais tivessem os votos de seu filho para votar, para os representar nas decisões a serem tomadas, os eleitos, forçosamente, contariam também com aqueles que apoiam e produzem as riquezas da vitalidade física e funcional, a renovação da sociedade. São pessoas humanas vivas. São esses votos que deverão fazer eleger aqueles que defenderão os interesses das crianças e dos jovens. Teríamos em absoluto uma outra política da educação se os deputados representassem também em sua circunscrição as crianças que ainda balbuciam, mas que têm seu voto, por meio do voto de seus pais, para apoiar os eleitos preocupados com as gerações nascentes, a força viva de um país.

Na situação presente, quem terá a coragem de decidir em nossas sociedades gerontocráticas que nenhum posto de decisão ou de chefia no governo pudesse ser mantido por homens ou mulheres com mais de 40 ou de 50 anos? Nessa idade, eles serviriam, escolhidos pelos jovens, no papel de conselheiros nas disciplinas ou nas tecnologias das quais tivessem experiência, mas em nenhum caso eles teriam o poder, nem executivo, nem legislativo, para nenhum posto de responsabilidade.

Essa inversão das idades do pessoal no poder, atualmente, parece uma utopia da mais elevada comicidade. Por quê?

QUARTA PARTE

A revolução dos pequenos passos

Esboço de uma prevenção precoce
e primeiras pedras das "casas das crianças"

"Os adultos querem compreender as crianças
e dominá-las. Eles deveriam escutá-las."

"Um pequeno, o outro grande, mas de igual valor."

Françoise Dolto

Capítulo 1

A escuta

ANTES DOS QUATRO ANOS...

Estar à escuta das crianças.

Não é observá-las como um objeto de pesquisa, nem procurar educá-las, mas respeitar, amar nelas essa geração nova que elas trazem. Sabemos sempre até que ponto estamos à escuta sem fingir, sem interferir, sem perturbar as ondas?

Não temos nada a impor às crianças. Minha ideia é que não há nenhum modo de ajudá-las: conservando-nos autênticos e dizendo às crianças que não sabemos, mas que elas devem aprender a saber; que não construiremos o futuro delas, mas que elas o construirão; dando-lhes esse papel de assumir seu destino exatamente como elas querem assumi-lo. Infelizmente, nós as influenciamos também, mesmo sem o saber.

Diante de sua demanda, reagimos com automatismos devidos a certa herança genética e a um condicionamento social, cedemos a nossos impulsos, a nossos humores, às pressões exteriores. Mas os erros ferem menos quando provêm do amor desajeitado, quando a confiança e o respeito recíprocos criam o clima dos diálogos.

É algo muito feliz a preocupação de criar "lugares de educação". Mas é um erro confiar à mesma pessoa o trabalho psicológico da análise da criança e a função de educador da criança. Uma confusão dos papéis foi introduzida e é absolutamente lastimável, pois os encaminhamentos são inversos.

De um lado, o psicanalista põe-se à escuta, ajudando a criança a expressar o não dito dos primeiros anos de vida e, portanto, voltando com ela para seu passado, fazendo a exploração por meio da regressão inconsciente imaginária para sua vida passada, até a fase fetal. Do outro lado, solicitamos a criança a se projetar para a frente, para preparar o futuro. O psicanalista não tem nenhum desígnio prático e não exerce nenhuma pressão educativa. Não julga nem aconselha. O educador, ao contrário, é agente da inserção em tal tipo de sociedade, e deve guiar a criança.

O fundamento de nosso interesse preferencial pelos seres humanos ainda no estado de infância é que, nesse estágio de seu desenvolvimento, podemos nos comunicar com todas as suas potencialidades, e é possível mobilizá-las. Na idade do analista, tudo já está disposto. Ou quase tudo. Na idade de seu "paciente", porém, há algo de novo, de único, de incomparável que deve ser ajudado a viver, a despertar, a apoiar.

Conscientizar os pais não significa culpabilizá-los. A mãe de um psicótico sofre por estar separada de seu filho quando este segue um tratamento analítico. A psicanálise deve, conforme penso, levar em conta esse sofrimento. Não excluo a mãe do tratamento da criança. O que evita que, no momento da transferência sobre o analista, a criança o tome como substituto da mãe.

O estado da criança liberta da mãe que ela sente como devoradora ou que de fato é, vai melhorando. Ela deixa o estado de regressão. Sob a dependência da genitora, ela era apenas uma parte de sua mãe. Esta, vendo a criança assumir sua autonomia, sente-se mutilada. Também ela deve ser ajudada em sua provação.

É preciso providenciar mais cedo a substituição. Primeiro a maternidade, quando a mãe está no lar; antes de pô-la na creche, quando a mulher trabalha.

> Numerosos pais se lançaram sobre o livro de Dodson, como se ele fosse uma coletânea de receitas para que seu filho fosse um bom aluno e seguisse uma boa carreira. Parece-me que tudo o que vocês observaram permite dizer que é muito antes de seis anos que tudo se decide.

Se tentarmos nos interessar seriamente pelas crianças, seria preciso dar particular atenção às menores. Penso que todo o trabalho deve ser feito antes dos quatro anos; antes da entrada na escola. É a "passagem" em que continua sendo possível enraizar as crianças em uma identidade irredutível a qualquer "lavagem cerebral".

Tudo se decide antes dos seis anos... ou antes dos quatro anos?

Não se trata de julgar se, passada essa idade, vai-se de mal a pior, mas de saber que a estrutura é adquirida.

Quando digo que "tudo se decide", não entendo com isso a futura carreira, o futuro sucesso social. Não é absolutamente nesse sentido.

Se quisermos falar do essencial, de tudo aquilo que se pode sobre o plano da prevenção para evitar lesões, bloqueios, deslizes, creio que seria antes dos quatro anos. O mal pode ser feito antes, bem antes. Separar a criança de sua mãe por ocasião de seu nascimento e depois na creche, sem tê-las preparado, é algo cheio de consequências, pois as crianças mais humanas, ou seja, mais sensíveis, são aquelas que ficarão marcadas por terem sido separadas de sua mãe sem a mediação da linguagem. Isso é algo que não vai ser recuperado; a criança tem absolutamente necessidade dessa segurança contida na palavra de amor dita a sua pessoa pela genitora e pelo genitor, se ele estiver presente, e do apoio de todo o ambiente social, para reforçar na vida afetiva e simbólica essa intimidade triangular que é a fonte da fé característica de todo ser humano em si mesmo e nos outros.

Eu teria apenas uma coisa a dizer aos homens políticos: É de zero a seis anos que o legislador deveria ocupar-se mais dos cidadãos.

Capítulo 2

Acolher por ocasião do nascimento

CONVERSAÇÕES "IN UTERO"

Em Saintes-Marie-de-la-Mer, Françoise Dolto se encontrou com ciganos na casa de uma amiga de Manitas de Plata, Sarah Astruc, que lhes abria sua casa e era muito amada por eles. Um fato que eles costumam testemunhar lança uma primeira luz sobre as possibilidades de comunicação com a criança *in utero*.

Os hóspedes de minha amiga me confiaram que, para que uma criança cigana torne-se um músico, se decidia que, durante as seis últimas semanas antes de seu nascimento e nas seis primeiras semanas da vida dessa criança, todos os dias, o melhor músico de um instrumento iria tocar para ela junto da mãe grávida, e depois parturiente e nutriz. E, afirmavam eles, era esse instrumento que a criança desejaria tocar ao crescer e do qual ele se tornaria um notável executante.

As observações mostram que, de fato, a afinidade com esse instrumento se encarnou na criança, como árvore na terra. Essa transmissão para a criança que vai nascer corresponde bem àquilo que sabemos pela psicanálise. Não se trata de uma impregnação, mas de algo absolutamente diferente: é uma simbolização, é a linguagem da vida que se entreteceu em seus órgãos como linguagem de vida, fazendo com que a criança tenha profundamente sua vocação.

Em Pithiviers, em uma clínica de parto "sem violência", realiza-se uma experiência-piloto para desenvolver uma espécie de comunicação com a criança em gestação. Futuros pais voluntários têm atividades lúdicas com a criança que vai nascer. Ensina-se ao pai e à mãe a "encontrar-se" com seu feto em determinadas horas. Há pressões do dedo... como quando os prisioneiros se comunicam com batidas na parede. Estabelece-se um diálogo. A criança não se contenta em se deslocar, mas responde, logo que despertou. Pede-se que o pai fale, de modo que o feto ouça a voz do pai.

Ela ouve mais os graves do que os agudos e, portanto, mais a voz do pai que a voz da mãe. Meu marido e eu fizemos a experiência com nossos próprios filhos: meu marido falava a nossa criança *in utero* e era extraordinário o modo como o feto, a partir de sete meses e meio principalmente, acalmava-se imediatamente quando estava agitado... Eu acabava de lhe dizer: "Escute, acalme-se, agora vou dormir...". Seu pai lhe falava e punha a mão sobre meu ventre, e imediatamente o feto adormecia comigo, sua mãe. É fato incontestável: podemos falar com nosso feto. Recentemente, uma jovem mãe que é psicanalista e que estava preocupada em viver plenamente sua maternidade até o fim, sem preconceito e sem sofrer o poder médico, dizia-me como seu filho se deslocava dentro dela. Eu a empenhei em entrar em contato de linguagem com o bebê: "Você não precisa pronunciar as palavras; fale com ele interiormente, mas se dirija à 'pessoa dele'". Algum tempo depois, ela me contou: "É extraordinário como ele responde!" Eu, ainda jovem mãe, havia feito a experiência disso, pedalando em minha bicicleta. Foi durante a guerra. Eu esperava meu filho mais velho, Jean (que se tornou Carlos). Voltando de cursos, eu subia frequentemente de bicicleta a rua Saint-Jacques, que é bastante íngreme, e dizia a Jean – eu não sabia se seria um menino ou uma menina –, eu dizia ao bebê que levava em meu ventre: "Escute, é absolutamente necessário que eu entre em casa, e se você se agitar desse modo nem você nem eu chegaremos lá". Evidentemente, eu fazia esforço e provavelmente faltava um pouco de oxigênio para ele, porque eu também estava arfando. A oito dias do parto, lembro-me de lhe ter dito, enquanto eu estava na altura da Rue des Écoles: "Continue um pouco tranquilo agora, porque isso não vai durar muito tempo... Mas se você agir assim, serei obrigada a descer da bicicleta; estou muito cansada, e demorará mais para chegar em casa e descansarmos". Depois desse diálogo, ele se acalmou absolutamente. Quando eu estava chegando à porta de minha casa, eu lhe dizia: "Agora você pode continuar, agora estamos em casa!" Então ele dançou em meu ventre... Mas isso não me cansava mais; eu podia subir até a casa, descansava e ele se acalmava. Contei esse espantoso diálogo a meu marido e, a partir desse dia, todas as noites, falávamos com essa criança, antes de seu nascimento. Era maravilhoso. Em seguida, o diálogo continuou com nosso segundo filho. Ainda havia guerra. Durante os alertas, nunca descíamos ao abrigo. De que adiantaria isso? Se a casa fosse atingida, ficaríamos murados. Meu marido, que trabalhava muito durante o dia, e eu, tínhamos os dois um sono imperturbável. Eu não fico facilmente angustiada. Só fico nervosa quando alguém que amo está em dificuldade; sei então que é alguém que tem necessidade de que eu pense nele. Penso que nesse caso pode-se dizer que sou telepata. Mas, quando não há perigo, o maior tumulto não me perturba. Quando meus filhos eram bebês, à noite, o menor movimento do bebê que tinha necessidade de mim me despertava, mas os bombardeios absolutamente não me despertavam. Todas as mães conhecem isso: a mãe tem uma espécie de telefone com seu bebê. Dois meses antes do nascimento de nosso segundo, que iria ser Grégoire, houve o bombardeio de Halle aux Vins, que abalou nosso quarteirão, como se a catástrofe estivesse sobre nós, mas eu dormia. Só acordei por causa de uma espécie de fechamento no interior de meu corpo. Essa dor me despertou. Ouvi o barulho ensurdecedor. Meu marido e o mais velho dormiam. O bebê que estava fechado como uma bola e se mexia dentro de mim, tinha necessidade de que eu lhe falasse. Então eu lhe disse: "Acalme-se; papai está aí, eu estou aqui, todos nós estamos com você; não há perigo". Senti meu ventre se distender. O feto parou de mexer enquanto o bombardeio continuava... E depois que ele nasceu, apesar das sirenas e dos bombardeios, ele não tinha nenhuma inquietação se eu estivesse presente e dissesse: "Mamãe está aqui, papai está aqui... Estou aqui: você não está sozinho".

Em Pithiviers, a equipe médica declara que as crianças que nasceram de pais que "brincaram" com elas no estágio fetal, têm melhor equilíbrio corporal: por exemplo, elas se sentam mais depressa que as outras.

... E estão principalmente bem menos sujeitas à angústia. Sua potencialidade humana não foi marcada simbolicamente por uma inquietação dos pais. O mundo é feito assim: enquanto alguns fetos são objetos de experiências, outros, em muito pequeno número no momento, são o objeto de cuidados, diálogos de linguagem na gestação. São reconhecidos como seres humanos com pleno direito, tão importantes, do ponto de vista de ser uma pessoa humana, quanto seus pais.

No entanto, eu faria uma observação: se o pai brinca com a criança *in utero*, pela noite, de modo repetido durante a gravidez, é mais que provável que a criança, depois do nascimento, ficará ritmada por esse encontro lúdico. Isso explica o fato de que certos bebês de Pithiviers ou de outros lugares não chegam a dormir até 11 horas da noite. Esta era a hora da comunicação com papai. Desconfiemos também das modas. E principalmente daquela que põe em causa o recém-nascido. Institucionalizar o jogo de comunicação com o feto seria perigoso se os futuros pais o praticarem como um "método", em vez de viver esse diálogo verdadeiro que não se vê e que não é do domínio do brinquedo. Homens como Velzmann na França e Brazelton nos Estados Unidos fazem um bom trabalho, mostrando ao pai sua responsabilidade, a importância de sua presença afetiva de genitor, mas seria pouco benéfico que os pediatras ponham a brincar os gentis pais ou avôs com os fetos e os recém-nascidos. Eles devem ao filho do homem a seriedade devida a um igual. O recém-nascido não é um bilboquê, e sim uma pessoa total entre seus genitores que o acolhem por ocasião de seu nascimento e que estão encarregados de iniciá-lo na relação com seus próximos e com a realidade.

Seja na África ou na América do Sul, ou no Pacífico, os ritos antigos que acompanhavam a gravidez e o nascimento continham intuições e conhecimentos empíricos essenciais que fazem supor um imenso respeito pelo ser humano nesse tempo de passagem. A antropologia que saiu da mentalidade colonial vê nisso apenas ritos de exorcismos ou de tabus. Muito além disso, porém, a interpretação aí desvela uma fantástica acolhida familiar e social da criança, não sem lhe proporcionar provas formativas e promotoras, das quais nossas sociedades tecnocratas têm dificuldade para criar o equivalente. Era um modo de saudar a entrada do recém-vindo na comunidade e sua aceitação; manifestavam-se ao mesmo tempo de modo gestual e verbal a espera e o amor do grupo por esse rebento cheio de promessas, já necessário a todos.

Tomavam também, ao mesmo tempo, medidas de proteção para evitar no nascimento a agressão do ruído ou da luz.

Um de meus amigos, médico psicanalista no Chile, Arturo Prat, que permaneceu muito tempo na ilha de Páscoa entre os antigos, ficou espantado com a acuidade visual extraordinária, mesmo à noite, que os anciãos de oitenta anos ainda conservam. Eles lhe explicaram o motivo. Antes que a obstetrícia à moda americana – ocidental – se impusesse até nessa ilha, era tradicional não expor o bebê à luz do dia durante um mês depois de seu nascimento; o parto era feito em um recinto sombrio, e a parteira era esclarecida para fazer o parto; a seguir, a mãe e a criança permaneciam em um recinto sem luz, no fundo da casa, durante uma lua ou um mês. O nome de batismo lhe era dado conforme um ritual que acontecia depois de um mês. A criança, nos braços de sua mãe, saía dessa obscuridade no momento em que a aurora estava para despontar, e toda a família estava lá, junto com toda a tribo, com a mãe, o pai... E esperava-se o subir do sol com cantos rituais. Quando o sol se mostrava, apresentava-se a criança à luz... Ela via portanto a luz do dia com um nascer do sol, ao mesmo tempo em que se celebrava o rito do nome. A partir disso o recém-nascido vivia segundo o ritmo diurno dos adultos que distinguem o dia da noite. Até esse momento, ela havia permanecido na penumbra; os antigos dizem que os olhos dos bebês são demasiado frágeis para ver a luz antes de um mês. Portanto, a luz lhes era dada ao mesmo tempo que seu nome. Os jovens que frequentemente são colocados no mundo à moda dos europeus têm, parece, os olhos tão frágeis quanto os nossos e uma acuidade visual bem menor que a dos antigos.

Além dessa acolhida simbólica no mundo, há a poupança da agressão: o choque do nascimento é atenuado. Na Índia, preservam-se também os recém-nascidos da iluminação violenta. O que se faz de diferente em Pithiviers, com Odent, em Auxerre, com Lherbinet, que escandaliza certos professores de obstetrícia? Ilumina-se a mãe durante o parto do bebê, porém, durante a expulsão, é feita a penumbra, a fim de que os olhos do bebê não fiquem feridos pela luz. Sabemos bem disso: quando vamos aos esportes de inverno, se não colocamos óculos escuros, pegamos depressa uma oftalmia. Apesar de tudo, nas maternidades modernas, colocam-se gotas nos olhos do bebê para que ele não tenha oftalmias devidas aos germes patogênicos que ele encontra na vagina da mãe ao sair, mas ele é exposto à luz que lhe pode dar uma oftalmia pelo fato de que ele sai da obscuridade para chegar bruscamente em um ambiente cruamente iluminado, o que é absolutamente prejudicial. Nós mesmos sentimos isso quando passamos da sombra para a luz: a luz faz mal para nossos olhos; mas esquecemos disso quando impomos ao bebê essa luz enceguecedora. Nós, ocidentais, temos os olhos mais ou menos cansados quando chegamos aos cinquenta anos. Isso de modo nenhum acontece na ilha de Páscoa. E os nativos de lá pensam que é porque eles permitiram que os olhos se solidificassem durante um mês, antes de chegar à luz, e depois descobrissem lentamente o dia, no lento ritmo da aurora do grande dia.

Nessas práticas costumeiras o benefício fisiológico é associado à acolhida simbólica. Nesse momento, a criança percebe que ela é desejada, que ela tem seu lugar na sociedade. Para o cético que não crê que essa acolhida possa ter um efeito tão profundo sobre o feto e sobre o recém-nascido, dizemos que de qualquer modo a "cerimônia" prepara os adultos, que vão ter de se ocupar do bebê, a considerá-lo como uma pessoa. Creio que o conceito de imaturidade do filho de homem implica muitos procedimentos que são muito negativos, muito destrutivos em relação à criança. Sob o pretexto de que ela é imatura, que não compreende etc., cremos poder impunemente, nas primeiras semanas, nos primeiros meses, não levar em conta sua presença e até, nos primeiros anos, excluí-la dos diálogos que temos na presença dela, ter uma linguagem pueril em relação a ela e um comportamento com ela que, sob o pretexto de educação, confina com o treinamento de um animal doméstico. Quando não, um animal de circo.

PREVENÇÃO DA VIOLÊNCIA

> Certas sociedades antigas recorrem ao poder da palavra para saudar a vinda das crianças ao mundo. O que é mais notável é que a frase ritual, a invocação, é dirigida ao próprio bebê, admitido na comunidade como um ser único, interpelado e identificado em sua filiação e sua pertinência étnica. Esse rito do nascimento está presente particularmente no Pacífico, do Japão à ilha de Páscoa.

Nas clínicas em que o parto sem violência é posto em prática, o pai e a mãe, ao lhe falar, reconhecem o filho de homem que vem ao mundo como um ser de linguagem. É importante que o pessoal médico o acolha da mesma forma: "Agora você é recebido por nós... não somente por seus pais... Seus pais deram-lhe a oportunidade de nascer, mas é você que deseja viver... E agora que você deseja viver, todo o mundo está pronto para ajudar você a isso". Não que se lhe faça exatamente esse discurso, mas esse é o significado.

A acolhida do grupo, no nascimento, é capital. A pessoa que vai se ocupar dele na escola maternal deve significar essa entronização no grupo social de sua classe de idade. "Pela oportunidade de seus pais, eis que você é um cidadão de dois anos e meio de idade, mas agora, cabe a você crescer com tudo aquilo que lhe propomos, mas não impomos nada a você". Para não trair essa palavra, não é preciso principalmente lhe impor uma classe de idade que não seja a dele. Creio que a classe de idade é muito importante para a criança, a fim de misturá-la com outras que têm os mesmos modos de percepção e interesse pelas mesmas coisas. Em seguida, é ainda e sempre a palavra mediadora, as ações animadas de respeito pela criança e por seus pais que asseguram a prevenção da violência. É o que tentamos fazer na Maison Verte.

A televisão, para "o Convidado de Quinta-feira", filmou uma pequena sequência em que vemos um menino que quer ir para a pequena casa que colocamos em um canto da sala; ele está na janela, e então chega uma menina; ele a agride violentamente para que ela não entre aí. A menina, triste, procura sua mãe. Esta a leva até o menino e fala com ele, mas não para o repreender. Não se ouve o que ela lhe diz, mas vemos a menina e o menino irem juntos para a janela; ele não está mais agressivo com ela, e ela parece consolada pela palavra de sua mãe. O que lhe teria dito ela? Ela lhe explicou que é porque o menino se interessava muito por ela que ele não queria saber dela; ele achava que ela ia lhe tomar seu prazer se olhasse com ele pela janela. Essa mãe havia compreendido aquilo que dizemos aos pais: o gesto de violência sempre esconde um temor de perder sua identidade se um outro chegar para partilhar um jogo ou um prazer. Ele o rejeita. E aquele que é rejeitado acredita que então ele não tem mais o direito de suas iniciativas pois o outro o rejeitou, ao passo que ele queria se tornar como esse outro, por identificação. Vemos nesse filme a solução de um acesso de violência de uma criança contra outra. A prevenção da violência consiste, de fato, nisso: colocar palavras, palavras que justificam os comportamentos das duas crianças e os explicam para elas; a angústia desaparece. Basta ver uma criança que é vítima de uma agressão e que consolamos; ela imediatamente volta até aquele que a agrediu. Ela tem, portanto, alguma coisa a tomar aí, pois sem isso ela não voltaria. E ela procura se tornar forte e ser amiga daquele que foi violento com ela, para que os dois estejam em igualdade por meio da ação de uma à qual o outro queria combinar ou se opor.

Essa prevenção da violência deve ser posta em prática desde a mais tenra idade. Ela implica que os pais compreendam a importância de uma criança ser ajudada e vacinada contra as dificuldades das relações com os de sua classe de idade. Uma história muito antiga: ela remonta a Caim e Abel. Depois que matou seu irmão Abel, Caim foi marcado como aquele a quem ninguém tocaria sequer um cabelo de sua cabeça. No entanto, ele sentia-se culpado e pensava que o mundo inteiro ia vingar seu irmão. E Deus lhe disse: "De modo nenhum. Você vai ser o fundador das cidades". Ou seja, o fundador de comunidades em que as pessoas vivem juntas para se proteger contra os perigos exteriores. "Não é seu irmão que é o perigo. Todos vocês são o perigo. Ajudem-se mutuamente". A união faz a força: essa ideia nasceu da experiência de um assassínio. A Bíblia, de fato, é a gênese de tudo aquilo que acontece nas pulsões dos indivíduos, dentro deles mesmos, entre aquilo que querem rejeitar e aquilo que querem conservar e desenvolver. E é conseguindo negociar com todas essas pulsões que chegamos a estar em paz com essas mesmas pulsões nos outros.

A prevenção pode se desenvolver pensando em tudo isso. Ela preserva todas as potencialidades para que o indivíduo as explore como desejar explorá-las. Mas ela só funciona quando lhe é dito desde a origem as razões alegadas por seus genitores ou seus tutores, por tê-lo qualificado com fonemas de seu prenome associado ao fato de que eles o amam. É muito importante a idade sexuada de uma criança, e não somente um rosto.

Certa mãe branca teve um filho com um negro e nunca disse para seu filho que ele era mestiço. Ela veio à Maison Verte. Geralmente as crianças mestiças são bonitas.

Nós lhe dissemos: "Seu filho é bonito... A mestiçagem é bonita". Ela ficou chocada com o termo. "Você nunca lhe disse que ele era mestiço e que é por isso que ele é bonito?" "Não, vivo sozinha com ele..." Mas, afinal, você amou o pai dele. De onde ele era? Da África, das Antilhas?" O menino se aproximou e eu lhe disse: "Estou para falar com sua mamãe para saber por que você é mestiço e quem foi seu pai, que deu a semente de vida que faz com que você seja bonito, um belo mestiço". "Oh, disse a mãe, eu nunca lhe teria dito isso." O menino volta-se e diz para sua mãe: "Na escola, eu sou negro". "O quê? O que é que você está dizendo?" "Na escola (maternal), eu sou negro." "Você está vendo? Era preciso falar-lhe de sua mestiçagem. Você deve explicar-lhe que ele é filho do amor de você, uma branca, e de seu pai genitor, amado por você, um negro." "Oh, mas ele nunca verá esse homem. Ele tem seus tios, minha família..." "Sim, mas ele não pode identificar seu irmão com o pai dele, ele não pode ser um filho incestuoso! E depois, esse homem, você o amou..." "Ah, sim (derrama uma lágrima) durante seis anos, nós éramos estudantes, e ele voltou para seu país, onde há a poligamia... não é possível." "Sim, mas um filho nasceu do amor de vocês. Você o ama; por que não lhe falar a respeito, mostrando as fotos de seu pai?" "Não tenho mais." "Você sem dúvida as tem!" Quando ela voltou: "A senhora tinha razão, eu ainda tinha uma". "Você lhe mostrou?" "Sim, eu lhe disse: veja, é seu papai." "Você alguma vez o revê?" "Sim, quando ele vem à França. Ele quer ver o menino, mas eu não quero, pois tenho medo que ele queira levá-lo para seu país!" "De jeito nenhum, você o reconheceu, ele não tem direito sobre ele. Vocês têm relações quando ele volta para a França?" "Sim." "Então vocês ainda estão ligados e isso é importante para o menino. Vivemos mais pelo coração do que pelo aspecto legal."

É fantástico como prevenção para que o menino não se sinta apenas acolhido no mundo pela linhagem materna, mas também pela sociedade que representamos e que justifica aquilo que a mãe acredita ter sido uma falta, porque ela sofre por não ter podido legalizar seu casamento e pelo fato de ainda estar apaixonada pelo pai de seu filho. Ela continua fiel a seu amante no filho, mas ele ignora isso, e, para ele, isso se torna incestuoso. Ele pode acreditar ser o único amor de sua mãe. "Felizmente vocês têm relações sexuais quando ele vem, pois isso dá um sentido para a existência do filho de vocês". Fazer com que esse menino compreenda que ele é um precursor daquilo que acontecerá em uma sociedade que tende a se tornar multirracial. Ele é um precursor da mestiçagem que se desenvolve cada vez mais nos meios estudantis.

É primordial que a criança sinta que nasceu do amor de um homem e de uma mulher, esse amor desse casal bem preciso, ainda que depois se tenha desunido. Até nas famílias convencionais, em que o pai entra todas as noites, a relação do pai e da criança não exprime esse amor. O pai pode parecer um instrumento do desejo da mãe que lhe pede para distribuir palmadas ou castigos. Ele é o policial representante da ordem: "Você vai ver quando seu pai chegar!", diz a mãe. É na ausência do pai que a mãe come sozinha com seu filho. O macho e a virilidade são excluídos do amor que, no entanto, de um homem e de uma mulher, faz vir ao mundo esse ser humano, menino ou menina.

O pai deveria, antes de ser o representante da lei, ser aos olhos do filho o representante do desejo adulto por uma mulher adulta. Infelizmente, com muita frequência, em sua linguagem de casal, os maridos dizem "mamãe" quando falam de sua esposa diante dos filhos, e as mães "papai" ao falar de seu marido como de seu próprio pai. É uma expressão da carência paternal se o pai não aparecer mais como o amante da mãe, como responsável pelo casal. Trata-se de dar ao filho a imagem de um casal de pessoas vivas que desejam e não apenas de associados que utilizam o mesmo espaço.

Ser adulto é ter prerrogativas sobre o outro adulto que fazem com que o filho seja criado nesse casal, mas não tome o lugar do pai quando ele estiver ausente, e que o pai, quando a mãe não estiver presente, não se finja de mãe. O pai frequentemente brinca de mãe com o filho e a mãe brinca de ser ambos. Apenas as mães dizem: "Mas eu sou obrigada a ser pai e mãe ao mesmo tempo". De nenhum modo ela é obrigada. É que ela não apoiou seu marido, nas palavras dele e em sua atitude valorizada por ela, a continuar sendo pai no lar, e não se empenhou a falar dele como tal em sua ausência.

Nos meios evoluídos, se o pai não administrar as sanções, mas discutir o método educativo com a mãe e ficarem em desacordo, a criança se tornará objeto de discórdia. Na Maison Verte, principalmente no primeiro ano, era raro ver os pais, embora mantenhamos portas abertas até 19 h, no sábado e na segunda-feira, e que, entre as três pessoas da equipe de acolhida, haja sempre pelo menos um homem. Percebemos que eles temiam ser enquadrados por nós como segundas mães. Ficam espantados quando nos ouvem dizer-lhes que uma criança tem necessidade de seu pai, que não seja como uma mãe, mas "como seu pai, como vocês são". Os homens que vêm falam mais à vontade com o educador ou com o médico, com o homem da equipe do dia.

É um obstáculo atual: há confusão de papéis. Confusão-substituição. Um assim chamado princípio educativo passa de boca em boca: o pai e a mãe devem se comportar da mesma forma diante do filho. Aberrante, perverso, esse "princípio". Creio que provém do mundo unissex de roupas e de cabelo. Unissex... e uni--idade. A confusão.

Capítulo 3
Curar os autistas

APRENDER DOS PSICÓTICOS

Alguns filmes foram consagrados à vida dos autistas. Um deles, que Françoise Dolto examinou, era um trabalho que tratava dos dois primeiros anos de uma criança autista, cuidada em um desses lugares de segregação em que se encontram essas crianças rejeitadas pela sociedade. Essa realidade é passível de ser fixada na película?

Acho interessante colocar a população toda, pelos meios de comunicação, a par da vida simbólica de um ser humano marginal, como um autista. Mas o que se vê não é nada diante do que nele vive. Ao ver o hábito aparente dessa criança não descobrimos que ela é representante da humanidade mais sensível e mais precoce por ocasião de seu nascimento, e que carrega uma dívida que não é visível nem comunicável. É um ser de linguagem, mas tudo se encontra decodificado. Sua mãe não sabe como amar essa criança viva; seu corpo foi ela, ela existe, mas não seu psiquismo, e ela traz a dívida de uma ou das duas linhagens, com a impossibilidade de serem ditas. Os autistas são a imagem de uma humanidade às voltas com as pulsões de morte do sujeito do desejo que, em menor intensidade e em menor quantidade, existem em cada um de nós. Ele vive negado como ser de comunicação. Este é o problema do autismo, secundário pela falta de comunicação que ele sofreu enquanto bebê, ou primário, provocando por seu aspecto a dificuldade dos adultos de se comunicarem com ele? Talvez as duas coisas.

As crianças psicóticas têm muito a ensinar para aqueles que as aceitam. A sociedade ganharia com uma melhor integração em nossa vida cotidiana das crianças chamadas de anormais. Mas as pessoas têm medo delas e até manifestam isso frequentemente de modo absolutamente desagradável; por exemplo, pedidos de vizinhanças contra a criação de institutos para débeis mentais. Elas não querem que as crianças débeis sejam inseridas em seu quarteirão. Elas se referem a suas próprias crianças, dizendo: "Isso vai chocá-las".

Não é verdade: as crianças absolutamente não ficam chocadas, e sim os adultos. Mas isso é como as guerras de religião. Atualmente não se diz mais que os débeis estão possuídos, mas: "Elas vão impedir que nossos filhos se desenvolvam, porque nossos filhos as tomarão como modelos!" Esses pais querem impor aos filhos seus modelos e eles repetem sua própria vida. Mas as crianças adquirem absolutamente sua identidade e sua individuação, respeitando a individuação de um outro, caso sejam ensinadas nesse sentido: "Você é o que você é; ele é diferente por motivos pessoais dele". E quando, ainda pequeninas, são colocadas com crianças enfermas da comunicação, ou enfermas moto-cerebrais, as crianças sadias não se identificam absolutamente com elas, mas fazem-nas entrar na dança de sua comunicação; estão com elas. Essa criança tem necessidade de ser ajudada a conhecer sua história de indivíduo por meio daquela que se pode perceber de seus pais, falando com eles. Mas é preciso que ela esteja também com as outras crianças; os deficientes são seres humanos e seres humanos que sustentam a vida dos outros; eles fazem parte do tecido social. A escola deve lhes dar seu lugar. Mas há tamanha transformação a ser feita que isso não está maduro. É preciso, portanto, preparar pouco a pouco os espíritos. É preciso que, em dez ou vinte anos, as pessoas mudem e compreendam que os psicóticos são sua própria alma mal amada por elas mesmas, as "normais", que elas representam.

OS AUTISTAS

Em Verona, um coletivo de obstetras, de puericultoras e de psiquiatras realizou um estudo que confirma que a prevenção do autismo é possível.

Antes que houvesse hospitais em que as mulheres dão à luz, em maternidades, não se contavam mais que 13 ou 14 desadaptados mentais em toda a província (de 6 a 12 anos). Depois de dois-três anos notaram muitos casos de crianças autistas (as mulheres vinham da montanha dar à luz na maternidade e aí permaneciam oito dias). Ninguém mais acolhia a criança por ocasião do nascimento em sua aldeia.

Decidiu-se organizar equipes volantes. O parto foi feito no hospital para evitar a mortalidade neonatal, mas a volta para a aldeia foi assegurada ao cabo de 48 horas, caso tudo corresse normal.

A equipe volante a visitou todos os dias, em turno com as mulheres da aldeia que a equipe médica investiu de competência, reconhecendo-a para elas.

Isso modifica completamente as relações da criança com seu pai, com sua mãe, com sua família.

Na Itália, nada vem do alto; tudo é decidido em escala regional. A experiência está em curso.

O autismo, de fato, não existe por ocasião do nascimento. Ele é fabricado. É um processo relacional de adaptação a uma prova que toca a identidade da criança. Um estado traumatizante que faz o bebê perder a relação afetiva e simbólica com a mãe ou impede seu estabelecimento sensorial. Ele é induzido geralmente tanto nos primeiros dias da vida, como entre quatro e dez meses; não é absolutamente congênito.

Atendido a tempo, é recuperável. Não esperar os efeitos dessa alienação em relação à comunicação com os outros.

O autista foge para o clima solitário de uma linguagem interior. Ele perdeu a linguagem com os outros. É como um marciano no meio de sua família. Ele é formidável. Não contrai doenças.

Entre quatro e nove meses, interveio um acontecimento; frequentemente é uma ausência da mãe (luto, viagem). Uma interrupção brusca de seu ritmo de vida conhecido, que a mãe não lhe explicou; ela própria não sabe bem em geral o que aconteceu. Esse estado de não comunicação começa silenciosamente. Quando ela tiver encontrado todos os detalhes do acontecimento desencadeador, ela pode tirar seu filho de sua nuvem, encontrando o momento e as palavras para devolver à criança sua vivência pré-traumática.

"Sem abraçá-la, às margens do sono, digam à criança o que aconteceu." Na rádio pude corresponder com mães de autistas ainda jovens, de menos de três anos. Eu as empenhei em falar com seu filho sobre seu eclipse no momento em que ele tinha entre quatro e nove meses e do fato de que elas não haviam compreendido que ele sofrera tanto com isso. Uma dezena – com menos de três anos – puderam unir-se novamente com sua mãe da mesma forma que nos momentos que haviam precedido sua entrada no autismo.

Não creio nos psicóticos. Quero dizer, na "fatalidade" desses estados. Para mim, são crianças precoces a quem não se fala daquilo que lhes diz respeito. Isso pode acontecer nos primeiros dias, na maternidade, quando não se fala à criança, por exemplo, da angústia de sua mãe ao dar à luz um filho sem pai, ou que não diz que sua família não o irá querer, ou que ela queria uma menina e que ele é um menino ou que ela tem tal ou tal preocupação maior e estranha a ele, que a obseda.

Dizem que certas crianças têm uma desadaptação, um bloqueio, porque foram abandonadas ou se sentem rejeitadas. Não. É porque não houve uma palavra para lhes contar as circunstâncias das dificuldades por meio das quais seu corpo sobreviveu, mas na ilusão de que a mãe (doença-acidente-preocupação) as havia rejeitado.

Meu trabalho consiste em retomar as crianças, contando-lhes a origem dessa ruptura. Como é uma outra pessoa, diferente da mãe, que lhes fala, elas fazem uma transferência regressiva: o que há de sadio é reforçado sobre uma função maternal institucional, o que não é sadio torna-se louco. Elas fazem de início uma transferência da relação com a mãe sobre o ou a terapeuta, da qual é preciso depois desembaraçá-las para que possam entrar em relação, sem se apegar de modo regressivo, a outra pessoa que lhes servirá de tutora mas nunca de mãe ou de pai arcaicos (estes são integrados a seu próprio corpo).

É por isso que é preciso que o terapeuta trate com elas unicamente pela palavra, e absolutamente não pelo toque.

Uma relação transferida é simbolizada.

Nos berçários em que o pessoal faz seu turno, e em que as babás se revezam, as crianças têm medo e motivo de ter medo de se apegar a uma pessoa profissional que faz parte do necessário e que passam em sua vida algumas semanas, ou alguns meses.

Quando todas as pequenas raízes de vida que ligam a alguém que se ama são arrancadas, não há mais de quem depender, quando se trata de um bebê separado de seu adulto mediador – escolhido do mundo vivo; mas, quando essa separação é compreendida pela mãe e por ela expressa, ela já é mais bem suportada. A ferida não se torna curada, mas ela pode remeter à lembrança de um tempo passado esse corpo que é para a criança seu espaço de segurança perdida. Reevocar um passado e devolver ao sujeito do desejo o direito à esperança em si e nos outros, tal é o difícil trabalho ao qual se dedicam os psicoterapeutas ajudados pelos pais, com as crianças autistas, de fato muito numerosas. Mas esse trabalho psicanalítico não exclui a acolhida sociopedagógica de que essas crianças têm muito grande necessidade – embora pareçam indiferentes ou até impermeáveis. É que elas são fóbicas em relação a laços que poderiam estabelecer. Desconfiam de amar e de serem amadas. É preciso saber justificá-las por isso e, no entanto, continuar a falar-lhes de tudo o que interessa às crianças de sua idade.

Toda provação relacional nos bebês é expressa por perturbações funcionais.

Em uma criança ela é vivida no próprio corpo. Sua mãe ou a pessoa conhecida dela a liberta, mas seu sofrimento se exprime por uma bronquite ou uma rinofaringite; ela diz "merda" pelo nariz, pelos pulmões, pelo cavum. Ela produz uma doença reacional diante da provação, e isso é um sinal de saúde psíquica. Todo o cavum que tinha sido cheio do odor da pessoa que fundou seu conhecimento de si mesma se irrita ou se desvitaliza por perder esse odor. Seu ouvido que não percebe mais a voz familiar produz uma otite. Os lugares desvitalizados tornam-se presa de micróbios, habitualmente sem virulência.

Ela produz uma congestão de sofrimento nos próprios lugares de seu corpo que estão privados do prazer dessa relação estruturante. "Essa voz me construía. Ela foi embora, ela me desconstruiu no lugar em que eu me havia construído por meio do prazer do desejo de comunicar." O prazer e o desejo de comunicar são erotizados em lugares nos quais o adulto não pensa, o cavum, os olhos e os ouvidos, o tubo digestivo e o traseiro. Esses lugares são atingidos em cheio pela prova da privação de ouvir a doçura da voz conhecida, de respirar seu odor. Isso acontece quando a criança é repentinamente separada pelas horas em que sua mãe retoma seu trabalho sem a ter preparado. Podemos prevenir esses grandes sofrimentos morais com efeitos desvitalizantes.

A mãe ou sua substituta deve explicar que ela as ama sempre, que ela vai a outro lugar, mas que não as esquece e que essa pessoa vai cuidar delas. As crianças que respiram mal produzem otites repetidamente e por fim se tornam meio surdas para não ouvir mais que isso muda o tempo todo. A surdez induzida as leva a não mais ouvir as palavras e, portanto, a ficarem retardadas.

Como não há mais mortalidade infantil [na Europa], o corpo sobrevive, mas à força de considerar apenas a si mesmo, pois a relação simbólica ficou desconhecida como tão importante quanto o corpo; ela foi "decapitada", por vezes até erradicada, e daí surgem as pré-psicoses, expressão inconsciente de desespero psíquico nas crianças precoces e sensíveis, cuja saúde física resistiu, medicamente assistida ou não. Nesse caso também, a separação do hospital para a criança nova é um agente de ruptura relacional com sua identidade.

Seria melhor prevenir do que remediar.

É a palavra que, no ser humano, tece o laço simbólico, ao mesmo tempo em que o toque, o prazer que ela dá à criança, cúmplice de sua mãe ou de sua babá conhecida.

Há também o sentido que dá à criança o enraizamento em sua origem. É por isso que lhe digo o prenome de sua mãe e também o dela, e lhe digo tudo o que posso saber de seu caminho: como ela chegou ao berçário. "Antes, você é quem sabe, talvez você possa se lembrar disso; sua mamãe sofreu e não podia cuidar de você..." Quando lhe falamos desse modo, se vocês vissem os olhares dessas crianças que se enraízam nos olhos de vocês... É perturbador. É isso que transformou as mãezinhas que assistem ao tratamento.

"Você vê suas próprias mãos, seus dedos; ela também tem mãos como você, sua mãe Fulana de Tal também as tem; seu pai, do qual não sabemos o nome, as tinha. Você é como uma pessoa desde pequena. Você é um ser vivo que se tornará um homem, uma mulher, como Pierrette, como Rose que você tinha antes, como sua mamãe que confiou você a elas..." É toda essa substituição pela palavra que faz com que a criança retome e conserve sua segurança de ser desde sua origem, tendo substitutas das quais ela nomeia pessoas representativas. Seu estatuto tal qual é, de sem pais, quando este é seu destino, é preciso ser explicado a ela.

Mas quando é no parto que a separamos e que ela tem uma enfermeira que dela cuida em meio aos gritos dos outros recém-nascidos, ela não sabe mais quem ela é quando reencontra sua mãe, ao sair; já se passaram oito dias de deserto da relação que ela possuía antes com a mãe; ela é cortada dos ruídos da família, que ela percebia *in utero*.

Na Itália, eles compreenderam isso e têm excelentes resultados. Na França, há boxes contíguos ao quarto das parturientes em certas maternidades. Mas um tapume de vidro as separa. Elas não podem ouvir a criança nem tocá-la. A criança não ouve a voz de sua mãe. Ela não está no meio da confusão sonora do berçário, mas trata-se de um isolamento nocivo em relação à voz dos adultos.

É importante que a criança conserve a continuidade: ela tem necessidade de ouvir os agudos da voz de sua mãe e de sentir seus odores corporais. Sob o pretexto de que a mãe deve repousar, é uma outra mulher que lhe dá a mamadeira, que faz sua higiene. Tudo bem. Mas então é preciso explicar tudo isso a ela.

Se uma mãe fica desolada por não ter uma criança do outro sexo, não é preciso esconder isso, nem repreender essa mulher. "Você vê, sua mamãe desejaria uma menina e você nasceu menino. Você fez bem. Você é você. Mas é uma surpresa e é preciso que ela se acostume com essa ideia. A realidade não é o que imaginamos, e você também compreende isso."

É melhor ainda quando as palavras ditas ao bebê sejam ditas diante da mamãe que continua lamentando porque seu desejo consciente não está satisfeito. Consciente porque, se ela o alimentou em seu corpo, é porque seu corpo estava de acordo; o desejo inconsciente era de fato dar vida a uma criança do sexo que é manifestado no corpo de seu bebê. O bebê imaginário que ela lamenta era outro. Dessa forma ajudamos os dois, a mãe e o bebê.

Estabelecer o circuito da palavra com três pessoas é excelente.

Muitas mães não saberiam falar de si mesmas para um recém-nascido. Quando elas veem alguém falar com ele daquilo que elas acabam de dizer, e veem a criança que olha a pessoa que estabelece o circuito da palavra com três pessoas, elas dizem: "É espantoso, ele tem o ar de estar compreendendo você". – "Sem dúvida, ele compreende a linguagem. Um ser humano é um ser humano desde o primeiro dia e, portanto, é um ser de palavra desde o início." Essa proposta as liga enormemente a seu bebê. E elas dizem, dois ou três dias depois: "Consegui! Eu lhe falei, e ele me escutava, ele me escutava. Mas eu não sabia que podíamos falar com um bebê". É maravilhoso.

Vemos pais em uma consulta dizendo que podem falar com seu gato, com seu cão, e que não conseguem falar com uma criança de quatro ou cinco anos.

Como explicar essa falta de habilidade, esse desentendimento?

É uma reedição daquilo que aconteceu quando eram pequenos. Há os que chegam a isso mais dificilmente que os outros.

Quando uma mãe vê uma babá falar com a criança que ela lhe confiou, ao passo que ela não sabe fazê-lo, ela se torna ciumenta e frequentemente lhe retira a guarda da criança. Ela tem medo que a criança ame a babá mais do que sua mãe. Ela não sabe falar à criança no momento da substituição. A criança permanece o dia todo com uma outra mulher que lhe fala, e com quem ela se sente feliz. Quando a mãe retorna, a criança se fecha. Ela sai com a mãe como um pacote, e volta com ela como uma coisa. De novo com a babá, ao cabo de cinco minutos, ela volta a ser uma criança comunicativa. Dá grandes sorrisos quando revê a babá. Não quando sua mãe retorna. Com sua mãe ela tem uma relação de coisa, regressiva, ao passo que com a babá ela tem uma relação de ser humano, em evolução.

Em minha clínica, a secretária, no início, anunciava as crianças que chegavam: "Bebê Fulano de Tal".

Eis o bebê Fulano de Tal. "Como assim, senhora Arlette, digo a ela. Você disse 'Bebê' a essa jovem! Mas deve ser Senhorita Fulana de Tal." Então víamos o bebê contentíssimo por terem censurado a senhora Arlette. E esta pedia desculpas à criança, muito sinceramente. As crianças ficam muito sensíveis quando são tratadas com respeito; o mesmo respeito que temos por nós mesmos.

Mais tarde, na escola, a reciprocidade do tratamento cerimonioso deveria ocorrer da mesma forma.

A moda é chamar as pessoas por seu prenome, e as mães querem que a criança tenha um prenome bem adequado. Há prenomes ambíguos quanto ao sexo – Claude, Camille... e muitos outros. Em um grupo de crianças, é preciso acrescentar: menino e menina. É preciso apresentá-las umas às outras. Assim: nós sublinhamos... menino Camille. "Você sabe que Camille poderia ser uma menina. Você deve saber que você é menino. Sua mãe disse que ela deu esse nome a você porque no início ela queria ter tido uma menina. Mas você nasceu menino Camille. É também um nome de menino." E ele entende. Ele deve saber que é potencialmente menino e que seu prenome com duplo sentido sexuado, fora de sua infância imaginária, não é um impasse sexual para ele, ao passo que o foi para sua mãe.

Todos os autistas são superdotados para a relação humana e, no entanto, estão em um deserto de comunicação. Frequentemente a pessoa que se ocupava deles também fora desertada no decorrer de sua primeira idade e ela transmitiu o estado de deserto a esse bebê que evocava para ela sua própria primeira idade. O autismo existe apenas por causa da importância da função simbólica no ser humano. O autismo não existe nos animais. É uma doença específica do ser humano. Raramente há autismo, e ainda é tardio (depois do desmame), nas crianças que foram alimentadas no seio. Ao contrário, ele é mais frequente naqueles cuja mãe apoiou a mamadeira nas dobras do travesseiro e deixou o bebê tomá-la inteiramente sozinho.

> Há 21 anos, em Saint-Vincent-de-Paul, na capela desativada que era o berçário das crianças abandonadas, podia-se ver uma enfermeira que cuidava sozinha de todas as divisões, colocar as mamadeiras na dobra do travesseiro e recolhê-las, depois de ter lido seu manual escolar. As mamadeiras estavam cheias até três quartos, porque os bebês tinham deixado escapar o bico.[1]

Isso colocava esses seres humanos em uma situação de função simbólica desumanizada. Sua função simbólica continua o tempo todo, mas o código de linguagem que daí decorre só é humano se os elementos sensoriais que alimentam essa função tiverem o mesmo sentido para ao menos dois indivíduos vivos. Portanto, a mãe para esses bebês enquanto mamavam era talvez o teto; o pai, talvez o bico da mamadeira que serve de pênis. E a criança assim alimentada era remetida para uma situação uterina na qual as percepções auditivas, visuais, as do trato digestivo, tomam sentido para ela como sua existência animal. O encontro dessas percepções ocupa o lugar da linguagem, mas linguagem que é ilusão de comunicação, pois ela não recebe variação da cumplicidade de diálogo com a sensibilidade de outra pessoa. A criança torna-se coisa, porque ela é cuidada como uma coisa, por pessoas que a manipulam como uma coisa. Há, fatalmente, variações óticas, variações auditivas, variações olfativas. E tudo isso é tomado

---

[1] "As crianças doentes por terem sido demasiadamente amadas", *Lectures pour Tous*, n. 113, maio de 1963.

como uma linguagem que lhe dá alegrias ou vazios passageiros, e é disso que sua função simbólica se alimenta.

Os autistas vivem. São crianças perfeitamente sadias, com muita frequência, sem nenhuma doença, são formidáveis. Mas, ao crescer, pouco a pouco, tomam atitudes curvadas, não andam de modo vertical, são como lobos que procuram o que comer, ou que procuram, quando são homens, a penetrar não importa quem, a obter não importa o quê. Estão em permanente carência; elas violam... Tornam-se seres cada vez mais segregados. São aqueles que, quando adultos, desprovidos de senso crítico, confundem desejo e necessidade, cometem assassínios, violadores irresponsáveis, como M. o Maldito.

Os autistas não sabem quem eles são. Seu corpo não é deles. Seu espírito está não se sabe onde. Seu ser no mundo é codificado na morte em vez de ser codificado na vida. Estão mortos quanto à relação com a realidade dos outros, mas estão muito vivos em relação a não se sabe o que de indizivelmente imaginário.

A criança autista é telepata. Tenho o exemplo de uma menina autista de cinco ou seis anos. Sua mãe me contou que, quando a menina viajava com ela no trem, ela era intolerável porque falava inteiramente sozinha, e dizia a verdade das pessoas que estavam no compartimento... Certa vez, uma vizinha dizia a sua mãe: "Vou a Paris ver meu marido...", e a criança interrompia: "Não é verdade, ele não é seu marido; é um senhor que seu marido não conhece...". Ela falava com voz bizarra, sem dirigir o olhar, como sonâmbula.

Essa criança tinha como caso particular de autismo não ter o uso da parte inferior de seu corpo; não conseguia se manter de pé; era preciso ser carregada; não conseguia andar nem ficar sentada sozinha. Quando estava em algum lugar, era preciso deitá-la no chão. Isso, de fato, parecia-me ser, sob o nome de autismo, uma histeria extremamente precoce.

Lembro-me da primeira vez que ela veio me ver. Ela era carregada por seu pai, porque era muito grande e pesada para sua mãe. Deitaram-na no chão, sobre o tapete de meu escritório; e eu fui até acima dela. Eu queria compreender por qual motivo ela não podia se verticalizar, pois o ser humano é um ser que nasce vertical. Eu partia da imagem que a criança tem de seu corpo: ela tem uma forma fálica de seu corpo. Nasce de pé porque as vias genitais da mãe são como uma concha, um chifre de abundância que é estreito no ponto de partida, no centro da mãe, e cada vez mais largo na vagina e na vulva; a criança sai e, caso não houvesse o peso, ela chegaria a estar face a face com sua mãe; é isso o nascimento.

Como a menina não se sentava na idade costumeira, pensaram que ela fora atingida por uma encefalopatia. Eu não tinha muita esperança ao ver pela primeira vez essa criança que rolava os olhos e parecia perdida. Se não ficasse apoiada contra seu pai ou sua mãe, suas pernas ficavam flácidas. À primeira vista, era preciso que a parte alta de seu corpo fizesse parte do corpo de seu pai, ou parte do corpo de sua mãe, para que a parte baixa de seu corpo não ficasse como "boneca mole". Mas uma observação produziu um "clic" em mim: quando ela ficava separada do corpo de sua mãe, ela ficava completamente mole, e quando ela estava contra seu pai, ficava como estátua – suas pernas não eram como algodão, mas tesas. Ela, portanto, não era paraplégica. Ela estava enxertada imaginariamente sobre o corpo de sua mãe e não tinha a parte baixa de seu corpo. Em meu escritório ela estava no chão, e eu coloquei minhas duas mãos em torno de seu tronco – um pouco mais baixo, no lugar de seu umbigo – e, nesse momento, eu a levantei; fiz um pequeno movimento para que ela pudesse se sentar; ela se sentou. Depois, de um golpe, levantei-a pelo tronco de modo que seus pés tocassem o solo. E lhe disse: "É desse modo que você ficaria de pé por si mesma". Na visita seguinte, a menina andava em meu escritório, tocando em tudo, mas estava como que ausente e não caminhava em direção à mãe. Ela não sabia quem ela era de corpo, como se tivesse a bacia de sua mãe e as pernas de seu pai (que a carregara há tempo em seus braços). Trabalhei com sua mãe, que a acompanhava. Por sua vez, o pai entrou em psicanálise. No castelo de seu pai, ele vivia uma situação dramática: ser pago abaixo do S.M.I.C. (= salário mínimo interprofissional de crescimento), por um pai terrível que dirigia uma usina e, do qual ele, engenheiro, devia ser o assalariado. O filho queria sair dessa situação de objeto, de servilidade em relação ao pai, e fazer prosperar o negócio para poder alimentar toda a família (todo o mundo vivia como dependente dessa usina). Se ele fosse embora a família ficaria arruinada: o avô materno era senil e incapaz de gerir bem. Quanto à mãe da criança, tratava-se de uma filha de oficial que estava inteiramente na comunicação, como em geral os filhos de oficiais (creio que ela conhecera 16 mudanças desde que era criança) que jamais permaneceram por muito tempo na mesma guarnição. Mas sua mãe e suas irmãs sempre haviam sabido instalar e organizar qualquer alojamento para que fosse habitável; ela era, enfim, a verdadeira filha de oficial, que não se colocava questões metafísicas; viviam nas trocas materiais e sociais, com polidez e civismo. Ela tivera também dois primeiros filhos sadios. Mas a última – essa criança que eu via – ficara muito doente por ocasião do nascimento e permanecera atingida por essa anomalia bizarra que julguei ser uma histeria precoce. O que aconteceu então? A criança tinha simplesmente, em sua vida, um retardamento de dois anos: ela havia sido finalmente recuperada por sua mãe como um bebê a partir de dois anos. Eu disse à mãe que sua filha era visivelmente inteligente e ela recobrou a coragem.

 Durante dois anos, segui a mãe e a criança, juntas. Elas vinham quase a cada dois meses. Refizemos juntas, com essa criança, em palavras, em lembranças contadas por sua mãe e retomadas por mim, todo o caminho dessa infância confusa, para que a criança se reencontrasse viva, com o direito de ser ela mesma. Ela não falava no início, quando veio até mim; pôs-se a falar rapidamente, fazendo exatamente como um bebê em posse da palavra e que, telepata, diria a todo o mundo sua verdade, ao mesmo tempo que tudo aquilo que pensa e sente da realidade das coisas. Com sete anos, a menina entrou na escola maternal, em uma escola privada que a aceitou como se tivesse três anos, ao passo que ela tinha a idade e o tamanho de uma criança com sete anos, e se desenvolveu a partir daí, teve uma vida social com dois a três anos de atraso escolar e atraso de maturação, manifestando os interesses de uma criança mais nova do que sua idade. Com nove anos e meio, houve um pequeno baile à fantasia, e a menina queria obstinadamente ir à festa. Queria ter um disfarce e disse a sua mãe: "Quero que você faça para mim a roupa que a senhora me fez – a senhora era eu –, a senhora que me curou". – "Que roupa ela fez para você?" – "Você sabe, ela me fez um calção de bananas". – Banana: forma fálica para ser consumida. Era a fantasia que ela teve quando eu a levantei, com minhas duas mãos envolvendo seu corpo e que dessa forma eu permitira que seus pés tocassem o chão. Essa fantasia que lhe devolvera a imagem de sua verticalidade individuada sobre pernas incapazes de carregá-la – ela quis que sua mãe a realizasse. Quando a mãe lhe fez o calção de "bananas", a menina a abraçou como jamais havia feito, dizendo: "Como você é boa, mamãe!" E acabou fazendo muito sucesso com essa roupa.

Depois dessa festa, tudo correu bem para ela.

Capítulo 4

Iremos à "Maison Verte"

A "MELHOR ESCOLA MATERNAL DO MUNDO"?

A transformação operada nas mães que frequentam a Maison Verte é espetacular. Elas têm tempo para pensar e para ser, ao passo que antes eram atropeladas por suas crianças que as devoravam. Tudo se tornou fácil em sua vida, e os maridos que vêm dizem: "Que transformação em casa desde que minha mulher vem aqui!... À noite, quando volto para casa, ela não se precipita sobre mim, contando tudo aquilo que aconteceu durante o dia...". A criança se ocupa, a mãe se ocupa, elas se comunicam, não ficam mais coladas uma à outra, não há mais tensão, e o pai também, quando chega aqui, descobre seu filho com outras crianças; ele descobre sua mulher com outras mulheres e com outras crianças, e ele se descobre em uma dimensão de pai e ao mesmo tempo de esposo em relação a sua mulher. O trabalho que se realiza na Maison Verte é enorme.

O próprio nome de nosso "lugar de vida" é uma criação do coletivo de crianças. Não há autor, nem batizador. Esse nome é delas, está nelas. Ele lhes fala de sua casa. Quando a mãe diz "a Maison Verte", imediatamente a criança sabe. Meu marido, evocando sua infância na Rússia, contava que à mesa se dizia: "Amanhã vamos caçar perdizes"; o cão, que estava deitado, com ar de quem dorme no canto da sala de jantar, imediatamente se punha a rosnar, dando voltas em torno da mesa; ele ouvira a palavra "perdiz"... Há mães que me confiam: "Basta dizer 'a Maison Verte' para que meu filho, que estava enervado, se acalme imediatamente". A Maison Verte está em órbita em seu espaço. É extraordinário. Sua criação é, talvez, tão importante quanto o início das escolas maternais, cerca de 75 anos atrás. Ela trabalha pela prevenção do desmame, o que é o mesmo que a prevenção da violência e, portanto, dos dramas sociais.

Lembremos qual foi a ancestral da "escola maternal" de hoje.

Ela chamava-se "asilo". Este foi o nome comum das creches e das escolas maternais. Quando criança, eu ia lá nas férias, lia o cartaz "Asilo". O asilo era uma creche. As mães que trabalhavam deixavam seu bebê de manhã até a tarde com as boas irmãs, e depois as crianças até a idade escolar. Isso se chamava "asilo", e as crianças ficavam de uniforme, longas saias até os pés, e por baixo não usavam calções; era como no campo: podiam fazer xixi-cocô, sem problemas: depois se recolhia. Havia o setor das crianças menores, das médias e das grandes... e as grandes já frequentavam a escola maternal.

Para se ter uma ideia do início das classes maternais, é preciso ler "La Maternelle", de Léon Frappier. Aqueles que fundaram a escola maternal se encontraram, no início, em dificuldades semelhantes às que a "Maison Verte" hoje encontra para existir.

As autoridades não acreditavam nos métodos que foram instituídos e que fizeram a qualidade da Escola Maternal na França, com sua reputação mundial.

Essa escola maternal, que teve suas dificuldades, seguiu uma evolução que me parece perigosa. Ela trai o bom trabalho de seus pioneiros. O que me inquieta é que aí se admitam crianças de dois anos, com professores que são formados para crianças de três anos. Mas, quando dizemos dois anos e três anos, é como se disséssemos 12 anos e 25 anos. Há uma diferença enorme entre uma criança de dois anos e uma criança de três anos... diferença tão grande quanto pré-adolescente e o já jovem adulto. Com dois anos, o sistema nervoso central não está terminado; a cauda de cavalo não terminou; a criança não tem o controle sensitivo e emissivo à vontade de seu funcionamento esfincteriano. Se a forçarmos à continência, como ela tem medo de estar em desarmonia com o adulto, ela enxertará sua bacia (sua inveja) sobre o desejo (o prazer) do adulto tutelar; isso falsifica toda a sua identidade sexuada, de que a bacia faz parte. Mais tarde, o rapaz e a jovem se tornam homem ou mulher, mas há grandes riscos, pois a região genital foi alienada para o adulto, por meio de uma repressão com inibição patogênica da sexualidade adulta. A educação esfincteriana precoce é absolutamente nociva. Recentemente, decidiu-se na França abrir as classes maternais para crianças de dois anos, dois anos e meio; para isso preparam inspetores de classes maternais. Ora, nessa idade, de três meses em três meses, as crianças evoluem enormemente; seus interesses, seu modo de linguagem, no sentido amplo do termo, estão em contínua mutação. Devemos enviar à escola crianças que atingem exatamente o comportamento atento. Antes de 30 meses, nenhuma criança está pronta para a higiene "natural", ao menos sem acidentes nas roupas íntimas ou para o ritmo horário da escola. Se quisermos ampliar, aumentar a recepção de crianças pequenas na escola, seria preciso imaginar algo diferente da classe chamada de maternal, que é perfeita para as crianças de três anos, de realmente três anos de maturação. A partir de dois anos, as crianças que permanecem na creche se infantilizam porque aí elas encontram apenas crianças pequenas e mulheres para as enquadrar e, ainda que haja educadoras, elas raramente sabem falar de fato com as crianças sobre aquilo que as interessa. Elas visam a iniciá-las em manipulações, canções, mas em atividades dirigidas... dirigidas! Eis aí... Essas educadoras de creches se apresentam como funcionárias e são detestadas pelas babás, que são relegadas como agentes para tarefas materiais, mamadeiras, alimentação e leitos. É um problema. Seria bem diferente se, em vez de educadoras, fossem colocados homens com tempo integral, associados às mulheres, para cuidar das crianças. Que sejam chamados como quiserem! Nem psicólogos, nem educadores, nem animadores; mas, por que não de tios, já que as babás são "tias"?

Ouvi os argumentos aduzidos para acolher desde os dois anos as crianças na escola maternal: quando uma criança mais velha está na escola maternal, por que seu irmãozinho ou sua irmãzinha não iria para a escola com ela? É na ordem inversa que acontece na creche. Quando há um bebê na creche, então se permite o irmão ou a irmã maiores também na creche. Porém, quando a criança maior vai à escola maternal, por que a menor, que já brinca em casa com a maior, não poderia ir também ao mesmo lugar que a criança maior? Por que separar a fratria? Sua mamãe e seu papai ficariam muito mais com elas se ficassem juntas do que se fossem colocadas em lugares diferentes. Na família, elas seriam criadas juntas e se ajudariam mutuamente a se desenvolver. Esse argumento parece justo, mas é a atitude educadora e suas exigências que acarretam problemas.

De fato, seria necessário que houvesse uma não descontinuidade desde o nascimento, a aprendizagem da higiene, até a aquisição da escrita, da leitura e do cálculo confirmados, ou seja, até a idade completa de oito anos; seria necessário que houvesse uma comunicação entre pavilhões ou salas para as crianças de dois a seis anos, e que as crianças pudessem ir e vir, se encontrar... lugares de vida, com organização de espaço e de centros de interesse, ou seja, teríamos necessidade de vida enquadrada sem diretividade no início, e depois, a partir da maturação (e não da idade civil) de três anos, com uma diretividade progressiva. As crianças iriam por afinidade, conforme o nível desse interesse, mudando de lugares. Atualmente elas não podem voltar para trás em uma classe anterior, nem ir para a frente, exceto como ouvinte livre. É, no entanto, essa flexibilidade que seria necessário facilitar de dois anos até seis anos, e depois, de cinco a oito anos.

A meu conselho, arquitetos que deviam prever uma cidade nova conceberam um centro com tais aberturas e possibilidades de comunicação. Parece que isso caminha muito bem. Não há nenhuma ruptura, nenhuma segregação. A maternidade e a enfermaria onde são colocadas as crianças que estão um pouco doentes ficam um pouco separadas por causa de contágio, mas uma mamãe pode ir e ver um bebê, e depois ir ver seu segundo filho que está na creche, e de lá o mais velho que está na escola maternal, caminhando por pequenos corredores cobertos. No espaço de jogos, como no jardim de Luxemburgo, há calçadas com pequenos tetos, para se abrigar conforme se quiser, quando se passa de um espaço para outro. Permitimos a uma criança da escola maternal voltar à creche se ela quiser encontrar seu irmãozinho ou imãzinha para brincar com eles.

Pedi também que o espaço para os idosos que jogam bola, com bancos para as mulheres que tricotam, e que é um terreno um pouco aberto, ensolarado, não ficasse separado do jardim das crianças pequenas; que não houvesse um muro, mas uma sebe de arbustos em que as crianças não pudessem trepar, mas que ficassem justamente à altura do nariz de uma criança que anda. Seria desejável que os adultos pudessem ver as crianças, e que as crianças pudessem ver os idosos que jogam bola e as avós que já cedinho estão lá, nos bancos. Os arquitetos providenciaram essa visibilidade. E desde que o jardim foi inaugurado, estabeleceu-se uma ligação extraordinária entre os avôs e avós e as crianças que estão nas primeiras classes. É muito importante que os idosos possam, se quiserem, ver as crianças (há bancos mais afastados para os que não gostam dos gritos das crianças). É assim que, na sociedade, se tecem relações entre todas as idades.

> Na França, constatamos uma espécie de autossatisfação dos homens políticos; a cada vez que são desafiados pela oposição a fazer o balanço da política da educação, eles sempre repetem: "Nós temos... assim como tínhamos a melhor rede rodoviária em 1936, o melhor correio do mundo em 1920... a melhor escola maternal do mundo...".

É verdade. Está ela adaptada às crianças que, no entanto, queremos lhe confiar? A seu número e a sua idade?

> A escola maternal que mostrou seu valor na França do pré-guerra não corresponde mais exatamente ao problema das crianças que, hoje, são admitidas muito mais cedo: dois anos em vez de três-quatro anos.

As funcionárias, que agora se chamam agentes municipais, estão na escola para a arrumação e não querem sujeira. Estão a serviço dos locais, não a serviço das crianças. Embora ninguém se empregue para ensinar uma criança a se lavar sozinha, a escovar os dentes, a mudar de roupa, a vestir uma cueca seca.

Ninguém, portanto, pode dar à criança o vocabulário de seu corpo. Elas são censuradas se molham a sala com água, se fazem alguma sujeira. Essas funcionárias se sentem humilhadas por fazer aquilo que elas chamam de "corveias" (= trabalho servil de limpeza e arrumação da casa). Elas protegem os locais. Uma criança deve viver no meio da água, o xixi, o cocô em certos momentos, e depois vai à sala de aula. E elas deveriam ser mulheres-babás que lhes falassem de seu corpo, que lhes falassem de suas necessidades, que lhes falassem de seus dedos, suas mãos, seu rosto, que as fizessem gostar de estar bonitas e limpas, de cuidar de si mesmas. Mulheres que lhes falassem de sua família, conhecendo-a. Por fim, elas deveriam ser instruídas para a educação das crianças. De modo nenhum. Elas são pagas pela municipalidade, ao passo que as professoras são pagas pela Educação nacional. Isso provoca uma separação total, e é muito raro que elas façam equipe com a professora. Poucas delas são suficientemente disponíveis ou se dão ao trabalho de interessar-se pelas crianças. Elas têm, no entanto, em sua maioria, a inteligência do coração e verdadeiramente gostam das crianças.

Seria absolutamente necessário, a meu ver, que a professora de escola maternal tivesse de se ocupar, de cada vez, apenas de seis crianças no máximo, e que todas as outras ficassem ocupadas como educadores-educadoras cuja função seria a de babo-babá. As funcionárias seriam absolutamente capazes de assumir esse papel na escola das crianças pequenas. E, por outro lado, por que não homens e mulheres? As crianças não ficariam centradas mais que vinte minutos (no máximo) em torno da preceptora ou do preceptor, a pessoa... paternal. Na escola maternal, a professora é essencialmente "paternal"; ela ensina a disciplina, a correção da fala, dos gestos e da habilidade manual. É o grupo de crianças que é "portador" maternal. Estamos longe dessa organização desejável, para as crianças que ainda não têm o nível de três anos para o qual a classe maternal foi pensada.

Quantas classes sobrecarregadas na escola maternal. Houve uma greve de preceptoras: elas tinham 35 crianças, de dois a quatro anos, e elas não chegavam a nada nessa confusão. O caos só pode se ampliar se não houver uma pessoa para ver essa angústia das crianças e ajudá-las. Nessa ocasião, escrevi um artigo para responder à questão: "Qual é o número desejável de crianças em uma classe maternal?"

Quando vemos tantas pessoas que estão desempregadas, não lhes poderíamos propor trabalhar na escola maternal e fazer equipe com professores devidamente formados segundo certo método, a fazer a criança adquirir um saber industrioso, hábil, manual, corporal, vocal, observação com os olhos, ou educação do toque... enfim, tudo aquilo que é verdadeiramente educação da criança: exercício de todos os sentidos e formação para a comunicação pela linguagem corporal, mímica, verbal. Seria necessário que esses assistentes se entendessem bem com as professoras, como outrora bravas senhoras da aldeia que tinham crianças ao redor delas se entendiam para descascar legumes. Essas novas auxiliares das escolas maternais poderiam falar com cada criança como filha de sua família, de seu papai e de sua mamãe, de seu irmão ou irmã. Essas pessoas poderiam conhecer a mãe e o pai de cada uma das crianças, criar a mediação entre a família e a escola. Nas escolas maternais, nunca se fala às crianças sobre o pai e a mãe. Convoca-se... ou então se responde à mãe que vem expor seus problemas.

As professoras são menos disponíveis que outrora. Agora, elas são nervosas, ficam cansadas etc. Instaurou-se aquilo que agora se tornou crônico no primário e no primeiro ciclo do secundário: uma espécie de rivalidade pais/professores, os professores que se queixam de que os pais não fazem seu trabalho educativo e, no inverso, os pais que têm a tendência de tudo delegar, remetendo-se demasiadamente às professoras para fazer a assim chamada educação, ao passo que elas só foram ensinadas a instruir as crianças.

A MAISON VERTE

A inauguração da Maison Verte, praça de Saint-Charles, no XV subúrbio de Paris, aconteceu no dia 6 de janeiro de 1979. Não é uma creche nem um centro de prevenção, mas a primeira pedra da "Casa da Criança" que, segundo o desejo de Françoise Dolto, deveria preceder a tradicional entrega de bebês a uma creche, ou berçários e depois à escola maternal. Nesse lugar de lazeres e de encontros em que os bebês são tratados como sujeito, ninguém é cadastrado, o anonimato é respeitado, e apenas a presença humana conta: o pai ou a mãe que acompanha a criança e não deixa de modo nenhum o lugar enquanto a criança aí estiver, também ele descansa e se ocupa. A criança encontra suas semelhantes. A equipe de três adultos que acolhem, tendo um homem pelo menos, não faz nenhum tratamento, nenhuma observação formal nem qualquer experiência combinada. Estão simplesmente disponíveis, à escuta e se dirigem às crianças diante dos pais.

Na Maison Verte, que não tem equivalente no mundo, se pratica diariamente, fora da empresa de qualquer poder médico ou de tratamento e sem recuperação nem diretivas educativas, o falar de fato com toda criança sobre aquilo que lhes interessa, tanto no que seus pais dizem, como naquilo que a criança faz e que lhe causa insatisfação em seu sucesso ou uma dificuldade em relação com uma outra pessoa. É a entrada na convivialidade, sem dependência do grupo.

A abertura fora anunciada com placas. As pessoas olhavam a reforma da pintura e o arranjo desse estabelecimento entre uma tinturaria, outrora lavanderia automática, e um café com mesas na calçada, em uma praça bem movimentada. Falava-se disso no quarteirão. A praça de Saint-Charles é uma praça bastante rural em uma cidade como Paris, bem ao lado dessas grandes torres da margem do Sena, que escondem a metade do céu; é uma praça em que as crianças brincam de patins com rodinhas, em que os ciclistas que fazem uma corrida vêm prender nas árvores suas bicicletas. É uma praça um pouco viva. No dia em que abrimos o estabelecimento havia a comemoração do dia dos Reis. Tínhamos pendurado balões e coroas na janela e escrevemos sobre uma placa: "Venham festejar o dia dos Reis na Maison Verte, com seus filhinhos de zero a três anos". E as pessoas vieram, por assim dizer, com curiosidade. Algumas mamães tinham até trazido bolinhos "dos Reis". Nós havíamos preparado um grande bolo. As mães se sentaram nos sofás e as crianças espalharam os brinquedos no chão. Dissemos de início às mulheres presentes: "Vejam, estamos começando algo de novo. Qual é a ideia de vocês? A nossa é preparar os filhos de vocês para a creche, para o berçário e depois para a escola maternal". Nesse primeiro dia não havia bebês com menos de dois meses, mas creio lembrar-me de que havia uma mulher grávida que, fazendo sua pequena caminhada sob a recomendação de seu obstetra, havia entrado por acaso.

Foi assim que começou. E o "de boca em boca" aconteceu.

Os pais, no início, vinham apenas à noite procurar suas mulheres, depois de sair do trabalho, entre 18h e 19h. Sem dúvida para empurrar o carrinho da criança quando elas voltavam para casa.

No começo, houve alguns mal-entendidos... Algumas mulheres que trabalham pensaram que fosse uma creche. Nos primeiros dias, uma mulher nos perguntou: "Posso deixar meu filho com vocês?" Ao ouvirem dizer: "Não, senhora", ela nos fez uma pequena cena: "Bem, então, se vocês não são uma creche, para o que servem vocês?" "Ah, sim, servimos para que você venha com seu filho, a fim de prepará-lo para ficar separado de você, sem fazer histórias." "Ah, é, ela fará histórias!" "Mas, se você procura uma creche, podemos indicar uma." Demos o endereço de creches, insistindo no ponto: a Maison Verte é uma intermediária entre o lar e o berçário, entre o lar e a creche. As pessoas compreenderam isso muito bem, e rapidamente. Para alguns pais, principalmente para as mães cuja entrega, uma ou duas vezes em creche, havia perturbado muito sua criança, foi menos fácil admitir não deixar a criança sozinha, sequer por dois minutos. A uma mãe que queria deixar sua criança, com a idade de quatro-cinco meses, o tempo de fazer uma corrida, eu disse: "Não, você leva a criança durante a corrida e depois volta". "Mas, então, não vale a pena vocês existirem!" "Sim, vale a pena que existamos, porque no dia em que você quiser fazer corridas, você poderá, sem nenhuma preocupação para vocês nem risco para a criança, deixar em uma creche sua criança. Ela ficará de bom grado, até em sua ausência, com os outros, crianças e adultos..." Furiosa, ela permaneceu do mesmo modo, a fim de destilar seu veneno, e outra mamãe lhe disse: "Você sabe, você pode muito bem levar a criança, fazer sua corrida e voltar". "Não! Vestir de novo a criança!" Ela queria se ausentar para, como dizer, comprar docinhos; então, a outra mamãe lhe disse: "... Mas você os tem aqui; tome meus docinhos, tenho alguns...". As pessoas que recepcionavam estavam todas perturbadas com a cólera dessa mulher, e principalmente com o desespero de seu bebê desde as primeiras palavras: "Eu o deixo apenas cinco minutos, o tempo de dar uma corridinha".

Tranquilizei o bebê, dizendo: "Você vê, sua mamãe, é muito bom que ela faça uma cena... faz bem para ela fazer uma cena". Imediatamente, o bebê ficou sereno, embora a mãe continuasse a cena. Eu estava contente por ela fazer uma cena, porque ela não compreendia e era necessário que compreendesse. Em vez de ir embora, ela permaneceu duas horas, ao passo que havia começado dizendo que não valia a pena vir etc. E, à noite, ela disse a uma de nós: "Compreendi... É formidável. E agradeço a vocês por terem me retido, pois eu queria fazer uma cena e ir embora imediatamente". Na realidade, não a havíamos retido... E ela nos disse: "Vocês estão inteiramente certas. Eu não disse, mas tentei a creche, e foi terrível: a criança berrou imediatamente... mas aqui, não. Então, como ela estava bem, pensei que podia deixá-la com vocês". "Não! Você conseguirá deixá-la na creche quando ela tiver sido preparada aqui." E, por outro lado, quando falamos, na hora certa, da creche com a criança que ainda não fala, a criança continua tranquila, fazendo "sim" com a cabeça. Falamos a esse respeito na Maison Verte, dizendo: "Sua mamãe vai pôr você na creche, e isso quer dizer que ela não ficará com você, mas são crianças como aqui, são senhoras como aqui, e se você ficar um pouco infeliz, você pensará na Maison Verte e sua mamãe levará você à Maison Verte amanhã; mas hoje é preciso que ela vá fazer corridas". As crianças compreendem muito bem.

Essa mãe nos dissera: Eu *o* deixo, falando de seu bebê na terceira pessoa, diante dele. Ela não havia dito: "Eu deixo *você*". Nós, porém, corrigimos esses modos de falar da criança sem falar com ela. Quando uma mãe vem até a recepção, é ao bebê que falamos, é ao bebê que mostramos os lugares. "Eis o lavatório... é o mesmo para as pessoas grandes e para as crianças." Se for um bebê: "Eis a mesa para trocar fraldas: é aí que sua mamãe poderá vir trocar sua fralda". É a mãe que se torna a terceira pessoa. "Eis os carrinhos com rodas, o barquinho, a escada, o tobogã, os brinquedos, a mesa para desenhar. Você pode brincar com o que quiser. Há um regulamento: não se pode brincar na água sem roupa impermeável. Quando brincamos com carrinhos de rodas, não podemos passar tal linha de separação entre as duas peças."

CARTEIRA DE IDENTIDADE DA MAISON VERTE
(*segundo uma ideia de Françoise Dolto*)

Um lugar de encontro e de lazeres para as crianças pequeninas com seus pais.

Para uma vida social desde o nascimento, para os pais frequentemente muito isolados diante das dificuldades cotidianas que encontram com seus filhos.

Nem uma creche, nem um berçário, nem um centro de tratamento, mas uma casa em que mães e pais, avôs e avós, amas e babás são acolhidos... e onde suas crianças encontram amigos.

As mulheres grávidas e seus companheiros também são bem-vindos.

A Maison Verte recebe todos os dias das 14h às 19h.
Aos sábados das 15h às 18h (exceto os domingos)
13, rua Meilhac (rua de pedestres)
75015 Paris. Tel.: 306-02-82.

A Maison Verte prepara a criança para ser, com dois meses, separada de sua mãe, sem ser o teatro dessa famosa "síndrome de adaptação", para viver com toda segurança sem ela na sociedade. Muitas mães que para aí se dirigem sabem que com dois meses elas serão obrigadas a pôr sua criança na creche, porque elas deverão retomar seu trabalho e não podem viver sem ele. Esses bebês, ao cabo de cinco a seis vezes (é o suficiente), ficam preparados para viver com adultos em quem a mãe deposita confiança e com crianças de sua idade, cujas mamães têm o mesmo problema de se separar de seu filho durante o dia inteiro. Não é humano, para uma mulher, separar-se, com dois meses, de seu bebê. Ela é tomada entre sua necessidade de ganhar dinheiro e sua impossibilidade de continuar junto de seu filho. Para outras, é o temor de não reencontrar seu trabalho depois de alguns meses. Para outras ainda, trabalhar é escapar da experiência de se entediar com um bebê o dia inteiro em um pequeno alojamento. Ela se sente culpada. Ela vem nos ver. É ao bebê que falamos e ela ouve o que dizemos ao bebê... E as diretoras de creches não compreendem nada disso. Os bebês que começaram pela Maison Verte são diferentes. Eles não têm síndrome de adaptação. Na presença das mães, nós anunciamos aos bebês o que os espera: "Quando sua mamãe trouxer você de manhã... ela irá para seu trabalho, como quando você estava no ventre dela... Quando você estava no ventre dela, você ia ao trabalho com ela. Era ela que falava com as pessoas, e você estava nela... Agora, você nasceu, e você não pode ir ao trabalho com os adultos, porque você deve ficar com crianças de sua idade... Outras senhoras cuidarão de você, como nós (as outras senhoras e senhores que estiverem presentes), nós cuidamos de todas as crianças, e você ficará separado de sua mamãe o dia inteiro, pois ela trabalha". O bebê entende tudo o que lhe dizemos; ele compreende. Como? Creio que ele compreenderia qualquer linguagem, mesmo que lhe falássemos em chinês. É depois de alguns meses que ele só compreenderá a língua vernácula; ele compreende que falamos para sua pessoa sobre a dificuldade que o espera; ele se tranquiliza ao nos ouvir dizer que essa dificuldade é um sinal de que ele ama sua mamãe, que ele é amado por ela, que é sua mãe, uma e única, de seu pai, de todos os dois que o puseram no mundo e que trabalham para ele. E preparamos também os pais para encontrar seu bebê depois de oito horas de ausência: "Quando vocês forem buscá-lo na creche, principalmente, não o abracem; falem a ele, falem com a pessoa que esteve com ele durante o dia para saber como foi; vistam-no com gestos de carícia, mas não se precipitem. Não cedam ao desejo que sentem de abraçar o bebê de vocês. Oito horas por dia, para um bebê, é como sete ou oito dias para um adulto. Então ele esqueceu de vocês, não sabe, foi tomado por um outro clima. Ele, quando está em estado de necessidade, se atira sobre a mamadeira; se vocês se atirarem sobre ele, é porque ele é para vocês como um alimento ou uma mamadeira: ele se sentirá devorado. Portanto, introduzam-no na ambiência da relação de vocês com ele, falem com ele, vistam-no e voltem para casa. Apenas lá vocês farão a festa dos beijos, durante o tempo que quiserem". E as mães que estiveram na Maison Verte dizem: "É formidável a diferença com nossos outros filhos colocados diretamente na creche". Eles berram quando a mãe sai e quando volta, pois não têm outros meios para marcar uma tensão, seja uma tensão de prazer ou uma tensão de dor. Mas, em todo caso, estão inteiramente inseguros; eles são entregues sem roupa para sua mãe, que se precipita para abraçá-los. Quando os bebês estão desmamados de sua mãe, as próprias mães não estão desmamadas de seu bebê. Elas se atiram sobre o seio... o bebê é o seio delas.

Esse trabalho que fazemos na Maison Verte, antes que os bebês sejam levados para a creche, é uma prevenção formidável das perturbações consecutivas ao mal-estar que a criança sente com esse pingue-pongue ao qual ela é submetida entre a creche e sua casa. Nossos antigos pequenos hóspedes são sorridentes com as pessoas da creche que dizem: "É maravilhoso como essas crianças são observadoras e presentes!" Não é a mesma coisa quando colocamos na creche uma criança que sempre esteve com sua mamãe: ela berra a tarde inteira. Nas creches, as babás nos dizem que passam seu tempo protegendo as crianças pequenas da agressão e, no entanto, as pequenas choram; elas têm medo das crianças maiores, porque não foram iniciadas, pela pessoa que elas conhecem, nesses pequenos riscos da sociedade. Essas agressões as atingem menos se estiverem seguras de que a mãe está sempre introjetada nelas para tranquilizá-las. Para que a segurança (o que a mãe é para seu filho), porém, seja introjetada pela criança, é preciso que a mãe tenha sido testemunha compassiva do sofrimento sentido pela criança, de suas experiências e que ela a tenha consolado na ocasião. É preciso que ela lhe permita enfrentar de novo o perigo ao mesmo tempo em que ela, presente sem angústia, e que ela lhe fale do "perigo" com o qual ela deseja se medir, apoiando-a por meio de palavras justas sobre a realidade do risco, frequentemente mínimo, mas que, para a criança, é trágico quando ela está completamente só. Vemos chegarem crianças que são totalmente fóbicas de um lugar em que há crianças; elas permanecem à porta, coladas com sua mãe. Então saímos e falamos com ela do lado de fora: "Você tem razão, sem dúvida... Sua mamãe tinha posto você em uma creche e você não sabia como era, e depois sua mamãe foi embora sem prevenir você... Você acreditava que ela ia ficar, e depois você não a encontrou mais".

Os adultos não fazem ideia do que acontece nessas creches: que dilaceração para as crianças! Quando isso foi reparado (é muito demorado reparar a fobia da creche), nós preparamos a criança, propondo a ela que sua mamãe saia por cinco minutos. (É somente no caso de crianças traumatizadas pela experiência de creche que agimos assim, e a experiência é feita apenas se a criança estiver inteiramente de acordo). Mas há mães que dizem "10 minutos", olhamos o relógio, elas ficam 20 minutos; a criança, então, desde os 10 minutos em que ela devia estar lá, fica enlouquecida; nós a acalmamos: "Você vê como são as mamães... Ela disse '10 minutos' e para ela, são 20 minutos, ela não sabe o que é um relógio". Quando ela volta, nós a censuramos: "Você quer ajudar seu filho e ao mesmo tempo não tem palavra. Como se pode acreditar em você?... Sem dúvida, aqui ele está em segurança, mas você... você fica em segurança quando sabe que fez seu filho sofrer? É absolutamente necessário que você esteja de verdade, e não de mentira". Em casos semelhantes serão necessárias de novo três visitas antes que a criança ouse recomeçar a experiência da separação. E nós trabalhamos nesse sentido. Depois, quando isso for aceito, dizemos: "Você vê, logo, quando você quiser, você poderá ir à creche, lá onde as mamães não ficam... É como aqui, mas sem as mamães". Então a criança diz: "Não, ainda não, ainda não...". "Está bem: ainda não; no dia em que você quiser." A seguir, falamos disso e, cinco ou seis dias depois, a criança diz: "Creio que agora, a creche, eu poderei...". Então a mãe tenta. Nós lhe dizemos: "Você o põe meia hora na creche sem você, e depois uma hora. Você lhe mostrará o relógio quando voltar". Ela volta no dia seguinte, o primeiro dia na creche, e a criança conta como foi: "Havia um menino ruim que fazia isso; havia a senhora que deu palmadas no bumbum (verdade ou mentira)". Escutamos... E se a criança não quer ainda falar e a vemos se atirar para brincar na água, nós lhe dizemos: "Você vê, a água, é como quando você era bebê, você se banhava com sua mamãe, você estava no ventre de sua mamãe e você saiu dela com as águas. Na creche, você pensará na água e verá que tudo irá bem... Você pensará na água e isso será tão bom como se houvesse água...". E isso funciona de verdade.

Se a criança ainda não estiver no estágio da linguagem, ela entende tudo. Compreende tudo. É preciso ver sua alegria ao voltar à Maison Verte. Ela vem com seu papai e sua mamãe, no dia de despedida dos pais, em que ela não vai à creche. Nos outros dias, ela vem depois, à tarde: ficamos abertos até 19 horas.

O financiamento da Maison Verte, que é bem mínimo, dado o número de crianças e de adultos que a frequentam, não poderia ser sustentado na qualidade de publicidade pelas grandes lojas, bancos, com ou sem o município? Se um desses patrocinadores tornasse sabido que está investindo na juventude e nos pais jovens que têm filhos, isso lhe daria uma formidável publicidade. Um banco deveria compreender que a vida humana deve ser promovida quando ela é apenas promessa, que crianças são o primeiro valor de uma sociedade, que o dinheiro é sinal de diálogo entre seres vivos, e seu papel é o de intervir e de promover a vida humana. Pois bem, é como criança que os seres vivos começam. Na idade da Maison Verte, da creche, dos berçários, da escola maternal. Não é o Estado como babá, mas os indivíduos particulares motivados que deveriam assumir de fato o papel da solidariedade diante dos jovens pais e de seus filhos. Fazemos empréstimos para fins imobiliários, mas não fazemos empréstimos para a primeira educação das crianças. É verdade que há, com o dinheiro do Estado, alojamentos para a "mãe no lar", mas isso pode ser um primeiro artifício de uma vida fechada sobre o filho e a mãe, sem os contatos sociais necessários para a estimulação mental, física e afetiva desses dois cidadãos de idade diferente, que devem ficar juntos, em segurança, em contato vivificante com seus semelhantes.

Resta realizar todo um encaminhamento mental novo para que a educação nos primeiros anos da criança não separada dos seus se torne prioritária. O que é relegado à rubrica do domínio escolar e da educação não é considerado como a questão das questões, algo maior.

Também temos medo de ir e olhar de perto, porque percebemos, efetivamente, talvez por intuição, que todo o futuro social depende disso, e então, nesse momento, ficamos com má consciência, porque sabemos que não damos prioridade ao problema da humanização da pequena infância, nesse momento capital da separação bem-sucedida entre mãe e filho. Esse assunto é reprimido, mascarado, quando é aí que surge a tolerância das diferenças, a solidariedade entre os seres humanos, as amizades estruturantes, a integração bem-sucedida das crianças enquanto elementos ativos, produtivos e criativos na sociedade de sua idade, e as amizades de adultos, homens e mulheres, enquanto pais, iniciando seus filhinhos, por exemplo, na convivência entre gerações, quando interesses e prazeres são partilháveis entre eles, nos espaços e nos tempos adequados.

Quando uma criança agride outra – esta e não as outras –, notamos na Maison Verte que essas agressões são feitas para as crianças se tornarem amigas.

A agressão eletiva é sinal de afinidade recíproca para aqueles que ainda não podem falar.

Cena clássica: as mães de crianças que brigam começam a discutir. Há um modo de falar com a criança agredida diante de sua mãe e a da agressora, que incita a criança a compreender por que a outra a feriu ou lhe arrancou um brinquedo, em vez de fugir dela, de gritar e de se refugiar junto de sua mãe. "Não é seu brinquedo que ela quer, mas sua atenção. Ela ficou atraída por seu modo de brincar, ou porque você se parece com o irmãozinho que ela gostaria de ter etc." É bom que a criança possa recorrer a sua mãe, a fim de refazer sua emoção. Com a surpresa desta, logo refeita, a criança a deixa para ir de novo até a outra, sua agressora de antes. Não há queixa nem conselho a apresentar. Trata-se de compartilhar, sem dúvida, de revigorar e de procurar o sentido da questão. Esse comportamento, ancorado no fato de que tudo é linguagem a ser decodificada, é a base de nosso trabalho preventivo das perturbações psicossociais das criancinhas.

A Maison Verte prepara a criança a confiar em uma creche ou na escola maternal, evitando-lhe as dificuldades de uma passagem demasiadamente brutal, sem o recurso à pessoa que até aí é garante de sua identidade, de sua integridade corporal, de sua segurança. Ela deve ser "vacinada" contra as dificuldades da vida em sociedade.

Vem certa mãe com uma criança de três anos, para quem a entrada na escola maternal acarreta graves perturbações, e se queixa de que seu filho não manifesta nenhum interesse pela vida escolar. "Ele não gosta da professora." Nós dizemos à criança: "Você brinca bem na Maison Verte, sua mãe está lá como em casa, e você também encontra aí outras pessoas. Na escola sua mamãe não pode estar presente, e então confia à diretora a tarefa de ensinar a você coisas interessantes e de animar o grupo das crianças". "A professora é chata; ela não é como mamãe." "A professora não tem de ser bonita ou feia, ou ser parecida com sua mamãe. Ela é uma professora. Ela é paga para ensinar as crianças. A escola não é a casa. Você deve fazer a diferença." Nós relativizamos as situações. É muito importante relativizar com as crianças, mostrar-lhes como os papéis e funções são distribuídos na sociedade. Cada um tem seu lugar. "A escola é como é. Você precisa aceitar e não ficar esperando que a professora substitua sua mãe nem que ela seja como você queria que ela fosse." Essas conversas são realmente operacionais! Quantas mães gostariam que a professora fosse como elas desejariam, e principalmente "gentil" de modo igual com todos os alunos!

Quando abrimos a Maison Verte, as pessoas disseram: "Vocês, enfim, não fazem nada. Vocês deixam viver".

Sim, nós deixamos viver, falando da vida que se elabora a cada minuto, nomeando todas as palavras do vocabulário que se refere às atividades dessas crianças, ficando presentes e disponíveis. Nunca, porém, dirigimos um brinquedo. "Mas o que é que vocês fazem então?", perguntam.

"Vocês não fazem direção de jogos pedagógicos, sensoriais, grupos de ortofonia ou de psicomotricidade, nem grupo de pais... Então fazem o quê?" Estar com os seres humanos não é fazer. É preciso fazer! Seria este o jogo? Não. O jogo é desenvolver mais ser.

> Seria necessário tender a esse "melhor dos mundos",[1] que consistiria em selecionar e em testar por ocasião do nascimento, o mais cedo possível.

Selecionar em vista do quê? Em vista de uma produção, quando não podemos selecionar o ser que a cada dia se desenvolve, para ser mais um ser de comunicação. A comunicação pode pressagiar que haverá produtividade, mas é uma outra dimensão do ser humano; a comunicação permanece a dimensão principal, se ela desenvolver um prazer recíproco entre aqueles que se comunicam.

Defender o próprio desejo e não tomar o desejo do outro para si é uma condição essencial para construir a própria personalidade. Ora, o ser humano no estágio de infância tem a tendência de inverter os valores. Lembrá-lo disso é ainda um trabalho de prevenção que estamos bem situados para fazer o tempo todo na Maison Verte. Quando uma criança desdenha um brinquedo que não lhe interessa, e vê um outro por ele se interessar, ele quer tomar do outro esse brinquedo. Nós providenciamos para que haja dois ou três exemplares de cada tipo de brinquedo. O que vemos? Michel quer tomar o caminhão de Marcel. Ao alcance de sua mão há outro veículo, sua réplica exata. Disponível. Pois bem, ele não o quer. Ele quer o caminhão que Marcel tem. E nós lhe falamos disso sem o reprovar por agir desse modo: "Você compreende que é porque Marcel está sentado em cima e faz o caminhão andar que você quer esse caminhão... mas o mesmo caminhão, que está ao lado, está livre... Você pode pegá-lo, se você quiser esse caminhão... Mas você deseja ser o Marcel ou você deseja brincar com o caminhão? Se você deseja brincar com o caminhão, ele está ali; se você deseja ser o Marcel, nunca o conseguirá, porque você é você". E a criança atenta escuta, reflete, e isso é que é extraordinário. Mas também podemos, nesse momento, dizer: "Se o Marcel conhece você e se você o conhece, pode ser que ele empreste o caminhão dele para você".

Marcel ouve o que dizemos. "Marcel está aí, em seu caminhão. Mas pode ser que Marcel também ficaria contente de pegar o outro caminhão. Marcel, seja este caminhão ou aquele outro, para você tanto faz um ou outro..." Marcel olha o outro caminhão e, porque isso foi dito com palavras, deixa seu caminhão e pega o outro. Mas Michel quer pegar o caminhão que Marcel pegou... E é nesse momento que vemos que ele quer ser Marcel... Ele quer ser seu irmão mais velho se ele já tiver um irmão mais velho, e cabe ao adulto dizer-lhe: "Você vê,

---
[1] Cf. *O melhor dos mundos*, de Aldous Huxley.

eu também, quando era pequeno, seu papai também, quando era pequeno... nós nos enganávamos, pois não sabíamos se queríamos ser o que somos ou se queríamos ser um outro... E é isso que é complicado quando somos seres humanos".

Em duas ou três vezes eles compreenderam que ser a si mesmo é melhor que fazer como o outro. Isso começa também com o lambisco: uma criança pede o lambisco para sua mãe; então, logo a seguir, uma outra quer o lambisco dessa criança; então a mãe pensa: "Vou dar-lhe o seu". E nós lhe dizemos: "Por que você quer dar seu lambisco para sua criança? Você não pensava nisso há trinta segundos!" "Mas ela o exige." "Mas ela o exige de você porque tem necessidade dele, ou porque a outra descobriu que tem necessidade dele?" Ela diz: "Sim, ela deveria tê-lo daqui a uma hora, por causa de sua refeição". "Então, por que o está dando para ela?" E nós dizemos à criança: "Você queria ser Paul, a quem a mamãe dá o lambisco?" ... A criança nos olha com ar espantado... "Você queria ser Paul? Você queria ter a mamãe de Paul? E o papai de Paul? E não sua mamãe?" ... "Ah, isso não!" E ela se precipita para abraçar as pernas de sua mãe. "Você vê, cada mamãe pensa no lambisco de seu filho. E se você não quer mudar de mamãe, muito bem, sua mamãe sabe que seu estômago ainda não está com fome... São seus olhos que tinham fome, e não seu corpo... Vá brincar." Desse modo, agora temos crianças que comem em suas horas... e elas não imitam umas às outras. E as mães compreenderam que não é preciso ser a serva de não importa qual pedido que não tenha sentido de necessidade material. O prazer de lambiscar junto, de brincar de comidinha é de uma outra idade. É preciso primeiro estar certo de que somos nós mesmos e que esse "nós mesmos" está em uma segurança tal que, não importa onde, sabemos aquilo de que o corpo tem necessidade e não nos deixamos enganar pelo olhar, pelo ouvido... A necessidade do corpo pode se revelar por uma tentação dos olhos, com a condição de que o sentido crítico da criança em relação a seus próprios desejos e necessidades lhe seja ensinado com a palavra inteligente.

A Maison Verte não é um pouco o embrião da Casa das Crianças?

Se quisermos. Ela seria sua primeira etapa, a que prepara de um lado e do outro, o momento certo para cada um e progressivamente, o desmame da mãe e de seu filho quanto à "auxiliaridade" de dependência total.

Ela depende da ajuda da sociedade que compreende sua necessidade. É a Administração da DDASS que atualmente financia seu orçamento. Mas para nós é uma experiência totalmente nova. Essa associação reúne psicanalistas (que nela não fazem nenhuma consulta) e um pessoal de recepção que permite que mães e pais falem e fiquem tranquilos enquanto seu filho, nunca longe deles, está em segurança em seus brinquedos livres, sob os olhos vigilantes da equipe do dia (sempre um homem e duas mulheres). Nossos inícios administrativos foram difíceis.

Quando começamos (1979 e os primeiros anos), nosso presidente, que foi à prefeitura, disse que jamais foi recebido com tanta agressividade e negativismo, até por Brejnev, que lhe concedeu uma audiência, do que quando foi recebido pelo representante do prefeito. Este ficou furioso por ter uma primeira vez assinado a convenção: "Fomos enganados por essas pessoas 'ridículas' e que não fazem nada... Para que serve socializar crianças antes da idade da escolaridade?"

Por outro lado, de todos os lugares na França, as pessoas vêm nos visitar e querem criar Maisons Vertes, porque as mães falaram dela. Quando uma delegação de educadores de países estrangeiros vem à França e pergunta ao ministério da Educação nacional ou ao ministério da Saúde: "O que vocês fazem pelas crianças pequenas?", costumam responder: "Vão ver a Maison Verte. É o que fazemos na França...".

Eles vêm e não têm dúvidas sobre as dificuldades que atravessamos. Para reduzir a subvenção, os funcionários dividiam o número de crianças que acolhemos pelo número de adultos de plantão, e comercializavam: "Vocês não precisam estar aqui de 2 horas até 7 horas, pois as pessoas vêm principalmente entre 4 horas e 7 horas. Então, venham somente às 4 horas". "E aqueles que vêm de 2 às 4?". "Muito bem, haverá uma multidão de crianças entre 4 horas e 5 horas e meia. Vocês têm três pessoas, vocês têm apenas seis mães com as crianças, durante uma hora, ao passo que depois, vocês terão 25, durante 1 hora e meia... Pois bem, vocês têm apenas de fechar durante as 2 primeiras horas e então terão 28..." Como se pudéssemos fazer essas contas de mercearia com gente viva! Se algumas mães chegam mais cedo com suas crianças, é porque se sentem melhor quando há menos gente e elas têm um pouco mais de espaço.

Querem introduzir a noção de rentabilidade, quando é tão importante que o ser humano, exatamente, não esteja aí por sua rentabilidade, mas que seja acolhido. Quer venham em grande ou em pequeno número, eles estão aí, e está muito bem, tudo se arranja. E vemos as mães que, antes, vinham pelas 2 horas e iam embora quando a multidão das crianças chegava às 4 horas e meia... pouco a pouco, quando a criança as suporta bem, elas permanecem o tempo de falar com outras mães... E há outras, ao contrário, que chegam no final da multidão, e com os pais, entre 6 e 7 horas.

Para a Administração, não se trata de permanecer até 7 horas, pois todos os negócios devem fechar às 6 horas. Nós replicamos: "Mas se vocês fecham às 6 horas, não terão as crianças que vêm depois da creche". "Mas, depois da creche, para que serve isso? Os pais têm apenas de cuidar de seus filhos!" "Mas é justamente para melhor cuidar de seu filho: é, para os pais, um relaxamento vir com outros pais passar um instante na Maison Verte com seu filho, depois do trabalho e da volta da creche."

Outra exigência da Administração: ela quer que seja o mesmo pessoal a semana inteira: "Por que essas pessoas só trabalham um dia lá e, nos outros lugares, quatro dias? Deveriam trabalhar sempre no mesmo lugar". "De modo nenhum, porque desejamos que as mães, os pais e as crianças se sintam em casa e não as pessoas que recepcionam. Elas estão em seu serviço, e não em casa." Fazemos questão disso: que ninguém enfeude ninguém sobre o modo de fazer. É todo um estado de espírito. A rotatividade frequente evita que um mesmo indivíduo imponha sua maneira de ver as coisas.

Há pessoas que dizem: "Venho na segunda-feira para ver Mme. Dolto". E outras: "Prefiro vir na terça-feira, porque posso então ver Marie-Noëlle...". E ponto final. Mas elas falaram... Elas dizem: "Ah! Vejo sempre a mãe com aquela criança... em que dia ela vem?" "Ela vem mais na quarta-feira." "Ah! Bom... Pois bem, não virei mais na quarta-feira; virei na quinta." E, um belo dia, ela volta na quarta-feira, vê novamente essa senhora e lhe diz: "Você sabe, eu não queria me encontrar com você, porque seu filho com minha filha eram terríveis...". Se fosse todos os dias a mesma pessoa e os mesmos hábitos, nunca haveria essa informalidade, graças à qual são os pais e as crianças que decidem por si mesmas, e não as pessoas que recepcionam. É isso que os funcionários tiveram muita dificuldade para compreender. O que é o cúmulo para eles: não queremos saber o nome de família, nem o endereço, nem a condição econômica e social das pessoas. Não fazemos fichas. Fazemos duas folhas de estatísticas, das quais uma é mantida pelos próprios pais. É muito agradável, porque os "pequenos grandes", os que logo irão ter três anos, vêm ver aquilo que sua mãe inscreveu: "O que é que você põe aí?" "Anoto que você tem mais que dois anos e menos que três anos." "Ah, sim... É aí, nessa coluna... Então eu mesmo vou fazer." Então a mãe segura a mão da criança, que põe sua cruzinha ali onde é preciso marcar as colunas. Dessa forma ele diz que é menina ou menino de tal idade, que veio à Maison, que seu papai é (ou não) francês, que sua mamãe é (ou não) francesa...

Mantemos também nossa estatística, porque há pais que se esquecem, mas nós a mantemos em outro caderno. E algumas vezes, as mamães verificam se anotamos que seu filho veio. As pessoas que recepcionam lhes mostram de bom grado suas estatísticas. Algumas vezes, uma mãe quer fazer pesquisas, saber se ela veio tal dia... As folhas de estatísticas vão logo para a contabilidade. Explicamos: "Não temos mais sua folha de estatísticas, mas vamos ver em nosso pequeno caderno". Ela comenta o que lê: "Se viemos em tal dia, foi no dia seguinte que aconteceu...". É uma coisa viva, mas não é uma estatística pela estatística.

A Administração queria fichas individuais. Se uma criança fosse considerada como criança difícil ou retardada, queriam que isso fosse dito à escola maternal. Eles fazem fichas que seguem a criança a vida inteira. A essa inquisição policiesca, exatamente, não queremos servir. Também não sabemos o nome de família, nem a condição econômica e social, nem o endereço de nossos hóspedes. Sabemos o prenome da criança, e basta; se seus pais vieram, um ou outro, quantas horas. E se houver irmãos e irmãs, colocamos um pequeno sinal para indicar que são irmãos e irmãs. E quando é um prenome masculino e feminino, como Dominique, por exemplo, colocamos um G. [= "garçon" – menino] ou F. [= "femme" – menina], para que o sexo fique determinado. Mas são documentos que nada têm de policial; servem unicamente para um melhor conhecimento afetivo da criança. É fato que essa providência não está de acordo com o sentido que a Administração deseja para assegurar a vigilância permanente da população.

No momento atual, por seu intervencionismo, a Administração mantém uma espécie de antagonismo entre as famílias e os jovens. Se crermos nisso, as crianças desta geração deverão ser retiradas cedo de sua família; é preciso educá-las fora da família. O fechamento é malsão. Procede-se por desenraizamento. Nós, porém, ajudamos as crianças a viver um desligamento progressivo. É absolutamente diferente. Não há antagonismo, mas colaboração. O grupo social coopera muito mais quando há significação, em palavras, das diferenças. A diversidade empenha uns e outros a colaborar juntos em relação a cada um. É isso que acontece, e é um fato. E vejo isso. E todas as pessoas que vêm, que têm berçários e creches em lugares diferentes, ficam absolutamente apaixonadas pela experiência. Elas acabam descobrindo o clima tranquilo da Maison Verte: "Eu jamais teria pensado que 25 crianças e 25 pais, por vezes 35 ou 40 crianças e outros tantos adultos, pudessem se reunir sem barulho, sem gritos... é social...". Sem dúvida, há o rumorejar, pois cada um está ocupado, um psicanalista, homem ou mulher, está presente com três pessoas da recepção, mas ele não faz nenhuma conversa singular nem dá nenhuma consulta. Isso mostra como entendemos nossos funcionários: um analista que é médico está presente sem suas qualificações, mas como simples cidadão, ainda mais se for psiquiatra ou pediatra de formação pré-psicanalítica.

A atitude da administração em relação aos pais é absolutamente diferente, principalmente nos casos chamados de "sociais". Os trabalhadores sociais decretam que esses pais são prejudiciais, incapazes de criar seus filhos (ora, eles nunca, ou excepcionalmente, são aqueles que puseram a criança no mundo). Nesse momento, a sociedade se encarrega das crianças, tornando-as assistidos individuais, desviando o laço afetivo entre pais e filhos.

Na Maison Verte, temos um modo muito suave de mostrar aos pais as tendências possessivas, castradoras, frustrantes que eles têm em relação a seus filhos. Sem julgá-los. Nós lhes mostramos por uma observação imediata, aparentemente anódina. Eles se sentem então no direito de reviver em seu nível, para eles. E as mães dizem: "Quando penso que antes de vir aqui, tudo era tão difícil... Mas é fácil criar um filho... Agora, para mim, é fácil. Não me sinto mais ansiosa. Ele fica ocupado ao redor de mim. Posso fazer o que tenho a fazer".

Esse trabalho de prevenção é muito inovador, mesmo em relação às pesquisas do Children's Bureau na Inglaterra, cujos responsáveis chegaram até a ter em vista um C.A.P. (= Certificado de Aptidão Profissional) da aptidão para ser pais. Mas essa prevenção teria lugar demasiado tarde, quando tudo já teria acontecido. É preciso ajudar os bebês e suas mães desde o nascimento e antes de pô-los na creche ou no berçário. Quando os vemos ansiosos, superestimulando ou inibindo seus pequeninos, não os consideramos errados, mas tranquilizamos a criança; acalmando a mãe, nós a desculpamos junto de seu bebê! "Ela age assim porque ama você e se inquieta por sua causa". Por exemplo, temos uma bacia cheia de água que atrai as crianças pequenas. Algumas mães se precipitam sobre seu filho que corre para a bacia, e lhe dão um tapa: "Eu proíbo você de brincar com água. Sempre proibi você de brincar com água". Nós a informamos de nosso regulamento interno: quando brincamos com água, colocamos um impermeável. A mãe se obstina: "Mesmo com um impermeável, eu proíbo você de brincar com água". Então a criança fica um pouco perdida ao ver os outros brincarem com água... E é o que nós lhe dizemos: "Sua mamãe tem suas razões de temer que você pegue um resfriado..., mas há muitas outras coisas; você pode brincar com outra coisa, em vez de brincar com água". A criança fica consolada e a mãe desarmada: depois de algumas vindas, ela não tem mais vontade de continuar aquilo que era sua ansiedade de que a criança pegasse um resfriado, ou continuar nos provocando, principalmente depois que ela falou disso com mães que viveram as mesmas angústias em seus primeiros contatos com a Maison Verte.

Cito outro exemplo de apaziguamento: uma mãe grita: "É espantoso!" para sua filha porque ela manchou sua roupa com apagadores destinados a desenhar no quadro negro. Ela diz: "É terrível!" e olha para ver se foi vista. E sem que ninguém lhe diga nada ela se dirige a um rosto que ela toma como testemunha: "Enfim, de algum modo é preciso que ela aprenda a proteger sua roupa...". Ela exige isso quando a criança tem exatamente um ano. Nós nos calamos. Ela se volta para nós: "Vocês acham que errei, dando-lhe um tapa?" e respondemos: "Mas quem disse que você errou?" "Ah, bem, foi assim que fui criada." E depois ela conta a seu respeito. Durante esse tempo, a criança volta completamente suja: "O que é que posso fazer?" "Ora, você a lavará ao chegar em casa!" ... Rimos, recorrendo ao humor. E ela volta alguns dias depois: "Nunca minha filhinha dormiu tão bem nem comeu tão bem como depois de sua vinda aqui!"

COMO FALAM OS BEBÊS NA MAISON VERTE

Na Maison Verte, vemos a cada dia como se transformam as relações da criança com a sociedade e da criança com sua mãe, e da mãe e do pai com seu filho, a partir do momento em que constataram que um bebê de 15 dias compreende a palavra e que podemos falar com ele daquilo que lhe aconteceu conforme sua mãe, daquilo que por ele se faz e que lhe diz respeito. Nessas implicações e aplicações, estamos nos balbucios de uma descoberta essencial: que o ser humano é um ser de linguagem desde sua concepção; que há um desejo que habita esse ser humano; que há potencialidades que apoiamos ou negativizamos. É principalmente isto: há potencialidades de desejo; porém, se este não é tecido de elementos de linguagem, a função simbólica que está sempre em atividade, durante os estados de vigília, gira no vazio, sem código, sem organizar uma linguagem comunicável. A acolhida e a comunicação interpsíquica de linguagem são indispensáveis. Não cremos que o bebê seja capaz de entender a palavra, porque ele ainda não consegue emitir sons específicos que falam de seu entendimento das palavras que ele ouve. Contudo, se prestarmos atenção e soubermos observar sua mímica, ele responde a tudo.

Na Maison Verte, as outras mães que estão presentes – não só sua mãe – tornam-se atentas à mímica eloquente das crianças. Outro dia, uma mulher veio com um bebê de menos de três meses. Ela nos disse: "Vou deixá-lo aqui; vou bem aí na frente procurar alguma coisa...". Era a primeira vez que essa mulher vinha, e eu lhe disse: "Mas, senhora, não é questão disso. Você não deixará seu bebê. Aqui, mãe nenhuma deixa seu bebê". "Mas é para ir logo aí na frente!" "Pois bem, você porá a roupinha nele, irá com ele logo aí na frente e depois voltará." "Ah! Pois, então, não voltarei!" "A senhora fará como quiser, mas não deixará Fulano de Tal (o bebê em questão)." No momento em que ela acabara de dizer isso, víamos o rosto do bebê todo angustiado com a ideia de que sua mãe iria deixá-lo. Ela é o único ser no mundo que ele conhece e ela vai deixá-lo em um mundo desconhecido em que ela acaba de chegar há cinco minutos! Eu lhe disse: "Mas olhe seu bebê!" "Vocês acreditam? Mas é por acaso!" Ela vira muito bem... e todas as mamães presentes também, mas ela o negava, era um acaso... Eu disse ao bebê: "Você vê, sua mamãe vai embora com você; talvez ela não volte; mas ela irá com você; aqui, mamãe nenhuma deixa seu bebê". Imediatamente o bebê ficou tranquilo, olhou sua mãe e pronto. Então ela continuou com ele. No fim da tarde, ela disse às outras mães: "Pois bem, agora compreendi... É extraordinário! No momento, eu estava decidida a não voltar mais... Eu acreditava que Mme. Dolto estava me atacando, mas compreendi que é no interesse do bebê... É extraordinário que um bebê entenda a linguagem".

Se ele entende, se compreende? Tudo o que lhe dizemos e não dizemos. Gostaria de citar o testemunho de Claude, três meses, oito dias. Antes que ele nos mostre como segue o discurso dos adultos, falemos do ciúme de sua irmã mais velha, Lucienne, de três anos. Veremos que os pais que vêm à Maison Verte estão associados muito estreitamente com o trabalho que fazemos aqui. E como aqui se resolvem, com suavidade e "diretamente", situações que, não sendo tratadas a tempo, poderiam tornar-se dramáticas.

A mãe de Lucienne e de Claude tinha vindo uma primeira vez à praça Saint-Charles – o primeiro endereço da Maison Verte – com sua filhinha mais velha, antes que ela completasse três anos e fosse à escola. Quando o segundo completou três meses e oito dias, ela voltou para nos ver com seu marido, o bebê e a mais velha. O bebê ia bem. Seu pai o carregava. Os dois estavam com ar feliz. Mas a mais velha, desde sua chegada, pôs-se no chão (fechada), como se estivesse morta, debaixo do agasalho de couro de seu pai. A mãe, desolada: "Você conhece Lucienne; ela não é mais ela, veja! Tornou-se insuportável; voltou a fazer xixi e cocô etc.". A criança, que eu sabia ser muito inteligente, estava ali, com o rosto fechado como um pacote, mas ouvia tudo o que sua mãe dizia. Ela viera me contar que Lucienne tinha um ciúme agudo desde o nascimento do irmãozinho. Tranquilizei a mãe: "Sim, mas deixe-a; ela revive sua vida fetal, porque ela tenta amar seu irmãozinho e não sabe como; provavelmente vocês queriam na ocasião que ela nascesse menino". Ela me diz: "De fato! Mas como você sabe?" "Bem, com a reação de sua filha... A alegria que você demonstrou a esse irmãozinho; ela se perguntou se lhe fora demonstrada a mesma alegria quando ela nasceu; para ela, que era menina." Eu dizia isso, sabendo que esse "pacote", debaixo do couro do pai, ouvia tudo: "Mas você mesma, teve, depois de você, um outro filho na família?" Ela me disse: "Sim, tive uma irmãzinha... E minha mãe me disse que meu ciúme fora terrível". "E agora, com sua irmã?" "Oh, minha irmã, para mim é uma estranha..." Ela contava com um tom frio, até agressivo... E de repente, depois de ter falado desse modo, essa mulher se precipitou para o ombro direito de seu marido que estava ao lado, e que tinha o pequeno Claude sobre os joelhos. E ela se precipitou, chorando, no ombro de seu marido, ao se lembrar repentinamente, revivendo seu ciúme de criança, ciúme de sua irmã, enquanto sua própria filha estava ali, a ponto de viver essa dificuldade terrível que ela podia viver porque estava na Maison Verte. Essa própria mulher se perturbou com essa angústia súbita que a invadira. Seu marido me olhava, tentando tranquilizá-la... Ela continuou chorando no ombro de um esposo papai-mamãe-avô-avó... Ela estava revivendo, intacta, com 25 anos, o ciúme de sua irmãzinha. E ela voltou alguns dias depois, dizendo: "É extraordinário... Sinto-me liberta... Primeiro, mais do que tudo, da agressividade contra minha filha que demonstrava esse sofrimento... Isso me espantou... Não é cômodo, mas compreendi... E, principalmente, telefonei para minha irmã, e tudo ficou resolvido: não tenho mais nada contra minha irmã... Ao passo que ela era para mim quase uma estranha, contra quem eu havia conservado um resto de animosidade...". Uma semana depois de ter "explodido" na Maison Verte, tendo liquidado completamente o ciúme de sua irmã, ela permitiu que sua filha vivesse o ciúme de seu irmãozinho, sem impedir sua expressão e sem ficar angustiada, o que antes a obrigava a se irritar com sua filha. Uma solução com rapidez espantosa. Ela voltou 15 dias depois, sem seu marido, com o pequeno Claude e sua filha mais velha, que brincava com os outros e que havia recuperado o comportamento de sua idade. Estava quase terminado: ela estava um pouquinho negligente com seu irmãozinho; ocupava-se apenas das outras pessoas; tornou a falar de nossa primeira Maison Verte, na praça Saint-Charles... Enfim, uma criança falante, viva como era antes.

Isso foi com a Lucienne. Agora, a vez de Claude, com três meses. Ele estava sobre os joelhos de sua mãe quanto Lucienne brincava e, nesse dia, havia uma delegação canadense – três educadoras que o Ministério das Questões Sociais nos enviara. Elas haviam perguntado o que havia de novo na França a respeito das creches e dos berçários, e o ministério as havia orientado para nós, como faz em geral quando visitadores estrangeiros se dirigem a ele. Um educador permanente, Dominique, acompanhava essas três senhoras e, para fazê-las compreender nosso trabalho, falava-lhes de Hector, com três anos, que estava ali, conosco, com sua irmã mais nova, Colette; ele era tão agressivo com ela que ela não ousava andar; se o irmão dela a via andar, ele a derrubava. Um dia, a mãe nos contou que Hector havia acordado de manhã, trombeteando: "Tive um sonho de que papai havia morrido". E parecia estar nas nuvens. "É terrível, seu pai entrou em depressão imediatamente, vendo seu filho muito contente por sonhar que ele havia morrido." E o pai chegou, no sábado seguinte, completamente abatido, dizendo: "Meu filho não gosta de mim, pois se alegra de me ver morto. Como pode pensar coisa semelhante?" Ele falou com um dos psicanalistas que estavam na casa, o qual lhe explicou que essa criança "nascia" para sua própria identidade e que, a partir desse momento, ele tinha de viver o que chamamos de Édipo – um conjunto de sentimentos contraditórios. Mas, evidentemente, não estando a par da psicanálise, não conseguiu ir para a frente. As pessoas imaginam que a idade do Édipo comece automaticamente na adolescência, ao passo que isso acontece com três anos e é totalmente inconsciente.

Seria necessário explicar a esse pai que, na verdade, Hector está a ponto de amar nele o pai que nasce, pois está a ponto de, imaginariamente, em um sonho, matar seu pai e tornar-se ele próprio o único macho de sua mãe, na casa... Então ele fica muito contente de tomar o lugar do pai, o que prova que ele o ama, pois sem isso ele não tomaria seu lugar. Ele não procuraria sua identidade de macho dessa maneira.

Dominique contava, portanto, a história de Hector a essas três canadenses, para dizer até que ponto podemos fazer uma prevenção dessas tensões que nascem entre filhos e pais no momento do Édipo, ajudando-os a compreender, sem fazer um grande processo de psicanálise... É o desenvolvimento de um filho que deve ser compreendido e fazê-lo compreender que quanto mais ele puder sonhar isso, tanto mais ele se tornará um filho que ama e sadio, que honra seu pai.

E eis Claude que, na vez que viera, havia mostrado essa espécie de confiança jubilosa quando estava nos braços de seu pai – eis Claude, menino de três meses e oito dias, que se põe a se descompor e a berrar. A mãe me dissera que esse menino não chorava nunca; estava sempre sorridente ou calmo. Eu, então, penso: "Claude chora; ele tem alguma coisa... Ele chora porque Dominique acaba de contar que Hector sonhou com a morte de seu pai e que estava feliz com isso... Ele ouviu isso". Então, imediatamente, dirijo-me a Claude, o pequeno de três meses, e lhe digo: "Mas, Claude, não foi você que sonhou que seu papai morria, pois você, você ama muito seu pai e você não poderia sonhar isso ainda; foi Hector que sonhou isso, não foi Claude... Claude ama seu papai e Claude é demasiado novo para sonhar que seu papai teria morrido". Imediatamente Claude se acalmou. Virou seu rosto para sua mãe, para mim, para Dominique que acabara de falar... Então, tranquilizado, retomou seu hábito de sorrir. As senhoras canadenses que viram isso ficaram estupefactas: "É extraordinário: uma criança de três meses compreende!" Sim, e não somente compreende, mas se põe em uníssono com a conversa que há a seu redor e que, em relação a ela, a toca por causa da eventual anulação do valor daquilo que ela sente ou, ao contrário, outras vezes apoiando aquilo que ela sente, conforme a palavra que lhe é dada naquele momento. Não há problema de falar diante de um bebê. Ele tem uma receptividade frequentemente muito mais fina e maior que a dos adultos. Mas isso não é "compreender", tornar seu?

O bebê está em uníssono com aquilo que é expresso com emoção na linguagem. Na Maison Verte, quando os pais vêm com seu filho, podemos, pelo bebê que não fala, compreender aquilo que a mãe não pode dizer.

Há cerca de dois anos, uma mãe veio nos ver, inquieta com sua menina que, com 22 meses, ainda não falava: "Quando ela chegou a 18 meses, comecei a me espantar de que ela não falasse". A criança havia trazido um urso que ela havia afundado nos braços de seu papai, e eu via que ela estava seguindo a conversa. Eu lhe disse: "Sua mãe veio por sua causa, ela está um pouco aborrecida ao ver que você não entra na palavra como as outras crianças de sua idade. Vamos falar para você, e você, durante esse tempo, pode ficar escutando". Estávamos juntos nós três, seus pais e eu, tentando aprofundar o problema. Perguntei à mãe o que havia acontecido com ela aos 18 meses, pois foi nessa idade que a mãe começou a se inquietar porque sua filha não passava para a linguagem. "Nada... nada", disse-me ela. E vejo então que a criança vai pegar em um canto uma boneca totalmente arruinada, coloca-a diante do quadril de sua mãe, fazendo isso de modo que ela caia, ao passo que havia afundado bem o ursinho nos braços de seu pai. Ela pega de novo a boneca e novamente a coloca, visivelmente para que ela caia de novo. Então digo à mãe, citando o nome da menina: "Veja o que Laurence está fazendo: ela traz essa boneca arruinada (e Deus sabe que há bonecas que estão em bom estado), ela traz essa boneca arruinada e a coloca sobre seu sexo, de tal modo que ela caia... Isso quer dizer alguma coisa. Parece que Laurence está a ponto de me dizer que você teria tido um aborto involuntário quando ela estava com dezoito meses". "O quê? O que é que você está dizendo? Mas, sim, é verdade!" E a menina me olha, olha sua mamãe, olha seu papai... e vai aninhar-se em sua mamãe quando ela me diz: "Sim, é verdade... Fiz um aborto voluntário porque não queríamos...". "Foi isso que aconteceu: vocês não contaram isso para sua filha... Então, ela não compreende e, depois, ela pensa: 'Mas minha mãe não me quer, uma criança, pois ela não quis uma criança'." Um bebê torna-se grávido junto com sua mãe, e se a mãe rejeita as potencialidades da vida, nesse momento isso tem efeito sobre as potencialidades vivas da criança, que ficam, então, freadas. Laurence, naquele momento, continuou sendo o ursinho de seu papai em vez de continuar a desenvolver-se como menina, à imagem de sua mãe.

Isso foi um encontro absolutamente mágico, diriam as pessoas que não conhecem a psicanálise; milagroso, diriam outras, porque a menina novamente se tornou positiva com sua mãe, o que ela não era mais desde aquele tempo: sua mãe era, para ela, uma potencialidade de perigo quanto à vida que ela sentia em si mesma, porque ela não recebera uma explicação verbal sobre a recusa temporária de ter outro filho; seus pais não diziam que não iriam ter outro filho mais tarde, mas que agora não era o momento, por causa de seu orçamento, por causa disso, daquilo... Não haviam prevenido essa criança que isso não iria diminuir suas possibilidades fecundas para si mesma... pois a fecundidade é constante em um ser, com aquilo que ele recebe dos outros. E essa freagem da fecundidade pode frear o desenvolvimento de uma criança.

Sem a menina, não teríamos sabido qual acontecimento – o aborto involuntário de sua mãe – podia ter causado um efeito sobre ela. É a criança que o significava para nós. Sem dúvida, isso poderia não querer dizer nada... Um puro acaso. Mas eu não acredito no acaso. Ela havia aninhado esse ursinho, isto é, a criança antes de ser filha, nos braços de seu pai... E, a seguir, ela brincara com esse jogo de queda de um xixi-cocô sob a forma de um bebê arruinado. Ela queria dizer alguma coisa... Ela não aninhava esse bebê em sua mãe – de modo nenhum – como havia colocado o ursinho sobre seu pai. Ela escutava o que dizíamos e era seu modo próprio de nos apontar o que havia acontecido sem que sua mãe percebesse.

É extraordinário... Se dermos atenção às mímicas das crianças enquanto falamos, elas estarão em uníssono com aquilo que é significado por meio daquilo que elas percebem.

No momento em que sua mãe, diante de nossas perguntas sobre o significado gestual da criança que parecia falar de um aborto involuntário, confirmou com emoção a realidade desse acontecimento. Laurence, por assim dizer, muda, puxou seu pai pela manga: "Venha, papai, essa senhora é enfadonha, quero ir embora daqui!". Lembro que ela tinha 22 meses e não "falava".

> A ligação que se observa no mundo animal mostra que nem tudo está no rito alimentar. Os animais têm uma afetividade com sua mãe, adotiva ou não, ou a babá, e pode não se alimentar e se consumir etc., se essa ligação é cortada. Aconteceria de modo diferente no homem?

Não. Até o animal está em comunicação. Os canários que saem do ovo adotam o primeiro ser humano vivo que cuida deles como sua mãe. Konrad Lorenz constatou bem isso. Se ele não se colocasse de cócoras diante dos pequenos canários para os levar à lagoa, eles não iriam. Era preciso que fosse ele que lhes desse o exemplo, ele, como sua mãe substituta, que os leva à lagoa, e então, chegando às margens, eles sabem, pela memória ancestral que está em seu organismo, eles sabem nadar; no entanto, criados em terra, não entrariam na água se ele não os levasse à lagoa. Ele é como mãe para eles porque os encontros vitais de percepção, os encontros visuais – percepção ótica, percepção sensorial etc. – os prenderam a ele como mãe.

> A mãe cuco só deposita seus ovos no ninho da espécie em que ela nasceu...

Há, portanto, uma espécie de memória ancestral. O que vemos, por outro lado, nas crianças que temos em análise... Até os adultos, frequentemente. Para aqueles que dizemos ser "psicóticos", o trabalho analítico, o trabalho inconsciente nos expressa aquilo que aconteceu na vida de sua mãe antes de nos expressar aquilo que aconteceu na deles. O psicótico é uma expressão dessa vida fetal que recebeu a herança simbólica da qual sua mãe ainda estava carregada e que não se tinha podido contar. Tudo aquilo que não pôde ser contado se inscreve no corpo e perturba, nesse indivíduo da espécie, seus funcionamentos eugênicos, seus funcionamentos eufóricos. É o indivíduo da espécie que se encarrega da dívida do sujeito de sua história, articulado ao sujeito da história de sua mãe e de seu pai. Podemos dizer, portanto, que há crianças que carregam seus pais; elas são as primeiras terapeutas de seus pais que, tendo reprimido enquanto crianças uma parte de sua história, eles a rejeitam em seu filho quando ele tem a idade em que sofreram sem serem entendidos.

Com os psicóticos de menos de cinco anos, e até de menos de dez anos, há mais reversibilidade do que quando atendemos psicoses da adolescência. É por isso que o trabalho analítico deve ser feito precocemente para que a dívida que os pais conseguiram avaliar, mas que permaneceu encravada neles, não seja peso para uma outra criança que tem necessidade de a expressar. O que se tem necessidade de expressar deve-se expressar... E se não for o pai, será seu filho, será seu filho caçula, mas isso deve-se expressar nessa linhagem, porque é uma dificuldade simbólica, é um sofrimento que tem necessidade de ser gritado e partilhado e recebido por alguém que o escuta, o enxuga e, ao permitir sua expressão, reabilita o valor afetivo desse indivíduo tornado de novo plenamente humano. "Isso não é bom ou ruim; não é cômodo de viver, mas é sua dificuldade e você ajuda sua mãe e você ajuda toda a sua família e você ajuda a si mesmo, tanto sua família do passado como sua família futura... ao expressar a dor humana, aquela que se expressa, que apela a um outro, aquela que se vinga... mas também aquela que se perdoa".

Aqui não basta uma comparação com a etologia animal; é próprio do ser humano poder levar em conta a história da mãe, a história do pai, a história da família; de poder, finalmente, ser carregado de uma energia, de um sofrimento que os outros não resolveram. E essa transmissão é única em nossa espécie. Creio que é isso que o mito incluiu sob o signo do pecado original. Aquele que sofreu, desvitalizando, ou supervalorizando, certas percepções à custa de outras, aquilo que é a consequência da consumação do fruto proibido (ou seja, aquilo que foi formulado desse modo), é uma intuição extraordinária da humanidade, das relações emocionais de pai para filho e de mãe para filha, presas pela lei inconsciente de sua função simbólica, quando seus atos desmentem suas palavras e vice-versa.

> As sociedades, de algum modo, transpuseram, exemplificaram essa condição humana. Algumas, ainda em nossos dias, mantêm a responsabilidade familiar: somos como que responsáveis por uma falta cometida por um ascendente, e também de uma ação de valor.

O trágico é que os seres humanos não conseguem fazer a diferença entre a responsabilidade e a culpabilidade. O que espanta no ser humano é que ele se sente culpado daquilo pelo que é responsável (quando ele não é culpável em nada). E, como ele se sente culpado, ele tem vergonha e se impede de se expressar... Como a mãe de Lucienne, que teve vergonha de ser pega nessa violência do desespero e procurou um ombro para poder expressá-lo... Acontece que foi o ombro de seu escolhido de hoje, que era seu marido e que lhe servia, naquele momento, de avô ou de mãe para compreender o que acontecia. De modo puntiforme no tempo e no espaço, esse homem foi esse ombro de alguém quando era pequeno para compreender esse sofrimento. Isso não foi bom nem ruim; era sofrimento que seu pai e sua mãe haviam desejado um filho que ela não desejara, e que era sua irmã. O mesmo com a pequena Lucienne: seu pai e sua mãe, em seu amor recíproco, tinham desejado pôr no mundo Claude, o irmãozinho que ela não queria: primeiro era um segundo depois dela; e, além do mais, ele era do sexo que sua mãe havia desejado para ela... E a realidade havia feito que o desejo dessa criança se inscrevesse no sexo feminino. Então ela pensava: "De que serve ser filha... para nada... eu quero morrer"... Como se a criança – o sujeito – demolisse esse corpo que não era mais representante de sua dignidade humana. E ela recuava em seu tempo, até viver em estado fetal. E a mãe dizia: "Mas ela vai sufocar sob esse casaco de couro". "De modo nenhum: ela deseja ficar aí, tranquila; ela dorme e escuta tudo o que dizemos." "Como se pode dormir e escutar?" "Como quando ela estava em seu ventre: ela dormia e também escutava; ela vivia com você."

Simbolicamente, Lucienne refazia o caminho para levar todos aqueles que estavam implicados, todos os protagonistas, ao lugar em que tudo havia parado. Uma parte de suas potencialidades vitais era freada por uma linguagem não dita e que inibia nela o direito de ser, em sua individuação e em sua identidade sexuada de irmã mais velha.

A crise, para cada indivíduo, se resolve, afinal de contas, no não dito e no mal-entendido. Por exemplo, para o pequeno Claude, era no mal-entendido: falava-se de um menino que para ele era um modelo de vida: esse pequeno Hector, um "grande" que corre, que vai, que vem por todo lado e que é um modelo do rapazinho que ele deseja se tornar. Claude, porém, ainda se encontra na impotência do bebê, mas os meninos que estão ao redor dele trazem a imagem dele que o atrai a crescer. E eis que crescer provocaria ao mesmo tempo a morte do pai. Claude ficou no desespero. Então eu lhe disse: "Mas não foi você... Foi Hector que sonhou isso do pai dele, que não é seu papai; quanto a você, você não sonha isso de seu papai". Imediatamente ele voltou a sua individuação e a sua identidade.

Eis um exemplo dessa prevenção que fazemos. Essa mãe jamais teria ido a um psiquiatra, nem para sua filha nem para ela mesma.

A prevenção deve principalmente iluminar a atitude dos pais durante a vida fetal, o modo pelo qual eles representam para si a criança e pelo qual dialogam com ela; depois, por ocasião do nascimento, e durante os primeiros meses. Acredito que possamos fazer um trabalho de desmistificação e de informação ainda mais preciso nesse período. É nessa fase que há mais ideias recebidas, mais mal--entendidos. Isso diz respeito justamente ao tempo do ser humano que pareceu completamente inacessível e desinteressante para gerações de educadores. Ainda hoje, a maioria dos adultos passa ao lado disso com seus filhos. Há mais trabalho a fazer sobre os primeiros meses do ser humano do que sobre os dez primeiros anos, que foram amplamente estudados.

> Um exemplo verdadeiramente muito interessante para pegar ao vivo a "linguagem" integrada por uma criança e que tem necessidade de repetir para se reencontrar consigo mesma. É uma linguagem no sentido amplo do termo.

Em nossa Maison Verte, temos uma pequena bacia com água que está no alto de dois pequenos degraus. Nunca havíamos visto, depois de dois anos de funcionamento, crianças brincarem de fazer subir brinquedos com rodinhas sobre o segundo degrau, perto dessa bacia. E eis que uma menina de 18 meses se diverte em fazer subir, empurrando com esforço entre suas pernas, um carrinho de boneca e depois a descê-lo: toc, toc... E recomeçar a difícil ascensão. Sem imitá-la, parece, em um outro momento, seu irmão, com 3 anos, faz subir seu caminhão do mesmo modo. Os dois tinham necessidade de fazer isso. Observando essa manobra, vejo a mãe e principalmente o pai muito irritados com esse brinquedo inventado por seus filhos, ao passo que isso não estava perturbando ninguém. Isso era particular para eles. Perguntei à mãe: "Quando eles eram pequenos e estavam no carrinho você tinha escadas para descer e subir quando saía?" "Nem me fale disso!" Ela riu com seu marido e lhe insinuou: "Você se lembra de nosso apartamento?" Ele: "Por que essa questão?" "Porque vejo vocês tão irritados com o que seus filhos estão fazendo e, no entanto, isso não incomoda ninguém." E ele estava pronto para impedi-los. A mãe me disse: "Morávamos em um apartamento térreo bem elevado e tínhamos uma porteira insuportável que não permitia que eu deixasse o carrinho de bebê na pequena entrada... Embora eu fosse obrigada a subir sete ou oito degraus para chegar a nosso apartamento; e quando o segundo nasceu, havia duas crianças no carrinho e eu não podia descê-los, subir para procurar o carrinho etc., embora eu descesse... toc, toc, toc...". O marido fazia cenas com a porteira e repreendia sua mulher que não podia convencer a porteira de que era preciso deixar o carrinho embaixo, que de fato era desumano obrigar uma mamãe a fazer isso... Embora ele repreendesse seus filhos aqui e agora da mesma forma com que se irritava embaixo. E, finalmente, eles mudaram para encontrar um apartamento no mesmo nível com um elevador e no qual não seria mais obrigatório fazer essa manobra. Então eu lhes disse: "Eis o que os filhos de vocês estão fazendo". A menina tinha vivido isso durante três ou quatro meses; o menino, porém, durante sua primeira infância inteira. E, na linguagem deles, expressa com um engenho, eles refaziam a segurança com mamãe: era a de fazer toc, toc, toc e subir de novo, para fazer toc, toc, toc. Essas duas crianças, de fato, só brincavam desse modo.

Gestos que parecem insignificantes ou intoleráveis para os pais podem, ao contrário, ser absolutamente reveladores. Essa manobra era significativa da segurança com mamãe. As repreensões do pai não faziam nenhum efeito sobre as crianças; quando ele dava as costas, elas recomeçavam. Para elas, era mais essencial brincar assim; dessa forma elas recuperavam sua segurança, que resiste às variações de humor das pessoas.

Vemos ao vivo como os pais têm tendência de sufocar e censurar expressões e manifestações de seu filho que lhes deveriam mostrar algo de importante sobre sua inteligência.

Esse casal aprendeu alguma coisa nesse dia: que a criança está em segurança quando ela repete uma linguagem que assimilou no contato com sua mãe, e que a linguagem vai muito mais além que as palavras: ela quer dizer a maneira de viver bem. É um bom sensor de base; estar em segurança consigo mesmo desde pequeno é reproduzir certas situações, desafiando as reprimendas. É certamente um processo de integração e de iniciação ao viver, que as crianças repetem desse modo. São necessárias, no entanto, pequenas observações como essa para perceber isso. A Maison presta-se a isso. E é importante, porque isso acontece antes da entrada na escola maternal e, portanto, antes que a criança fique presa no que é admissível e no inadmissível pela sociedade. Nesse estágio, não só certas perturbações da criança, mas também mal-entendidos e incompreensões dos adultos são reversíveis. Os pais descobrem aquilo que é a inteligência do mundo de seu filho. O que eles de início haviam tomado como um "tique", uma "mania", um capricho, uma tolice, e que os enervou, lhes revela uma extraordinária rede de conexões psíquicas, tecida ao redor de acontecimentos mais cotidianos da primeira idade e da vida da criança, nesse caso contemporâneo da vida difícil do jovem casal. Esse pai furioso com esse vaivém incessante com o caminhão ou com o carrinho de boneca acabou por rir com um riso libertador: "Eu nunca iria pensar que meu filho e minha filha pudessem se lembrar da comédia da escada e tivessem desejo de recomeçá-la!"

O PUDOR NÃO TEM IDADE

Na Maison Verte, reservamos um canto com uma pequena mesa para trocar fraldas, atrás de uma coluna. Não queríamos que ela ficasse no meio da sala de recepção. Trocando de fralda diante de todo o mundo, a criança não fica à vontade como quando é trocada na intimidade, sozinha, afastada do olhar dos outros. O que parece mostrar que a criança já tem um pudor e que ela fica perturbada quando desnudamos diante de todo o mundo a região de seu corpo que fica descoberta. As mães percebem isso: "Você tem razão, é muito melhor: é como uma criança que troca de roupa em casa". Vemos chegar crianças que não podem fazer xixi ou cocô sem ir procurar o penico e o trazer no meio das pessoas. E nós dizemos à mãe: "Não, aqui as crianças vão atrás da cortina (é uma pequena cortina); não andamos com penicos".[2] Certa mãe chegou a dizer: "Mas então não é preciso que elas comam diante de todo o mundo?" Ao que eu respondi: "Sim, porque em nossa etnia, nós comemos uns diante dos outros, sem sentir despudor. Quando vocês fazem alguma coisa com uma criança, procurem imaginar-se no lugar dela. Vocês ficariam contentes de carregar seu penico diante de todo o mundo?" "Não, sem dúvida... Mas com as crianças não é a mesma coisa." "Talvez sim." Vemos que, quando respeitamos a criança, ainda que muito pequena, ela adquire uma dignidade de si mesma que absolutamente não tinha em relação a essas operações de necessidades, de troca de roupa.

No séc. XVII, os nobres recebiam, sentados sobre sua cadeira furada (o penico ficava debaixo, escondido). Aos olhos dos camponeses, de seus lacaios, de seus filhos, era uma promoção.[3] Diante de tal modelo adulto, a criança se vê como desejaria ser. Por que lhe impor fazer coisas que a pessoa que representa o adulto ideal não faria por pudor?

Em cada criança – ignoramos isso demasiadamente – nasce e se desenvolve o projeto intuitivo de ser considerado como uma (grande) pessoa. Ela também espera que tenhamos em relação a ela o comportamento e o respeito que temos diante de um adulto. E tem razão.

Em tudo o que se refere ao pudor, é preciso não perder de vista essa exigência. Tomemos as situações mais cotidianas. Por exemplo, os pais que ficam à vontade em casa, em costumes de Adão e Eva. Eles me perguntam: "Se as crianças nos veem, isso é bom ou não?" Eu lhes pergunto: "Quando vocês estão com amigos em casa, amigos que vocês honram, vocês praticam nudismo?" "Ah, não!" "Então não façam isso diante da criança. Passear assim quer dizer que vocês praticam nudismo com seu cônjuge, e está bem. Mas seu filho não é chamado a ser cônjuge de vocês. Se vocês praticam, no entanto, nudismo em sociedade, com os outros, por que não?" Os pais que praticam nudismo em casa ficam muito espantados de ver os meninos, entre 6 e 8 anos, se tornarem morbidamente reservados. Ainda mais ao saber que as meninas, desde que estão na escola maternal e que há uma escola de crianças maiores, percorrem os banheiros para ver as pessoas grandes se desnudarem. Exatamente para fugir da privacidade do incesto... que seja com todo o mundo como com papai-mamãe. Recebi muitas cartas de pais que censuram e se irritam até contra seu filho que se fecha no banheiro. O pudor nasce muito cedo, mas a criança o manifesta quando não pode mais fazer de outro modo e quando se encontra ameaçado pela proibição de violação e pela proibição de ser ele próprio violado pelo olhar de outros.

A geração que tinha 20 anos em 1968 teve a preocupação de não fazer com

---

[2] Estávamos então em um lugar temporário. Agora a Maison Verte tem um W.C.
[3] Seria o descontentamento que todo Senhor ou Senhora, pai ou mãe, por não serem irmão e irmã de rei, que os faz tratar seu filho como outrora o rei, levando seu penico nos aposentos sociais?

que as crianças cressem que o corpo é vergonhoso, contra os ascendentes que ainda escondiam essas partes do corpo: "Não se mostre a todo o mundo". Mas, ao mesmo tempo, os pais davam o exemplo de não se mostrar nus. Agora, dão o exemplo contrário, e não percebem que o corpo adulto de seus pais é tão bonito para uma criança que esta fica inferiorizada por isso. Engajada na competição do valor estético, ela não pode lutar em relação ao corpo adulto. As crianças entre si não ficam chocadas pela nudez. A dos adultos que não são seus pais não as perturba. Mas a de seus genitores é vista de maneira totalmente particular; para a criança, eles se apresentam como modelos interiores. Quando é o exterior que comanda e se exibe, a criança absolutamente não sabe mais onde está seu adulto futuro, que é colocado em questão pelo fato de que seu próprio corpo nu não é comparável. Essas mulheres que andam nuas diante do menino até não sabemos qual idade reduzem na criança sua margem de liberdade. A moda era "banalizar" a nudez. Mas o nu da mãe ou do pai não é banalizável para a criança. É oportuno recolocar as coisas no lugar. Os pais, a esse respeito, ficam tão desorientados como um sacerdote a quem se pergunta hoje se, na Eucaristia, há verdadeiramente a presença de Cristo, e que responde: "Julgue por si mesmo". Entre a preocupação de não fazer como seus pais e dizer à criança que é natural, e depois o respeito por certo mistério, os pais de hoje estão perdidos.

Mesmo embaraço na presença das crianças em relação a tudo aquilo que se refere à vida do casal. A nudez, sim, e a ternura? Entre os casais que se abstêm de se abraçar diante das crianças, e mesmo de fazer mutuamente pequenos gestos de afeto – quando a criança tem necessidade de saber que seus pais se amam –, e aqueles que se acariciam em público sem parar, poucos sabem conservar sua naturalidade.

É muito simples. Eu pergunto aos pais: "O que é que vocês fazem diante dos hóspedes que estão em sua casa? Pois bem, comportem-se em relação a seus filhos como diante dos hóspedes que vocês respeitam; não façam mais isso diante de seu filho". Não há outros critérios. É uma atitude ética, e muitos pais não a têm. Convencidos como estão de que sua educação lhes acarretou complicações emocionais, afetivas e sexuais que os fazem sofrer, eles querem poupá-las para o filho e, finalmente, o fim a que visam é a contrapartida de seus próprios pais. Resultado: seus filhos chegam a estar em contradição com eles. É muito prejudicial que os pais adotem uma conduta em relação a seus filhos unicamente em função de seus próprios pais; no entanto, é possível perpetuar a espécie sem perpetuar os cadáveres de Édipo. Ainda é preciso respeitar a liberdade do outro.

Respeitar a liberdade de uma criança é propor-lhe modelos e deixar-lhe a possibilidade de não imitá-los. Uma criança só pode criar a si mesma dizendo Não. Diante de suas repetidas recusas, os pais se sentem completamente derrotados e se consideram fracassados. Mas o que foi errado? Seu projeto de ver sua progenitura seguir esse sentido, conforme sua norma. Não, porém, o projeto que a criança traz consigo. Vivendo mal seu fracasso, eles superexcitam a sexualidade da criança. Comportam-se em relação a ela como se o futuro dessa criança só tivesse sentido no momento de sua intimidade no coito, e não no resto do tempo. Eles negam que seu desejo seja outra coisa, além daquilo que esperam ter um sentido.

COM AS BABÁS DO BERÇÁRIO

Cuidei de duas crianças da Mauritânia, um irmão e uma irmã que tinham sido entregues a um berçário. Dominique, com três anos, e Véronique, com 22 meses. Dois prenomes de consonância próxima. O menino, nos três meses que lá esteve, nunca disse uma só palavra; ele agredia sua irmã que era atônica e depressiva, mas não falava. Acreditavam, portanto, que ele fosse retardado. E absolutamente não era: estava em um contexto em que nada lhe fora explicado do motivo pelo qual ele tinha sido repentinamente separado de seu pai e de sua mãe: os mauritanos. Ele tinha apenas sua irmãzinha como lembrança da família. E a agredia porque queria provavelmente que ela continuasse bebê, como antes da ruptura familiar.

A mãe veio uma vez com seu marido: ela nem sequer olhava as crianças. Era uma mulher desenraizada de seu meio tribal pessoal da Mauritânia; de modo nenhum estava adaptada a Paris; fazia faxinas para ganhar dinheiro; e compreendemos que, grávida de um terceiro filho, não pudera cuidar dos primeiros.

Foi a Justiça que os separou, por queixa dos vizinhos, porque as crianças eram espancadas. O juiz as confiou à creche. Vi os pais, traumatizados por lhes terem retirado seus filhos, unicamente porque a mãe, em estado de terceira gravidez e continuando a trabalhar, não suportava mais os gritos da pequena Véronique. Quando os pais vinham, a menina se refugiava com as senhoras e berrava de medo de que sua mãe a retomasse. O menino ia até sua mãe e, a seguir, a seu pai.

Eu pensei: o maior não está infeliz neste lugar e só não voltou porque houve no espaço esse pequeno que veio complicar a vida da família. Portanto, é absolutamente normal que ele agrida essa menina; ele não agredirá uma outra criança com a mesma idade; é sua irmã que ele agride, tomando os objetos que ela toca... porque essa irmã lhe tomou sua mamãe e foi a partir daí que a família degringolou. Porém, se não lhe explicarem isso, ele vai continuar com esse comportamento que inibe a segunda: a segunda não pode se desenvolver porque o mais velho lhe proíbe qualquer interesse por um objeto, arrancando-o das mãos dela. Separá-los seria um erro. Se os separássemos, separaríamos completamente essa família. É por isso que é preciso deixá-los junto, mas é preciso ajudar o mais velho a compreender que seu comportamento, impedindo que sua irmã viva, também não lhe permite viver. E dar-lhe um sentido: ele proíbe que sua irmã pegue um objeto porque, quando ela nasceu, ela lhe tomou sua mamãe; ele pensa que se sua irmã não tivesse nascido, ele não teria sido expulso da família; que mamãe não teria se tornado tão nervosa, que ela não os teria espancado, que os vizinhos não teriam se queixado dos gritos, e que o juiz não os teria tirado de seus pais. Nós lhe explicamos isso e ele compreende perfeitamente. Seu modo de agir com sua irmã não é bom nem ruim. Ele é "falante", e compreende e é colocado em uma dinâmica que tem um sentido para ele. E então ele se põe novamente em comunicação, em vez de impedir que sua irmã se comunique com os objetos.

Vemos muito bem como isso acontece: o mais velho, que perturba a mamãe em torno do bebê, porque, por exemplo, ele vem pegar as fraldas ou bebe a mamadeira do bebê; ela lhe dá um tapa; o menino chora; ela lhe dá outro tapa. E depois, um belo dia, os tapas se tornam um verdadeiro espancamento para os vizinhos; eles se queixam, e depois o juiz, alertado, manda fazer uma pesquisa: ambiente subdesenvolvido, chamado "caso social"; as crianças são retiradas dos pais. Todo o trabalho está por ser feito. O mais velho cria essa fixação sobre sua irmã, porque ele pensa que é por causa dela que essas desgraças aconteceram. Mas isso não lhe é dito verbalmente, para que ele compreenda então uma situação que é absolutamente diferente: sua mãe fatigada está grávida novamente; é uma boa mãe, mas sem sua mãe (a avó, que ficou em seu país), ela está completamente só para criar as crianças, e isso é difícil em sua família. As crianças a perturbam para encontrar lugares para fazer faxina, porque nenhum cliente iria querer que ela viesse com as duas crianças.

Trata-se de fazer o menino compreender que é um erro de seu pensamento acreditar que a saída de sua casa é culpa de sua irmã (ou dele) ou de seus pais, impotentes contra os policiais.

Eu lhe disse: "É porque você é Dominique; tendo necessidade de sua mamãe, qualquer menino grande teria sido infeliz naquele momento... Pierre, Paul, Jacques... Dominique, era você, e você estava infeliz e acreditava que era por causa de Véronique. Mas é porque sua mamãe teve dois filhos e era muito cansaço quando ela fazia faxinas por fora, a fim de ganhar dinheiro".

Em vez de se pôr a falar com crianças de sua idade, Dominique estava constantemente à espreita, espiando sua irmã, para impedi-la de ser. E a pequena se consumia, porque amava seu irmão, e, para obedecê-lo, ela se reduzia como que para desaparecer.

Os educadores que querem que as duas crianças se desenvolvam conforme sua idade veem que há uma que ficou retardada e a outra que ficou estagnada. Apenas aparentemente era um problema relacional entre os dois; com efeito, era porque os dois tinham necessidade de ouvir o motivo pelo qual eles haviam entrado na creche, e que isso não se devia a eles enquanto sujeitos, mas que era devido a uma situação em que eles eram crianças de tal idade. Mas elas não são apenas crianças: são sujeitos de sua própria intencionalidade... Ou seja, da triangulação pai-mãe, com irmãos e irmã ao redor.

Eu dizia a Dominique que fizesse diferença entre sujeito e indivíduo de tal idade: "Você, você compreendia, mas seu corpo era criança e seu corpo de criança não sabia como fazer diferente. Então, sua mamãe, porque você era uma criança, acreditava que se lhe desse um tapa, você iria saber... Mas você, você não sabia como fazer". E eu lhe digo, seja qual for a idade: "Não é por causa de você, Fulano de Tal, mas por causa de você ter aquela idade... Mas poderia ter sido Pierre, Paul ou Jacques... Não é Dominique que cometeu a falta, mas é a situação que foi difícil".

O estado de infância é também a impotência de em tal idade poder libertar-se de desejos que têm de se manifestar. Dominique queria se expressar, mas ele tem apenas esse meio – dar tapas em sua irmã – para se expressar.

Ao cabo dessas conversas com Dominique, na presença de sua irmãzinha e com a ajuda de uma babá, o menino reencontrou a linguagem e não teve mais necessidade de psicoterapia; ele entrou na pequena classe do jardim da infância, integrada à creche, e não incomoda mais sua irmãzinha que está no mesmo dormitório que ele; ele dorme perto dela, gentilmente.

Tratei então de sua irmã, que também tinha necessidade de uma ajuda na linguagem. Combinei com as babás da creche: "Quero ver a pequena Véronique sozinha, porque agora o grande está bem: saiu da dificuldade, está na classe, gosta de sua irmã, vai com seus pais, contente quando eles chegam... Mas a pequena ainda tem um pouco de medo: ela se dirige ao pai, mas evita sua mãe. A mãe está infeliz, porque ama também sua filha". Sem dúvida, essa mulher, pelo que compreendi, era incapaz de criar uma filha sem a ajuda de uma pessoa da família. Ela usava ainda as roupas de seu país, continuava com suas lembranças, completamente isolada. Sem dúvida, era insuportável para os vizinhos ouvir essa mulher que fazia suas crianças gritarem sem parar. Véronique tinha olhos vivos, inteligentes. Mas estava retardada na linguagem. Eu lhe propus modelagem, dizendo-lhe: "É Geneviève" (a babá da manhã), ou "É Cristina" (a babá da tarde), ou "Esta é Mme. Dolto". Quando eu lhe dizia alguma coisa, ela proferia desajeitadamente um ou dois fonemas, e eu havia notado que, ao tentar falar, ela entortava o traseiro, como um canário que brinca de corrupião. Então eu lhe disse: "Véronique, você gostaria de falar com sua boca; a boca de seu rosto; e é sua boca do traseiro que está falando". Ela me olhou, muito interessada, e na próxima vez falou ao mesmo tempo. E ela ria às gargalhadas por mexer com o traseiro ao mesmo tempo em que soltava os fonemas. Ela falava com os dois polos. E essa criança vai poder dar preferência para o polo oral, mas, cada vez que ela fala, são de fato os tapas que ela recebia de sua mãe que falam em seu traseiro. Eu ainda lhe falei de tapas; apenas fiz tomar consciência de que, para falar, seu traseiro falava antes que sua boca falasse. E ela achava isso muito engraçado, porque era verdade.

Eu a estimulo com modelagens: "Isso é a vaca", ela sorri e repete as palavras. Quando ela diz "azur" (fr. bieu) em vez de "azul" (fr. bleu) e "miunto" (fr. apiu) em vez de "muito" (fr. plus), eu a ajudo a repetir.[4] Fico atenta para corrigir os menores fonemas que vêm, porque é isso viver com uma criança. Quando ela tenta a correção

---

[4] No original francês a autora cita como exemplo a palavra "bleu" pronunciada como "bieu" e a palavra "plus" pronunciada como "apiu", e explica: Mas o fato de pronunciar "i" em vez de "l" significa uma verdade para Véronique: "i" de "id" e de "io", "eu" em vez de "l", ela, a filha.

do fonema, é preciso primeiro que ela balance seu traseiro. E então ela consegue. Ela quer fazer isso, quer falar bem... mas, para falar bem, é preciso fazer cocô antes... O bem está em torno do traseiro que recebeu as palmadas ou que fez cocô, lugar de seu corpo escolhido na relação de sua mãe com seu bebê. E, finalmente, é um dom que ela faz ao adulto com o qual ela se comunica: dar-lhe como dom um fonema auditivo que vai estar conforme àquilo que o adulto pede. E se ela o disser bem, ela será compreendida por todas as crianças e por todo o mundo. Nesse momento, ela começa a ser industriosa. Eis uma psicoterapia. Mas, se quisessem filmar essa criança, o que nela veríamos? Veríamos que é uma criança que se anima e que, o tempo todo, brinca com e de seu traseiro... Não compreenderíamos exatamente em qual momento de intencionalidade expressiva isso se confunde para ela: fazer bem... embaixo ou em cima? Não sabemos. A pequena Véronique ainda não tem outros meios para se expressar além da zona de seu traseiro: lá é o lugar que dava satisfação a sua mãe; ela volta para lá. Ela é fantasticamente inteligente, sensível à menor palavra que lhe dizemos. É maravilhoso! Vemos que a criança ainda não se localiza nos meios da linguagem que são os de sua idade em uma civilização em que falamos com a boca, e para encontrar os fonemas, é preciso que ela agite seu traseiro – que é também seu sexo –, ao mesmo tempo, seu desejo é aí admitido e reconhecido por sua mãe e, depois dela, pelas babás, em sua bacia. E é toda uma civilização chegar a se expressar, fazendo coisas com as mãos ("fazer" tem o sentido ligado ao cocô e ao xixi), o deslocamento da ideia de esfíncter para as mãos em contato com a massa para modelar. O primeiro objeto que a criança toca é evidentemente seu cocô. E quando ela anda, o que é que ela recolhe? Cocô de cão, logo em seguida. Levá-la à civilização consiste em deslocar seu interesse para outra coisa. Mas não podemos deslocar tudo de repente, e o corpo ainda brinca, ao se lembrar da época em que a mãe trocava sua roupa. O que a câmera não pode fazer aparecer, a psicanálise o faz ver a testemunhas como a babá, e que podem confirmar o resultado observado.

Tudo o que a criança faz deve ser justificado em nível dinâmico. Ela então é desculpabilizada de ser criança. Afinal de contas, o que é importante não é que ela seja criança, mas que nos dirijamos a ela como a uma pessoa que provisoriamente tem apenas meios de criança.

A meta dos pais é a de socializar a criança, mas eles não a tomam no nível em que a criança se encontra. Querem ter o resultado de repente, cortando-a de suas raízes.

Com efeito, tudo está fundado no comportamento familiar e social, sobre o esquecimento, a amnésia da vida fetal, da vida neonatal, da primeira infância neurologicamente inacabada.

A mãe de Véronique me disse que sua filha ficava imediatamente suja, depois que ela mudava sua roupa; fora nutrida no seio, e não teve as perturbações do início, mas teve as perturbações secundárias: querendo que sua mãe se interessasse por ela, ela conservava sempre algo para defecar ou urinar a fim de que sua mãe voltasse a ela. E a mãe dizia que isso não era mais possível; então ela lhe dava tapas para que a menina não fizesse mais xixi-cocô o tempo todo.

Podemos dizer que a educação está demasiadamente fundada sobre o transplante e a muda. Cortamos as raízes e a criança não tem mais os fundamentos de sua própria história: ela não sabe mais se comunicar, fica completamente perdida.

Os adultos creem que isso é salutar para tirar a criança do estágio imaturo, animal. Eles fecham os olhos para a razão econômica: a mãe quer estar livre para ir a seu trabalho. Ora, essa criança tem necessidade dela. E ela, sem dúvida, teria necessidade de sua criança, como quando ela era pequena e que, privada de sua mãe, sua avó cuidava dela e a levava em todo lugar com ela. E essa criança responde a essa demanda inconsciente da mãe: não se separar de sua criança e, no entanto, ganhar seu dinheirinho, como se diz. Todo o drama das crianças colocadas demasiadamente cedo na creche vem daí.

Quantas mães ficam tomadas de nervos e batem em seu bebê para que ele não se suje de novo logo depois de ser trocado! Elas são premidas para sair, ficam fora de si e fatigadas. Inculcaram-lhe que a criança deve aceitar o código da sociedade e satisfazer o adulto porque este lhe diz: "Faça isso porque tenho necessidade disso etc.". Mas acontece outra coisa. A criança só aceitará finalmente o código se estiver ligada a si mesma, se tiver encontrado a boa relação consigo mesma, da qual o corpo conserva a lembrança. Para isso, dirigimo-nos ao sujeito que nela está como um interlocutor válido, explicando--lhe aquilo que o sujeito por meio desse corpo está a ponto de expressar. Caso contrário, ela regride e flutua nessa bruma, em busca de si mesma, e não pode estar sensível aos propósitos normativos do adulto. Ela se desvitaliza, rejeitando uma norma que interpreta como proibição de viver. "É preciso que eu seja uma coisa, uma coisa que não funcione mais." Então, todos os seus funcionamentos se desregulam. Antes que me ocupasse dela, davam hormônios para a pequena Véronique, para que ela tivesse apetite, para que ela dormisse na hora certa e para que ela se mexesse, para que se agitasse depois de despertar, ao passo que ela se tornara completamente passiva e apagada, inquietando a creche. Diziam que era "retardada" porque ela aparentemente mostrava isso, essa pequena pessoa tão inteligente!

> Até na "melhor das sociedades" não podemos reduzir as necessidades da criança a insuficiências bioquímicas.

Acredito que o desejo, que é especificamente humano (em todo caso, não o observamos no animal), é o desejo de comunicação interpsíquica com os adultos. Tudo é linguagem para uma criança com o adulto... A história dessa família da Mauritânia é reveladora.

Atualmente, em nossa sociedade civilizada, em que há tantas crianças de mãe desenraizada ou de pai desenraizado, vemos como, finalmente, essas crianças se aculturam do ponto de vista da linguagem. Os pais têm com seus filhos modos de se comunicar que não são os que eles tinham antes. Eles queriam continuar a ter a linguagem que receberam quando eram bebês de sua mãe, mas não estão nas condições de poder lhe dar essa linguagem da vida tribal. A criança absolutamente não sabe mais como se desenvolver. A mãe quer que a criança se comporte de um modo que lhe permita sair para trabalhar, o que absolutamente não acontecia em sua vida tribal.

É o tratamento de todas as crianças pequenas que nos confirma essa descoberta capital: o ser humano está profundamente ligado a uma história desde seu ovo. Mas ele não pode se desenvolver se nada o romper em relação ao passado. E ele não pode se separar de uma imagem do corpo, a não ser que essa imagem do corpo tenha sido simbolizada pela palavra.[5] Por exemplo, um bebê que mama só pode ser desmamado se a mãe fizer o mesmo trabalho que ele e se puser, no caso dela, a ter mais prazer de se comunicar com ele pela palavra do que pelos cuidados corpo a corpo. Se ela desmama o bebê, mas continua a beijar seu corpo em todo lugar – isso significa que ela tem direito ao corpo dele, com sua boca, enquanto ele não tem mais direito ao corpo da mãe com sua boca –, a criança vive em uma contradição total: ela se tornou o seio da mãe, mas ela mesma não tem mais seio. E não tem mais o leite da palavra, porque a palavra é um leite auditivo. Ela torna-se um objeto de gozo sem troca de prazer: ela tem, como prazer, tornar-se o objeto de sua mãe, e não mais o sujeito de sua própria busca de comunicação. Dessa forma se instala o início de uma disfunção que pode chegar à debilidade, à psicose. Quanto mais as crianças são inteligentes e mais exploradas, mais rapidamente desembocam na debilidade ou na psicose. Véronique desembocava na psicose; seu irmão mais velho desembocava na debilidade, pois não falava mais e, não tendo mais comunicação pela palavra, suas mãos eram uma goela agressiva que retirava todo objeto de sua irmã. Era preciso proteger sua irmã enquanto ele comia: ele tomaria o alimento dela, para que não lhe fosse dado: "Porque eu já estava lá, antes que ela vivesse; porque lá vivíamos bem". É isso que ele quer dizer; não que ele não quisesse que ela vivesse, mas: "Eu quero me encontrar vivo".

Agora que está vivo em seu nível, ele vê seus pais a cada oito dias e tudo corre bem para ele. Eles até levaram Véronique um fim de semana, e ela voltou toda narcisista, com seus cabelos de mauritana enrolados, com pequenos nós em todo lugar. Na semana seguinte ela chorou, não quando viu sua mamãe, como fazia antes do tratamento, mas quando viu seu papai. Este deve ter-se irritado com alguma coisa, dizendo talvez: "Veja o tempo que você gasta fazendo-lhe penteados...". Não sei o que aconteceu, mas era o pai que estava ansioso. Ela segurava a babá para ir até a mamãe... E ficou diante dela, certa de que podia agradar sua mãe.

As babás dessa creche fazem o trabalho analítico comigo. Eu ajo apenas com a palavra, e é a babá que toca a criança. Quando digo alguma coisa, Véronique

---

[5] *L'Image Inconsciente du Corps*, Françoise Dolto, Seuil, 1984.

olha Geneviève e eu digo: "Geneviève, sua mamãe substituta, permite que eu diga isso a você". Então ela fica contente, pois isso passa pela mediação do corpo.

Quando uma criança é tratada na presença de sua mãe, devemos agir da mesma forma. A mãe também se põe a compreender como seu filho é inteligente em suas reações. Até o momento em que a criança não quer mais a mãe. Seu comportamento é muito claro. Ela pega a bolsa da mãe, coloca-a nos joelhos dela e a puxa na direção da porta. É o que faz uma criança que ainda não fala. "Você vê, sua criança hoje quer ficar sozinha comigo... Você permite?" A mãe diz: "Mas eu posso deixar minha bolsa". E a criança novamente pega a bolsa e a entrega a ela: ela não quer que fique nenhuma coisa de sua mãe.[6] Nesse momento é realmente preciso ser prudente, porque a mãe sofre muito. Há também indivíduos que deixam a mãe entrar e ficam na porta. Então, deixamos a porta aberta; a criança vai e vem. Depois, pouco a pouco, ela entra em contato conosco, ao mesmo tempo em que falamos com a mãe. E nesse momento damos a importância para aquilo que a criança faz em relação a essas duas pessoas (a terapeuta e a mamãe).

Isso começa sempre assim: no início, a criança esboça um gesto, mas não tarda a voltar para os joelhos de sua mamãe. Se ela faz alguma coisa com as mãos, por exemplo, massa para modelar, ela não sabe se isso não irá separá-la de sua raiz que está em sua mãe. As crianças que vemos sempre em psicopatologia são sempre crianças cuja mãe falhou precisamente no desmame. A criança quer continuar um objeto para estar segura de ter seu corpo no corpo da mãe, mas, desde que ela comece a funcionar (expressar-se) com outra pessoa, ela fica com medo: pois ela, durante um minuto, esquece sua mãe, e tem medo que a mãe faça o mesmo. Isso se verbaliza: "Você sabe, você pode esquecer por um minuto que sua mamãe está aí; ela permite que você esqueça que ela está aí, pois ela veio com você, aqui, para que você se torne você, uma menina (ou um menino) amiga das outras crianças". São palavras como essas, que são ditas, palavras que tentam expressar aquilo que acontece na angústia imediata da criança. A criança se afasta de sua mãe, e sabemos que isso não vai durar mais que dois minutos. "Você quer ir reencontrá-la? Você quer ver se sua mamãe está sempre aí?" Não sabemos o que ela quer ver. Então, nós a acompanhamos. "Você vê, sua mamãe está sempre aí; ela não deixa você, ela espera você". A criança volta; depois vai novamente; faz alguma coisa e quer trazê-la para sua mãe; nós a seguimos, e falamos: "Sua criança teme que se fizer alguma coisa que você não veja, você poderia ficar irritada... Talvez seja assim que você olha sempre o cocô que ela fez?" "Ah, sim! É verdade. Quero sempre verificar o que ela fez." "O que ela fez com suas mãos é um pouco como uma outra espécie de xixi, mas é *fazer*,

---

[6] Para ter acesso à mãe simbólica a criança deve renunciar temporariamente à presença da mãe real e qualquer outra mãe. É o trabalho de "desmame" de uma e de outra parte. Quando a iniciativa vem da criança e é aceita pela mãe, isso torna-se mais favorável para a criança do que o contrário.

é sempre fazer." O tratado do estilo de Aragon começa com esta frase: "Fazer, em francês, quer dizer defecar". É tão verdadeiro o espírito da infância que os poetas possuem quando exprimem o fundo das coisas, que todo o mundo e cada pessoa experimenta, mas não saberia dizer.

É um deslocamento de um fazer. Em Véronique é sua vulva ou seu ânus que fala. Mas tudo isso pode ser dito em palavras, e é muito casto, não é absolutamente erótico. Ao contrário, é um modo de deixar o erotismo para a comunicação pela linguagem.

São descobertas recentes... E estamos tão no início!... E cada criança é diferente. Mas é assim, ainda que com pequenos passos, que podemos elaborar uma outra abordagem.

As babás, como as mães, ficam muito presas pelas necessidades materiais, e quase não têm tempo de falar e de brincar com as crianças. E depois: "Não temos sequer papel, sequer um brinquedo. Quando temos alguma coisa, tudo é destruído, e então não podemos dar-lhes brinquedos novamente". Eu lhes respondia: "Sim, compreendo muito bem. Mas é por isso que vocês vêm aqui... para assistir, exatamente, ao desenvolvimento dessa criança à medida que ele acontece".

Quando a criança está preparada, ela é colocada com uma educadora naquilo que chamamos de "jardim da infância interior". Nele, as crianças têm objetos. Mas, no lugar em que vivem as crianças – há crianças de seis meses a três anos – isso não é possível: rapidamente não há mais que destroços; seria necessário muito dinheiro para substituí-los com muita frequência. Na sala de estar da creche, as crianças têm apenas lenços, fraldas, penicos, mas não têm nada para criar, isto é, para brincar.

As babás ficam um pouco frustradas porque elas veem apenas a criança de necessidades. A criança de desejos se revela nas classes do jardim interior, em que ela se põe a fazer coisas com as mãos. O fato de as babás assistirem às conversas terapêuticas com as crianças, e de compreenderem o que aí acontece, muda já sua maneira de ser com elas, e com as outras crianças, aquelas que apresentam menos problemas.

ANIMADORES SEM LIMITE DE IDADE

Certas crianças são animadoras natas para as crianças menores. Mas não devemos colocá-las com seus irmãos e irmãs. Sei que isso é perigoso.

Recebemos na Maison Verte uma menina de cinco anos que era uma parasita de seu irmãozinho de três anos (agora não temos direito de recebê-las além dos três anos): ela ficava o tempo todo com ele, possuindo-o como um objeto parcial. Quando lhe proibimos cuidar de seu irmão, isso foi sensacional. E seu irmão começou a respirar por não ser sufocado por sua irmã. Mas tratava-se de uma coisa de ordem edípica: ela queria ser ao mesmo tempo mãe e pai dessa criança. No fim, ela o detestava enquanto ser vivo em si mesmo. Mas cuidava muito bem das outras crianças, a partir do momento em que lhe proibimos: "Enquanto você estiver dentro dos muros, aqui, seu irmão está em casa e livre para fazer o que ele quer. E você, você pode fazer o que quiser com as outras crianças; ou você sai daqui, ou não vem... Você pode ir para fora, há outras crianças...". Ela compreendeu. Formamos uma espécie de grupo de comando... as três pessoas da recepção que estavam ali. A mãe deixava sua filha parasitar seu irmão mais novo. E, a partir do momento em que dissemos: "Você pode parasitar todos, mas não aquele", ela de modo nenhum parasitou os outros; tornou-se uma animadora atenta das outras crianças, e sobre elas transferia seu interesse. Tudo corria bem porque ela não estava associada ao Édipo das outras; ela era com eles uma menina que, para eles, era tão somente um duplo de seu pai ou de sua mãe. Havia uma transferência. Um laço genético direto impede a transferência, pois ele produz uma espécie de deformação do Édipo e o irmãozinho aparece para ela como seu filho, como se imaginariamente ela o tivesse recebido de seu pai ou de sua mãe. Um irmão mais velho, com nove anos, que "só sabia gritar" com seu irmão menor em casa, era para as outras crianças um excelente animador. A mãe me dizia: "Quando vamos a um jardim público, todas as crianças ficam ao redor dele; ele as faz brincar e isso o diverte. E, de tempos em tempos, ele diz: Estou cansado! Vou pegar um livro e vocês vão me deixar sossegado...". Ele se colocava em um canto tranquilo. E as outras crianças esperavam que ele acabasse de ler e de descansar. Portanto, é fora da fratria real que um grande pode ajudar, guiar crianças mais novas, sem dano secundário.

Da mesma forma, há avós que são excelentes líderes para brincadeiras, mas são demasiadamente possessivas com seus próprios netos. Outras, menos possessivas, tomam a iniciativa de reunir outras crianças em torno das suas. Creio que as pessoas idosas sentem-se muito bem nos centros de lazer em que há crianças de diversas famílias. Essa possessividade carnal é tirânica, se a criança for como um pedaço de si mesma. E é preciso expulsá-la sem titubear. É pela linguagem que as pessoas idosas podem melhor se comunicar com as crianças.

Atualmente tentamos criar grupos de avós que contam histórias. Muitas delas passaram para a televisão. Eu acharia bom que houvesse uma cadeia de rádio em que só se contassem histórias. Por que não? Aí se poderia também ler trechos escolhidos das grandes obras por pessoas que sabem ler bem.

Durante um longo período, François Périer leu contos na France-Inter. Recentemente, na Europe 1, Annie Girardot contava uma história todas as manhãs; uma história verdadeira. Ela pedia às pessoas: "Mandem-me uma história que aconteceu com vocês, ou que aconteceu com alguém que vocês conhecem". Depois ela punha a história em forma literária e a contava: histórias verdadeiras de mocinhas no trabalho, mulheres exploradas, casamentos em que aparentemente tudo vai bem e depois, a partir do casamento, o lobo que estava escondido atrás do amante que se tornara marido mostra os dentes. Haveria uma experiência interessante a ser feita: seria um lugar (por que não uma rádio livre?) que pedisse às crianças para contar histórias; isso poderia ajudar as outras crianças, à escuta, para que percebessem que não são as únicas que viveram certas coisas. E, ao mesmo tempo, a linguagem seria muito libertadora.

Capítulo 5

Crianças, por assim dizer

AOS FUTUROS PAIS QUE NÃO QUEREM SER PEDÓFILOS

Freud abalou seu tempo, ao descobrir que os comportamentos sexuais dos adultos têm suas raízes na história relacional de cada um com seus pais, nas modalidades de apego à mãe e ao pai, nas identificações e rivalidades precoces que remontam em todos os seres humanos a essa primeira dependência em relação aos seres genitores e tutelares e às primeiras fixações sensoriais e sensuais, com seus pais e com seu irmão e irmã antes de serem genitais, de modo incestuoso, e por isso emocionalmente fonte de angústia. Essa angústia inevitável, esquecida no adulto (e daí a reprovação do mundo científico em relação a Freud), foi por ele chamada de angústia de castração, ligada aos conflitos de cinco a sete anos, período que ele chamou de complexo de Édipo em relação ao mito antigo.

O que outrora se chamava de idade da razão traduz a resolução desse conflito pela aceitação consciente da lei da proibição de realizar o desejo incestuoso. Essa aceitação varia conforme as modalidades do meio étnico. Esse momento nodal da "idade da razão" é a aceitação da lei que rege todos aqueles de seu sexo, até nos processos imaginários. Isso produz na criança uma mutação, ou seja, a integração do indivíduo na sociedade enquanto responsável por seus atos deliberados. Se o exercício de sua liberdade lhe é deixado por seus pais, ele se torna autônomo, interessado em todas as leis da vida social, e visa ao sucesso em sua faixa de idade, para além da vida familiar. É então a orientação de seu desejo na aprendizagem lúdica, tecnológica, industriosa, utilitária e criativa à espera de sua nubilidade. A adolescência remaneja a estrutura edípica esboçada e separa definitivamente o desejo genital de suas tendências incestuosas, assegurando a repressão dinamogênica das pulsões incestuosas em favor da pesquisa de objetos desejáveis na comunidade, fora da família. Adulto de corpo, o indivíduo humano, tornado capaz de procriação, assegura a continuação da espécie. Mas é seu papel simbólico materno e paterno, seu amor por seus filhos, o sentido de sua responsabilidade em relação a eles e sua capacidade de assumir seus compromissos que lhe asseguram sobrevivência, segurança e proteção dos perigos. É também essa responsabilidade parental que a sociedade erigiu como lei. É a castidade do desejo dos pais em relação a seus filhos, dos adultos educadores e mestres em relação aos jovens que, pelo exemplo e pela linguagem, informa o desejo dos jovens sobre a realidade e suas leis, estimulando-os a tomar iniciativas, a participar nas atividades familiares e sociais assim como eles disso dão o exemplo. Pela libertação do saber sobre a proibição do incesto, os adultos sustentam a confiança do jovem em sua futura genitalidade, dedicada a seres amados fora de sua família. Eles encorajam o exercício da liberdade das crianças e dos jovens na aquisição da autonomia comportamental por suas próprias experiências formativas no decorrer de seu crescimento, diminuindo progressivamente a tutela e o controle familiar, permitindo assim aos jovens seu acesso à vida social de indivíduos responsáveis por suas palavras e por seus atos, tornando-se moralmente autônomos.

Não é, no ser humano, a capacidade física de procriar que torna os adultos capazes de criar e educar as crianças que eles puseram no mundo, ainda que fossem casados por matrimônio ou por desejo, ou por amor um pelo outro, ainda que estivessem felizes de gerar e de fantasiar maternidade e paternidade. As crianças novas não fazem o mesmo? Quantos pais são fetichistas em relação aos filhos, quantos são pedófilos ou fazem de seus filhos seus escravos, quantos os maltratam ou os deixam sem ter, sem poder, sem saber, sem comunicação, sem alegria, ao passo que outros os aprisionam em uma prisão dourada, sufocando-os com sua superproteção.

É o amor dos pais por seus filhos, e não a necessidade nem o desejo de tê--los que os faz aceder ao sentido humano de sua responsabilidade tutelar, e torna o sentimento dessa responsabilidade por cada um dos pais, separadamente ou juntos, tão importante para seus olhos quanto sua responsabilidade pessoal em relação a eles mesmos. Sem o acesso a esse nível simbólico paterno e materno, a procriação de filhos aprisiona o adulto na rejeição ou na dependência do papel que a lei social lhe atribui: o de responsável que tem direitos sobre sua progenitura. Ele sente o filho como um parasita que aliena penosamente sua liberdade perdida e fala de "sacrifício", o que implica a violência à qual seus desejos ficam submetidos por essa responsabilidade, violência que, inconscientemente, se expressa nas modalidades de sua tutela maternal e paternal.

Quanto à capacidade de assumir essa responsabilidade da vida e do comportamento de seu filho no decorrer de seu desenvolvimento, por sua sobrevivência, sua iniciação nos perigos, a psicanálise permitiu descobrir que ela está em relação com a castidade do desejo adulto em relação ao jovem. A tolerância de suas experiências à medida de seu crescimento. As respostas justas às questões que o desenvolvimento mental do ser humano deseja receber de seus mestres de vida. A liberdade de aceder ao conhecimento de si mesmo, do mundo que o circunda e dos outros.

Os pais angustiados, frustrados eles próprios na liberdade de seus desejos, são inconscientemente intolerantes às alegrias e aos sofrimentos de seus filhos pequenos, que eles superprotegem pela linguagem gestual e verbal, limitando suas iniciativas e reprimindo quando os filhos, por boa razão, transgridem as proibições para sua liberdade, tornadas caducas diante de seu desenvolvimento psicológico e motor.

É pela linguagem, por exemplo, que os pais assumem a educação dos filhos e seu acesso à autonomia comportamental, ao respeito pela liberdade de outrem, ao domínio e à renúncia ao instinto agressivo e gregário sem julgamento crítico, e à responsabilidade por seus atos, ao mesmo tempo deixando-os expressar desejos desadaptados em relação às leis da realidade e da sociedade em jogos, em fantasias e em linguagem falada. É pelo domínio de sua sensualidade em relação à sedução à qual o desejo da criança visa a tornar pai e mãe seus objetos de prazer, que os adultos manifestam sua capacidade educativa e não por sua fraqueza permissiva ou sua violência repressiva da liberdade de expressão do desejo da criança.

A inteligência da criança é intuitiva e observadora. Ela percebe em relação a si mesma atitudes dos adultos que contradizem o que eles dizem e então se sentem inseguras, caso ignorem que seus pais estão por sua vez na mesma lei que todos e que ela própria, em relação ao respeito de sua vida e ao desejo sexual genital, agressivo e sedutor por seu objeto, tal como ela o considera. É por isso que o adulto deve lhe significar essa lei tanto pela castidade de seu comportamento, de suas atitudes em relação a ela, como por suas palavras verídicas em relação à limitação de seus direitos sobre as crianças, ainda que sejam seus filhos. Não se trata de "reprimir" a expressão das fantasias do desejo incestuoso da criança, mas simplesmente de não responder a isso na realidade, de não ser sensível às exigências das familiaridades sensuais manifestadas pelos pequenos, sempre ávidos de prazeres, ignorando aqueles que lhes seria perigoso satisfazer. É, portanto, uma questão da identificação psicoafetiva da criança ao espírito da ética do adulto tutelar, ele próprio ordenado em seu desejo adulto e respeitoso da lei. O adulto responde e informa a criança tanto pela palavra como pelo exemplo.

É também pela liberdade permitida pelo adulto, cada dia maior, para a criança, do exercício de seu desejo, de seu direito e até de seu dever para com a autoconservação e para se proteger das hostilidades vindas dos outros, tanto adultos como crianças, na comunidade social... A criança deve se subtrair, por suas experiências formadoras, da tutela parental contínua e das rivalidades fraternas no lar.

> Como despertar a criança para a autonomia no decorrer de sua educação? Françoise Dolto diversas vezes teve ocasião de debater isso com professores e educadores. Suas intervenções provocaram uma correspondência que revela os erros e os contrassensos dos adultos, particularmente daqueles que acreditam ter compreendido tudo.

O mais difícil é fazer compreender aos professores que forjaram o neologismo "autonomizar" que, se "autonomizarmos" um ser, isso quer dizer que ele não será autônomo. Trata-se de permitir que a criança assuma sua liberdade e dela faça uso. Para isso, é indispensável que os pais tomem distância em relação à criança e tenham confiança nela. O que não quer dizer expressar-lhe indiferença, e sim o contrário. Gostar dela autônoma. Os pais cedem a tudo e, por exemplo, proíbem-se de deixar sua criança sozinha em casa porque esta lhe impõe seu capricho. "Se não faço aquilo que meu filho quer, então ele diz que sou má e que não o amo mais!" Eu digo às mães que me relatam esse tipo de cena: "E faz mal para vocês que ele diga isso? Deixem-no dizer. Faz bem que ele diga isso a vocês, e para vocês não faz nenhum mal. Quando vocês o deixarem sozinho, expliquem-lhe que vocês querem distrair-se, ver amigos. Ele ficará muito bem em casa. Se ficar aborrecido, pode ir ao vizinho, ou chamar colegas... — "Mas então, protestam essas mães, eu torno meu filho infeliz!" Elas não podem suportar que lhes diga: "Você não me ama". Para que a criança assuma sua autonomia, ainda é preciso que o adulto que dela cuida lhe dê o exemplo de assumir sua parte de liberdade e de defender sua própria autonomia. Quantos adultos só aceitam as relações com as crianças em situação dual: o pai/sua filha, o professor/seu aluno. Se um homem ocupa o lugar que ele deve assumir na vida de uma mulher, e vice-versa, o filho desta está obrigado a não ficar colado nem a seu pai nem a sua mãe. A triangulação está assegurada. Outro erro comum: crer que a autonomia de uma criança deve se despertar e se manifestar apenas em grupo. E se esforçar para lhe encontrar um grupo que substitua o núcleo familiar. Seria de fato necessário que uma criança que não o deseja ande em grupo? Se ela quiser ser solitária, não contrariemos essa vontade. Favoreçamos, ao contrário, todas as experiências que ela deseja fazer. É com conhecimento de causa que ela compreenderá aquilo que melhor lhe convém, mas apenas com a condição de ter ido até o fim de seus desejos e de ter experimentado seus efeitos a curto, médio e longo prazo.

AUXÍLIO MÚTUO NÃO É ASSISTÊNCIA

A segurança na família e a abertura às ideias semeadas a partir do exterior, o acolhimento de outras famílias tanto pelos adultos como pelas crianças, seus diálogos com outros grupos, familiares e sociais, a livre discussão das observações e testemunhos vindos do exterior, conservando no estilo de cada família sua particularidade, tal é o modo de vida que forma o julgamento das crianças em um lar e os jovens que aí se desenvolvem.

É o modo de vida familiar que os prepara para assumir progressivamente seu autogoverno e o sentido de sua própria responsabilidade na independência progressiva em relação a seus pais. Eles se tornam, então, adolescentes conscientes dos riscos da vida e capazes de assumi-los, principalmente se seus pais neles confiarem, sabendo que armaram os filhos para as dificuldades dos encontros, das influências, da amizade traída, do amor impossível ou efêmero, do desejo dominado, por mais violento que seja, quando o parceiro sonhado se recusa na realidade e que do desejo humano, que não é um cio, as pessoas jovens e os jovens adultos dos dois sexos devem, em nome do respeito pelo outro, aceitar que recusem seu desejo, sua amizade, seu amor.

As trocas de ideias, a colaboração no trabalho, o respeito pelo valor humano dos seres humanos de todas as gerações, a ligação de coração na estima recíproca uns para com os outros e a tolerância para com suas modalidades de vida sem alienação da liberdade de uns pela autoridade dos fortes visando a esmagar os fracos, a solidariedade humana, são forças vivas em uma sociedade cujo valor é feito do valor de cada um daqueles que a compõem; da irradiação da alegria de viver e da saúde moral das crianças e dos jovens que nela se desenvolvem.

A infância e a velhice têm necessidade da assistência do resto da população. A juventude tem necessidade de liberdades e de confiança em si. A assistência de que jovens e velhos têm necessidade é frequentemente acompanhada pelo desprezo pela fraqueza natural dessas faixas de idade da população. Isso é, sem dúvida, um sinal de degradação da vida do espírito, aquela que caracteriza o ser humano. Essa degradação é a inflação do valor dado à produtividade em vista da conquista exclusiva de bens materiais. Essa inflação é um narcótico que visa a negar o mistério da vida efêmera do ser humano oprimido pela angústia de sua morte física individual e do incognoscível depois.

A harmonia com os ciclos da natureza, o respeito pelas criaturas, a proteção das espécies, desde que seu número não seja prejudicial para a espécie humana, a compaixão por quem sofre de solidão e de miséria, são valores que tendem a promover os jovens de nossa civilização, que veem a conquista e a administração dos bens materiais açambarcar a energia dos adultos que, por sua vez, querem impingir o mesmo caminho aos jovens que a isso se recusam.

O auxílio mútuo é uma coisa interpessoal e não assistência anônima pelo Estado burocrático, que desenvolve uma ética de destino sem riscos, em que o desejo e o amor morrem e em que o parasitismo é virtude. A inventividade e a criatividade não podem ser orquestradas pelo príncipe ou pelo Estado com múltiplos burocratas com poder arbitrário. Nem na família os direitos sobre os filhos podem ser atribuídos aos pais, nem o direito de dispor de um outro pode ser atribuído a um indivíduo, seja ele da massa anônima ou de uma classe de privilegiados pelo saber. A ideia de uma segurança garantida a cada um pela sociedade se concretizou em um sistema demagógico, na realidade, antidemocrático entre nós.

Nossa sociedade não está doente por ter desejado garantir a mesma segurança e cuidado para todos, quaisquer que fossem os recursos e fortuna, e por toda a vida? A sociedade deve trazer auxílio a todas as crianças em cuidados, assistência, alimentação, natureza, lugares de vida de educação e de lazeres, para sustentar seu desenvolvimento – e não em dinheiro para seus pais. É na criação de lugares de encontros, de cultura, de lazeres e de vida comunitária possível quando eles desejarem escapar do tédio ou do inferno de sua vida em família, que seria necessário ajudar todas as crianças, mas não exclusivamente as de pais com dificuldades financeiras ou de caráter. É em dinheiro a ser gerido pessoalmente que seria preciso ajudar as crianças, desde sua nubilidade e ainda em idade escolar, remunerando de modo pessoal mais do que recompensando sua assiduidade, seus esforços, sua contribuição para a vida social, seus sucessos e seus desempenhos, tanto corporais, como manuais e intelectuais. É a remuneração de sucessos culturais esportivos, assim como o trabalho em tempo parcial, materialmente produtivo, para reabilitar que seria necessário instituir, a fim de apoiar a inventividade, a criatividade dos jovens que seus pais não podem nem sabem apoiar, para desenvolver seus gostos e suas aptidões, uma vez que a sociedade não considera válido nem lícito o papel social dos jovens. Depois, de 16 a 55 anos, seria assistir individualmente, *in natura* ou em dinheiro, apenas os deficientes e os inaptos a se manter por meio de seu trabalho. Não assistiríamos materialmente os outros, aqueles que trabalham e que seriam estimulados a organizar individualmente seu mútuo auxílio em caso de doença ou de acidente. A partir de 55 anos, a coletividade assumiria gratuitamente os cuidados e a assistência *in natura* às pessoas idosas desprovidas de família e de recursos. Favores e sepultura decente seriam gratuitamente garantidos a toda idade e a cada pessoa cuja família fosse desprovida de recursos.

Uma organização de segurança diferentemente pensada, garantida gratuitamente durante o decorrer do crescimento e desde o início da senescência, permitiria que toda a sociedade ativa sustentasse aqueles que verdadeiramente têm necessidade, sem desvalorizar o auxílio mútuo interpessoal e familiar. Nosso sistema encoraja o espírito de dependência e de regressão, o refúgio na doença, a reivindicação do direito à saúde para toda idade,[1] ainda que o modo de viver, deliberadamente patológico, física ou moralmente, seja escolhido pelos próprios cidadãos.

Não creio que seja utopia pensar de modo diferente e aplicar de modo diferente aquilo que a segurança social realiza. Talvez fosse necessário medir o que nosso sistema acarreta – o espírito demissionário diante da responsabilidade de cada um em relação a si mesmo e aos outros de sua proximidade. Penso nos pais idosos, para ver seus defeitos. É o impacto sobre o inconsciente com efeito debilitante sobre o desejo, são as vantagens secundárias conscientes, obtidas pelo refúgio nos acidentes ou na doença, em caso de dificuldade do desejo, que a psicanálise permite compreender.

Nossa sociedade deve levar em conta as leis do inconsciente. O risco e a angústia do risco fazem parte do desejo e sustentam a vitalidade dos desejosos que somos nós.

Visar a suprimir os desejos leva a degradar a vida em sociedade e a desumanizá--la no indivíduo.

VACINAR A CRIANÇA CONTRA A DOENÇA DA MÃE OU DO PAI

Há certo número de verdades a lembrar a todos os pais. Verdades que podem ser duras para certo número de pais responsáveis por filhos psicóticos e que por

---

[1] Falamos de "direito aos cuidados" para todos (trata-se do direito de cuidar-se e não somente de ser cuidado).

isso acreditam-se culpados, mas que podem ser muito instrutivas para os pais de filhos chamados "difíceis", sendo que eles próprios em sua infância sofreram, ou cujos bebês foram cuidados por sucessivas babás.

Toda criança é obrigada a suportar o clima no qual cresceu, mas também os efeitos patogênicos que permaneceram como sequelas do passado patológico não só de sua mãe e de seu pai, mas também das pessoas que dela cuidaram. Ela é portadora dessa dívida contraída em sua época de fusão pré-natal e depois, de dependências pós-natais que a estruturaram. Esse processo é inevitável e, ao assumir sua parte de angústia, a criança ajuda seus pais, mas frequentemente essa carga esmaga suas forças vivas.

Insistamos sobre aquilo que a experiência do tratamento das crianças psicóticas traz ao conhecimento do homem em seus primeiros anos: a intensificação do mal-estar, do desequilíbrio que provém da impossibilidade de individuar a si mesmo, de crer em um sentimento "eugênico" de segurança e de confiança, de que é vítima, para o observador e o terapeuta, a criança gravemente atingida, é revelador daquilo que acontece de modo menos visível, em esboço, para muitas crianças de pouca idade. Sabemos agora que a loucura é frequentemente induzida na criança por seus pais que, aparentemente, eram sadios. Na primeira idade, o bebê é tecido na vida inconsciente de sua mãe que, para ele, seja qual for o comportamento de sua nutriz, é linguagem de amor. Ele ainda não é capaz de compreender o que há de patogênico nessa linguagem de uma mulher angustiada e que envia o efeito de tensão pelo qual ela própria é perturbada "em plena goela", sem perceber que ela induz inconscientemente o clima de desordem emocional de seu bebê. Uma vez que ele tiver a linguagem verbal, ele poderá achar o modo de se defender: "Minha mãe diz coisas absurdas; é porque ela é infeliz... E quando somos infelizes, dizemos qualquer coisa...". Ele sofrerá com isso, mas poderá se desenvolver ele próprio se perceber que o adulto que ele ama e pelo qual é amado sofre, está em contradição consigo mesmo. Saber torna a coisa suportável. Enquanto isso não for dito, ele "experimenta" no sentido de que ele "sofre" por fusão as angústias ou a loucura de sua mãe, ele tem uma parte ligada às fantasias ou ao delírio materno e isso o torna louco. Ele alimenta a necessidade de se angustiar por causa de sua mãe e, ao mesmo tempo em que faz isso, ele cuida dela. Em empatia com ela, ele é seu primeiro terapeuta. Mas terapeuta-vítima, ou seja, que finalmente é sacrificado, como outrora na mitologia. Ele não sabe e não pode ainda se defender. Ifigênia foi sacrificada ao desejo incestuoso de seu pai por ela, e também por seu desejo incestuoso por seu pai. Ela devia salvar a sociedade, sendo a primeira vítima dessa fantasia atualizada, sem dúvida oferecida aos deuses.

As sociedades procuram vacinar a criança. Creio que a circuncisão existe para evitar que o menino seja vítima de seu pai. Na sociedade judaica, o indivíduo criança deixa a pele de seu prepúcio como que para ser marcado pelo desejo de seu pai como seu igual diante de Deus, mas não como uma cabeça de rebanho inteiramente possuída e submetida a seu dono. Os filhos de Isaac se precaveram contra o gesto ancestral de Abraão, que oferecia seu filho único a Deus como o mais belo exemplar de seu rebanho. Deus segurou seu braço e se contentou com um bode. A sociedade pode limitar os direitos possessivos dos pais sobre seus filhos, e até salvar o filho de sua posse por seu pai ou sua mãe. A lei judaica colocava a criança sob a autoridade única de seus pais. Cristo falou aos adultos: "Deixem vir *a mim* as criancinhas", em vez de conservá-las *para vocês*. Era uma mutação das relações até então em vigor.

Quando ele diz: "Eu dividirei as famílias", é talvez justamente para salvar sua descendência da submissão servil aos pais. "O filho deixará seu pai e sua mãe para se ligar a sua mulher, está dito na Bíblia".

Na sociedade cristã medieval, a criança era bem depressa retirada de sua mãe. Podemos perguntar se isso não era certa proteção da higiene mental da criança. Evidentemente, são coisas muito duras de dizer.

Os pais se justificam: "Com o saber paralelo, a escola da rua, com a TV, com a mobilidade que atualmente as crianças têm desde muito novas, estamos ultrapassados, fora de moda etc.". Não é preciso que os pais continuem a crer que seja um mal em si seus filhos beberem em outras fontes, pois muitas sociedades históricas permitiam justamente às crianças ficarem menos fechadas e serem misturadas com os clãs e confrarias, com a vida das corporações.

Temperar o abuso do poder parental não é um mal. Caso contrário, a criança arrisca em certos casos ficar abafada, devorada pela necessidade de ajuda material, ou pior, pelo desejo de sua presença que seus pais têm dele ou dela. Dependência inculcada às crianças como virtude de obediência ao exercício do poder arbitrário de seus pais sobre elas.

As famílias tornam sádicas suas crianças para se salvar de seus sofrimentos. Há frequentemente um *laissez-faire* de um dos cônjuges. Isso é raro nos meios socioeconômicos desfavorecidos, embora também exista nas famílias pobres. Trata-se de perturbações da relação simbólica da família da criança com o grupo social do ambiente.

O poder das pulsões que estão em jogo na criança torna necessário um encontro ordenado, não com alguém de sua idade, mas com um adulto idoso: um avô para um menino, ou uma avó para uma menina, alguém que passou a vida de adulto e que lhe dá a imagem de uma segurança ideal: caso tenha podido chegar a uma idade avançada, é porque soube ser mãe e pai de si mesmo. Concebemos bem que os romancistas estejam eles próprios à busca de sua primeira infância, mas os personagens de crianças que eles fazem reviver estão mais próximos dos dez do que dos cinco anos. O romance de um diálogo entre uma criança de menos de cinco anos e um adulto ainda está para ser escrito. Fora de uma cura pela psicanálise, muito poucas crianças têm a possibilidade de falar para dizer aquilo que têm a dizer antes de quatro ou cinco anos de sua vida, da época de sua vida cujas feridas as marcaram, cujas cicatrizes não se fecharam.

O que a psicanálise, depois de Freud, descobriu é a repressão, ocorrida o mais tardar com seis-sete anos, de tudo o que foi vivido na infância. E são as crianças, geradas por esses adultos que esqueceram seus traumatismos de infância, que reatualizam, sem que os pais saibam e na mesma idade que eles, aquilo que – reprimido – não pudera ser simbolizado.

O IRREDUTÍVEL ENIGMA DA VIDA

Em seus inícios, a psicanálise não remontava à história do indivíduo aquém da "idade da razão", antes dos oito-nove anos. Depois ela se interessou pela primeira idade. Hoje, começamos a perceber que a vida *in utero* é muito importante, ou até determinante, no aparecimento das neuroses, assim como nos alicerces da saúde psicossocial.

O Isso foi explorado; o Ego a seguir ocupou o proscênio, o divã. O Eu escapa. Mas é essa realidade que subentende a relação de triangulação e cuja pesquisa constitui o ponto marcante da psicanálise. Um novo esclarecimento deixa aparecer a verdadeira natureza simbólica da saúde assim como a das neuroses e das psicoses, o corpo como linguagem do não dito, o caráter transmissível do Édipo mal resolvido, das relações narcísicas, das obsessões, sobre diversas gerações. A gênese das neuroses remonta à história dos pais e, frequentemente, à dos avós.

O corpo da criança é a linguagem da história de seus pais. O feto se defende para continuar viável por meio de reações humorais. Quando a palavra o liberta, pelo fato dessa colocação na luz ele se lava dos humores de seu corpo que não são mais indutores de psicose. Estes são os índices de uma nova interpretação das doenças psicossomáticas da primeira idade. Tomemos o exemplo das gravidezes com alto risco. Se a mãe superar todos os momentos difíceis, assumindo-os, isso não quer dizer que a criança não tenha ficado marcada pelas dificuldades da mãe, ao passo que se a própria mãe ficar arrasada por um estado depressivo, a criança poderá ser vigorosa e resistente, porque o feto lutou para compensar a depressão da mãe. Não é portanto uma relação direta de causa para efeito. Trata-se de uma dialética viva.

O que é o *Eu*? Esse *Eu* gramatical é uma metáfora de um indivíduo que quer se encarnar? Porém, qual é sua natureza? Sem dúvida, mais metafísica que física. Ele parece estar em relação com os outros indivíduos ocultos e traídos pelo "ego". O Ego está destinado a morrer. O *Eu*, representante do verbo ser, entra em um devir com uma dinâmica totalmente pura, seja qual for a perversão desse devir dinâmico, o indivíduo que serve exclusivamente o grupo étnico e o equilíbrio da espécie. Mas, se o *Eu* é materialização genética de energia, a morte do indivíduo, desse ponto de vista, seria apenas uma transferência dessa energia.

Se entrarmos por esse caminho de reflexão, por essa tomada de consciência, os pretensos critérios, segundo os quais a sociedade poderia decidir se uma existência humana é viável ou não, não resistem à análise. O "Eu" pode se encarnar totalmente em um indivíduo, apesar de todas as deficiências físicas dele. O querer viver e o sobreviver de um feto são determinantes e o levam ao triunfo.

> Nos últimos anos, equipes de ginecologistas e obstetras especializaram-se na concepção *in vitro*. Eles respondem ao pedido de casais estéreis que desejam ardentemente ter um filho. A publicidade feita daquilo que se chama, com simplificação abusiva, "bebês de proveta" acarreta uma supervalorização do poder médico. Os operadores que garantem, no entanto, por meio de uma manipulação de laboratório, o encontro de dois gametas, masculino e feminino, e transplantam o embrião no útero materno nada sabem a mais que os outros seres humanos sobre a origem da vida, sobre aquilo que dá nascimento a um homem novo em devir. Não é o pesquisador que dá a vida, que faz a criança, nem, de resto, os genitores, por ocasião da fecundação por vias naturais.
> Também não é menos verdade que essas experiências levam seus praticantes a uma reflexão nova. E a se colocar uma questão que lhes parece capital: Quando um embrião fecundado *in vitro* torna-se pessoa humana? A partir de qual instante se opera a "passagem" da vida animal para a diferenciação que faz de nós seres humanos? Os animadores de uma dessas equipes médicas no hospital Beckler, à qual pertence o Dr. Jacques Testard, consideram-se os exploradores da "medicina do desejo". "É apenas pelo desejo de seus pais", declaram eles, "que o feto concebido *in vitro* nasce como pessoa humana".

Não vejo o que pode ser a "medicina do desejo", pois o enigma do desejo permanece intacto. Jamais veremos a vida, mesmo com os instrumentos de observação mais aperfeiçoados. Nenhum desses ginecólogos pode dizer que dá a vida *in vitro*. No máximo: "Eu assisto à troca das energias de dois gametas". Como psicanalistas, sabemos que a vida é o próprio desejo. No entanto, o que deseja viver não é o genitor, mas aquele que irá nascer. Na concepção, aquele que deseja, chamado ou não, toma corpo. Ignoramos sempre o que significa encarnar-se para um ser que é linguagem – linguagem de desejo, pela mediação de dois outros seres que podem manipular as potencialidades de um devir humano. Portanto, é perverso atribuir ao desejo dos genitores e dos tutelares o poder de dar e de manter a vida da criança. Apenas cada criança dá vida a si mesma por seu desejo de viver. Não nos enganemos sobre o sentido do: "Eu não pedi para nascer". Essa negação provém frequentemente do adolescente demasiadamente adulado, cujos pais devoradores secaram nele a própria fonte do desejo. Ele se tornou incapaz de reconduzir o desejo de viver, e interpreta retroativamente que foram os outros que decidiram sua concepção, seu nascimento e sua sobrevivência. Acolher bem um recém-nascido é antes de tudo respeitar seu desejo de vir ao mundo, tal como ele é, assemelhe-se ou não àquilo que amamos. O feto traz consigo uma energia nova. Se o deixarmos se desenvolver, utilizando essa energia, ele a faz irradiar ao redor e tem sua oportunidade de se realizar como adulto. Ele criará sempre, a cada dia, por pouco que tiver do que sobreviver e sustentar a coragem de seus pais se, de viver, ele conservar o desejo.

Cabe a cada jovem garantir a parte de transformação de seu ambiente, transformação que lhe permitirá dele sair, com risco de morrer. O risco da morte faz parte da vida: também nossa vida não pertence aos outros, ainda que alguém possa nela pôr um fim. O enigma do desejo coloca o verdadeiro problema da sociedade: legalizar o aborto põe a coletividade em perigo de legalizar a morte de um indivíduo que deseja. Seria mais justo retirar a penalidade pela ajuda a uma mulher que quer abortar, assim como retirar a penalidade pela eutanásia. O suicídio, que é uma eutanásia, não é penalizado na França.

Os defensores incondicionais da lei sobre a interrupção voluntária da gravidez recusam ver nisso uma contradição, felicitando-se assim por prevenir os males sociais que a superpopulação acarreta. A I.V.G [= Interrupção Voluntária da Gravidez] seria, segundo muitos, o meio mais seguro de controlar a natalidade.

A isso, eu respondo: Acolhamos no mundo os que desejam. Eles entrarão em uma sociedade que deverá enfrentar um número excessivo de seus membros. Por que os jovens dessa sociedade não inventariam os meios de gerenciá-la? Isso seria trabalho deles. Não de seus pais. Basta de genocídio!

Anexos

PESQUISADORES CUJOS TRABALHOS SÃO CITADOS NESTA OBRA
(classificados aqui por disciplina)

História:
Philippe ARIES (França), Elisabeth BADINTER (França), Catherine FOUQUET (França), Yvonne KNIBIEHLER (França).

Arqueologia:
Adam FALKENSTEIN (Alemanha), Thorkild JACOBSON (Estados Unidos).

Etologia:
Konrad LORENZ (Áustria), Hubert MONTAGNER (França).

Etnologia:
Arnold van GENNEP (França), Robert JAULIN (França).

Antropologia:
Pe. LOVEJOY (Estados Unidos).

Psicossociologia:
Marie-José CHOMBART DE LAUWE (França).

Psicologia:
Jacques MEHLER (França), Jean PIAGET (Suíça), Mia KELLMER PRINGLE (Grã-Bretanha), René ZAZZO (França).

Neurofisiologia:
Michel IMBERT (França).

Neurobiologia:
Jean-Pierre CHANGEUX (França).

Pediatria:
Julien COHEN-SOLAL (França), Fitzhugh DODSON (Estados Unidos), Albert GRENIER (França), Léon KREISLER (França).

Psiquiatria infantil:
Bruno BETTELHEIM (Estados Unidos).

Pedagogia:
Maria MONTESSORI (Itália).

Nutrição:
Jean TREMOLIERES (França).

Declaração Universal dos Direitos da Criança

Preâmbulo

Considerando que, na Carta, os povos das Nações Unidas proclamaram de novo sua fé nos direitos fundamentais do homem e na dignidade e no valor da pessoa humana, e que se declararam determinados a favorecer o progresso social e a instaurar melhores condições de vida em uma liberdade maior,

Considerando que, na Declaração universal dos direitos do homem, as Nações Unidas proclamaram que cada um pode se prevalecer de todos os direitos e de todas as liberdades que nele são enunciadas, sem nenhuma distinção, principalmente de raça, de cor, de sexo, de língua, de religião, de opinião política ou de qualquer outra opinião, de origem nacional ou social, de condição, de nascimento ou de qualquer outra situação,

Considerando que a criança, por causa de sua falta de maturidade física e intelectual, tem necessidade de uma proteção especial e de cuidados especiais, principalmente de uma proteção jurídica apropriada, tanto antes como depois do nascimento,

Considerando que a necessidade dessa proteção especial foi enunciada na Declaração de Genebra de 1924 sobre os direitos da criança e reconhecida na Declaração universal dos direitos do homem, assim como nos estatutos de instituições especializadas e de organizações internacionais que se dedicam ao bem-estar da infância,

Considerando que a humanidade deve dar à criança o melhor dela mesma.

A Assembleia geral

Proclama a presente Declaração dos direitos da criança a fim de que ela tenha uma infância feliz e se beneficie, em seu interesse, assim como no interesse da sociedade, dos direitos e liberdades que aqui são enunciados; ela convida os pais, os homens e as mulheres, a título individual, assim como as organizações beneficentes, as autoridades locais e os governos nacionais a reconhecerem esses direitos e a se esforçarem para garantir seu respeito por meio de medidas legislativas e outras adotadas progressivamente, para a aplicação dos princípios seguintes:

Princípio 1

A criança deve gozar de todos os direitos enunciados na presente Declaração. Esses direitos devem ser reconhecidos a todas as crianças sem exceção alguma, e sem distinção ou discriminação fundadas sobre a raça, a cor, o sexo, a língua, a religião, as opiniões políticas ou outras, a origem nacional ou social, a condição econômica, ou sobre qualquer outra situação, quer seja ela aplicada à própria criança ou a sua família.

Princípio 2

A criança deve se beneficiar de uma proteção especial e ver realizadas as possibilidades e facilidades pelo efeito da lei e por outros meios, a fim de estar em grau de se desenvolver de modo sadio e normal sobre o plano físico, intelectual, moral, espiritual e social, em condições de liberdade e de dignidade. Na adoção de leis para esse fim, o interesse superior da criança deve ser a consideração determinante.

Princípio 3

A criança tem direito, desde seu nascimento, a um nome e a uma nacionalidade.

Princípio 4

A criança deve se beneficiar da segurança nacional. Ela deve poder crescer e se desenvolver de modo sadio; para esse fim, um auxílio e uma proteção especiais devem lhe ser garantidas, da mesma forma que para sua mãe, principalmente cuidados pré-natais e pós-natais adequados. A criança tem o direito a uma alimentação, a um alojamento, a lazeres e a cuidados médicos adequados.

Princípio 5

A criança, física, mental ou socialmente desfavorecida deve receber o tratamento, a educação e os cuidados especiais que seu estado ou situação necessitam.

Princípio 6

A criança, para o desabrochar harmonioso de sua personalidade, tem necessidade de amor e de compreensão. Ela deve, o quanto possível, crescer sob a proteção e sob a responsabilidade de seus pais e, em todo estado de causa, em uma atmosfera de afeto e de segurança moral e material; a criança com pouca idade não deve, salvo circunstâncias excepcionais, ser separada de sua mãe. A sociedade e os poderes públicos têm o dever de tomar um cuidado particular das crianças sem família ou daquelas que não têm meios de existência suficientes. É desejável que sejam concedidas às famílias numerosas contribuições do Estado, ou outras, para a manutenção das crianças.

Princípio 7

A criança tem o direito a uma educação que deve ser gratuita e obrigatória ao menos nos níveis elementares. Ela deve se beneficiar de uma educação que contribua para sua cultura geral e lhe permita, em condições de igualdade de oportunidades, desenvolver suas faculdades, seu julgamento pessoal e seu sentido das responsabilidades morais e sociais, e de se tornar um membro útil da sociedade.

O interesse superior da criança deve ser o guia daqueles que têm a responsabilidade por sua educação e sua orientação; essa responsabilidade incumbe prioritariamente a seus pais.

A criança deve ter todas as possibilidades de acesso a jogos e a atividades recreativas, que devem ser orientadas para os fins visados pela educação; a sociedade e os poderes públicos devem se esforçar para favorecer a fruição desse direito.

Princípio 8

A criança deve, em todas as circunstâncias, estar entre os primeiros a receber proteção e socorro.

Princípio 9

A criança deve ser protegida contra toda forma de negligência, de crueldade e de exploração.

Ela não deve ser submetida ao tráfico, sob qualquer forma que seja.

A criança não deve ser admitida a emprego antes de ter atingido uma idade mínima apropriada; em nenhum caso deve ser obrigada ou autorizada a assumir uma ocupação ou um emprego que prejudique sua saúde ou sua educação, ou que entrave seu desenvolvimento físico, mental ou moral.

Princípio 10

A criança deve ser protegida contra as práticas que podem levar à discriminação racial, à discriminação religiosa ou a qualquer outra forma de discriminação. Ela deve ser criada em um espírito de compreensão, de tolerância, de amizade entre os povos, de paz e de fraternidade universal, e no sentimento de que a ela cabe consagrar sua energia e seus talentos a serviço de seus semelhantes.

Nota geral:

Um discurso tranquilizador, mas insuficiente. Os princípios se referem principalmente à infância infeliz, maltratada, abandonada. A declaração concede de fato às crianças de passarem todas pela mesma norma de proteção e de educação. Ela deixa em silêncio os riscos das crianças bem providas: hiperproteção, tutela dos adultos. Ela não insiste sobre o direito à autonomia e sobre a liberdade de a criança chegar a ser ela mesma, conforme seu desejo de viver, sem imitar o modelo dos adultos.

Esta obra foi composta em CTcP
Capa: Supremo 250g – Miolo: Pólen Natural 70g
Impressão e acabamento
Gráfica e Editora Santuário